波长

300 μ　30 μ　3 μ　.3 μ　30 nm　3 nm

光学及多光谱传感器；红外辐射计/光度计

发射谱带　反射谱带

远红外线　紫外线　X射线和伽马射线

长波红外 (8 – 15μ)　中波红外 (3 – 8μ)　短波红外 (1.5 – 3μ)　近红外 (.75 – 1.5μ)　可见光谱带 (.75 – .4μ)

nm = 纳米=10^{-9}米　μ = 微米=10^{-6}米

图 1–5　光谱

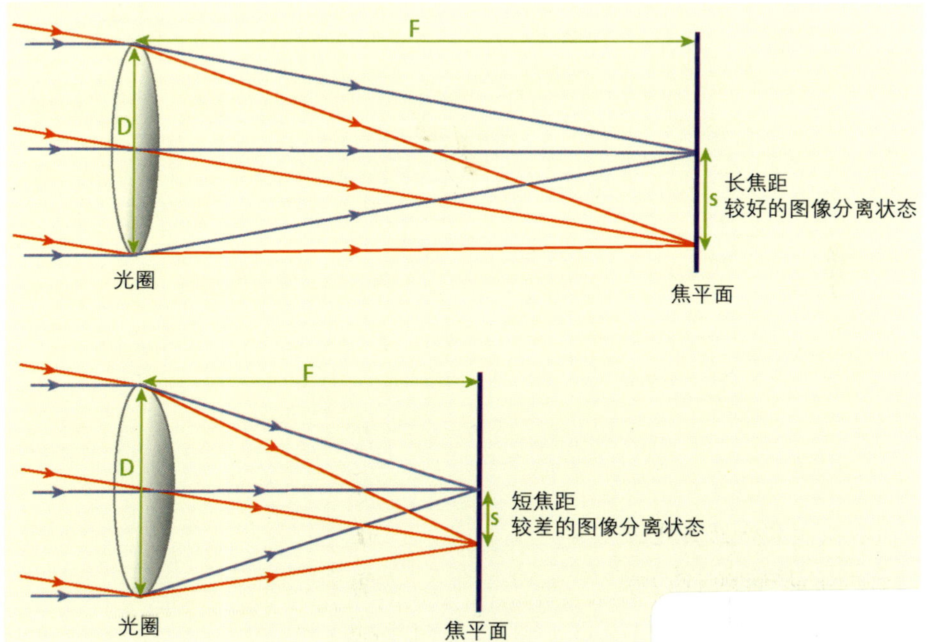

图 4–1　光学传感器元件

U0840225

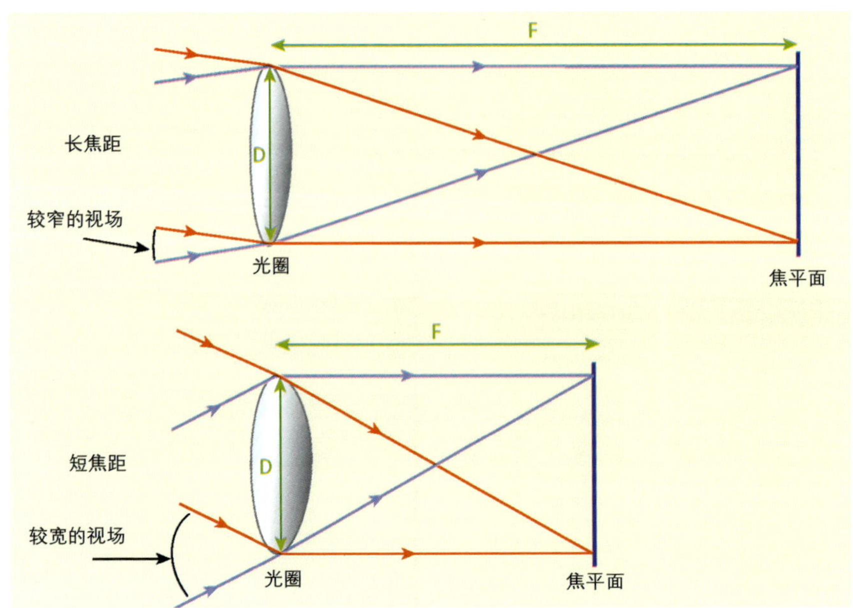

图 4–2 焦距对视场的影响

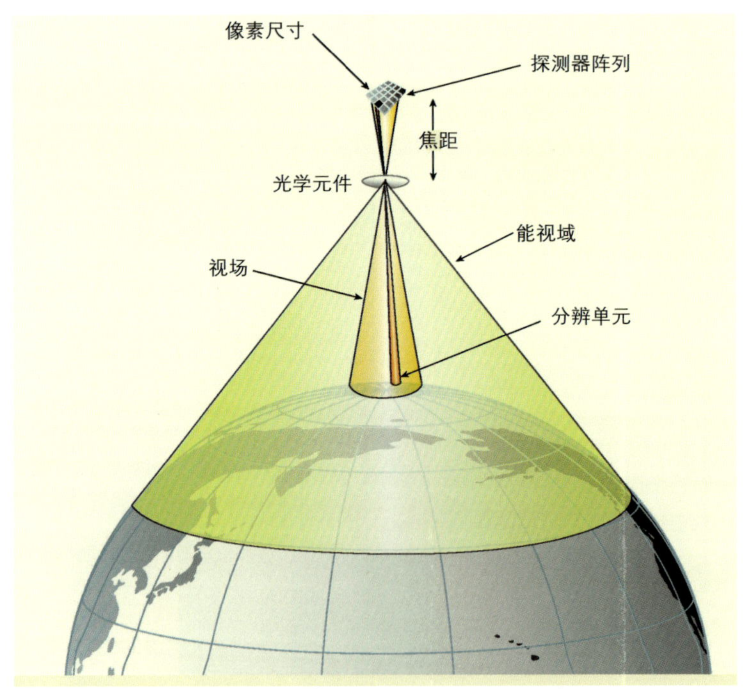

图 4–3 遥感器的视场和能视域

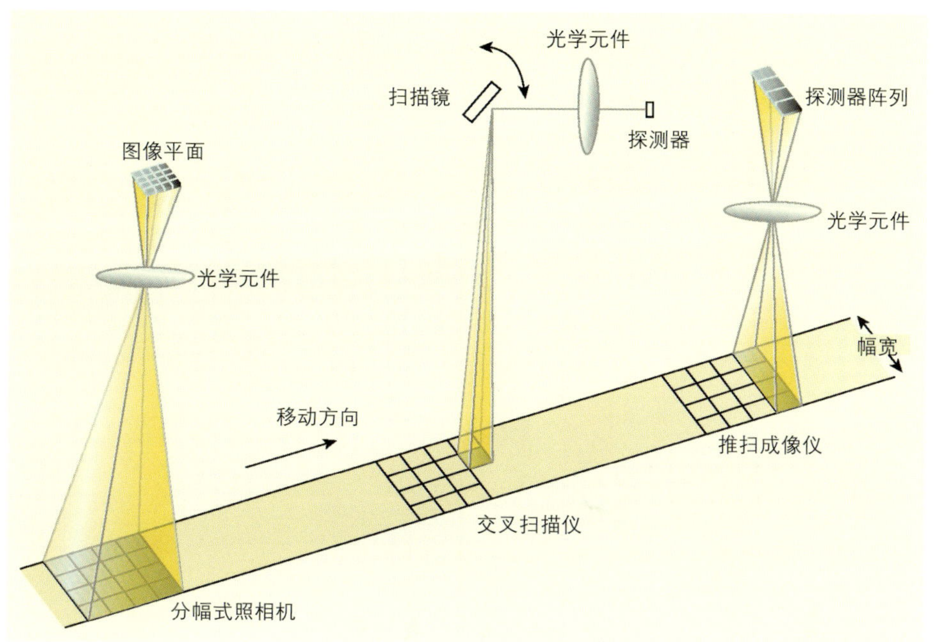

图 4–4　成像系统的类别

图 4–5　假色图像

图 4–6　可视图像和辐射测量图像的比较

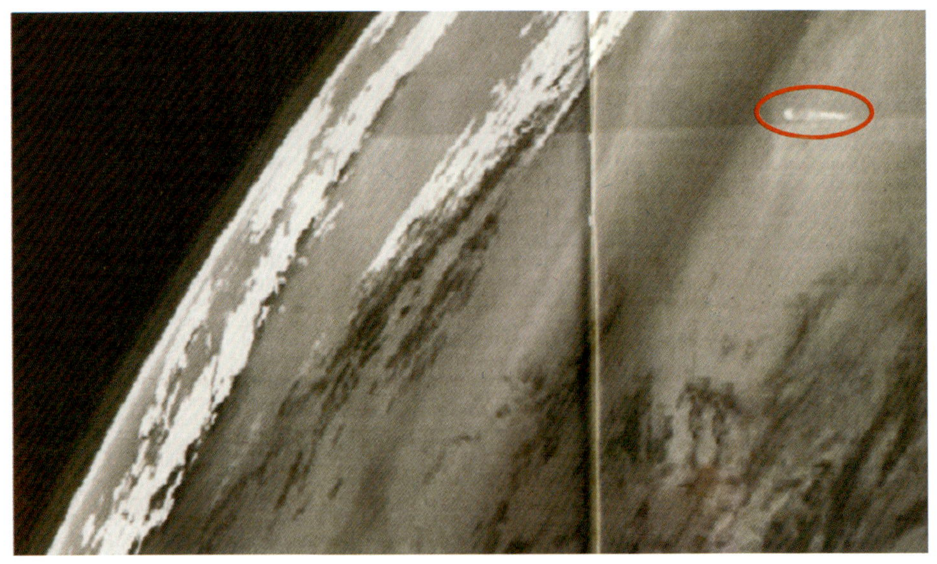

图 4–7　空中持久红外技术手段搜集的德尔塔 4 号火箭发射情况

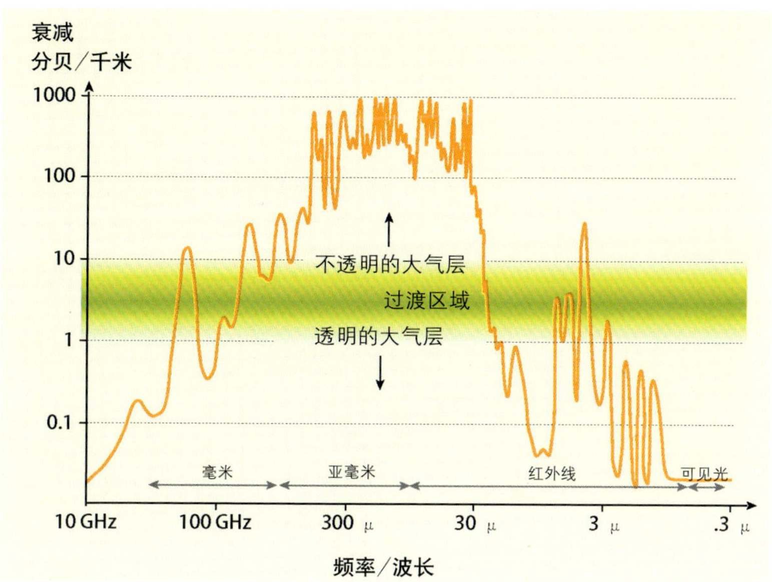

图 5–1　电磁波在大气传输中的衰减情况

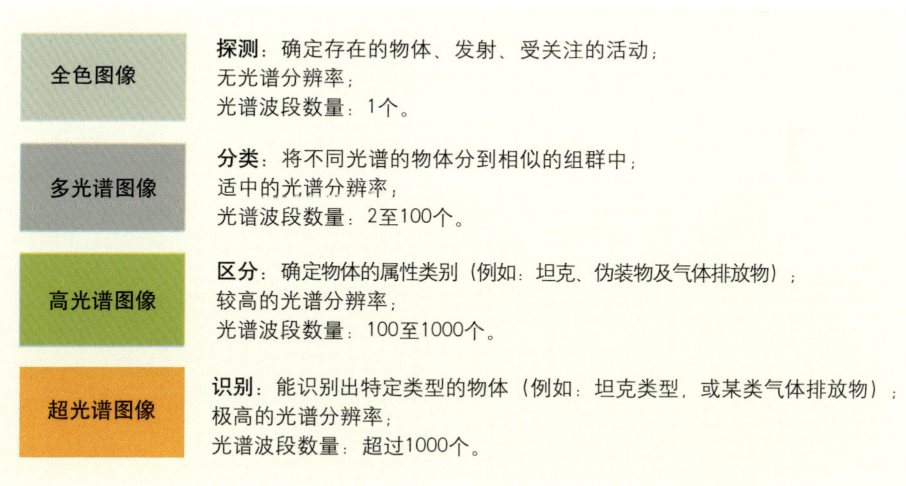

图 5–2　光谱成像分辨率和所得信息的级别

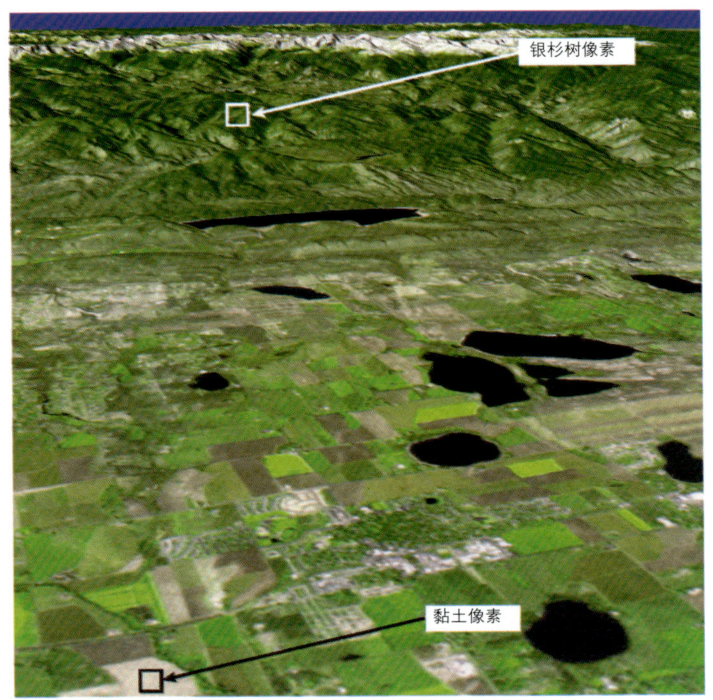

图 5–3　北科罗拉多州陆地卫星 7 号的两个像素

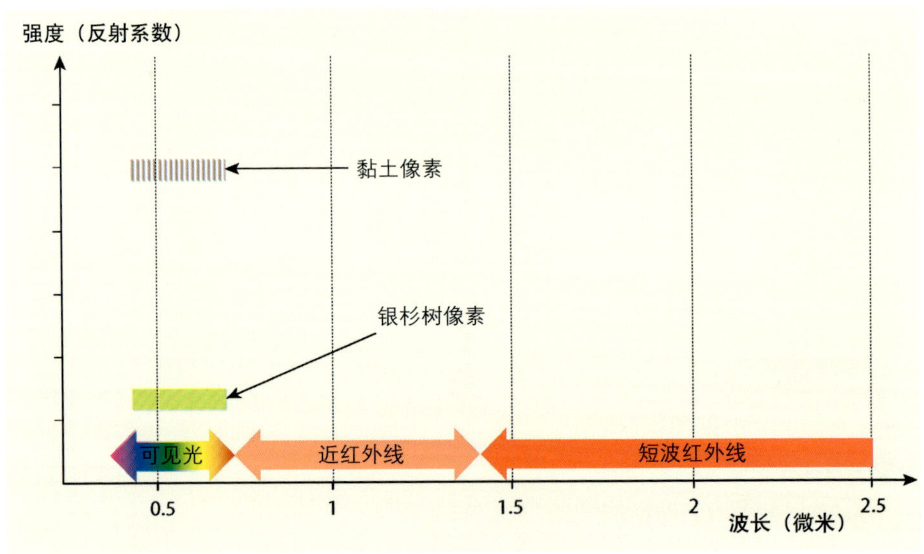

图 5–4　全色图像中两个像素的比较

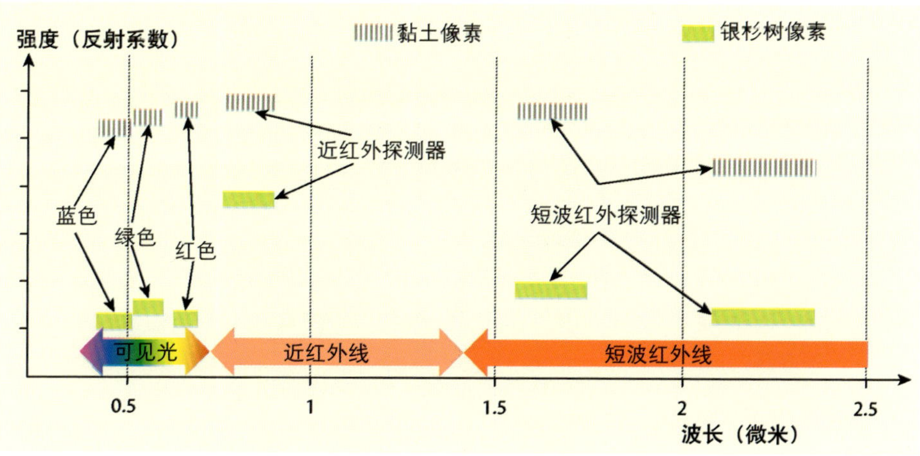

图 5–5　多光谱图像中两个像素的比较

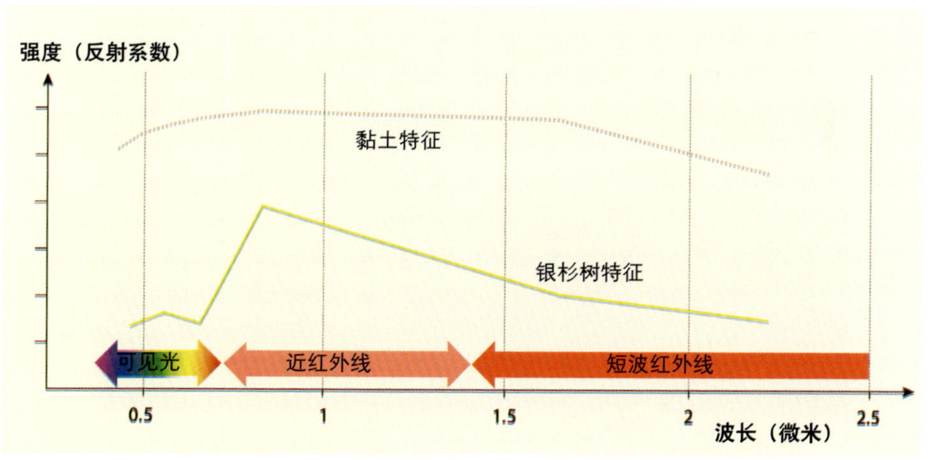

图 5–6　一张多光谱图像中两个像素的光谱特征

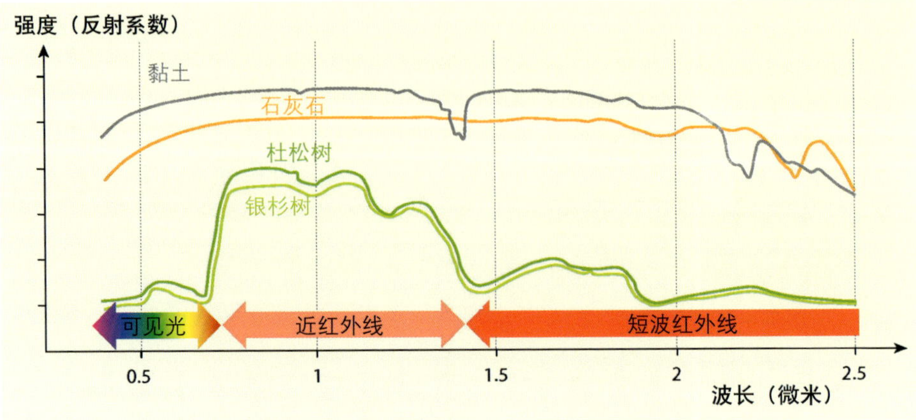

图 5–7　高光谱图像中像素的光谱特征

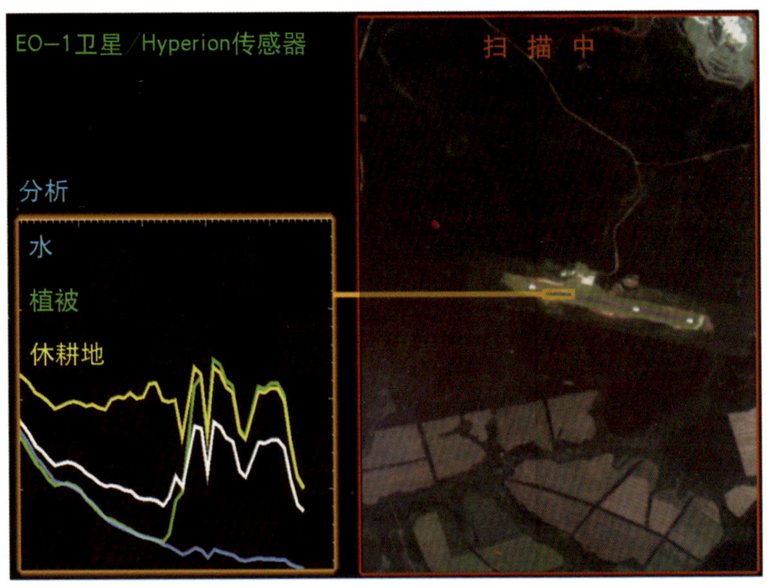

图 5–8　Hyperion 传感器搜集的高光谱图像

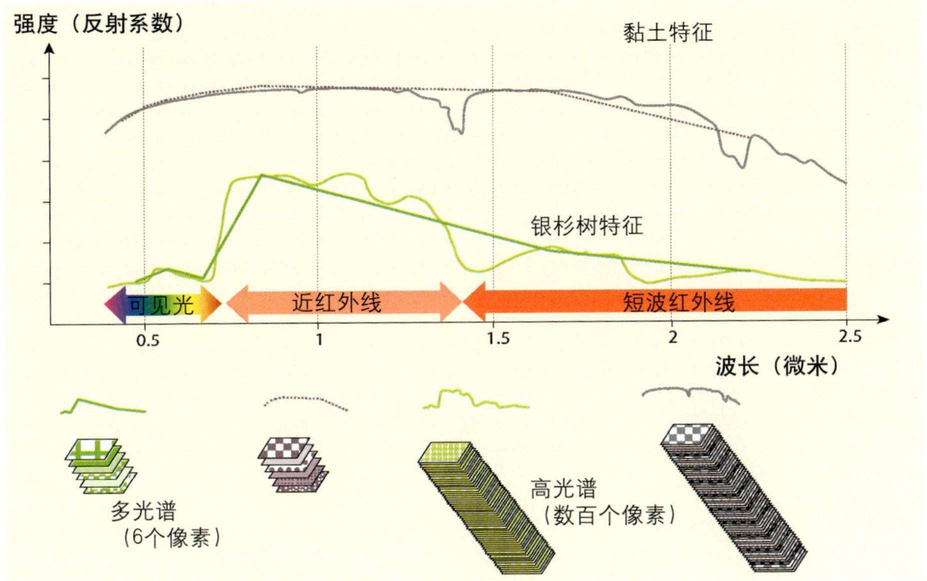

图 5–9　两个像素的多光谱和高光谱特征的比较

图 5–10　高光谱数据立方体

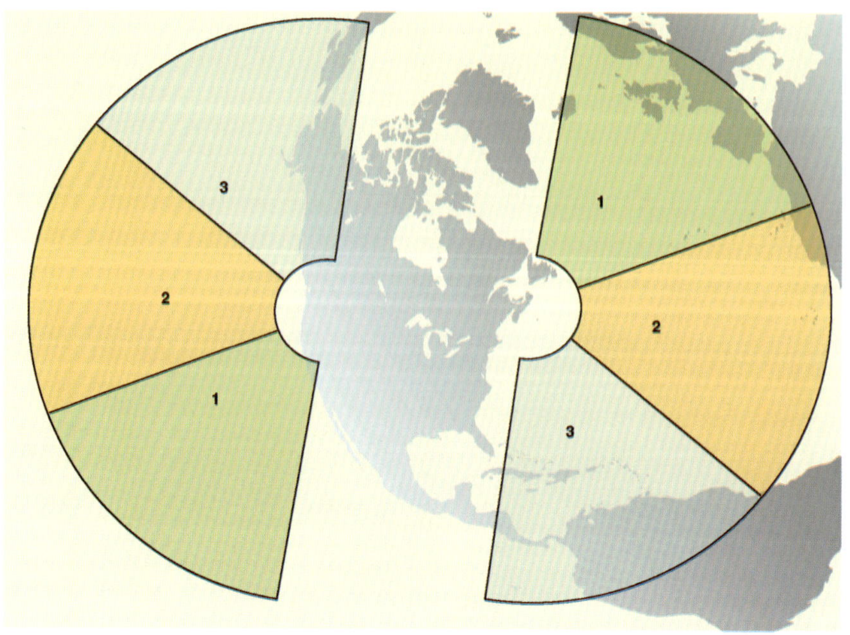

图 6–1　OTH-B 雷达覆盖

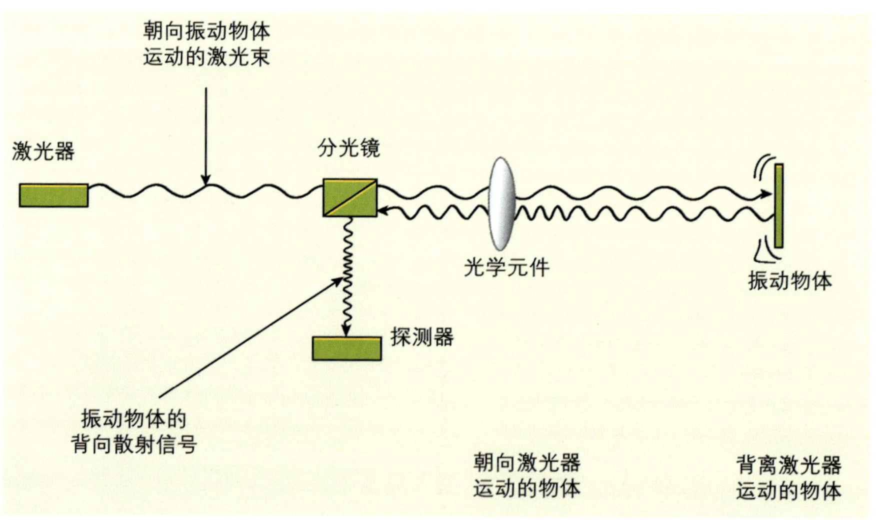

图 6–4　激光振动测量

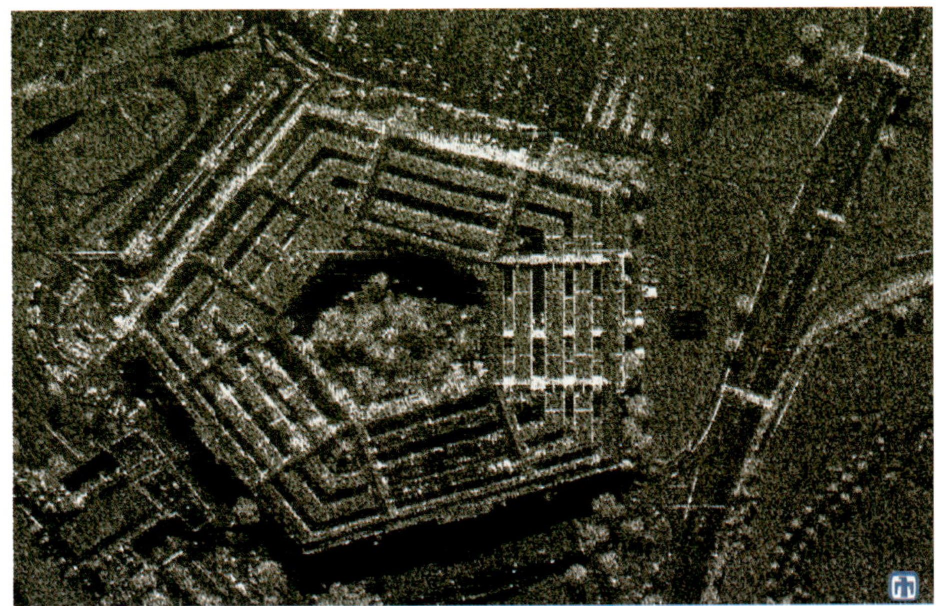

图 7–1 五角大楼的机载合成孔径雷达图像

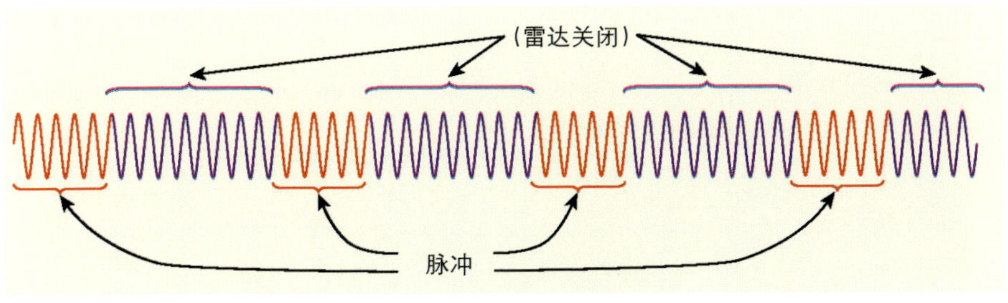

图 7–2 相干脉冲序列

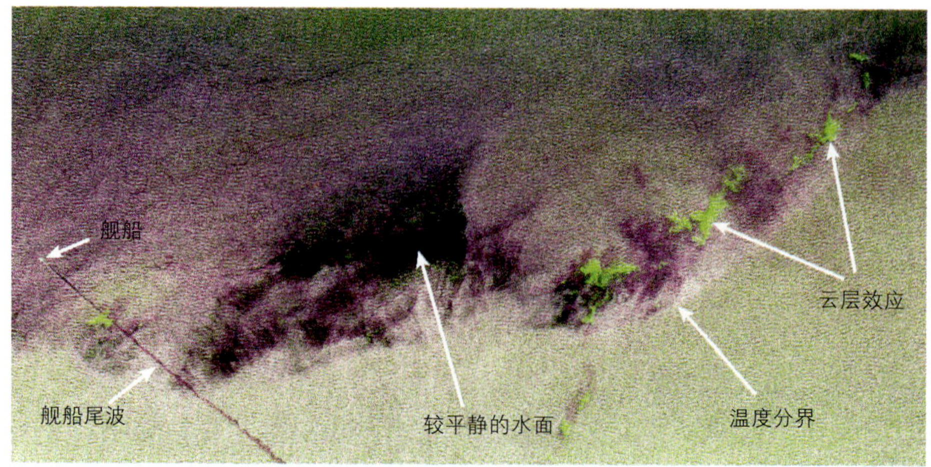

图 7–11 北大西洋的合成孔径雷达图像

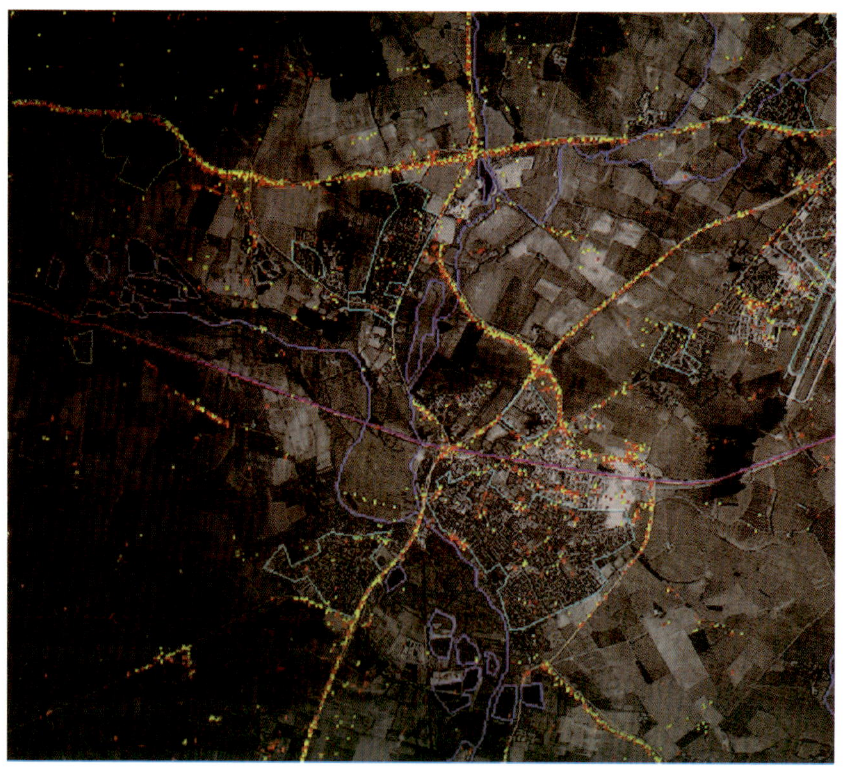

图 7–12 联合监视与目标攻击雷达系统的移动目标显示图像

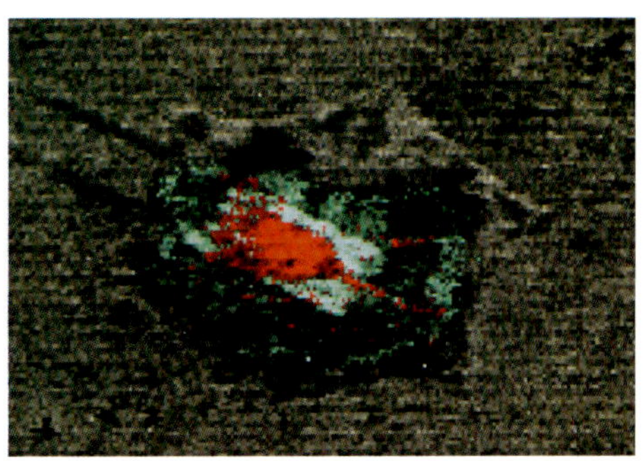

图 7–13　坦克的可视图像及激光雷达图像

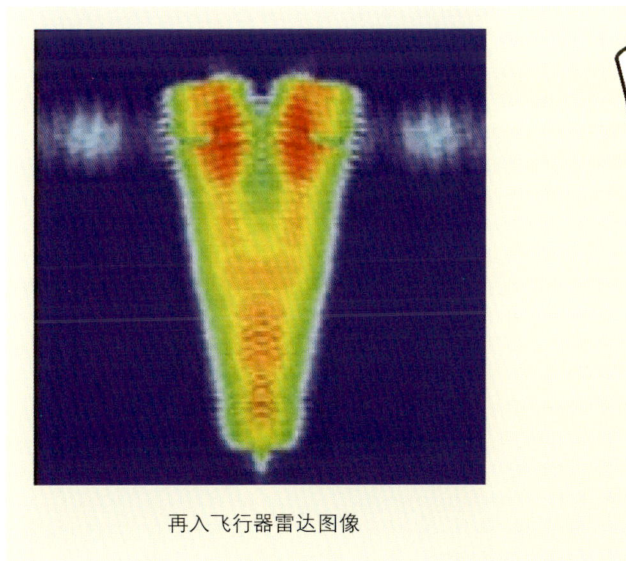

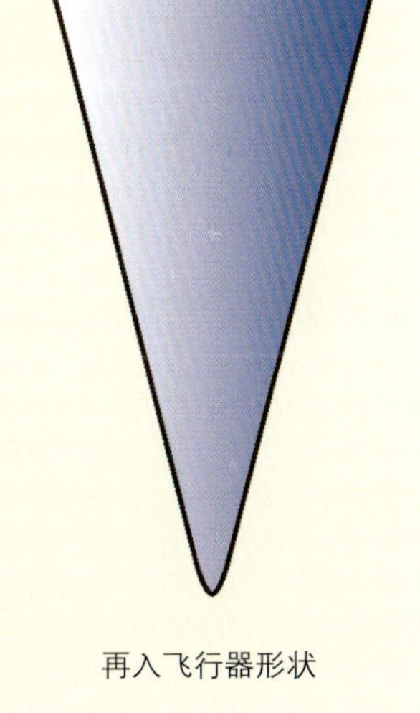

图 9 1　再入飞行器雷达图像

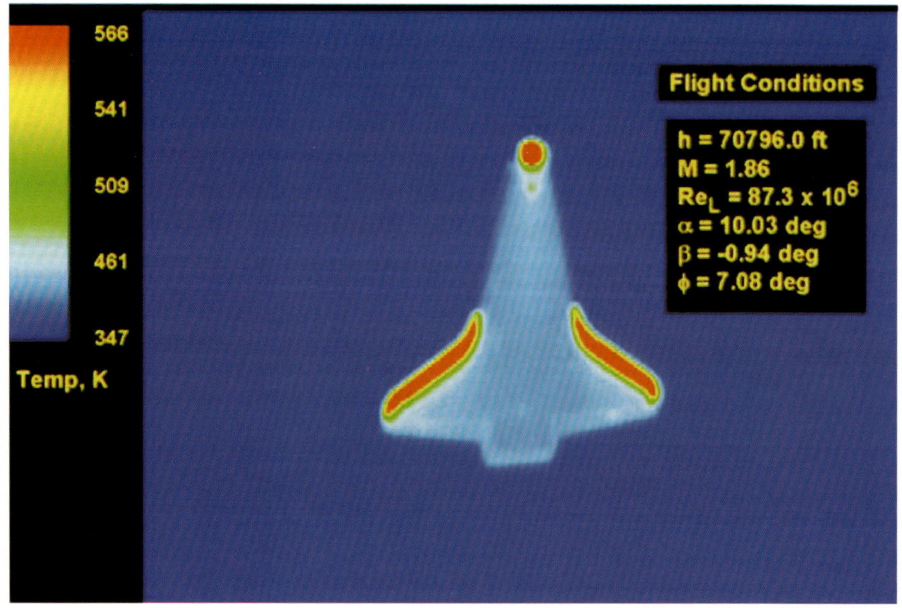

图 9-4 航天飞机的红外图像

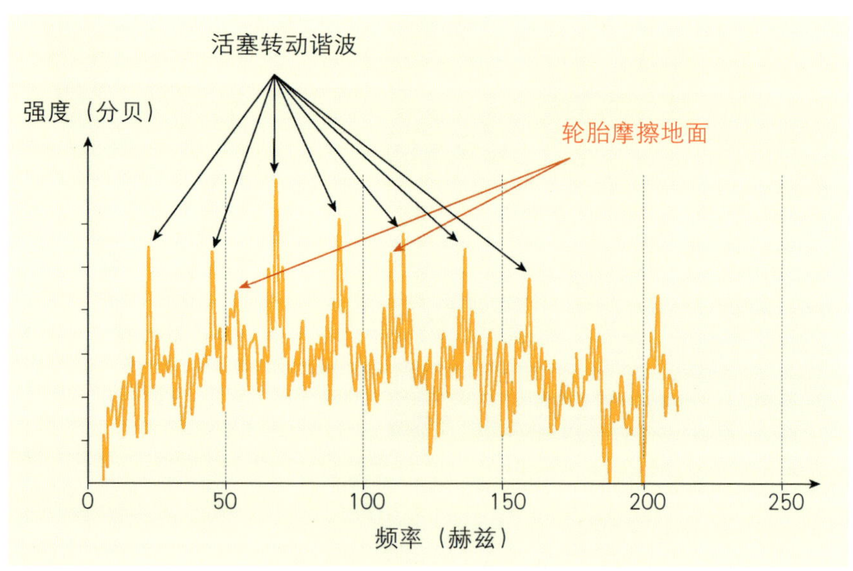

图 10-3 卡车的声学功率谱图

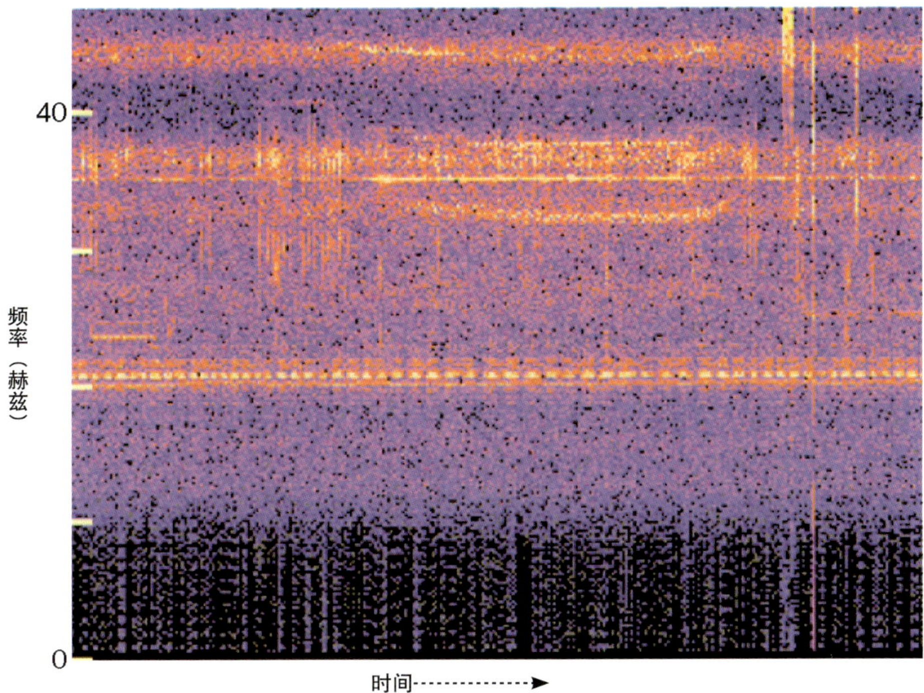

图 10–5　水面行驶船只的频谱图

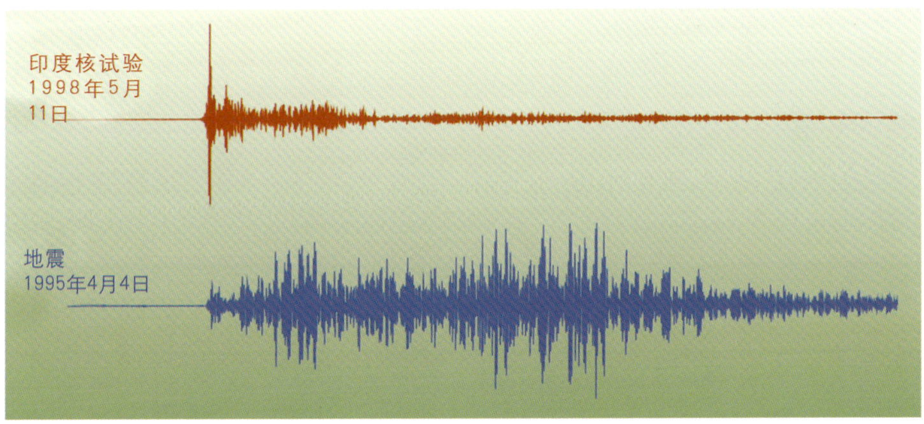

图 10–9　印度核试验和地震图比较

技术搜集手段分类

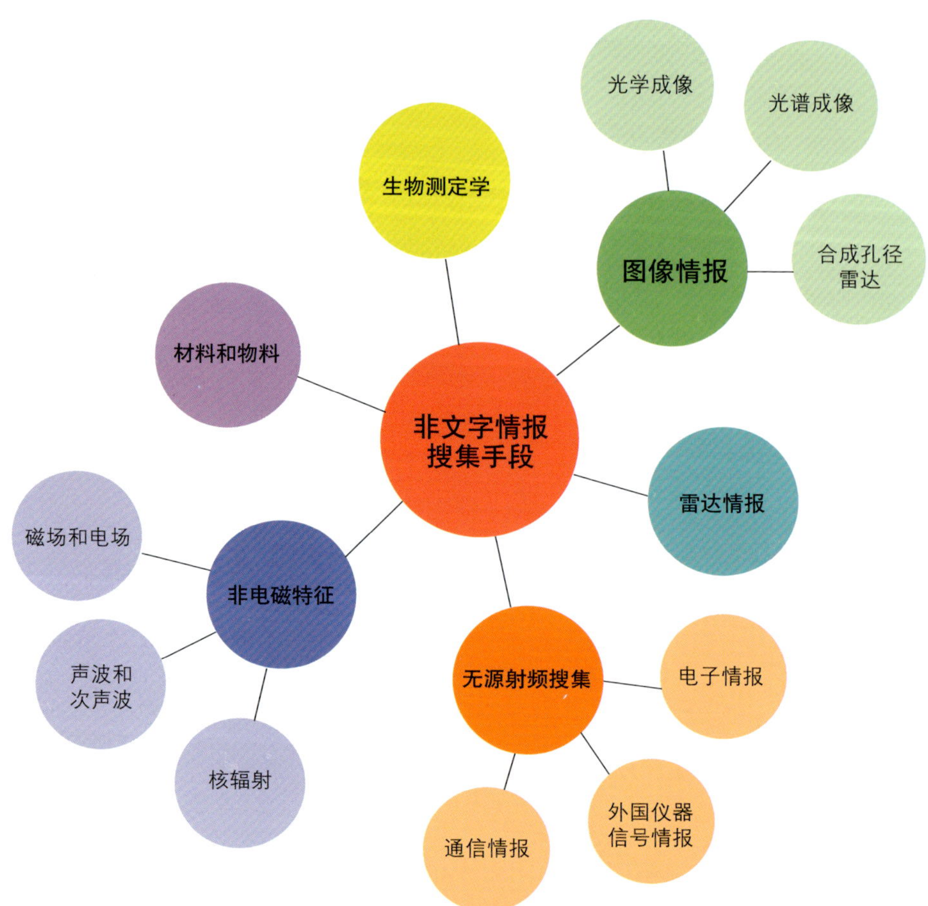

本书将技术搜集定义为非文字来源情报搜集，上图概括了其主要类别。第四章（光学成像）、第五章（光谱成像）以及第七章（合成孔径雷达）涵盖了图像情报的内容。第六章则主要讲述雷达情报。第八章阐述了三类无源射频搜集手段（电子情报、外国仪器信号情报和通信情报）的特征。第十章介绍了非电磁特征的搜集。而有关材料取样、物料获取以及生物测定学特征和行为特征的内容则全部在第十一章进行具体讨论。

情报与反情报丛书

总策划⊙王吉胜
主　编⊙高金虎

解放军国际关系学院战略与安全研究所规划项目

情报搜集技术

（最新中文译本）

[美] 罗伯特 · 克拉克 (Robert M. Clark) ／著
陈烨　步凡／译　高金虎　潘涛／审校

The Technical Collection
of
Intelligence

金城出版社
GOLD WALL PRESS

图书在版编目（CIP）数据

情报搜集技术 / (美) 克拉克 (Clark, R. M.) 著；陈烨，步凡译 . —北京：金城出版社，2015.7

(情报与反情报丛书 / 高金虎主编)

书名原文：The Technical Collection of Intelligence

ISBN 978–7–5155–1244–0

Ⅰ. ①情… Ⅱ. ①克… ②陈… ③步… Ⅲ. ①军事情报—情报搜集 Ⅳ. ① E87

中国版本图书馆 CIP 数据核字（2015）第 129422 号

The Technical Collection of Intelligence by Robert M. Clark
Copyright ©2011 by CQ Press, an imprint of SAGE PUBLICATIONS, INC.
Simplified Chinese translation copyright ©2015 by GOLD WALL PRESS
All Rights Reserved.

本书英文版由 SAGE 出版公司 CQ 出版社出版，中文简体版由 SAGE 通过 CQ 授权金城出版社独家出版。

本作品一切权利归**金城出版社**所有，未经合法授权，严禁任何方式使用。

情报搜集技术
QINGBAOSOUJI JISHU

作　　者　[美] 罗伯特 · 克拉克（Robert M. Clark）
译　　者　陈　烨　步　凡
审　　校　高金虎　潘　涛
责任编辑　朱策英
文字编辑　李晓凌
开　　本　710 毫米 ×960 毫米　1/16
印　　张　25.5
字　　数　379 千字
版　　次　2015 年 8 月第 1 版　2015 年 8 月第 1 次印刷
印　　刷　天津旭丰源印刷有限公司
书　　号　ISBN 978–7–5155–1244–0
定　　价　98.00 元

出版发行　**金城出版社**　北京市朝阳区利泽东二路 3 号　邮编：100102
发 行 部　(010)84254364
编 辑 部　(010)64271423
投稿邮箱　gwpbooks@yahoo.com
总 编 室　(010)64228516
网　　址　http://www.jccb.com.cn
电子邮箱　jinchengchuban@163.com
法律顾问　北京市安理律师事务所　(电话)18911105819

丛书总序

以情报工作为研究对象，探索情报工作规律，研究改进情报工作途径的学科，在西方称为情报研究，在中国则称为军事情报学。名称不同，本质一致。

长期以来，由于情报工作本身存在着较强的隐蔽性，各个国家对情报机构的活动秘而不宣，其情报档案也不公开，从而影响了情报工作受关注的程度，情报活动成了历史研究中被遗忘的一角。

西方的情报研究，始于 1949 年美国学者谢尔曼 · 肯特 (Sherman Kent)《战略情报 : 为美国世界政策服务》[1] 一书的出版。肯特是耶鲁大学历史学教授，第二次世界大战期间担任美国战略情报局（Office of Strategic Services）研究分析处欧洲—非洲科的科长，战后一度回到耶鲁重执教鞭，随后担任中央情报局[2] 国家评估办公室主任。在该书中，肯特把战略情报定位为战略家制订和执行计划所必需的情报，是身居高位的文武官员保卫国家福祉必须掌握的知识。肯特开启了情报分析专业化的大门，他因而被称为“情报分析之父”。

1962 年，美国兰德公司的罗伯塔 · 沃尔斯泰特（Roberta Wohlstetter）出版了《珍珠港 : 预警与决策》(*Pearl Harbor: Warning and Decision*)，深刻剖析 1941 年驻珍珠港美军遭日军突然袭击的原因。从珍珠港事件起步，美国人一点一点地厘清了情报失误发生的原因，并有针对性地开出了改进情报工作的“处方”。

20 世纪 70 年代初，国际学术界在德国斯图加特召开第二次世界大战中的

---

[1] 编注 :《战略情报 : 为美国世界政策服务》(*Strategic Intelligence for American World Policy*)，中文版已于 2012 年 1 月由金城出版社出版。另，为更一目了然，全书脚注分成编注（编辑者添加）、原注（外文原版书中已有）和译注（译者翻译时所加）等几种情况，且在原注中表达引用出处或来源的文字一般不做翻译，以方便读者参阅和进一步查询资料。

[2] 编注 : 为表达的方便，本书后文可简称为“中情局”。对该局四个分别负责情报、行动、技术和支援业务的部门，本书译者一律相应采用“分局”称之，以符合中文的表达逻辑和业界已形成的习惯。而中情局官方网站对此四个部门的中文译法则以“处”冠之。特此说明。

信号情报研讨会议。与会者一致认为，由于相关档案的公开，情报在二战中的作用必须重新审视，二战历史有必要重写。此后，情报研究在西方学术界呈现出方兴未艾之势，一批历史学家、政治学家、战略学家、国际关系学者加入了情报研究，有力地推动了情报研究的发展。在英语世界，情报研究已经成为社会科学研究的一个组成部分。

与美国相比，中国的情报研究起步并不算晚。早在2500年前的春秋时代，中国兵圣孙子就写出了著名的《孙子兵法》，这是世界上最早的军事情报学著作。孙子对战略情报要素认识的完备性、情报评估的重要性、情报谋略的微妙性、情报理论的科学性的分析，即便与2500年后谢尔曼·肯特的著作相比也不逊色。1943年，军统特工郑介民出版《军事情报学》，书中所勾勒的军事情报工作体系与今日西方的情报研究体系并无本质差别。

今天，军事情报学已经列入了我国研究生与学位教育的学科门类，我们已经培养了军事情报学专业的硕士生、博士生甚至博士后。但情报研究在我国远未成长为一门成熟的学科。理论研究的落后，制约了我国情报与安全保密工作的发展。

中国兵圣孙子说过：知彼知己，百战不殆。情报研究的根本目的是为了改进国家安全工作，维护国家安全和利益。要在复杂多变的世界局势中、在尖锐激烈的国际竞争中立于不败之地，我们必须高起点、高标准、高质量地谋划保密工作，全面、深入地了解世界主要大国情报机构进行策反、渗透、心战、窃密的基本手法，掌握其情报活动的基本特点，从而有的放矢，筑起反渗透、防泄密的防火墙，保障改革开放和社会主义建设事业的顺利进行。这是每一个从事国家安全和保密工作的同志的神圣使命。

基于以上认识，我们策划了这套《情报与反情报丛书》。所选作品均为西方名家的情报研究经典，内容涉及情报基础理论、情报体制、情报历史、谍报技术、反间谍、隐蔽行动、情报分析与失误、突然袭击等，涵盖了情报工作的各个领域。我们希望，这套丛书的出版，可以推动我国的情报研究，并对改善我国国家安全工作有所裨益。

高金虎

目 录

图表目录

序　言

本书旨在从非技术层面来解释搜集情报信息（intelligence information）的技术手段。那些技术发达的国家，诸如美国及其盟国，在情报事务方面拥有最大的非对称优势，而技术搜集也许就是最好的证明。考虑到美国和欧洲社会的相对开放，其他国家在人力情报（HUMINT）方面做得很好甚至更好。多数国家搜集开源情报[1]的渠道十分相似。所谓开源情报，也就是那些可以公开获得的材料，包括从因特网上获得的信息。许多国家致力于搜集通信情报（COMINT），但是技术搜集需要复杂的技术设施，以及对这种情报的需求。许多大国在逐渐增加对卫星成像系统的投入，但多数国家在技术搜集资产（technical collection assets）投资的广度上不如美国。

本书讨论技术搜集如何进行，及如何被应用于情报搜集活动。它对下列人员具有重要价值：

- 技术搜集资产的管理人员，他们必须在整个“烟囱”（stovepipe）式的情报搜集体系中精诚合作，以完成其任务。“烟囱”这个词在美国广泛使用，指情报搜集组织的专业分工和部门隔离这些特点。
- 从事全源分析的分析人员，他们需要了解此类搜集资产的潜力和局限性，以明智地分配任务，并用得到的结果解决分析中出现的问题。

[1]　编注：开源情报（open source），英文省略了“intelligence”（情报）一词。有译作公开来源情报，本书统称开源情报。

- 情报用户，当用搜集结果支持情报结论时，他们需要了解该搜集资产的能力和局限性。
- 情报界的招募人员，他们将研发这些搜集系统的人才引进情报系统。

本书旨在为上述读者提供参考，并希望成为一本有关情报搜集技术的研究生课程教科书。本书涵盖了有关搜集行为及其情报用途方面的各类术语和重要问题。

技术搜集的定义

本书所定义和讨论的**技术搜集**（technical collection）是一种搜集、加工和处理**非文字信息**（nonliteral information）的过程。这些信息的呈现方式并不能用于人类交流。本书并没有讨论对于此类信息的全源分析问题。该问题在其姊妹篇《情报分析：以目标为中心的方法》[1] 中有详细介绍。

有关技术搜集的很多定义都比本书所使用的更为宽泛。负责情报搜集的国家情报副总监（deputy director of national intelligence）定义了三类情报搜集手段：人力情报搜集、开源情报搜集，以及技术情报搜集。技术搜集包含了网络搜集及信号情报（signals intelligence，SIGINT）的所有元素——通信情报、电子情报（ELINT）和外国仪器信号情报（foreign instrumentation systems intelligence，FISINT）。[2] 但是，人力情报、开源情报和通信情报搜集主要关注的是**文字信息**，即人类可以用于交流的信息。文字信息的主要来源在其他相关书籍中都有所涵盖。文字信息来源也可以使用复杂技术，特别是通信情报。通常情况下，情报分析人员和情报用户

[1] 原注：Robert M. Clark, *Intelligence Analysis: A Target-Centric Approach*, 2nd ed.(Washington, D.C.: CQ Press, 2006)。中文版《情报分析：以目标为中心的方法》由金城出版社于 2013 年 10 月出版。

[2] 原注：Office of the Director of National Intelligence, “An Overview of the United States Intelligence Community for the 111th Congress,” 2009, www.dni.gov/overview.pdf.

都了解文字信息搜集和分析的基本产品与方法。

但他们对技术搜集知之甚少。事实上，那些需要技术搜集人员配合的人力情报、开源情报和通信情报搜集者常常对技术搜集产生误解。非文字信息通常需要进行特殊的加工处理，而不是只对搜集来的文字信息进行翻译和分析，因此了解该加工过程的本质和局限性十分重要。

信息必须可靠、及时，这样的需求在不断增加，因而对文字情报和非文字情报进行具体描述就变得愈发重要。特别是在支持现代军事行动时，情报必须精确、准确和及时。文字信息的来源——人力情报、开源情报和多数通信情报——很少能够满足这三个要求。相反，许多重要的技术搜集手段（INTs，也称门类），特别是图像情报（IMINT）和电子情报，通常能够达到这个标准。对所有国家的情报机构来说，技术搜集变得越来越重要。正如英国作家迈克尔·赫尔曼（Michael Herman）所强调的，因为情报用户总是认为“不能指望文本来源，特别是在实时性方面”。[1]

本书所定义和讨论的技术搜集在不同的情报机构中有不同的称谓，这主要取决于所讨论的机构和具体的领域。在美国及其盟国，多数情况下，技术搜集也称为“测量与特征情报”（measurements and signatures intelligence, MASINT）。术语“**测量与特征情报**”包含了许多特殊情报来源，如：

声学情报（ACOUSTINT，搜集声学信号）

红外情报（IRSINT，搜集红外线信号）

激光情报（LASINT，搜集激光信号）

核情报（NUCINT，搜集核碎片和核辐射）

光学情报（OPTINT，搜集非成像光学情报）

雷达情报（RADINT，对航空交通工具进行雷达跟踪和测量）

一些技术搜集都有各自的名字，例如高级地理空间情报（AGI）、电子

[1] 原注：Michael Herman, *Intelligence Services in the Information Age* (New York: Frank Cass Publishers, 2001), 57.

情报、地理空间情报（GEOINT），或图像情报。这些术语都是一些方便实用的缩略语，其中一些被本书用于描述技术搜集的子集。它们被美国及其盟国的情报界广泛应用，所以读者需要了解它们的含义。但这些术语多数都没有实质帮助，只会造成责任混淆和重叠，在美国情报界更是如此。这些名称的确定并非从实际出发，而是出于官僚政治的考虑。

在描述搜集活动时，**高级地理空间情报**和**地理空间情报**这样的术语没有什么帮助。地理空间情报绝不是一种重要的技术搜集手段。它只是一种全源分析方法，所有的情报机构——包括国家级情报机构、军事支援情报机构，以及执法情报机构——都需要进行地理空间分析。

总之，美国和许多其他国家的情报机构都是根据我们称为“门类”的分类方法来组织的，它们构成了所谓的**烟囱式的情报搜集体系**，但是用这种组织分类方法的确很难使人了解这个结构体系。本书中，许多此类术语都归类为**技术搜集**，但是具有统一的主题，包括：

- 非文字信息搜集，正如前面所强调的；
- 特征的测量；
- 将一个特征与某个人、角色或物体联系起来，并识别出这个人、角色或物体的状态变化（例如，对其进行地理定位）。

我们认为，测量与特征情报这一术语也涵盖了这个定义。但是许多情报搜集过程，也就是传统上的信号情报和图像情报，都涉及对一个物体或信号的测量，以及特征的识别。例如，图像判读通常都涉及对图像中的物体进行测量，以及对图像中物体的独特特征进行识别。

本书的结构

本书首先讨论特征的基本概念，然后讨论为实现情报目的而进行特征搜集的传感器和搜集平台（飞机、卫星、舰船和地面站）。

多数为了情报目的而搜集的特征都来源于包含了光谱的电磁（EM）波谱，并且使用一种称为**遥感**（remote sensing）的技术来进行远程搜集。在大概了解遥感的概念后，本书将会深入探讨用于情报目的的遥感技术和系统。

接下来的几章，本书讨论了传感器是如何工作的。特征的技术搜集涉及雷达、射频（radiofrequency，RF）接收器、激光器、被动型电子光学设备、核辐射探测器及地震或声学传感器的使用。这些仪器可以搜集测量数据（诸如雷达散射截面[1]、辐射强度或温度）来描述军事行动和战术，评估导弹、飞机及助力系统的性能，监视研发、测试和生产设施，并可以了解文化和经济活动、环境效应，以及自然现象。[2]

有一类传感器作用于电磁波谱范围以外。这类搜集传感器通常在短距离范围内感应声学、磁或核特征。这些非射频传感器会在接下来的几章里进行讨论。这些章节提供了用于技术搜集的传感器的具体例子，并且讨论了任何技术搜集传感器都存在的基本局限性，以及如何取得平衡的问题。

一些技术搜集完全不使用传感器。它们是通过搜集实物和设备（通常视为**物料**）或实物样本（通常归类为**材料**）来获取特征。该搜集领域将会在“物料和材料的搜集和利用”那一章讨论。

最后一章讨论技术搜集的管理问题。美国的许多相关研究都调查了技术搜集的组织，试图就本书所涵盖的各类技术搜集手段之间更好地协调互动的问题提出解决方法。第 104 届国会进行了一项研究，即《IC21：21 世纪的情报界》，该研究建议加强技术搜集和处理活动（包括信号情报、图像情报及测量与特征情报），组建技术搜集机构。[3] 本书没有直接描述这样

---

[1] 译注：雷达散射截面（radar cross-section，RCS），即飞机对雷达波的有效反射面积。飞机的反射面积越小，雷达探测距离越近；反之，面积越大，雷达探测的距离就越远。减小飞机散射截面的主要途径有两种：一是改变飞机的外形和结构，二是采用吸收雷达波的涂敷材料和结构材料。

[2] 原注：Clark, *Intelligence Analysis*, chapter 6.

[3] 原注：U.S. House of Representatives, Permanent Select Committee on Intelligence Staff Study, “IC21: The Intelligence Community in the 21st Century,” June 5, 1996.

一个机构的优点，但最后一章的确重点讨论了技术搜集在管理方面所面临的许多挑战。

本书陈述的各类事实、观点或分析纯属作者个人，不代表美国中央情报局或其他任何政府机构的官方立场或观点。所有内容都不能视为肯定或暗示美国政府官方认可信息的真实性，或美国中央情报局认可作者的观点。为避免机密信息泄露，这些材料已经通过中央情报局的审查。

[第一章]

特　征

特征（signature）通常是通过对某一物理或化学实体在空间、时间，以及/或者频率方面的力度、强度和状态的测量而得出的。例如，测量的结果可能是由一个物体的大小、温度、信号强度，或气压等组成的物理数值。另外一种类型的特征指的是化学特征，其测量的是一个样本中化合物或化学元素的存在状态（通常是指其数量）。而对于色彩的感知，实际上也是对光的强度（即光的频率）的一种粗略测量。

本书将特征定义为“通过技术搜集手段所得到的非文字信息”。相反，**模式**（pattern）指的是由分析（通常是对特征的分析）得出的结果。区分这两个概念十分重要，因为它们通常重叠，且区别甚微。此外，多数技术搜集手段得到的是特征，而对于某一个来源或所有来源的分析得出的是模式。

- 例如，某一罪犯作案的地理空间模式往往被称为一种特征，用司法术语来说就是**犯罪手法**（modus operandi）；但实际上这是一种模式识别，它源于分析而非技术搜集手段。
- 分析飞机的一系列机动动作可以得出一种模式，该模式能够显示该飞机的自身状况或飞行员的意图。虽然这些机动动作可以通过雷达所获得的一系列特征来进行识别，但这种机动模式并不是一个特征。

为了进一步明确特征和模式之间的区别，我们来考察一个经典的情报案例，也就是在古巴导弹危机期间，识别正在古巴境内建造的设施。

图 1–1 显示的是 1962 年 U–2 飞机所拍摄的有关 SA–2 防空导弹基地的图像。[1] 地面痕迹产生了一系列的特征，某些车辆的存在构成一个独特的模式，两者结合起来，构成了一幅图像。该基地的分布格局被分析人员称为“大卫之星”(Star of David)，恰与苏联 SA–2 防空导弹基地的格局相符，因而分析人员轻而易举地认出了这个基地。整个模式包括一个目标跟踪雷达的图像特征和环绕在其四周的六个导弹发射器的图像特征。

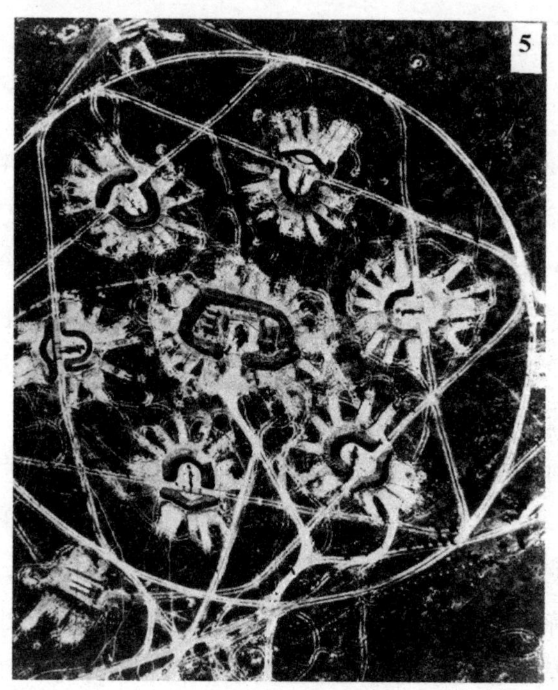

图 1–1　古巴的 SA–2 导弹基地，摄于 1962 年

区别一种模式和一个特征的确很难，因为在实践中两者通常会出现一定程度的重叠。但是本书的最大不同之处在于，全篇主要关注特征的搜

[1]　原注：图像来自“美国国家安全档案馆”迪诺·布鲁格奥尼藏品 (Dino A. Brugioni collection)。

集、处理和利用，而非对于模式的分析。

特征可以通过许多专门技术获得，而这些技术多数只关注特定目标，并且提供具体的情报答案。多数此类技术都会使用专门设计的传感器，或使用从常规的信号情报传感器和图像情报传感器中获得的、经过特殊加工的原始数据。正如本书序言所强调的，在美国，此类技术多数被称为测量与特征情报，它包含了一系列搜集和加工技巧；而其他技巧则被归为信号情报或图像情报。[1] 这类技巧涵盖的范围十分宽泛，同时也在不断地吸纳新技术。可以说，这是一个变化迅速的研究领域。

一、特征的应用

为了实现情报目的，特征必须与特定的人、物或过程相联系。在情报活动中，搜集者通常想要对特定的人、物或过程从时间和空间上进行定位，而特征就用于实现这一目的。以下是特征在执法机关、国家情报和战场情报中应用的例子。

许多特征可以用于对人进行识别，并对人的移动情况进行跟踪。指纹就是一种基于二维空间里的色彩密度（深浅）得出的特征。该特征用于个体识别已有数十年历史。最近，诸如**生物测定学**技术也被用于这一目的。每个人的 DNA 分子均不相同，为了识别个体，法医学家测量了 DNA 分子中的 13 个部分，得出它们之间的联系，并用测量所得的数据建立了一个有关该测量个体的 DNA 序列图（有时也称为 DNA **指纹图谱**）。另外一个人在这 13 个 DNA 区域有着同样序列图的概率微乎其微（同卵双胞胎除外）。

对某一化学物的痕迹进行测量可以得出一个特征。对于放射性气体氪－85 的痕迹进行测量就可以得出一个特征，即某一设备内正在制造

[1] 原注：Robert M. Clark, *Intelligence Analysis: A Target-Centric Approach*, 2nd ed.(Washington, D.C.: CQ Press, 2006).

钚－239（一种用于制造核武器的可裂变材料）。测量工业排放物中的三氯氧磷的痕迹也可以得出一个特征，显示（该工厂）正在生产化学战毒气。

特征也可以用于识别和跟踪核武器、化学武器、生化武器及先进的常规武器系统，以实现导弹监视、防武器扩散、军备控制，以及对条约遵守情况进行监督等目的。根据目标所存在的一些较难掩盖的特征，例如火箭羽流、化学物的生物成分或分子组成以及生物制剂，运用技术搜集可以在一个安全距离对目标进行识别。诸如多光谱热成像（第五章会讨论）此类的特征搜集技术为识别气体排放物痕迹提供了宝贵的参考，此类气体排放物包括在核武器或化学武器制造、存储和应用过程中所产生的物质。特征也用于对一些具有情报价值的环境特点——包括表面温度、水质、材料成分和污染物——进行描述。[1]

今天的一些智能武器系统也使用特征对飞行中的表面目标进行探测和确认[2]，但是在这之前还需要通过技术搜集手段来获得该目标的独特特征。

技术搜集手段可以让许多现代隐蔽和伪装手段失效。指挥官可以根据某一特征来识别战场上特定的敌对装备，从而实现精确瞄准。战场指挥官还可以使用技术搜集手段在战场空间跟踪友军。另外，雷达系统也可以对某一物体（如坦克、导弹或者弹头）的形状进行远程测量，以帮助指挥官确定特定模型或类型。[3]

在某次测试活动（如弹道导弹测试或核爆炸测试）开始之前、进行过程中，以及结束之后所搜集到的有关环境条件的特征，可以用于判读

---

[1] 原注：J. J. Szymanski and P. G. Weber, “Multispectral Thermal Imager: Mission and Applications Overview,” *IEEE Transactions on Geoscience and Remote Sensing*, 43, no. 9 (September 2005): 1943–1949; Jeffrey L. Hylden, “Remote Sensing of Chemical Plumes (17),” Pacific Northwest National Laboratory, April 2001, www.technet.pnl.gov/sensors/macro/projects/es4remchem.html.

[2] 原注：Don Atkins and George Crawford, “Reprogramming Brilliant Weapons: A New Role for MASINT,” *American Intelligence Journal*, 17, nos. 3 & 4 (1997): 45–46.

[3] 原注：John L. Morris, “The Nature and Applications of Measurement and Signature Intelligence,” *American Intelligence Journal*, 19, nos. 3 & 4 (1999–2000): 81–84.

该测试的结果。

特征通常是一段时间内在环境不断变化的情况下所搜集到的多次测量的产品，一般反映了某一目标或事件的动态变化。例如，一架飞行中的飞机的雷达、红外线（IR）及声学特点将会随着其海拔高度、功率级、飞机配置的变化而发生可预见的变化。这些特征可用于识别特定目标或行动，或者，在这些目标或活动同时发生时对其进行区分。

二、特征库

除非存在一个**特征数据库**（signature database）或**特征库**（signature library），能够将特征与特定的人或物体类别联系起来，否则技术搜集手段将毫无价值。如果有了特征库，那么识别出某一特征，就可以将其与特定的人、现象、物体或物体类别联系起来。

情报工作有一项主要任务，即建立起一个可靠的特征数据库，这项任务需要持之以恒去完成。许多搜集系统可以得到一些实时的（即在数秒之内）特征。但是，仅仅探测到某一特征是远远不够的，还需要一个包含大量特征的特征库，这样就可以在实时或近实时的情况下对特征进行识别。[1] 这些特征库在确保技术搜集系统在战场情况下快速且准确地识别特征方面发挥着关键性的作用。[2] 许多现存的特征数据库都已经过于陈旧，因为它们所包含的数据都是由较为陈旧且可靠性较低的传感器所记录下来的。在某些情况下，诸如用化学制剂探测器所进行的识别活动，因为相关的特征的数量在变化，所以特征库也需要不断更新。现存的分子结构特征库仍在

[1] 原注：Zachary Lum, “The Measure of MASINT,” *Journal of Electronic Defense* (August 1998): 43.

[2] 原注：Steven M. Bergman, “The Utility of Hyperspectral Data to Detect and Discriminate Actual and Decoy Target Vehicles,” Naval Postgraduate School, Monterrey, CA, December 1996: xiii–xv.

组合当中，许多新的化学物质还在不断地产生。

三、电磁波谱特征

情报活动所搜集到的最重要的特征来自那些在电磁波谱的某一频段工作的传感器。此类传感器会在第二章讨论。

如图 1–2 所示，一个电磁特征是由电磁能与物质（如固体、液体或气体）的相互作用而产生的。电磁传感器接收反射或发射的能量。当某一能源（如太阳，或者雷达发射机）射出的电磁波与物质发生了相互作用，外来（入射）辐射能便会被反射、折射、散射、透射或吸收。电磁能在撞击到一个表面粗糙的物体（如一块岩石或一块空地）或一个漫射物体（如积雨云）时，会向多个方向散射或被吸收。某些能量也可以穿透此类物体。当能量撞击到一个光滑的反射物体，如一块金属片时，多数情况下会被反射回来。

如图 1–2 所示，有时电磁能会被一个物体吸收，然后刺激能量以另外一种不同的频率进行发射。例如，紫外光会使一些材料发出荧光，或者发射出可见光。许多人都发现，如用长波紫外光（也称为“黑光”）照射，白色服装会在黑暗中发光。这种发光现象是因为洗涤剂中所使用的化学物质具有荧光属性。荧光材料在情报领域有很多用途，如可以用在颜料、塑料制品及涂料上，来识别物品或人，或进行密写。

另外，如图 1–3 所示，物体可以自然地或因为人为作用而发射电磁能。本章后面将会讨论，在高于绝对零度的温度下，所有的物质（包括固体、液体和气体）都会发射能量，多数是在光谱的热能波段（红外波段）。闪电和极光都能产生非常强烈的射频信号和光学信号。放射性物质可以放出伽马射线。许多生物会因为化学反应而在光学波段发射出能量，该现象称为**生物荧光**（biofluorescence）。萤火虫、浮游生物和许多海洋生物都可以发出荧光。

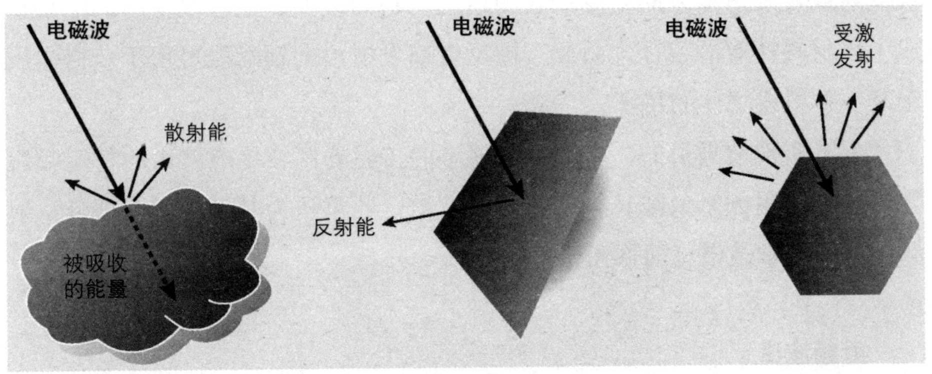

图 1–2　电磁能与物质的相互作用

人造物体可以有意或无意地发射出电磁能。通信设备、雷达和建筑物的灯光都可以有意识地发出射频能或光能，来为我们要达到的目的提供服务。但是，许多人造物体在运转的过程中也会无意识地发射出电磁能，如图 1–3 中的卡车，其火花塞发射出射频噪声，发热的引擎发射出红外线能量。这些天然和人工发射构成了具有情报价值的特征，这也是本书贯穿始终都在讨论的问题。

远程电磁感应技术的应用基于一个事实：自固体、液体及气体材料中

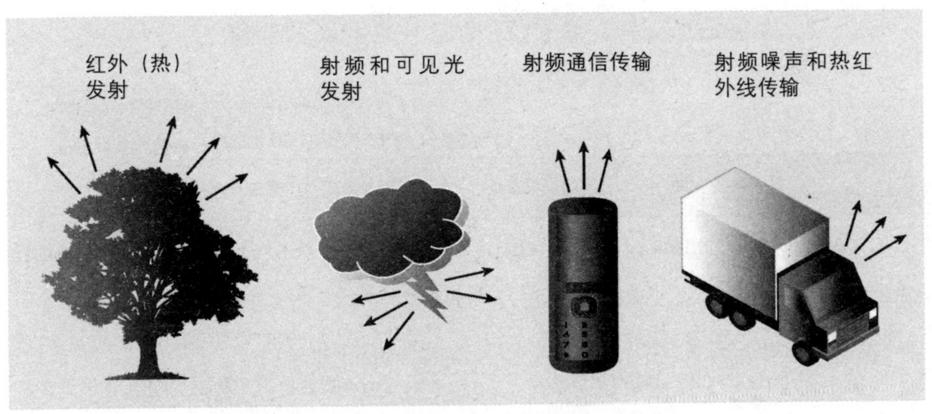

图 1–3　电磁能的天然和人工发射

被反射或者发射出来的电磁能会因这些材料而改变。这些改变后的能量构成了该材料特有的特征。由此，被反射或发射出的辐射能可用于获得专属于某一材料或物体的特征。

为了实现情报目的，多数用于遥感的传感器都在电磁波谱的特定频段工作。我们用频率或波长来描述此类波谱，通常认为其包含两个部分：射频波谱和光学波谱（简称光谱）。

射频波谱

图 1–4 显示的是用于情报遥感用途的射频波谱的一部分。该射频波谱的频率逐渐降低（图中自右向左），但情报搜集者主要关心的是此处显示的这一部分。注意该波谱被划分成几个频段，每一频段都有具体命名，这些细节将在后面的章节讨论。该波谱的频率也在逐渐升高（图中自左向右），其后续的部分就是光谱，我们也将在后面讨论。

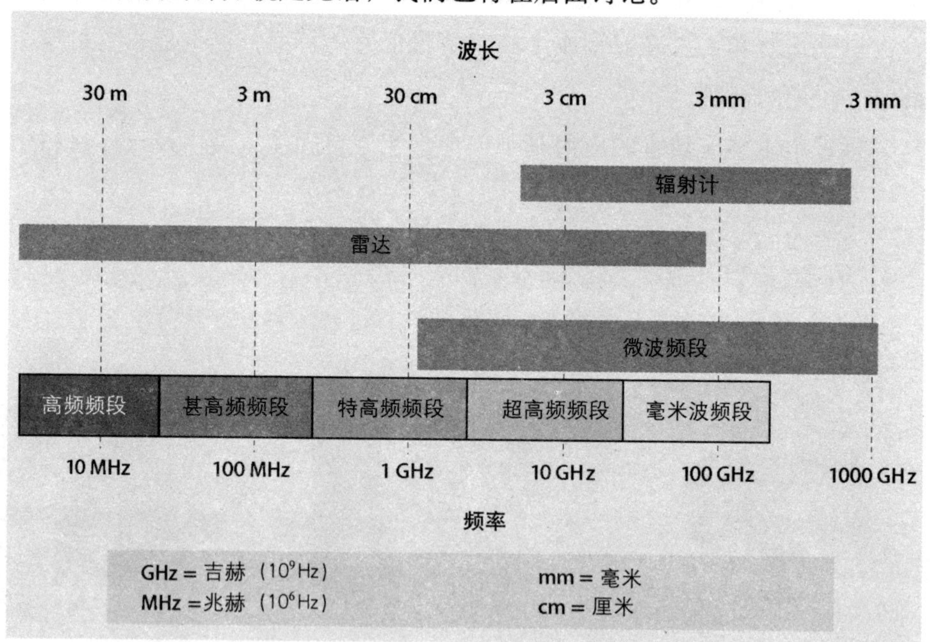

图 1–4 射频波谱

在射频波谱内搜集特征的方法有两种：通过搜集目标发射出的射频能量的被动型传感器，通过搜集目标反射出的射频能量来搜集特征的主动型（有源）或被动型（无源）传感器。被动型射频传感器所搜集的天然和人工发射范围广泛，其中包括：

- 有意识的发射，例如通信信号和雷达信号；
- 伴随人类活动而产生的射频发射，如自动点火发出的噪声；
- 自然发射，如闪电放电（通常不会引起情报关注，基本上视为噪声）；
- 热生成发射（也属于噪声，但用于成像）。

被反射的射频能量的搜集工作多数是由雷达完成的，因为雷达可以在射频波谱的较窄频段进行发射。有关雷达的知识将会在第六章和第七章进行详细介绍。在极少数情况下，被反射的射频能量的搜集工作可以在没有雷达发射机的情况下完成，而这些特殊的例子将会在第八章讨论。

无论是被发射的射频信号，还是被反射的射频信号都能提供特征，帮助情报分析人员对发射或反射出这些信号的目标进行确认。这些特征将会在第六章到第八章进行详细讨论。

光学波谱

图 1–5（彩色效果见书前插页对应图片）是图 1–4 中的光谱向更高的频率（更短的波长）发展的延伸。电磁波谱的这一部分叫作**光学波谱**（optical spectrum）。这里所使用的传感器与在射频波谱中使用的传感器有本质区别。

光谱习惯通过波长（通常以微米为单位，或简称为 μm）而非频率来特指其中的各个部分。频率数值过大，过于累赘，且通常使用一些难以理解的术语进行描述，例如太赫（terahertz）或拍赫（pentahertz）。

图 1–5 所示的光谱是由一些不同的能带组成的，每一个能带都有自己的名称或指称。图中所示的能带划分界限都是通用的，但无论是谱带的数

量还是划分界限都没有统一的标准。例如，天文学家将红外谱带分成了三个较大的部分（近红外谱带、中红外谱带、远红外谱带），范围从 0.7 微米到 350 微米。[1] 图 1–5 中所示的定义贯穿全书，因为在讨论情报应用方面，这些定义使用起来十分方便。

通常情况下，用于情报用途的光学传感技术需要利用的能量波长范围从电磁波谱的紫外谱带至红外谱带，因此，多数光学传感器的工作范围是从紫外至整个长波红外（long wavelength infrared，LWIR）谱带。我们注意到，光谱的可见光谱带，从 0.4 微米延伸至约 0.75 微米，这个眼睛可见且多数传感器都能工作的谱带，仅仅占据了整个光谱很小的一部分。

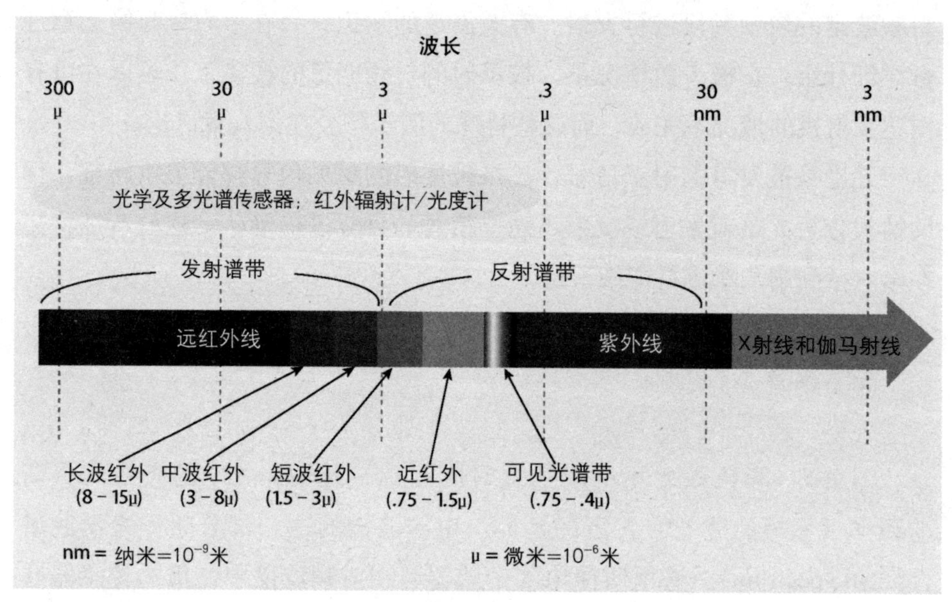

图 1–5　光谱

如图 1–5 所示，根据所获得的特征的本质，光谱也可以分成两个区域。在这两个区域内，每一谱带都具有鲜明的特征特点。

---

[1] 原注：NASA definition of near, mid and far infrared bands, 2009, www.ipac.caltech.edu/Outreach/Edu/Regions /irregions.html.

- **反射谱带**（reflective band）是由紫外（ultraviolet，UV）、可见光、近红外（NIR）及短波红外（short wavelength infrared band，SWIR）谱带组成。这些谱带被称为“反射谱带”，是因为在这些谱带作业的传感器通常只能在白天工作，感应太阳的反射能。近红外和短波红外谱带是**反射红外**（reflected infrared）谱带，因为其依赖于自地球表面反射出的太阳辐射的红外部分。一些夜视镜使用红外线照明器，也可以在近红外谱带工作。虽然近红外谱带被称为反射谱带，但是在这个谱带仍然可以产生具有情报意义的重要发射。例如，近红外谱带的传感器可以探测到火箭羽流、船灯，或者夜间工厂的灯，这可以显示该工厂正在运行。
- 从中波红外（mid–wavelength infrared，MWIR）到长波红外，再延伸至远红外谱带，这一谱带叫作**发射谱带**（emissive band）。与反射谱带相反，该谱带的传感器不必直接依赖于太阳的光照。位于发射谱带内的中波红外和长波红外谱带通常叫作**热红外**（thermal infrared）谱带。该谱带中传感器的工作原理基于这样一个事实：所有高于绝对零度的物体会在发射谱带的某一部分发射出能量；物体越热，其发射出的能量就越多，波长也就越短。

在光学谱带具有情报价值的许多特征，就是**光谱特征**（spectral signatures）。电磁能与物质的相互作用使图 1–5 所示的光谱的特定部分发射出能量，由此产生的特征专属于发射该能量的物质。因此，光谱特征可以用于识别单独存在或与其他物质混合存在的某种材料。

例如，气体一旦被外部能源加热，一般会通过发射辐射能来形成光谱。该外部能源可以是太阳，或者是诸如在化工生产过程中所遇到的外部能源。当被太阳加热时，气体会在中波红外谱带生成光谱，范围从 2.5 微米延伸至 5.5 或 6 微米。生产的过程更倾向于在长波红外谱带内生成特征，范围自 7 微米至 14 微米。这些特征将会在第五章讨论。

电磁波的偏振

电磁波的一个关键特征元素就是波的**偏振**（polarization）。所有的电磁波——射频波或光波——都会出现偏振现象，也就是说电场会在某一方向上出现振荡。在情报领域，偏振是一个重要概念，因为它可以用于获取雷达成像、光学成像及电子情报中的特有特征。本书在这里引入这个概念，并对其进行解释，全书还会反复提及这个概念。

那些有意发射的射频信号具有固定的偏振方向，可能属于图 1–6 所示的三种偏振类型中的一种。波可以进行**线偏振**（linearly polarized），也就是说电场是在一条直线上前后振荡。这种波也可以进行**圆偏振**（circularly polarized），对于观察者来说，这种情况下的入射电场就像是时钟上的秒针一样不断地旋转（只不过速度更快）。波也可以进行**椭圆偏振**（elliptically polarized），这样一来电场仍然会旋转，只不过在某一方向上的电场矢量更长（意味着该电场更强）。

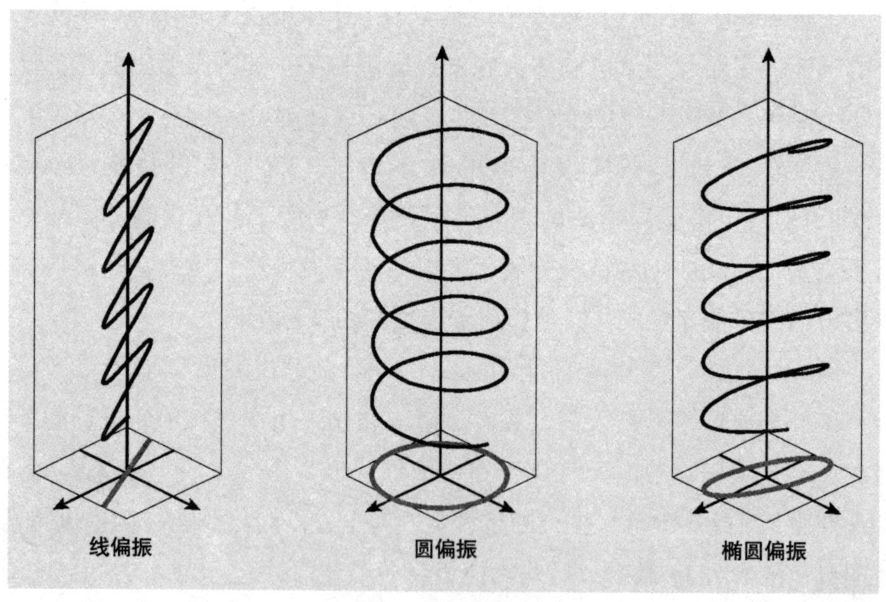

图 1–6 偏振的类型

除了这三种偏振类型外，还存在许多可能的偏振方向。一个进行线偏振的波可以上下振动（垂直偏振）、左右振动（水平偏振），或者以某个角度振动。这种偏振的类型和方向可以告诉我们有关发射器的某些信息。

自然发射的电磁波具有和有意发射的电磁波不同的偏振类型。它们的偏振方向比较随意，也就是说方向一直处于变化之中。最常见的例子就是太阳光。阳光如果在一个平坦的表面（如水面）进行跳跃，那么就是一种水平偏振。我们可以视其为一种强光。太阳镜的设计仅仅允许垂直偏振光通过，并过滤掉那些水平偏振的强光。太阳镜之所以能够做到这一点，是因为它们有许多垂直的细线，垂直的偏振光可以通过，那些水平偏振光则被滤去。要确定你的太阳镜是否有效，只需要轻轻抓住它，放在眼前，通过镜片观看一个发光的反射面；持续盯着该表面，并将镜片旋转 90 度，能发现反射面变得更亮，这是因为镜片透过而非过滤掉了水平偏振的反射光。

四、非电磁特征

在不使用电磁传感技术的情况下可以搜集到有关材料和人类活动的广泛特征。有关搜集、处理和利用的方法将会在第十章和第十一章详细讨论。下面对这些重要方法进行简要描述。

声学特征

在技术情报（搜集）中，声学特征被用于识别和跟踪舰船、潜艇、陆地交通工具及机载平台。它们已经可以探测并描述出各类爆炸情况，包括那些核设施的测试活动。声波可以跨越洲际距离，在地下或水下进行传播，所以我们可以远程搜集声学特征。在较短的距离范围内，也可以感应到空气中的声音，并且可以搜集诸如坦克和卡车一类交通工具的独特特征。

核特征

核特征指的是那些用于区分不同的核材料或放射性物料的物理、化学以及同位素的特点。这些特征能帮助研究者识别那些初次制造某个材料的过程，并且帮助识别材料源，这在情报领域十分关键。[1] 例如，铀粒子的形状和大小可以提供有关材料来源的信息。

放射性材料发射出一种或多种类型的辐射能，例如 α 粒子（氦核）、β 粒子（电子或正电子）、中子和伽马射线。被发射出的粒子、射线，以及每种类型的强度，共同构成了一个特征，帮助识别放射源材料。来自某一固定样本所发射出的辐射能，有时可以告诉我们材料生产的时间。

“9 · 11” 恐怖袭击之后，人们更多地关注恐怖分子使用“脏弹”（dirty bombs，可能会发散核材料的爆炸物）发动恐怖袭击的可能性。这种关切使得港口和边境处的核传感器激增。这种传感器所面临的挑战在于，它们必须将核设施或核材料所产生的特征与那些自然发射出低辐射能的合法货物的特征区别开来。

化学特征

化学特征广泛应用于环境监测和执法活动。例如，水污染物的存在及来源可以由水质抽样来确定，并且可以用遥感技术来探测具体的污染特征。类似技术可以用于空气污染监测。执法的时候可以使用遥感技术来探测空气中的化学特征，因为这些化学特征可能暗示存在非法的冰毒（甲基苯丙胺）化工厂。

---

[1] 原注："Identifying the Source of Stolen Nuclear Materials," *Science and Technology Review*, Lawrence Livermore National Laboratory, January/February 2007: 13–18.

在情报领域，化学特征可用于识别工厂的排放物，从而确定工厂中正在进行的生产加工的过程。最常见的情报需求是描述那些可能生产大规模杀伤性武器（weapons of mass destruction，WMD）的可疑设备。这样的描述主要取决于能否识别这些设备排放的化学排放物的特征。一个存在气体扩散并尝试对铀进行浓缩加工的工厂，其排放物会形成特征，因为六氟化铀及其分解物都具有独特的化学特征。一个核燃料再加工工厂可能排放出各类物质，每一类都有各自独有的特征，这可以帮助确定该工厂的生产目的。[1] 那些为了化学战而制造的神经毒气也可以产生具有独特特征的排放物，显示这种毒气正在生产。

生物特征

情报对于生物特征的首要关注点在于识别那些会引发疾病的微生物。世界各国的情报机构和公共医疗组织都花费了大量的精力对这些特征进行分类，以跟踪某种暴发的疾病疫情来源。2001 年，通过对美国邮政系统投放炭疽病毒而进行的生物攻击，就是个很好的例子，体现了特征细节的价值。调查认为，用于此次攻击的炭疽病毒来自某种类菌株，也就是埃姆斯类菌株(Ames strain)，而这种类菌株只存在于某些实验室中，包括位于马里兰州德特里克堡的美国陆军生物防御实验室（U.S. Army biodefense laboratory）。利用这些知识，联邦调查局的探员锁定了来自该实验室的嫌疑人布鲁斯 · 伊文思（Bruce Ivins）博士，但此人在被捕之前已自杀身亡。[2]

情报关注的焦点在于生物战（BW）毒气的制造或使用，最理想的状态就是对这两种情况进行遥感。如果出现了生物毒气的排放，那么医疗救

[1] 原注：Jack Allentuck and James R. Lemley, “Open Skies and Monitoring a Fissile Materials Cut-off Treaty,” Brookhaven National Laboratory Report #BNL-61355, July 9, 1965.

[2] 原注：“New Details on F.B.I.’s False Start in Anthrax Case,” *New York Times*, November 25, 2008, A23.

护人员必须立即知道排放情况。对生物毒气进行遥感需要存在一个可以被遥感到的特征，但大多数生物毒气并不存在这样的特征，因为生物毒气通常都是无色无味的。所以，目前还没有设备可以进行实时的生物毒气探测和识别。探测器可以通过捕捉样本而立即显示存在某种生物毒气，但是必须首先搜集样本，将其送往实验室，然后进行培养，并最终用于识别病原体。整个过程可能要花费数小时。

计量生物学特征

计量生物学是一种用于测量并且统计分析生物数据的科学技术。对情报领域及各种行动，特别是对于执法机构、移民局和海关等单位来说，其重要性在于对人进行识别。所有的人都具有许多独有的生物特征，这些都属于**计量生物学特征**（biometric signatures）。指纹和DNA是两种比较常见的特征。眼睛的视网膜和虹膜也是每个个体的独有特征。在情报领域，最有用的特征就是那些可以在远距离进行识别的特征——脸部特点、气味和声音都是当前适用的特征。

五、小结

多数技术搜集是通过特征的形式获取并分析非文字信息的。特征是在空间、时间、频率三个方面分别或综合性地对物理或化学实体的力度、强度或状态进行测量而得出的。对于特征的分析通常能帮助识别一种具有情报价值的模式。

为了应用于情报领域，特征通常与一个人、物体或过程联系起来。这通常包括对该特征（即某个人、物体或过程）的空间和时间进行定位。

特征在情报领域用途广泛。它们也被用于识别与跟踪人员和车辆，评估工业生产过程，监督协议的遵守情况，锁定智能武器，识破伪装，并且判读武器的测试结果。

技术搜集的一个核心要素是建立一个特征库，将特征与特定的人、物体或过程联系起来。军队、执法部门必须实时得到这些特征。

用于情报用途的多数特征都来自电磁能与物质的相互作用。当电磁波与物质发生相互作用时，入射辐射能可能会被反射、折射、散射、透射或吸收，这些相互作用可以产生特征。物体也可能会自然地或因为人为活动来辐射出能量，这也会产生某个特征。总体来说，电磁波谱可以分为两个部分：射频波谱和光学波谱。在这两个波谱中作业的传感器和所能感应到的现象也存在很大差异。

电磁波的一个关键特征元素就是波的偏振。所有的电磁波，包括射频波和光波都会发生偏振，也就是说电场会在某个方向上发生振荡。在情报领域，偏振是一个十分重要的概念，因为其可以用于获得电磁波谱在射频波谱和光学波谱波段内的独有特征。

在不使用电磁传感技术的情况下，可以搜集到来自材料、设备、过程及人类活动的范围广泛的特征。技术搜集可以用于获取声学特征、核特征、化学特征、生物特征以及计量生物学特征。

[第二章]

电磁传感器

电磁传感器，顾名思义，就是用于接收和处理电磁波谱——射频波谱或光学波谱——某一波段所发射能量的传感器。安装在卫星或飞机上的电磁传感器可以远程接收地球表面的相关信息，或者有关地球表面或在其附近活动的信息。这类遥感技术多用于民事——环境和资源管理研究、天气预报等。而在情报领域，空中或太空遥感则主要用于对地球进行绘图，以及对人造物体的移动进行定位和跟踪。相反的情况也适用，也就是说可以从地球表面观察机载或空载物体（如飞机、弹道导弹或卫星）的移动。

遥感技术通常被称为电磁感应技术或波谱感应技术。对于情报工作来说该技术很重要，因为电磁波可以进行远程搜集，并受到诸如信号强度、进入传感器的噪声及传感器的敏感度等因素的影响。但是，遥感这一分类并不能完全精确地描述电磁传感器是如何应用于情报领域的，因为电磁波也可以进行短程感应。短程范围内，电磁传感器在情报领域有诸多应用，因为它们通常可以感应到非常微弱的信号，包括无意识的发射。这项技术面临的挑战在于，如何将传感器安置在较近的距离内而不被发现。

将遥感技术等同于电磁感应技术，其实也忽略了很重要的一点：在特定条件下，非电磁波也可以进行远程感应。如，声学信号就可以穿越地表、水或大气，并且可以在数百甚至数千千米内被感应到。这些信号也具有情报价值，具体情况会在第十章讨论。本章和下面几章主要阐述电磁遥感技术。

一、搜集型传感器类别一览

电磁传感器可以分为两大类别：主动型（有源型）和被动型（无源型）。主动型传感器（雷达）可以发射信号，然后对目标物的反射信号进行判读。被动型传感器利用的是自然发射或人造信号，或者使用替代性光源，如太阳。多数被动型传感器在微波波段或光学波段工作。一些应用于情报活动的遥感器能够生成图像，另外一些则不能。每个类别的传感器及其波段都具有自身的优缺点，而每一类别都包含几种特定的传感器，每种传感器也都有各自的优缺点。[1]

为确保探测的可靠性，传感器必须在各种气候和光学条件下工作。但是在波谱的较高频段，湿度和云层会减少传感器接收的能量，从而降低传感器的有效性。频段越高，传感器的分辨率通常也会越高，这是一种折中关系。

图 2–1 显示的是本书中所讨论的各种遥感器之间的关系。如图所示，这些传感器都是通过测量光谱特点，或者电磁信号的强度或状态来获取空间特征的。图中三角形的角上显示的是用于测量单一特点的传感器，各条边上显示的是可以同时测量两种特点的传感器，中间显示的是可以测量三种特点的传感器。本节将对图中显示的传感器进行简要介绍，后面几章将详细介绍这些传感器，具体描述其在情报领域的应用。

[1] 原注：Robert M. Clark, *Intelligence Analysis: A Target-Centric Approach*, 2nd ed. (Washington, D.C.: CQ Press, 2006), ch. 6.

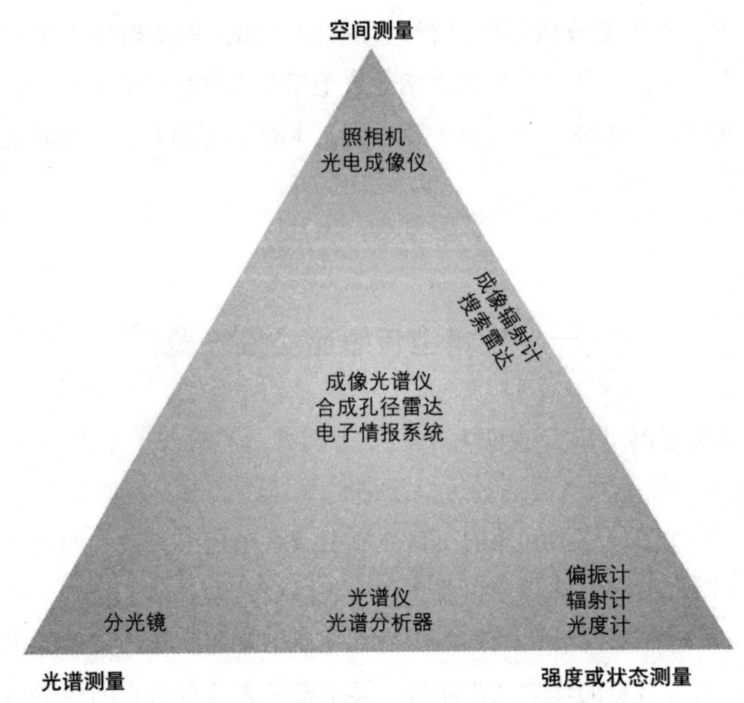

图 2–1 遥感器的类别和类型

空间测量

照相机可以生成一个图像，如果图像判读人员知道图像的比例尺，就可以通过该图像对那些具有情报价值的物体进行地理定位，测量物体的大小。黑白照片用于情报领域已有多年历史。彩色图像出现后，从照片上可以获取更多有关物体的特征信息。但摄影机现在大多被**光电成像仪**（electro-optical [EO] imager）替代。用于情报活动的光电成像仪其实是目前应用广泛的数码相机的精密版本。光电成像仪已经成为情报领域获取空间测量数据的标准仪器。比起摄影机，此类成像仪具有很多优势，其中之一就是其可以记录强度和空间信息。

强度或状态测量

我们可以对接收到的能量的强度进行测量（也称为辐射测量），或者是对目标物体的状态进行测量（例如偏振测量）。所有的电磁信号都必须具有某种最小强度，这样才能被传感器探测到，这被称之为**探测阈**（detection threshold）。但是，不是所有的传感器都能测量到信号的强度。下面就是一些可以进行这种测量的传感器。

- **辐射计**（radiometer）属于被动型传感器，可以接收、记录从物体中自然放射出的电磁能。辐射计通常指那些在微波波段和毫米波波段范围内工作的传感器，但有时也指那些红外传感器。光学辐射计通常被称为**光度计**（photometer）。光度计可以测量某一波段光谱的入射光强度。实际上，这就是一个光学辐射计。
- **测偏振术**（polarimetry）是对电磁能偏振情况进行测量的一种方法，通常使用偏振计（polarimeter）进行此类测量。光学测偏振术通常被称为**椭圆偏振测量术**（ellipsometry）。该方法被广泛应用于天文学，用于对遥远的星球及星系进行描述。在情报领域，如果与雷达共同使用，这种测量方法也被称为**雷达测偏振术**（radar polarimetry），后文会讨论。

如图 2–1 所示，**成像辐射计**（imaging radiometer）既可以获得某一物体的空间特征，也可以获得其强度特征。实际上，它会形成一个“辐射图”。多数情况下，成像辐射计在热红外和微波波段内工作。

雷达代表的是无线电探测和测距。雷达系统都属于主动型传感器，可以为其自身提供电磁能的能源。在雷达天线移动其主光束对一片空间范围进行搜寻时，多数雷达都能以脉冲串的形式从天线中发射出微波辐射能。当能量接触到目标时，能量中的一部分会被反射回传感器。这种背向散射的微波辐射能可以被探测到、被测量并计时。通过计算能量到达目标再返回传感器所需时间，可以确定雷达到达目标的路程或距离。因此，雷达既可以获取空间特征，又可以获取强度特征：通过测量一个脉冲往返的时间，以及脉冲发射过程中雷达天线的主光束指示的方向来获取空间特征；通过测量返回信号的强度来获取强度特征。

因为雷达可以为自身提供能源，所以无论是白天还是夜晚都可以生成图像。微波雷达可以穿透云层和大多数强度的降雨，是一种全天候的传感器。雷达也可以利用激光器作为发射机，在毫米波波段和光学波段工作，但是天气状况会对这些波段产生负面影响。

光谱测量

最简单的光谱感应设备是**分光镜**（spectroscope），这是一种根据波长对入射光进行色散处理的光学仪器。棱镜是一种最简单的分光镜。**光谱仪**（spectrometer）是一种分光镜，也可以用于在电磁波谱范围内（自伽马射线和 X 射线至远红外线）测量不同波长的光线的强度或偏振情况。在情报领域，这种仪器通常用于材料的识别（例如，识别化学排放物或工厂的放射物）。**成像光谱仪**（imaging spectrometer）是情报领域最为实用的仪器，因为它们可以获取一片区域的图像，方法是对该图像中每一个物体的光谱特点进行测量。

如图 2–1 所示，**合成孔径雷达**（synthetic aperture radar，SAR）可以获得空间测量、光谱测量及强度测量的数据。这就使得我们可以通过对数据进行加工来获取几类具有情报价值的特征。因为合成孔径雷达在技术情报方面具有重要作用，所以会在第七章详细讨论。

电子情报传感器也可以获得空间、光谱及强度测量数据。它们使用的**光谱分析器**（spectrum analyzer，实际上是一种射频光学光谱仪）来记录射频波谱范围内信号的分布和强度。多数电子情报系统也可以获得空间测量数据（通常可以通过一个**地理定位**的过程来对信号进行定位）。

时间测量

图 2–1 没有清楚显示的一种重要测量类型就是时间测量。图中显示的所有遥感器都可以在一段时间内进行工作，而情报活动更关注的是特征在某一时间段内的变化情况。一个物体在空间测量方面的变化通常可以显示该目标的运动情况，而其在光谱测量或强度测量方面的变化通常源自目标的活动。所有的具体变化共同构成一个特征，显示目标正在进行某一类活动。例如：

- 当一个核反应堆处于运作中时，其产生的热量会使得从反应堆建筑中发射出的能量的红外光谱的频率升高，与此同时红外线辐射能的强度也会上升。
- 当雷达的作业模式发生变化时，这种变化通常被视为一种光谱特征的变化（也就是一种频率变化或带宽的变化），或者被视为一种信号强度的变化。

对时间进行测量所得到的数据使得我们可以进行**变化探测**（change detection），这是一个重要的概念，在后面的几章会反复提及。变化探测是一种有效的情报工具。飞机引擎的热红外线发射物的增加，显示该架飞机最近曾经处于运行状态。而同样情况下的舰船则显示该舰船可能准备起航。[1] 对于公路和地面建筑物来说，岩石和土壤构成的变化，以及所有挖掘痕迹都可以视为图像在一段时间内出现的变化。对一连串图像进行数码加工可以去除图像中没有发生变化的特征，从而使图像分析人员识别出那些已经发生变化的特征。[2] 雷达可以提供更为灵敏的方法，帮助观察细微的变化，具体会在第七章讨论。

---

[1] 原注：Joe Lees and Robert Mott, “Change Detection for more Actionable Intelligence,” *GPS World*, January 1, 2006, http://www.gpsworld.com/gis/security-defense/change-detection-more-actionable-intelligence-5389?page_id=1.

[2] 原注：Jeffrey T. Richelson, *The U.S. Intelligence Community*, 5th Ed.(Boulder, Colo.: Westview Press, 2008), 194.

二、传感器性能

一个完美的传感器可以持续地在各个方向上进行观察，可以覆盖整个光谱的每一个波段，其分辨率或敏感度不受任何限制，所有的测量数据也比较准确。也就是说，其具有完美的空间、光谱、强度和时间覆盖范围，并且在细节层次和精度上可以达到所期待的水平。

当然，这样的传感器是不存在的。所有的传感器都是折中的产物。这一节主要讨论受到各种折中关系影响的传感器的性能特点，而下一节将会讨论这些主要的折中问题。光学系统和射频系统都有相似的性能局限，但是因为它们分属于物理学或工程学，所以名字也有所不同。

覆盖

传感器的覆盖性能是由其在光谱、空间、强度及时间等四个方面的覆盖情况决定的。

光谱覆盖。所有的传感器都能够覆盖电磁波谱的某一特定波段。射频传感器具有明确的**带宽**（bandwidth）。光学传感器具有明确的光谱覆盖范围。此类传感器不能覆盖整个电磁波谱。无线电接收器会应用于射频波段来探测无线电波。无线电探测器也会应用于光学波段来探测光子。无线电波和光子都是不同形式的电磁能，但是两者表现的形式不同，所以必须区别探测。

空间覆盖。所有的传感器都能够对某一明确空间范围进行观察。射频传感器具有明确的**束宽**（波束宽度，beamwidth）。光学传感器具有明确的**视场**（field of view，FOV）。束宽或视场是由光圈的大小及被发射或接收信号的频率决定的。激光，即用作信息指针或木工水平仪的那一类激光，具有极窄的光束，因为其频率非常高。出于同样的原因，望远镜也具有相对较窄的视场。能够接收当地广播电视信号的电视天线则具有相对较宽的束宽。能够接收卫星电视信号的碟式天线，尽管比当地的广播电视天线要小，却具有相对较窄的束宽，因为其在一个较高的频率内作业。

在成像过程中，能够获取广阔区域的空间覆盖是十分理想的。实现这种空间覆盖的方法有两种。第一种方法是，一次拍摄一片较小区域的图像，这样在一段时间内，可以创建出一片较大区域的完整图像。第二种方法是，在几乎同步的情况下，拍摄整片区域的图像。后一种方法实现起来很困难，但是对于情报活动来说具有特殊的价值，图像分析人员称之为概要遥测覆盖（synoptic coverage）。

强度覆盖。所有的传感器都具有一个接收强度的范围，该范围由两个阈值来限定。低于低探测阈值[1]的入射电磁能被称为“噪声”，高于该值的入射电磁能被称为“信号”。过弱的入射信号会在这个阈值以下，不会被探测到。高探测阈值内的信号很强，会使得接收器饱和；如果强度达到某种水平，就会烧毁接收器。传感器的强度作业范围通常位于可探测度与饱和度这两个极限值之间，该作业范围也称为传感器的**动态范围**（dynamic range）。对于任何收听廉价音响系统的人来说，动态范围这个概念并不陌生。如果音量调节设置过低，那些柔和的音符就会消失；如果音量调节设置过高，那么过大的声音会产生干扰。

对于情报搜集来说，低探测阈值必须设置得尽可能低，因为信号通常很微弱。信号弱的原因有两个。首先，传感器通常离信号源很远。其次，尽管有时传感器与信号源的位置较近，但信号本身通常很弱。降低传感器的低探测阈值会受到外部或内部噪声的制约。随着该阈值被降低，越来越多的噪声会起“扰乱”作用，或者说干扰信号也会出现在该阈值之上，这些干扰信号可能会被误认为是想要得到的信号。这些干扰被称为**虚假预警**（false alarm）。例如，光学传感器可以在理论上探测到来自所关注目标的一个单独的光子，这是能够探测到的光的最小数量。但是，传感器也可以探测到目标附近的物体发射的大量光子，而传感器内部的噪声也会使得识别该目标的光

[1] 译注：阈值，指在自动控制系统中产生的一个校正动作的最小输入值，即刺激引起应激组织反应的最低值，也称临界值。

子几乎不可能。

根据其用途，该阈值可以被降低，从而出现更多此类虚假警报，这也叫作“虚假有源”（false positives），也就是一些被误认为是有用信号的噪声。另外一种可能就是，如果该阈值被升高，那么得到更多的“虚假无源”（false negatives，也就是那些有用信号被当成噪声丢弃了）的概率会大大增加。有几种技术可以降低该阈值（减少“虚假无源”），同时又不会增加获得“虚假有源”的概率。一种方法是，同时应用几个传感器，并且对所接收到的信号进行比较。另外一种方法是，只使用一个传感器，但是反复地搜集信号，以去除“虚假有源”。

时间覆盖。情报工作的终极目的是能进行**监视**（surveillance）。监视，即持续性或近乎持续性地对一个目标区域进行观察。对于许多传感器及其装载平台来说，目前所能够达到的最佳状态就是进行**侦察**（reconnaissance）。侦察是周期性的观察。无论选择监视还是侦察，其他类型的覆盖方式和分辨率之间总是存在一种折中关系，这会在后面讨论。例如：

- 一个被定位好的传感器，如一台锁定一条街道的监视相机，可以提供持续的覆盖（假设在夜间存在一些光源，且不算视线被雾气遮挡的时间）。但是，这样一台相机仅能覆盖一小片区域。
- 一架飞机可以对一块较大区域进行持续性覆盖，但是只能停留较短的时间，最后必须返回基地加油。
- 下一章会讨论到的低地球轨道（近地轨道）卫星，可以观察到一片更广阔的区域，但其只能覆盖地球上的某一固定点，且持续时间只有八到十分钟；因为其传感器距目标的距离通常比飞机传感器距目标的距离更远，相形之下，其分辨率也会受到影响。
- 地球同步卫星，同样也会在下一章讨论到，可以对地球上一片广阔区域进行监视，但是其与地球之间的距离会削弱传感器探测微弱信号的能力。

分辨率

上面讨论的四种类型——光谱型、空间型、强度型和时间型——也可以用于描述分辨率。在电磁感应方面，四类传感器的分辨率也很重要。

光谱分辨率。传感器分辨目标发射或反射不同波长能量的能力被称为光谱分辨率（spectral resolution）。从一个传感器中所获得的目标数量和可供分析的信息品质，会随着光谱分辨率的增加而增加。对于情报应用来说，射频波段和光谱波段的高光谱分辨率十分重要：

- 在可见光波段，利用全色（黑白）图像可以很容易探测到物体。如果图像具有较高的空间分辨率，分析人员还可以识别出该物体。但是，把同一场景从不同波段中获得的光谱图像进行叠加——例如，红色波段、绿色波段、蓝色波段，以及近红外波段——分析人员就可以对该物体进行更详细的评估。如果增加红外波段的图像数量，就可以进行非常详细的评估。例如，可以对一种正从烟囱中排出的气体进行识别。
- 在射频波段，光谱分辨率（通常称为在射频波段的**频率分辨率** [frequency resolution]）可以使得一个被动型传感器，如电子情报传感器（会在第八章讨论），对可能发射一个信号的所有发射机进行分辨，例如用于识别某一类型的雷达系统。较高频率的分辨率可以使同一类电子情报传感器识别出特定的发射机。一个具有高光谱分辨率的雷达接收器还可以通过测量多普勒效应（Doppler effect）来确定某一目标的移动情况。[1]

空间分辨率。一个传感器从空间上区别两个物体的能力被称为空间分辨率（spatial resolution）。其测量方法根据传感器能否获得图像而有所不同。**分辨单元**（resolution cell）这个术语用于定义各种形式的图像以及非

[1] 原注：多普勒效应，又叫多普勒频移，指一个移动的物体发射或反射的声学信号或电磁信号的可观察频率因为波源和观测者的相对运动而产生变化。

成像雷达的空间分辨率，然而图像中分辨单元的含义与非成像雷达中分辨单元的含义有些不同。但无论是什么样的情况，分辨单元的一个根本含义是：位于同一分辨单元里的两个单独的目标不能分开来进行判读。

- 雷达可以进行三维测量。传统的非成像雷达用于在某一空间范围内对目标进行定位，所以使用**雷达分辨单元**（radar resolution cell）这个术语来描述。这样一个单元由两部分组成：**角度分辨率**[1]（用于描述雷达在分辨目标的方位角和仰角的能力方面所受到的限制）以及**距离分辨率**[2]（用于描述雷达在远程目标分辨能力方面所受到的限制），由此产生的雷达分辨单元是一个空间范围。
- 无论是光学图像、辐射图像，还是雷达图像中的分辨单元，都指的是图像中一个像素所对应的目标区域的大小。也就是说，空间分辨率通过视觉来确定（传感器）分辨场景中物体的能力。分辨单元一侧的长度被称为**地面采样距离**[3]。对于一个地面采样距离为2米的图像来说，该图像中的一个分辨单元是2平方米。地面采样距离或分辨单元越大，其空间分辨率越差，因此分辨和识别地面物体的难度也越大。高的空间分辨率——传感器分辨小型物体的能力——使得我们可以识别特定类型的交通工具。如果分辨率低，那么物体图像会变得模糊或无法分辨。

只能看到较大特征的图像被认为较粗糙或分辨率较低。如果图像较细致或分辨率较高，那么图像上的小型物体可以被发现。例如，情报传感器

[1] 译注：在雷达气象学中，角度分辨率（angular resolution）是指对同样距离处的两个目标，天线能够分辨的最小角度间隔。

[2] 译注：距离分辨率（range resolution），指在同一个雷达探测方向上，雷达能分辨的两个目标物之间的最小距离。当较近目标回波脉冲的后沿（下降沿）与较远目标回波脉冲的前沿（上升沿）刚好重合时，可以作为可分辨的极限。此时两目标间的距离就是距离分辨率。

[3] 译注：地面采样距离（ground sample distance , GSD），数字影像中用地面距离单位表示的像素大小。

的设计使其可以观察到尽可能多的细节，因此具有较高的空间分辨率。商业卫星提供的图像的分辨率从不到 1 米到几千米不等。

强度分辨率。通常称为**辐射分辨率**[1]。强度分辨率是指对传感器探测到并记录下的信号强度的差别所进行的测量。辐射分辨率越高，其在探测反射能或放射能的细微差别方面越敏感。具有高辐射分辨率的传感器可以识别某一固定频率或波长内能量的细微变化，例如，一个图像中两类树之间的差别，或是两类伪装物之间的差别。

时间分辨率。时间分辨率（temporal resolution）是指两次搜集活动之间的时间跨度。其具有不同的含义，可以指在一个情报搜集资产第二次感应同一个目标之前所消耗的时间（通常称为**再访问时间** [revisit time]）。

- 摄像机的时间分辨率很高。它可以不断更新其所观察的场景，每秒钟可以多次访问一个固定的场景。实际上,它可以对一片区域进行监视。
- 用于信号情报的射频接收器可以在一个波段内快速调频（frequency modulated，FM），通常也可以在每秒钟数次再访问一个特定频率；但是，天线必须周期性地对准不同的空间范围，以覆盖所关注的其他目标。
- 空中或太空搜索雷达可以在某一特定空间区域内进行扫描，其速度可以慢到每十秒钟一次，也可以快到每秒钟数次。
- 处于低海拔的成像卫星可以在一天内围绕地球转 14 到 16 圈。其时间分辨率，或再访问时间大约为 90 分钟，也就是其可以再次观察某一特定目标所需要的时长。

时间分辨率也可以对一个特征中在空间上很密集的两次活动进行区分。雷达特征可以随着雷达变换其操作模式而出现快速变化。对该雷达进行监视的电子情报接收器必须能够探测到这些变化。监测核爆炸的光学传感器，必

[1] 译注：辐射分辨率（radiometric resolution），传感器能分辨的目标反射或辐射的电磁辐射强度的最小变化量。在可见光、近红外波段用噪声等效反射率表示，在热红外波段用噪声等效温差、最小可探测温差和最小可分辨温差表示。

须能识别两次快速且连续的闪光现象，这是标志核爆炸的一种独特模式。

准确度

在情报的诸多领域，总会遇到精度（precision）与准确度（accuracy）的问题。了解两者之间的区别十分重要。特征测量通常用高度的精度来表示，但是没有了准确度，精度也就没有参考价值了。

- **精度**被定义为表达数量的细节测量。记录数字时需要用到有效数字[1]，精度用于描述有效数字的数量（如地理坐标值）。通常用小数的位数来表达精度。在数学上，精度指的是用于表达一个值的有效数字个数。在计算机领域和数字通信方面，精度指的是一个二进制数的数位（比特），用于表达一个值。
- **准确度**描述的是对一个数量的测量与该数量的真实价值之间的密切度。它是评估信息质量的判据。

理解两者之间的区别十分重要，因为两者很容易混淆，并且会被误导。一个射频传感器可以测量接收到的雷达信号的强度，从而确定该雷达的发射功率是 60.0 分贝瓦（dBW，工程学的表述是 1000000 瓦特），这是个非常精确的数字。但是，传感器通常最多会有 3 分贝（dB）的误差，转化成测量准确度就是 50%，也就是在 500000 瓦特到 2000000 瓦特之间。在这个例子中，表达的精度具有误导性。这会使得情报用户认为该测量的准确度可以达到 1/10 分贝，而非 3 分贝。

上面所讨论的光谱、空间、强度和时间几种类型也可用于描述准确度。

---

[1] 译注：有效数字（significant digits），分析工作中实际能够测量到的数字，包括最后一位估计的、不确定的数字。我们把通过直读获得的准确数字叫作可靠数字，把通过估读得到的那部分数字叫作存疑数字。把测量结果中能够反映被测量大小的带有一位存疑数字的全部数字叫作有效数字。数据记录时，我们记录的数据和实验结果真值一致的数据位便是有效数字。

光谱准确度。光谱准确度（spectral accuracy）——一种准确度测量，传感器用于确定一个信号的频率或波长——这对于信号情报、光谱和雷达成像都十分重要。信号光谱的细粒测量被用于识别特定的发射机，第八章会具体讨论。例如，在光学感应方面，光谱准确度可以确定使用高光谱成像是否可以识别出一个化合物。

空间准确度。传感器对一个目标进行地理定位的准确度，即空间准确度（spatial accuracy）。对目标的位置进行精确定位十分关键，特别是当该目标是精确打击武器的攻击对象时。一般来说，光学图像可以提供某一目标的最为准确的位置，因为图像中已知物体的位置可以用于评估目标的位置。当图像被拍摄下来，成像平台的位置对于获取空间准确度具有十分重要的作用，而全球定位系统（global positioning system，GPS）已被广泛用于确定传感器平台的具体位置。例如，法国地球观测成像卫星[1]的空间准确度大概为30米。[2]空间准确度在信号情报方面更难实现，信号情报使用**地理定位精度**（geolocation accuracy）这一术语来描述传感器的此类性能。

空间准确度在确定物体的视觉特征方面也十分重要。例如，当测量准确度达到一定水平，任何导弹都具有一些独特性。如果传感器的测量准确度在1米范围内，就很难识别出独特的导弹特征。传感器的测量准确度如果在1毫米范围内，就极有可能识别出一个独有的特征。

强度准确度。强度准确度（intensity accuracy），就是传感器分辨强度差异的程度。这对于确定能源的输出功率十分重要。红外传感器可以探测到一个发电厂的热气排放物。由红外信号的强度测量得出的排放物的温度，可以显示该发电厂的发电功率。在电子情报领域，雷达所搜集到的信号强度可以用于确定它的输出功率。对于雷达来说，其返回信号的强度可

---

[1] 译注：SPOT（Satellite Pour l'Observation de la Terre），法国国家空间研究中心研制的一种地球观测卫星系统。

[2] 原注：Spotimage, "Spot Satellite Technical Data," www.spotimage.fr/automne_modules_ files/standard/public /p445_3a1cd2cb59b76fc75e20286a6abb7efegeneral-features.pdf.

以提供有关目标的一些信息。一个大型的金属目标，诸如波音 747 飞机，通常会有强烈的返回信号。同样的距离内，由塑料和纤维材料构成的一个小型遥控飞行器的返回信号则非常弱。

时间准确度。对信号到达传感器的时间的准确测量，称时间准确度（temporal accuracy），这对于获得空间准确度十分重要。对飞机或卫星拍摄的图像来说，图像的拍摄时机十分重要，因为平台是在不断移动的。但对于多数用途而言，对图像拍摄活动的计时精确到秒已经足够。相反，对那些接收射频信号的系统（如雷达和电子情报系统）而言，计时必须更为准确且精确。在对能源进行地理定位时，对信号到达的时间进行计时十分关键。雷达可以通过精准地确定脉冲发射到目标和回声的接收之间的时间来测量距离。正如在电子情报那一节所讨论的，对一个发射器进行地理定位，依赖于精准地测量信号到达不同点的时间。全球定位系统除了可以对一个平台进行地理定位外，还可以提供一个计时参考，这样情报传感器可以精确地确定图像拍摄或者信号到达的时间。

精度与准确度

情报搜集和情报分析都用到“精度”和“准确度”这两个术语。在这两个领域，这两个词语大意相同，但是描述这两个术语的用词差异甚大。对分析来说，无论是精度还是准确度都很难量化。

精度可以用于分析过程来表达不确定性、分析的可变性，或者是那些存在于分析过程中的随机误差（random error）的数量。这些就是**可能性评估**（estimates of likelihood）。因为分析性判断存在不确定性，美国情报界使用概率语言来反映情报界对各类进程或事件所进行的可能性评估。实现可能性评估的一种方法是，设定一个可能性在 0%—100% 之间的百分比数——在这种情况下，精度可能会大大超过评估的准确度，因为我们对未来活动进行准确评估的能力总是存在问题。但是，《国家情报评估》（*NIE*）

没有这样做，而是使用下列精度术语来描述一项行动发生的可能性。

- 术语诸如**可能**、**很可能**、**非常可能**或**几乎肯定**，指的是可能性很大。
- 术语**不可能**和**几乎不可能**，指的是行动发生的可能性很小，但也不是说一定不会发生。
- 术语**我们不能不考虑**、**我们不排除**或者**我们不能不予理会**，指的是一次活动不可能、不太可能或几乎不可能发生，但其结果有必要提及一下。[1]

分析的准确度，指的是信息源能够在多大程度上避免错误和误差的出现。2007 年《国家情报评估》使用下面的术语来表示判断的准确度：

- **非常可信**（high confidence），通常显示该判断是基于高质量的信息，以及 / 或者事情的本质使其可以是一次正确的判断。然而，一个“非常可信”的判断并不是一个事实或是一种确定性，这样的判断仍然要担负犯错的风险。
- **可信**（moderate confidence），通常指的是信息源有理可信，但是其质量并不很高，也不够可靠，不能获得更高程度的可信性。
- **不太可信**（low confidence），总体来说意味着信息的可信性或合理性受到质疑，或者信息过于零散，没有足够的可能证据，不能得出令人信服的分析推断，或者是对信息来源存在很多的担忧或信息来源存在太多的问题。[2]

为了阐述分析中的精度和准确度之间的差别，我们来看一个昵称为“曲线球”（Curveball）的线人的例子。此人在 2003 年美国入侵伊拉克之前，提供了有关伊拉克生物战计划的假情报。“曲线球”提供了有关该计划存在和生物战设备的“高精度”的细节性信息，但这些信息极不准确。

---

[1] 原注：National Intelligence Estimate, “Iran: Nuclear Intentions and Capabilities,” November 2007, www.dni.gov/press_releases/20071203_release.pdf.

[2] 原注：National Intelligence Estimate, “Iran: Nuclear Intentions and Capabilities,” November 2007, www.dni.gov/press_releases/20071203_release.pdf.

三、传感器设计和使用之间的折中

正如前面所强调的，所有的电磁传感都在传感器设计和使用之间存在折中关系。折中关系通常涉及分辨率、覆盖率及准确度几个方面。

分辨率的折中

同样四种类型的分辨率——空间分辨率、光谱分辨率、强度分辨率和时间分辨率——在传感器的设计时必须要进行折中。为了获得较高的空间分辨率，光学传感器的像素尺寸必须很小。但是，正如前面所强调的，随着像素内地面分辨单元的面积变小，能够被探测到的能量也会减少，结果就是辐射（强度）分辨率——探测到细微的能量差异的能力——被降低。为了在不降低空间分辨率的同时增加探测到的能量（也就是提高辐射分辨率），必须拓宽在某一特定频道或频段探测到的波长范围。不幸的是，这样会降低传感器的光谱分辨率。相反，较低的空间分辨率使得辐射分辨率或光谱分辨率得到改善。提高时间分辨率通常会以牺牲其他三种分辨率中的一种为代价。

覆盖率和分辨率之间的折中

搜集者总想在可能的情况下获得最佳覆盖率——光谱覆盖、空间覆盖、辐射覆盖 / 强度覆盖和时间覆盖——并且获得可能的最高分辨率。因为高覆盖率使得它们可以搜集尽可能多的目标特征，而不错过那些重要的特征；高分辨率使得它们可以更好地区别那些来自不同目标的相似特征。所以，四种类型的覆盖都需要有高分辨率的全球遥测覆盖。随着技术的进步，所有这些类型的覆盖都会有改善的趋势。但是，在某种特定的技术水平下，某种类型的改善通常是以牺牲其他类型为代价的。因此，所有传感器的设计都是折中的产物。

工程师在设计一个传感器时，必须要考虑到在空间分辨率、光谱分辨率、辐射（强度）分辨率及时间分辨率之间的折中关系。成像传感器可以快速覆盖地球上的一片广阔区域。它们具有较宽的幅宽，一次就可完成对一片广阔区域的搜索，但它们必须在幅宽和分辨率之间进行平衡。总体来说，分辨率越高，能观测到的全部地面区域的面积就越小。探测表面的可观测物必须具有高分辨率。但是，具有较宽幅宽的传感器通常分辨率都较低，而具有高分辨率的传感器通常都具有较窄的幅宽。例如，一个NOAA–18 气象卫星传感器可以覆盖大片地球表面（超过 1500 千米），但是其最佳分辨率大约在 15 千米——要获得全球气温图，这种分辨率已经足够，但对于多数情报用途来说却毫无用处。相比较而言，当前的成像卫星，诸如法国的 SPOT 卫星及以色列的“地平线”（Ofeq）卫星，虽然只有几千米的幅宽，但是其空间分辨率大约在 1 米范围内。[1]

被动型射频传感器也存在类似的限制因素和折中问题。较大的天线孔径使射频传感器的敏感度更高，同时也使它可以更好地区分空间内的物体。但是这样会使得传感器的束宽更窄，所以空间覆盖范围会受到影响。信号情报传感器需要较宽的带宽（光谱覆盖），但是微弱信号的可检测性（强度覆盖）或对特定频率的再访问时间（时间覆盖）会因为光谱覆盖范围的扩大而受到影响。

如果传感器平台的运行剖面发生变化，另外一种折中现象就会出现。飞机或卫星可以移动到远离目标区域的位置，以提供更好的空间覆盖率。但在这种情况下，传感器的敏感度和分辨率都会受到影响。

---

[1] 原注：Spotimage, “Spot Satellite Technical Data”; David Eshel, “Israel Sustains its Space Superiority with 5th Successful Recce Satellite Launch,” *Defense Update*, www.defense-update.com/analysis/analysis_110607_space_israel.htm.

到目前为止，所有讨论关注的都是单一传感器在单一平台上的折中问题，还有其他几种方法可以获得全球遥测覆盖，但都十分昂贵。可以在一个平台上放置多传感器，或者建造更多的平台。第三章讨论如何将大量卫星放置在轨道上以实现全球覆盖。在较低的海拔高度上，所需要的卫星数量也会增加。

准确度的折中

制约传感器测量准确度的首要因素是，需要对被感应信号进行数字化处理。尽管传感器可以实现高分辨率测量，但该特征必须转化成数字格式，从而将其发射给加工中心。射频特征和光学特征都必须进行数字化处理。

图像数字化意味着像素的强度等级必须转化成数字格式（数字化）后才能存储，然后从飞机或卫星上发射出来，存储入特征库并进行检索。强度分辨率由描述像素的二进制数字的数量来确定。数据位越大，辐射分辨率就越高（即传感器能够察觉或记录下的强度等级）。图像数据一般都是用一系列灰色色调来显示，其中黑色代表数字 0，白色代表最大值（例如，8 比特数据中的最大值为 255）。记录的能量用比特数来表示，亮度（强度）等级的最大值取决于比特数。如果用 4 比特记录一个像素，那么强度就会有 16 种不同的值，对质量不好的黑白照片来说，这已经足够了。如果要获取更好的特征，每像素至少需要 9 比特，也就是 256 个强度值。

另外一个制约传感器性能的因素，就是通信通道的带宽。这是制约卫星运行的重要因素，但也会影响到机载传感器，以及那些必须将数据发射给遥感接收器的秘密定位传感器。高覆盖率或高分辨率的代价就在于，对传感器输出信号进行数字化处理和发射的子系统会变得更加复杂。从另外一方面来说，也就是需要容量更大的特征库。

随着比特数从 2 增加到 8，能够察觉到的细节会产生巨大差异。但是当比特数增加到某一点时，这种变化可能就无法察觉出。到了这一点，储存空间或通信带宽，或者是两者同时，都随着表示像素的比特数的增加而逐渐消耗。我们的目标就是，使用足够的比特数来捕捉所有具有情报价值的细节，仅此而已。

四、传感器组

前面几节已经强调过，实际上不存在完美的传感器。所有的传感器都会遇到折中的问题。如果覆盖率和准确度没有变化，那么提高某种类型传感器的分辨率都不可避免地会降低另外一种类型的分辨率。更宽的覆盖范围通常意味着较低的分辨率，反过来情况也是如此。准确度的提高意味着其他相关性能参数会下降。

这些在讨论单个传感器时都适用。有两种基本方法可以克服传感器不完美的问题，这两种方法都需要用到多传感器。

一种方法是，部署多个搜集平台（包括卫星、舰船、飞机或地面站，所有这些都将在第三章讨论），每个平台都带有一个传感器，从而能够提供更好的空间覆盖、光谱覆盖、辐射覆盖或时间覆盖。

另一种方法是，将多传感器放置在一个平台上，每一个传感器都为了特定用途而进行优化，这样一来它们就可以互补。一个传感器可以提供较高的空间分辨率，另外一个可以提供优质的光谱分辨率，第三个可以提供广阔的覆盖范围。随着传感器技术的不断发展，更小、更轻便的传感器组件已经出现，这样在一个机载或空载平台上放置多传感器就变得更加容易。下面是一些多传感器平台的例子（在下一章会讨论）：

- 美国海军观察岛号（USNS Observation Island）上安装有两个雷达，一个是提供广泛的空间覆盖的搜索雷达（搜寻并获取目标），一个是提供较高的空间和光谱分辨率，并对目标参数进行高准确度测量的跟踪雷达。

- “全球鹰”（Global Hawk）无人机（unmanned aeronautical vehicle，UAV）带有一个成像雷达和一个光学成像仪，两者可以优势互补：成像雷达可以在阴天或雾天进行工作，并且具有较好的空间覆盖率；光学成像仪可以获得具有较高空间分辨率的图像。

显然，两种技术也可以结合，也就是说在多个平台上部署多个传感器。第三章将会讨论到的毛伊岛空间监视站（Maui space surveillance site），可以在其分开的圆顶上安装多个光学传感器。一些可以提供优质的空间覆盖率，并用于空中搜索，另外一些则可以提供优质的空间分辨率，并可以用于获取卫星图像。在一个圆顶室内，一些传感器可以使用同样的光学元件——其中一些可以用于获得高辐射分辨率，另外一些则可以用于获得高光谱分辨率。

在多个平台上安置多个传感器另有一例，就是由欧洲空间局（European Space Agency，ESA）所操控的卫星群。1991 年欧洲空间局发射了 ERS–1 卫星，1995 年发射了 ERS–2 卫星。设计这两颗卫星，是为了在空间和时间覆盖方面实现互补。每颗卫星都带有一组传感器（每组包含四个 ERS–1 或五个 ERS–2 传感器），包含一个合成孔径雷达和一个红外辐射计。[1]

五、小结

电磁传感器可以是主动型或是被动型的。主动型传感器（雷达）发射信号，然后判读那些被目标反射回的信号。被动型传感器则对天然发射、人工信号，或是被目标反射回的能量（通常是被反射的太阳光）进行处理。

技术情报传感器可用于获取几种不同类型的特征。它们可以像照相机

[1] 原注：European Space Agency, “ERS Overview,” updated February 25, 2008, www.esa.int/esaEO/SEMGWH2VQUD_index_0_m.html.

一样，搜集空间特征。它们也能测量所接收到的能量的强度（也称为辐射测量）或者是目标物体的状态（例如，进行一次偏振测量）。它们可以获得光谱信息，与分光镜在光谱中的作业以及电子情报接收器在射频波谱中的作业情况相似。它们还能测量一段时间内所有这些特征的变化情况。许多传感器可以同时完成几种测量。

完美的传感器可以持续性地观察整个光谱中的所有方向，其分辨率或敏感度都不受限制。另外，所有的测量都可能是准确的。也就是说，它可能拥有完美的光谱覆盖、空间覆盖、强度覆盖及时间覆盖，在细节层次和精度上达到所期待的水平。这样一个传感器是不存在的。所有的传感器都是覆盖率、分辨率和准确度三种性能相互折中的产物。

传感器的覆盖性能取决于其在四个方面的覆盖能力，也就是光谱覆盖、空间覆盖、强度覆盖和时间覆盖。没有哪种传感器可以覆盖整个电磁波谱。无论何时，传感器都只能观察到一个明确的空间范围。两个阈值限制了传感器探测强度范围的能力，即微弱信号的可检测性和强烈信号的饱和度。这两个阈值可以限定传感器的动态范围。持续性的时间覆盖（监视）是可能的，但是许多传感器只能进行侦察——被定义为对目标进行的周期性再访问。

传感器的分辨率决定了其分辨特征中不同特点的能力，无论这种特征是空间方面的、强度方面的、光谱方面的，或时间方面的。它可以把一个图像中的目标从空间上区分开来。例如，分辨出一个图像中特征强度的细节有助于发现伪装。光谱分辨率使传感器可以分辨出目标发射或反射出的不同波长的能量。时间分辨率指对于目标的两次观察之间的再访问时间，也可以指从一个特征中区分两个发生在相邻空间的事件。

特征测量的准确度可帮助建立特征的独特性。空间准确度指的是在目标定位或尺寸测量方面的准确度。强度准确度在确定一个能源（如一个雷达）的功率输出方面十分重要。光谱准确度可以帮助识别发出一个射频信号的特定发射器，或者帮助识别特定化合物。时间准确度则可以对目标进行准确的地理定位。

如上所述，任何传感器都必须在分辨率、覆盖率及准确度之间进行折中。在上述任何一个方面，传感器也必须在光谱、空间、强度和时间性能之间进行平衡。一般来说，提高任何一方面的性能都会造成另外一种性能的下降。对于许多技术情报搜集者来说，解决的方法就是在一个或多个平台上使用一组传感器，这个组内的每一个传感器都可以对特定性能领域进行优化，而且所有的传感器都可以实现互补。

[第三章]

搜集平台

遥感技术具有很长久的应用历史。例如，从地球上感应太空物体可以追溯到远古时代，甚至在伽利略发明望远镜之前。相反，对地球表面进行感应的兴趣和关注，则至少始于美国内战期间从气球上进行的第一次航空摄影实验。从那时起，遥感技术不断发展，通过各类平台——飞机、卫星、舰船和地面平台——搜集信息的各类精密仪器也被研发出来。

遥感平台在情报领域可以用于监视或侦察。两者之间的区别在于停留在目标区域的时间。**监视**被定义为持续性的停留，**侦察**则停留较少的时间，甚至就是拍张快照的时间。低地球轨道卫星对地球上某一固定点的一次观察时间仅为几分钟，因此该平台只能用于侦察。本章讨论的所有其他平台——飞机、舰船、潜艇和地面站——既可以用于监视又可以用于侦察。

传感器与目标的距离越近，其分辨率和准确度也会越高；因此，搜集平台应尽可能靠近目标。如果仅仅想搜集固定的单一目标的相关数据，这是可能实现的。例如，视频监视相机可以固定在对准入口的位置，从而实现对特定区域的监视，并且可以获得足够高的分辨率来对人进行识别。在1米以内的距离，本书第十一章讨论的虹膜和视网膜扫描设备可以对个体进行精确（准确）识别。

但是，当传感器向目标区域移近时，潜在的覆盖区域便会缩小。而多数具有情报价值的目标，特别是人，都是移动的。仍以那个监视照相机为例，该相机可以识别出个体，但无法跟踪其在监视地区以外的移动情况。正如前一章强调的，所有的传感器都必须处理覆盖率、准确度及分辨率之间的折中问题，因此情报机构都喜欢使用多种平台：一些平台可以接近目标以获得较高的准确度和分辨率，另外一些则负责提供广泛的覆盖范围。

本章将首先讨论那些提供常规全球覆盖的搜集平台：卫星。

一、卫星

现今情报领域所使用的遥感技术大部分都是由卫星提供的。卫星具有独特的特点，使得它们在从远处感知地球表面方面作用显著。它的一个主要优点是，侦察卫星可以合法地在任何国家上空飞行，同时获得情报信息；飞机或无人机则不能。

用于情报目的的卫星，即是**空中搜集资产**（overhead collection asset）。该术语也适用于飞机，它同样是在空中搜集图像和信号情报（一些作者的确将飞机也包括在这个定义内），但是数年来，**"空中搜集"**这一术语的含义更加明确，变成了特指卫星搜集。[1] 本书中还会反复提到另外一个关于卫星搜集的术语，即**国家技术手段**（National Technical Means，NTM），这是一个委婉语，有时仍然会被使用。这个术语源自1963年的《部分核禁试条约》（*Limited Test Ban Treaty*）。在这个条约中，签约各方使用了此术语，同意不干涉彼此的卫星搜集能力。[2]

---

[1] 原注：Albert D. Wheelon, "Technology and Intelligence," *Technology in Society*, Vol 26, April–August 2004: 245–255.

[2] 译注：1963年8月5日，美、英、苏在莫斯科签署了《禁止在大气层、外层空间和水下进行核武器试验条约》，即《部分核禁试条约》。缔约国保证在大气层、外层空间或水下"禁止、防止并且不进行任何核武器试验爆炸或任何其他核爆炸"，还保证"不引起、鼓励或以任何方式参加"上述核武器试验爆炸或其他核试验。

了解卫星需要明白两件最重要的事情：(1) 不同的卫星轨道是如何运行的，其在情报搜集方面具有何种相对优势；(2) 空间环境所带来的限制因素。

轨道

卫星运行的路径被称为**轨道**（orbit）。卫星被限制在特定的轨道上运行。正如下面所讨论的，除了地球同步轨道外，卫星不能在地球的某一点上“盘旋”（进而实施监视）。在其他所有的轨道上，卫星的移动都与地球相关，并且可以实施侦察。使用射频遥感技术对目标进行地理定位也是其一大优势，具体会在第八章讨论。

卫星轨道必须与其所携带的传感器的能力和目标匹配。卫星携带的传感器类型及卫星所承担的任务决定了其所选择的轨道类型。轨道选择可以根据卫星的高度（即卫星距离地球表面的高度）、方向、相对地球的旋转运动的变化而变化。有四种常用于情报搜集的轨道体系。图 3–1 显示了这四种轨道类型。

- **低地球轨道**（low earth orbit，LEO）卫星的轨道距离地球表面的高度为 200 到 1500 千米。地球成像卫星和一些信号情报卫星通常使用这种轨道，因为接近目标是最重要的。低地球轨道卫星绕地球运行一圈的时间约为 90 分钟。
- **中地球轨道**（medium earth orbit，MEO）卫星的轨道通常距离地球表面的高度为 10000 到 20000 千米。在这样的高度，卫星需要防护范艾伦辐射带[1] 中的一些高能粒子，但是其运行的轨道高于辐射强度高的内层范艾伦辐射带。中地球轨道卫星的一个主要情报优势就是其

[1] 译注：范艾伦辐射带（Van Allen radiation belt），即环绕地球的高能粒子辐射带。它是一个甜甜圈形区域，含有“致命电子”，常因太阳风暴和其他空间天气事件发生膨胀，对卫星通信、GPS 卫星以及宇航员构成严重威胁。

持久性：比起低地球轨道卫星来，敌人更难对这类卫星进行定位和进攻，该轨道比地球同步轨道卫星或高椭圆轨道卫星（如下）具有更强的感应能力。

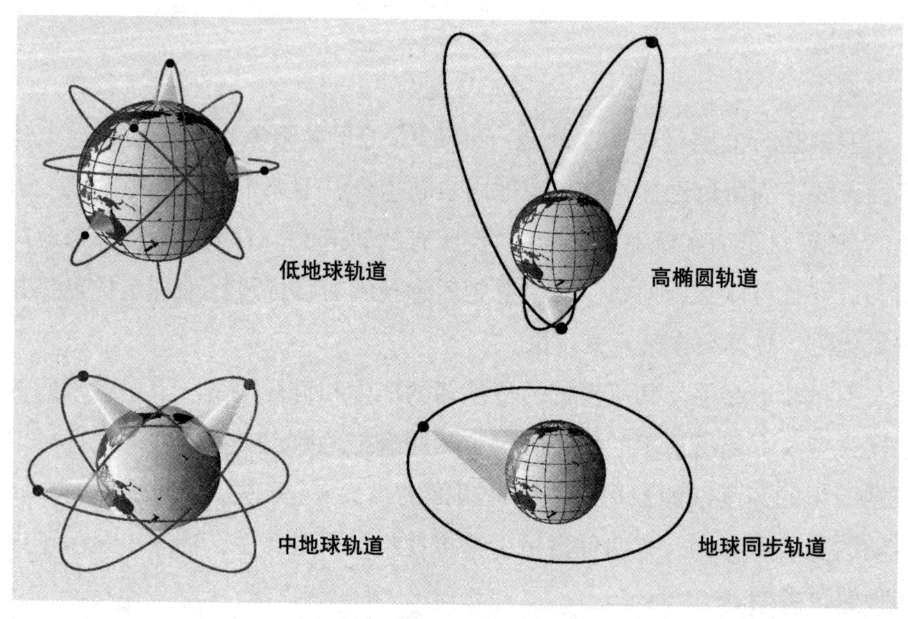

图 3–1 主要的卫星轨道类型

- **高椭圆轨道**（highly elliptical orbit，HEO）卫星被放入轨道的方式是，确保其花费最多的时间对星球上的特定区域进行监视。因此，如果发射一颗高椭圆轨道卫星，目的是在北极地区进行通信或情报搜集，那么要设定其轨道，这样卫星的大部分时间将停留在这些纬度之上的轨道内。远地点（最高海拔高度）通常在 35000 千米左右，而近地点（最低海拔高度）通常在 500 千米左右。
- **地球同步轨道**（geostationary，GEO）卫星围绕着地球赤道轨道，在 35800 千米的高度上运行，其旋转周期与地球的自转周期（24 小时）相同。所以，地球同步卫星与地球共同旋转，并且一直保持在地球上空的同一固定点上。这使得该卫星可以实施监视，并且可以在特定区域持续性地观察和搜集信息。与地球上一个固定点相关的地球同步卫星的特定性质，使得地球同步轨道卫星在监视方面作用显著。

图 3–2 显示的是按比例绘制的四种轨道类型侧面图的对比。需要注意的是，图中展示了两种轨道高度截然不同的中地球轨道卫星。进行这种区分的原因将会在本章之后有关太空环境的讨论中解释。

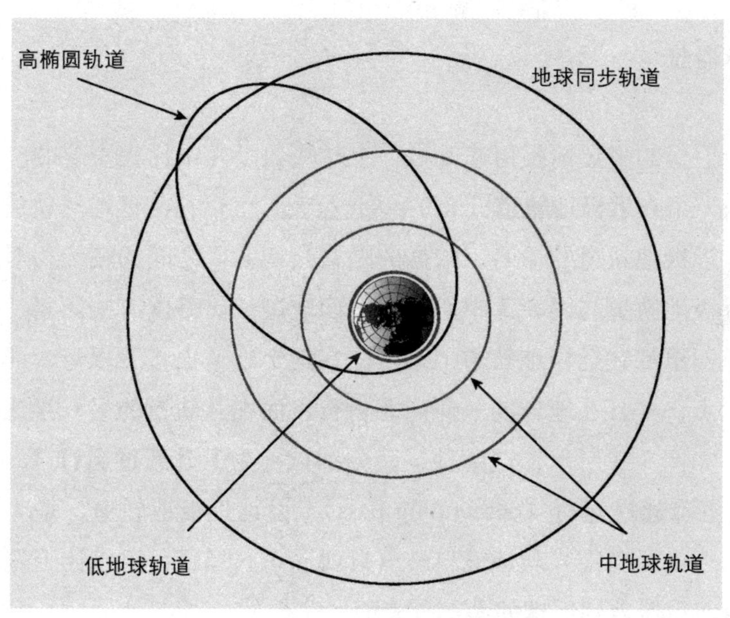

图 3–2 轨道类型的侧面图

所有这些卫星轨道都有一个特定**倾角**（inclination），用度来测量。卫星的倾角描述的是在赤道平面所测量到的轨道角。

- 例如，一个地球同步轨道卫星必须随着地球自转而匀速移动，目的是使其与地球保持固定的相对位置。其倾角大约是零度，这样它就可以沿着赤道向东运行（随着地球自转的方向）。

- **极轨道**[1]上运行的卫星具有 90 度的倾角。它们跨越地球赤道，直接向北方或南方移动，并且跨越两极。图 3–3 显示的是一个在极轨道上运行的卫星。[2]
- 倾角大于 90 度的卫星通常在**逆向轨道**[3]上运行。它们沿着与地球自转相反的方向移动。最典型的逆行轨道的例子就是一个 180 度倾角的卫星（沿着赤道向西移动）。

全球覆盖

对于卫星的多数情报用途来说，全球覆盖是其中比较重要的。全球覆盖都是由一个在**近极地轨道**（near-polar orbit）上运行的低地球轨道卫星所提供的。近极地轨道的命名，依据的是其与南北极之间的轴线相对的轨道倾角。近极地轨道与图 3–3 中所示的地面轨迹相比略微有些倾斜。许多低地球轨道卫星都在近极地轨道上运行。在这个轨道上，卫星每次通过赤道上的不同点，并且在地球的一侧向北运行，而在其轨道的另一半边向南极点运行。如图 3–3 所示，这两种运动分别被称为**上升通过运行**（ascending pass）和**下降通过运行**（descending pass）。设计近极地轨道，是为了使轨道（基本上由北向南）与地球自转（自西向东）并行，可以让卫星在一段固定的时间里覆盖到地球的大部分表面。

[1] 译注：极轨道（polar orbit），地心轨道的一种，其特点是沿此轨道运行的卫星在每次环绕地球的圆周运动中都从两极上空经过。因此，这类轨道的倾角是 90 度或接近 90 度。常为地球测绘卫星、遥感卫星、侦察卫星和一些气象卫星所采用。

[2] 原注：图片源自 www.centennialofflight.gov/essay/Dictionary/SUN_SYNCH_ORBIT/DI155.htm。

[3] 译注：逆向轨道（retrograde orbit），即轨道倾角大于 90 度。欲把卫星送入这种轨道运行，运载火箭需要朝西南方向发射，不仅无法利用地球自转的部分速度，还要付出额外能量克服地球自转。因此，除了太阳同步轨道外，一般都不利用这类轨道。

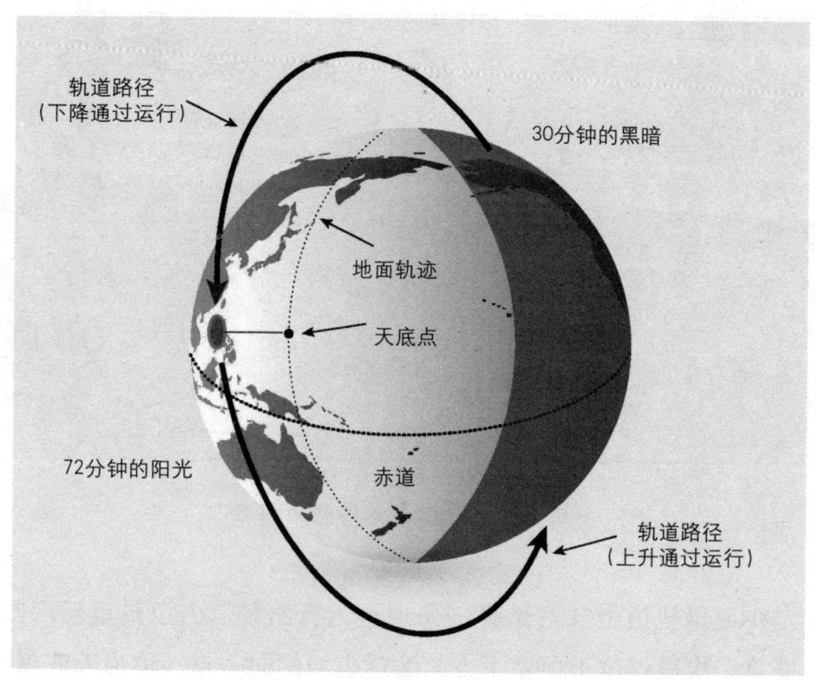

图 3–3　极轨道的几何视图

当一个在极轨道上运行的卫星围绕着地球从一个极点运动到另外一个极点，如果地球没有进行自转，那么它自东向西的位置不会发生改变。然而，我们从地球上可以看到卫星似乎还是在向西移动，这是因为地球在其下方进行自转（自西向东）。这种明显的移动使得卫星每次都能覆盖一片新的区域，如图 3–4 所示（这也显示了一个逆向轨道）。[1] 卫星轨道与地球自转共同作用使得卫星在完成一个完整的轨道运行周期后，可以全面覆盖地球表面。

[1]　原注：图片源自 www.newmediastudio.org/DataDiscovery/ Hurr_ED_Center/Satellites_and _ Sensors/ Polar_Orbits /Polar_ Orbits.html。

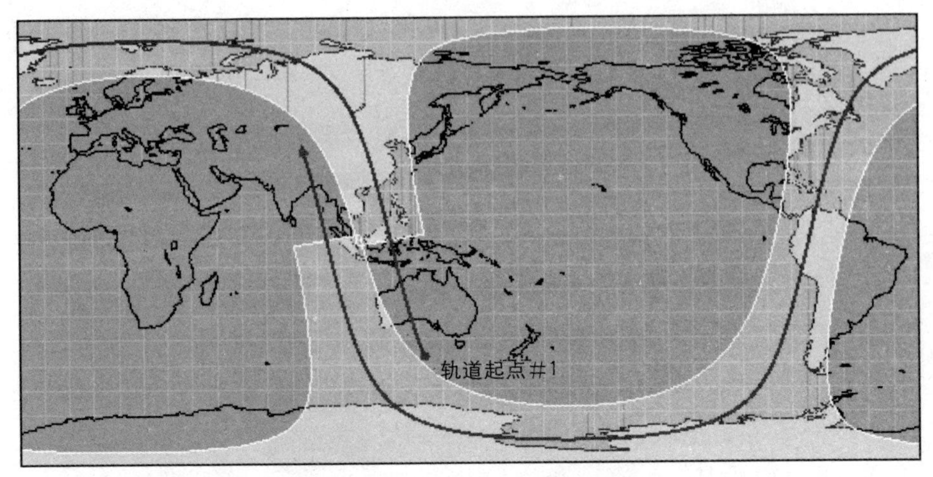

图 3–4 全球覆盖的地面路径

先在卫星轨道上任意选择一条通过运行路径，当卫星重新回归其路径，并第二次通过位于卫星下方的地球表面的同一点（称为**天底点** [nadir point]）时，就完成了一次**轨道周期**（orbit cycle）运行。轨道周期的具体时长会随着卫星的高度和倾角的变化而变化。图 3–5 显示的是，在卫星开始重复其轨道周期运行之前出现的 14 个轨道。

卫星完成每个轨道周期的时间间隔并不等同于其**再访问周期**（revisit period）。通过使用可转向传感器，卫星上装载的仪器可以在轨道通过某一目标之前及之后观察到远离其天底点的一片区域。因此，卫星“再访问”的时间少于其轨道周期时间。在多数应用卫星进行监视的情况下，特别是当需要频繁地生成图像的情况下（例如，为了监视一次迅速恶化的危机局势），都必须重点考虑再访问周期的问题。在近极地轨道上，拍摄高纬度区域的次数会比拍摄赤道地区更加频繁。如图 3–5 所示，因为随着轨道路径在极点附近的距离变得更近，近邻的幅宽也会出现更多的重叠区域。[1]

[1] 原注：图片源自 www.newmediastudio.org/DataDiscovery/Hurr_ED_Center/Satellites_and_Sensors/Polar_Orbits /Polar_ Orbits.html。

因此，侦察卫星可以在较小的倾角上进行作业，并提供更多低纬度的覆盖，但无法覆盖极地区域。例如，以色列的系列侦察卫星“地平线”都具有倾角为 144 度的逆行轨道，且都是定相的，目的是实现在白天对中东地区的最佳覆盖。一颗“地平线”卫星每个白天通过以色列及其周边国家的次数可以达六次左右，而美国和俄罗斯的成像卫星因为其倾角轨道的位置更高，每天只能一次或两次通过同一区域。[1]

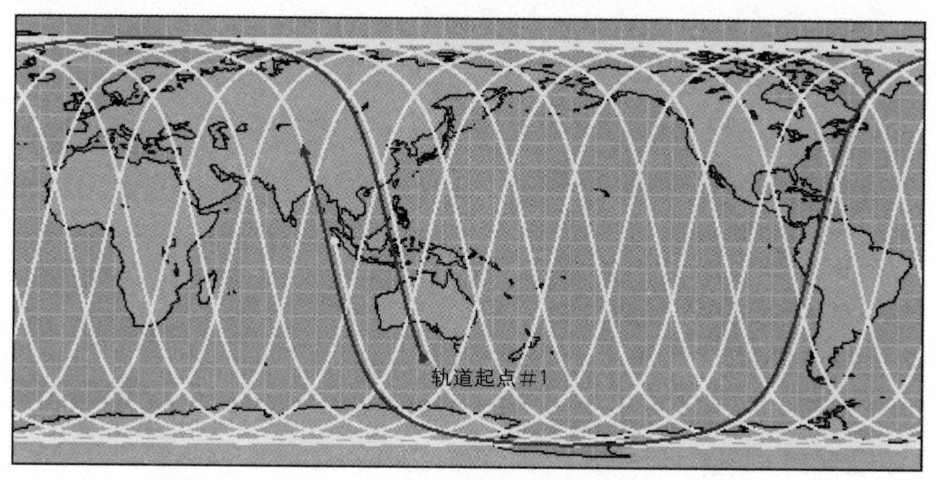

图 3–5　太阳同步轨道的地球覆盖

有关这一点的讨论一直都与单个卫星对地球的覆盖范围相关。我们已强调过，单个低地球轨道卫星每日可以完成两次全球覆盖。为了更频繁地进行覆盖运行，需要部署更多的卫星。对于情报领域来说，最好是进行概要遥测覆盖，也就是说，必须要监视所有重要区域。实现这一目标需要许多卫星。图 3–6 显示了有关覆盖的一个问题：一组假设的卫星群，其环形轨道的高度在 4000 千米，倾角为 90 度（这就是一个极轨道）；在这种情况下，覆盖受到了限制，自目标至卫星的最低仰角（称为**掠射角**，grazing angle）是 20

[1]　原注：“Ofeq,” Israeli-Weapons.com, www.israeli-weapons.com/weapons/space/ofeq/OFEQ. html.

度。[1] 需要注意的是，如果要对赤道进行持续性覆盖，则需要 12 颗以上的卫星，而由两颗卫星组成的卫星群在每次覆盖通过运行之间的间隔较长，超过两个小时。正如前面所强调的，纬度越高，需要的卫星越少，因为卫星通过一个高纬度给定点的频率要高于其通过一个赤道给定点的频率。

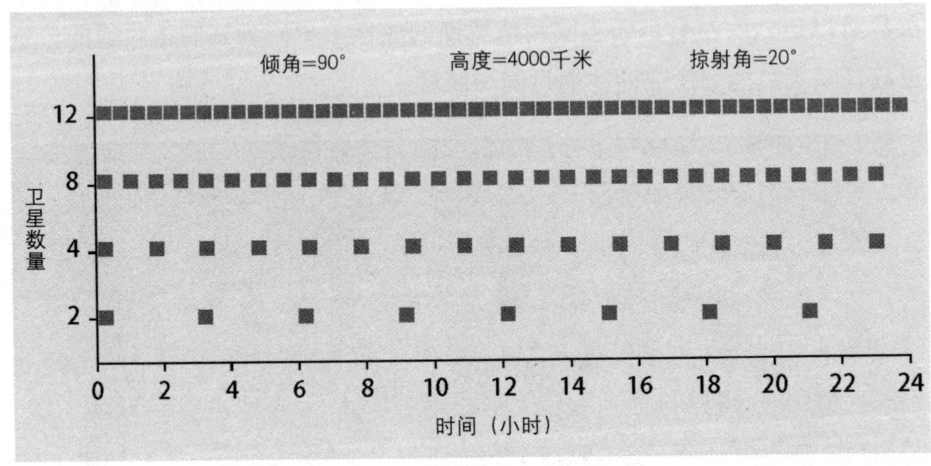

图 3–6 不同卫星群的赤道覆盖

太阳同步轨道

一个具体的近极地逆行轨道——**太阳同步轨道**（sun-synchronous orbit）——可以广泛地用于情报搜集和民用遥控目的。太阳同步轨道的设计是为了确保卫星每天通过地球上某一给定点的时间几乎相同。在低地球轨道的高度上，一个太阳同步轨道大约为 98 度，这就使得其成为一个近极地逆行轨道。卫星每天同一时间通过赤道和每一个纬度。如图 3–5 所示，卫星的太阳同步轨道一天通过赤道 28 次，在当地时间凌晨 3 点向北运行（上升弧段），而在当地时间下午 3 点向南运行（下降弧段）。太阳同步轨道的轨道平面每天

[1] 原注：图片源自 U.S. Patent 5931417, "Non-geostationary orbit satellite constellation for continuous coverage of northern latitudes above 25° and its extension to global coverage tailored to the distribution of populated land masses on earth," published August 3, 1999。

大约向东移动 1 度（每年移动 365 度），以此确保与地球绕日运行保持同步。

如图 3–3 所示，一个太阳同步轨道通常在地球的背阴面进行上升弧段运动，而在太阳照射的一面进行下降弧段运动。当有阳光照射时，搜集反射太阳能的成像传感器仅能拍摄太阳光照射表面的图像。相反，那些自身可以提供光照的主动型传感器（合成孔径雷达），或者是记录发射出的辐射能（如热辐射）的被动型传感器，可以拍摄地球背阴表面的图像。

一个太阳同步轨道可以在当地时间的白天持续覆盖世界上的每一个区域，这被称为**当地日照时间**（local sun time）。这就意味着，太阳同步卫星在每次轨道通过运行时通过任何固定纬度的当地时间是相同的。因此，它们在每次的通过运行时搜集图像的时间也几乎在相同的当地日照时间上，这样一来每天光照的模式就几乎相同。对于图像判读来说，很重要的一点是，在连续几年内的某一特定季节，或者是某一特定地区的连续几天内，光照条件保持恒定。通常来说，卫星通过的日间时间要经过选择，以帮助判读此类图像。上午九十点或下午三四点是拍摄某一固定目标区域的最佳时间，因为我们可以看到那些由物体，诸如塔、交通工具及建筑物所投射出的影子，这些影子的长度足以使我们对其进行图像分析。[1]

作为成像平台的卫星

卫星的几何观察角度受到其轨道模式的限制。但是与机载系统相比，卫星更具优势，它可以在更大的区域内更快地搜集图像信息，并且可以提供一致的几何观察角度。其覆盖不能像机载平台那样频繁——而是要依赖于其轨道、几何观察角度及受关注的地理区域——通常一颗低地球轨道卫星的再访问周期少于两个小时。

比起后文要谈到的飞机平台，携带成像雷达的卫星自有优势，它们的

[1] 原注：Canada Centre for Remote Sensing, “Tutorial: Fundamentals of Remote Sensing Image Interpretation & Analysis,” www.ccrs.nrcan.gc.ca/resource/tutor/fundam/ chapter4/02_e.php.

轨道通常非常稳定，而其位置也可以准确地计算出来。正如第七章所讨论的，平台的稳定性和匀速对于合成孔径雷达的有效操作来说十分关键。

作为信号情报平台的卫星

卫星在执行信号情报任务方面具有一定的优势。它们可以在非常短的时间里覆盖地球上一片广阔的区域。低地球轨道卫星不能停留在目标区域，但它们绕着地球运行，可以快速地对信号的来源进行地理定位。地球同步轨道卫星可以无限期地停留在目标区域内，高椭圆轨道卫星可以在较长的时间里（大约十个小时）停留在远地点附近。高椭圆轨道和地球同步轨道卫星的劣势都在于距离目标相对较远，并且需要大型天线，也无法轻易获取微弱的信号。

太间环境

不言自明，太空中的环境对人类是有害的。人类只有穿上防护服，带上防护设备后才能去太空探险。卫星也需要各种保护措施；一些轨道可能会面对有害的环境，从而无法使用。

在所有的轨道上，卫星都会遇到一些穿透性物体所构成的威胁，诸如微流星体和空间碎片。在某些轨道上，卫星必须应对那些高能带电粒子、辐射，及冷热等离子体（等离子体是一种电离气体，如果气体粒子移动速度很快，并由此具有较高的能量水平，等离子体就是热等离子体）。

辐射带，也称为范艾伦辐射带，环绕着地球，并且包含了那些困于地球磁场内的粒子。内层辐射带包含了高能质子。外层辐射带更加微弱且不稳定，包含了高能电子。在这些辐射带中的辐射能会降低电子元件，特别是那些安装在卫星上的传感器的性能。用于感应光子或无线电波的传感器也可以对那些通过它们的高能粒子做出反应。在一段时间内，这种效果会逐渐减弱，直到卫星上的设备最终出现故障。另外一个由高能粒子和地球磁气圈[1]的热等离子体引起的问题，是内部充电的问题，即宇宙飞船上静电荷的聚集，这会造成卫星上电子器件的故障。

此外，内、外层辐射带并不是完全一样的，它们各有特点，在设计搜集平台轨道时必须加以考虑。这些特点中最常见的是南大西洋异常区(South Atlantic Anomaly)，一个位于南大西洋上方的空间区域，这里有着浓密的高能质子和电子，会对成像卫星中所使用的电荷耦合器件（charge-coupled devices，CCDs）的运行造成干扰。[2]

图 3–7 显示的是前面讨论的四种轨道类型。注意，其中两个中地球轨道的设计目的是，为了避开这两个辐射带（这也是低地球轨道系统的设计原则）。但是，高椭圆轨道从两个辐射带中通过，所以这些轨道上的卫星需要更多的辐射防护。

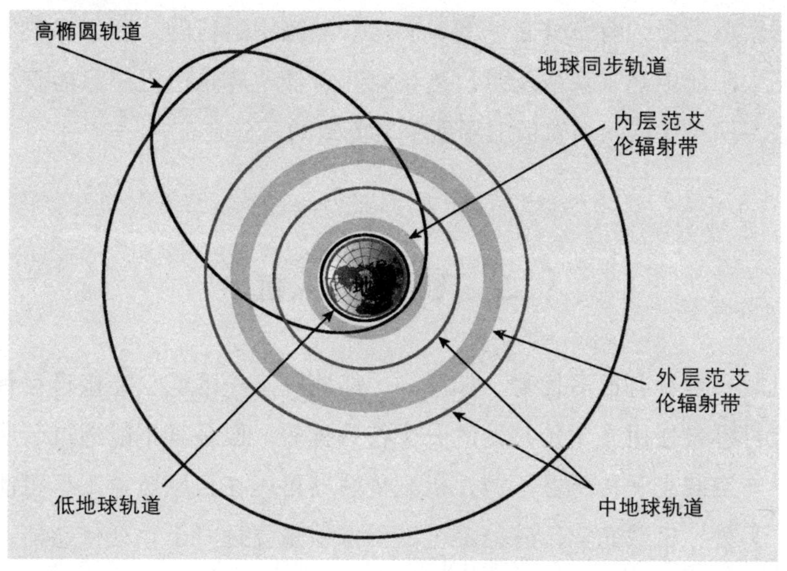

图 3–7　范艾伦辐射带

---

[1]　译注：磁气圈（magnetosphere），包裹着地球周围的一层看不见的带电粒子。它相当于地球磁场的保护层，使得地球免受太阳风的冲击。

[2]　原注：Sharma Jayant, Grant H. Stokes, Curt von Braun, George Zollinger, and Andrew J. Wiseman, "Toward Operational Space-Based Space Surveillance," *Lincoln Laboratory Journal*, 13, no. 2 (2002): 328.

太空环境的另外一个威胁就是空间碎片、微流星体和灰尘的共同作用，这些都可以损害或毁坏卫星。空间碎片是一种越来越严重的威胁，因为越来越多的卫星在入轨时都伴有发射造成的碎片。地面光学系统和雷达系统可以监视近地太空环境，并对空间中所出现的那些直径大于约 1 厘米的物体提出预警。但在轨道物体高速碰撞的情况下，即使是一个十分微小的微流星体也会造成很大的损害。

近几年来，对于低地球轨道卫星来说，空间碎片已经成为一个愈发严重的问题，原因主要在于两件事。2007 年 1 月 11 日，中国实施了一次反卫星武器试验，并且在低地球轨道卫星的高度上造成了许多碎片云。2009 年 2 月 10 日，一颗俄罗斯卫星与“铱 33”商业卫星相撞，造成了更大的碎片云。[1]

某些宇宙飞船必须要应对那些由于地球阴影引起的问题。一个典型的低地球轨道卫星约有三分之一的时间是在黑暗中运行的。因为多数卫星主要依赖太阳能电池来获取能量，这就意味着低地球轨道卫星只能获得高椭圆轨道卫星或地球同步轨道卫星所获取能量的三分之二。

二、飞机和无人机

机载平台具有很多优势，如灵活、能监视某一区域、能接近目标。能够接近目标是使用光学传感器的一个特有优势，但是其不能透过云层进行观察。与空载光学传感器不同，机载传感器可以在云层覆盖下尽可能接近目标。另外，机载光学传感器提供的图像质量要远好于空载传感器。商业空载传感器，诸如地球眼（GeoEye）卫星，已经证明每像素的分辨率为 1.3 英尺（在第四章将会讨论分辨单元和像素的问题）。商业航空摄影可以

[1] 原注：Paul Marks, “Satellite Collision ‘More Powerful than China’s ASAT Test,’” *New Scientist*, February 13, 2009, www.newscientist.com/article/dn16604-satellite-collision-more-powerful-than-chinas-asat-test.html.

提供每像素 1.5 英寸的分辨率，其图像质量可以提高十倍。[1]

在对新的搜集传感器进行开发和试验时，机载平台比卫星具有很多优势。它们可以作为新设计的实验平台，每次飞行结束后被带回地面，这样问题就可以得到纠正。传感器可以定期进行维修管理。如果传感器的设计需要改进，也可以很容易完成。但是，一旦传感器安装在卫星上，这些都无法实现，除非付出高昂代价。因此，那些最终为卫星所用的传感器通常都是首先在飞机上进行测试。最后，由于前面所讨论的严酷的太空环境的问题，空载传感器必须被鉴定为“适合太空作业”才可以，也就是说它们要比机载传感器通过更为严格的环境测试。

机载平台具有两大劣势。首先，它们不能合法地在情报组织称为“禁飞区”（即国际法规定禁止飞行的区域）的上空飞行。其次，飞机很容易受到防空武器的攻击。（卫星也容易受到那些新出现的反卫星武器的威胁，但是进攻其他国家的卫星违反国际法的规定。）这种问题使得越来越多的无人机代替有人机去执行任务。无人机也和飞机一样容易受到攻击，但是损失一台无人机却不会失去一位飞行员。通常来说，无人机的雷达更小，光学特征更不明显，这使其不那么容易被发现。但是，如果雷达传感器安装在飞机上，其功率会受到限制，这一点在无人机上更为突出。

作为传感器的载体，机载平台也有其他的弱点。一些传感器不能经受振动或摇晃。例如，成像雷达如果安装在飞机上就会出现特殊的问题。合成孔径雷达图像会受到速率、飞机的其他动作及环境（天气）条件的变化的影响。为了避免由于飞机移动产生的各类变化而造成的图像假象或几何定位失误，合成孔径雷达必须通过精密导航 / 定位设备和先进的图像加工技术来弥补（第七章会讨论）。[2] 总体来说，这样就可以解决大部分的问题

[1] 原注：Eric Lai, “In Satellite Photo Resolution Race, Who’s Winning?” *Computerworld*, October 24, 2008, www.computerworld.com/action/article.do?command=viewArticleBasic&articleId=9118079&intsrc=hm_list.

[2] 原注：Zheng Liwen, Lv Xiaolei, and Xing Mengdao, “Imaging Method of UAV High Squint SAR,” *Heifei Leida Kexue Yu Jishu* (December 1, 2007): 431.

了，除了最严重的移动变化，如大幅度的气流变化。[1]

尽管机载雷达系统容易受到此类平台运动所造成问题的困扰，但它们仍然十分灵活，具有从不同视角和观察方向搜集数据的能力。它们可以通过优化对特殊地形的拍摄几何角度，或者通过拍摄多个观察方向的图像，来获取那些凭借星载雷达很难得到的情报信息（例如，通过观察一个开放的机库门所能获得的信息）。只要天气条件和飞行条件允许，一个机载雷达可以在任何地方任何时间搜集数据。

当前有关机载平台的一个例子就是“全球鹰”无人机，如图 3–8 所示。它为军事指挥官提供了几乎是实时的、高分辨率的情报、监视及侦察图像。[2]“全球鹰”携带一个光电成像仪（在第四章讨论）和一个合成孔径雷达（在第七章讨论）。

“全球鹰”可以在海拔 65000 英尺（19812 米）的高度上最远飞行 12000 海里[3]，其飞行速度接近 340 节[4]，飞行时间可长达 35 个小时。在一次常规任务中，该无人机可以飞行 1200 英里[5]，到达关注区域，并且停留 24 小时。目前，其被用于在诸如伊拉克和阿富汗等地提供战场监视，同时它也可以提供战略情报。

“全球鹰”是一种相对大型的远程无人机。比起小型的无人机，其具有性能方面的优势，但也相对昂贵。当前的趋势是广泛使用小型的短程无人机。小型无人机越来越多地被用于战场情报和执法情报的搜集。它们的大小通常与飞机模型相同，且尺寸正在逐渐缩小。当前正在发展的无人机

---

[1] 原注：Canada Centre for Remote Sensing, “Tutorial: Fundamentals of Microwave Remote Sensing,” www.ccrs.nrcan.gc.ca/resource/tutor/fundam/chapter3/09_e.php.

[2] 原注：Description from U.S. Air Force Web site “Air Force Link,” www.af.mil/fact sheets/factsheet.asp?fsID=13225. Photo credited to www.DefenseImagery.mil (photographer, TSGT Jack Braden).

[3] 编注：海里，是航海上度量距离的单位。1 海里为 1.852 千米。

[4] 编注：节，是指船、飞行器和风的速度计量单位。

[5] 编注：1 英里约为 1.609 千米。

尺寸与蜻蜓大小相同，携带有用于情报搜集活动的摄像机。[1]

图 3–8 “全球鹰”无人机

三、浮空器

飞机、无人机及卫星都有一个主要的缺点，即单个平台无法对目标区域实施持续性监视。(唯一的例外就是地球同步卫星。) 浮空器，一种可以在空中保持静态的、比空气还轻的交通工具（包括软式飞船、硬式飞船和系留气球），则没有此类劣势。多数浮空器都是系留的，但是自由飞行的浮空器（通常称为**飞艇** [airship]）可以长期固定在同一位置，或者按照任务要求移动。美军使用系留浮空器对伊拉克实施监视。[2]

---

[1] 原注：“The Fly's a Spy,” *The Economist*, November 1, 2007, www.economist.com/ displaystory.cfm?story_id=10059596.

[2] 原注：Julian E. Barnes, “Spy Blimp: Air Force Planning Giant Airship,” *Chicago Tribune*, March 13, 2009.

浮空器可以携带雷达传感器、光学传感器或信号情报传感器，或者任意组合。自 20 世纪 80 年代起，美国空军就开始使用系留浮空器，携带昵称为“胖阿尔波特”（Fat Alberts）的浮空器，提供美国南部边界地区的雷达覆盖，以探测走私毒品的飞机。[1] 毒贩惯用的手法是在地面雷达覆盖下方进行飞行。地基雷达（surface-based radar）具有非常短的探测范围（大约 10 千米），对探测低空飞行的飞机十分有效。浮空器上装载的雷达可以将这种探测范围延伸到数百千米。

美国空军正在研发一种高海拔飞艇，用于监视和情报目的。据说，该飞艇可以在 65000 英尺的海拔高度上作业，且可以保持悬空状态长达 10 年的时间。该飞艇在这样的海拔高度利用其艇载雷达，可以监视具有情报价值的目标——一片伊拉克国土大小的区域。[2]

四、舰船与潜艇

舰船在进行遥感作业时具有优势，因为与飞机或卫星相比，它们具有更长的停留时间和更大的功率。但是，和机载平台遭遇振动时的情况一样，舰船的不稳定性也会限制其所携带的传感器性能的发挥，特别是当海面有巨浪时。

如图 3–9 所示，美国海军**观察岛号**就是一个舰载情报搜集器。[3] 该舰船始终携带“眼镜蛇 · 朱迪”（Cobra Judy）雷达。其首要任务是，根据国际军控条约规定，搜集有关战略弹道导弹的详细雷达特征数据。次要目的是搜集相关数据，支持美国导弹的发展以及战区导弹防御系统的测试。它

[1] 原注：U.S. Air Force, “Tethered Aerostat Radar System,” U.S. Air Force Fact Sheet, August 2007, www.af.mil/information/factsheets/factsheet.asp?id=3507.

[2] 原注：Barnes, “Spy Blimp.”

[3] 原注：Photo from the U.S. Navy, Military Sealift Command, www.msc.navy.mil/inventory/ships.asp?ship=133&type=MissileRangeInstrumentationShip.

还负责监视并搜集有关外国弹道导弹测试的数据，作为对丹麦“眼镜蛇”雷达系统的辅助，这将在本章后面讨论。[1]

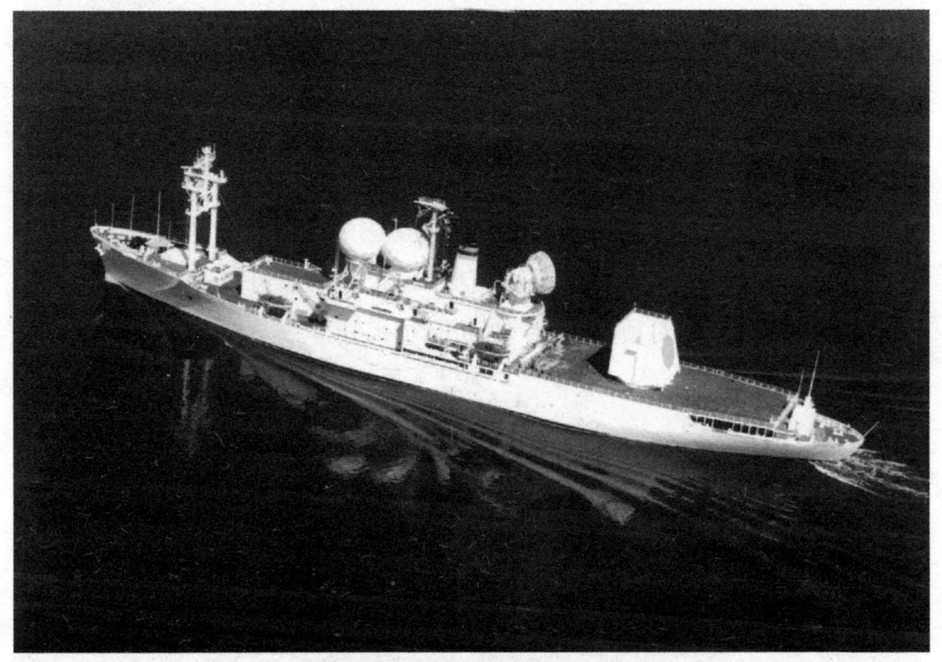

图 3–9 美国海军观察岛号

潜艇比舰船更具优势，因其具有执行秘密情报搜集活动的能力。它们通常可以秘密接近另外一艘海军舰艇、外国港口或测试区域而不被发现，同时也可以在水面上支起潜望镜或潜望镜天线，以搜集光学或信号情报。潜艇也可以搜集水下的声学信号或者部署监视传感器（leave-behind sensor）。1982 年英—阿福克兰群岛战争期间，英国就在距离阿根廷海岸约 20 千米处部署了 5 艘核攻击潜艇。这些舰船都安装了被动型探测设备，可以探测阿根廷的无线电和雷达发射。潜艇利用这些设备，根据阿根廷舰船的雷达发射信号对其进行跟踪。这些潜艇还可以监视岸基阿根廷空军基地

[1] 原注：Raytheon Corporation, “Cobra Judy Radar System,” www.raytheon.com/capabilities/products/cobra_judy/.

的无线电通信。当无线电通信指示发生了一次空袭，该潜艇就可以通过卫星连接及时将预警信号发射给特遣舰队指挥官，以加强空中巡逻。这样的预警给英国舰队提供了约 45 分钟的准备时间，来抵御阿根廷的空袭。英国的潜艇可以保持下潜状态，只有信号情报天线露在海平面上，因而可以在不被发现的情况下进行作业。其中有些潜艇有时也会被发现并且遭到攻击，但是没有潜艇被损坏。[1]

另外一个有关舰船搜集平台的例子是德国的**欧斯特海军信号情报搜集船**（Oste），如图 3–10 所示。[2] 这种信号情报搜集船可以搜集电子情报和通信情报，并且可以对搜集来的信号进行技术分析。

图 3–10　德国信号情报搜集船

该舰船的设计包含了一个非常高的桅杆，这是在舰船或潜艇上进行信号情报作业面临的挑战之一：这些系统仅能搜集视线范围内的信号。为了扩大视线范围及最终扩大探测距离，天线必须被安置在尽可能高的地方。

[1] 原注：“The Falklands Radio Line,” Strategy Page, December 4, 2007, www.strategypage.com/htmw/htsub/articles/20071204.aspx.

[2] 原注：Photo from Wikipedia Commons, File:A52_Oste_.jpg.

该设计也体现了电子侦察船所共有的另外一个特点：在这种情况下，许多信号情报天线都被天线屏蔽器——一种安装在信号情报桅杆前部的平滑的建筑物——隐藏起来了。[1]

从某种程度来说，为使舰载信号情报传感器获得更大的探测距离，可以在舰船上操控一个系留浮空器平台，如前所述。自 20 世纪 80 年代后期起，美国陆军和海岸警卫队开始在一个由租赁的商船组成的小型舰队上安装系留浮空器，用于探测并监视那些具有贩毒嫌疑的船只和飞机。如前所述，这种浮空器携带了雷达，其功能与“胖阿尔波特”雷达几乎一样。[2]

五、地面站

地面站用于对飞机、弹道导弹及卫星的遥控。雷达和光学传感器都可以定位这些空中作业物体，还可以搜集特征测量数据以识别物体。一些用于情报目的的地面平台都是移动的，但最重要的平台都是固定的，因此其劣势是只能覆盖一片固定的区域。然而相对于这种劣势，具有固定位置的平台十分稳定，且其位置也可以精确地获悉（为了精确地对某些物体进行定位，你首先要知道自己的确切位置）。相关的两个重要的例子就是毛伊岛空间监视系统和丹麦“眼镜蛇”雷达。

毛伊岛空间监视系统

图 3–11 显示的是毛伊岛空间监视系统。这是一个光学地面站，能够运行卫星跟踪设施，同时具有研发设施。它位于夏威夷毛伊岛哈雷卡拉火

[1] 原注：Flottendienstboot OSTE-Klassc(423),(in German), accessed at www.marine.de.

[2] 原注：U.S. General Accounting Office, Report #GAO/NSIAD-93-213, September 10, 1993, www.dtic.mil/cgi-bin/GetTRDoc?AD=ADA271225&Location=U2&doc=GetTRDoc.pdf.

山 10000 英尺的山顶上。这个山顶的位置非常适合安装用于空间监视的天文望远镜和光学设备。高海拔意味着站点通常是在云层之上，这也会减少大气层造成的视线干扰。

图 3–11 毛伊岛空间监视系统

那里的望远镜可以跟踪高度等于或高于地球同步轨道卫星的人造物体，还可以搜集光学特征，用于识别空间物体。该站点有一些适用于各类传感器系统的望远镜，包括成像系统、光度计、红外辐射计和微光视频系统，这些将在后面的章节讨论。[1]

丹麦“眼镜蛇”雷达

丹麦“眼镜蛇”雷达是一种技术搜集传感器，位于阿拉斯加州的施

[1] 原注：“Air Force Maui Optical & Supercomputing Site,” U.S. Air Force, www.maui.afmc.af.mil/. Photo from NASA, Johnson Space Center, Orbital Debris ProgramOffice (Photo gallery, www.orbitaldebris.jsc.nasa.gov/photogallery/photogallery.html).

姆亚岛（island of Shemya）。图 3–12 所示的相控阵天线（phased array antenna）有 29 米宽。雷达的主要任务是，跟踪和搜集以堪察加半岛和广阔的太平洋为弹着区域的外国洲际弹道导弹（intercontinental ballistic missile，ICBM）及潜射弹道导弹（submarine launched ballistic missile，SLBM）测试的特征数据。丹麦“眼镜蛇”雷达所搜集的特征数据，可以为监视外国对弹道导弹条约的遵守情况提供支持，评估外国洲际弹道导弹的性能。[1]

图 3–12 丹麦“眼镜蛇”雷达

丹麦“眼镜蛇”雷达显示了一种方法，可以处理第二章所讨论的覆盖范围、分辨率及准确度的折中问题。在这个例子中，雷达要求获取、准确跟踪，以及获得有关弹道导弹再入飞行器的详细特征数据。这些对于光

[1] 原注：Missile Defense: Additional Knowledge Needed in Developing System for Intercepting Long-Range Missiles, U.S. General Accounting Office [GAO-03-600], August 2003. Photo from www.DefenseImagery.mil (photographer, Sgt. Robert S. Thompson).

谱、空间、强度及时间的准确度和分辨率的高要求，催生了一种定向的、高功率的地基相控阵雷达（一种固定的瞄准器）。其空间覆盖受到限制，但其可以探测并跟踪那些中心点位于堪察加半岛的弹着区、方位角为 120 度的物体。位置和空间覆盖使该雷达能够完成其首要任务。但是，这限制了雷达在跟踪卫星这种次要任务中的使用，因此只能跟踪到那些倾角在 55 度到 125 度之间的卫星。[1]

战场监视

那些可以进行天空扫描的雷达和信号情报系统，如丹麦“眼镜蛇”雷达和多数防空雷达，当被定位在远高于地面的位置时并没有特殊的要求。但是，那些必须扫描地球表面或探测低空飞行的飞机的雷达和信号情报系统需要尽可能高的海拔高度。图 3–10 所示的信号情报搜集船及前面讨论过的浮空器雷达都一样，随着高度的增加，其探测范围也随之增加。浮空器很容易成为敌人防空系统的攻击目标，因而通常不适用于战场。解决方法是，发展那些在作战时可以将天线提高的战场监视系统。图 3–13 所示为萨博长颈鹿监视雷达，体现了该设计方法在探测低空飞行的飞机及直升机上的雷达时的应用 [2]。

长颈鹿雷达显示了战场监视雷达的另外一个优势——它们必须是移动的，既要随着前线移动，又要避免成为攻击的目标——这一点我们在第八章还会重申。

---

[1] 原注：E. G. Stansbery, “Growth in the Number of SSN Tracked Orbital Objects,” NASA Report presented at the 55th International Astronautical Congress of the International Astronautical Federation, the International Academy of Astronautics, and the International Institute of Space Law, Vancouver, British Columbia, October 4–8, 2004, http://ntrs.nasa.gov/archive/nasa/casi.ntrs.nasa.gov/20060022013_2006009640.pdf.

[2] 原注：图像承蒙 Dimitrije Ostojic 公司惠允。

图 3–13 长颈鹿战场监视雷达

六、小结

技术情报依赖一系列的精密仪器，通过多种平台——飞机、卫星、舰船、潜艇和地面站——进行信息搜集。有关平台需注意的两点是，要保护它们，这样它们可以在一个有害的环境中继续使用；同时也要保持其秘密性，使它们可以在不被敌方发现的情况下进行情报搜集。

遥感平台可以用于情报监视或侦察，两者之间的差别就是在目标区域的停留时间。监视被定义为持续性的停留，侦察则是一种短暂停留，有时甚至就是拍张快照的时间。

一些平台要在靠近目标的地方作业，以提供高分辨率和准确度，但是却牺牲了空间覆盖率。有些平台在距离目标很远的地方作业，可以获得空间覆盖率，或者保护平台不受敌对行动的损害，但是它们牺牲了分辨率和准确度。

现今所获得的情报多数是由卫星提供的。卫星可以用于观察地球或其他卫星。卫星有一些独特的特点，这些特点使其特别有用。卫星的一个主要情报优势是，其可以合法地飞越任何国家的上空来获取情报信息；飞机或无人机则无法做到这点。

用于情报目的的卫星通常指的是空中搜集资产。该术语也适用于飞机，它也可以在空中搜集图像和信号情报。但是，多年来，空中搜集这一术语已经逐渐延伸出一个更为明确的含义，即卫星搜集。

卫星在四种类型的轨道上作业。与地球最近的是低地球轨道卫星，该卫星可以在低于 1500 千米的高度上，于两个小时内完成单次轨道运行作业。多数成像卫星和一些信号情报卫星使用此类轨道。中地球轨道卫星，其作业的海拔高度在 10000 千米到 20000 千米，具有更强的抗毁能力，因为对它们进行定位或发动攻击都更为困难。高椭圆轨道卫星的远地点在 35000 千米，近地点在 500 千米，它们通常用于提供高纬度和极地地区的中程侦察。地球同步轨道卫星可以保持在高于地球表面的一个固定点上，高度为 35800 千米，适用于对地球表面三分之一的地方进行持续侦察。

用于情报搜集的低地球轨道卫星通常都沿着近极地轨道作业，它以逆向轨道运行，其地面轨迹向西移动，以提供全球覆盖。成像卫星通常使用与太阳同步的逆行轨道，这意味着卫星每天经过赤道的当地时间是相同的。

舰船在遥感方面具有优势，因为它们具有较长的逗留时间，比起飞机或卫星，它们可以获得更多的动力。但是，舰船的不稳定性会限制其所携带的传感器性能的发挥，特别是在海上有巨浪时。潜艇在进行秘密情报搜集方面具有更多的优势。它们通常可以在不被发现的情况下接近另外一艘海军舰艇、外国港口或测试区域；它们通过在水平面竖起潜望镜或潜望镜天线，来搜集光学情报或信号情报。

飞机和无人机都大量用于电子侦察，它们可以在敌对领土的附近（但不是飞越其上空）进行作业。无人机具有一个独特的优势：它们没有飞行员，所以也可以在敌对领土执行图像搜集任务。但是，燃料的限制制约了它们在目标区域停留的时间。相反，浮空器（无人驾驶气球）具有长时间停留的优势，能在特定区域执行雷达情报或信号情报监视任务。

地面站的大小不等，范围从用于对太空活动和弹道导弹活动进行雷达和光学监视的大型固定设施，到移动战场上监视雷达和信号情报的系统，以及自动化传感器或用于近距离感应的小型秘密设施。

[第四章]

光学成像及辐射测量

光学成像系统通常被称为**光电成像仪**，因为当入射光学信号撞击到一个探测器阵列（detector array）时，会转化为电子信号以进行发射和存储。光电成像仪的优势在于，它们可以覆盖地球表面的广阔区域，且空间分辨率高，足以获取有用的特征，从而实现对图像的判读。它们可以提供以目标位置及辨认特点（即那些可以帮助识别某种类型的地势、建筑物、飞机或舰船的特点）为形式的目标特征。例如，根据建筑及设备布局的一种特殊模式，我们可以将构造复杂的建筑物识别为一个武器测试场或一个核燃料再加工工厂。要注意的是，模式不是特征。正如第一章所述，模式的识别是对一系列特征（包括建筑物和设备布局）进行综合分析的结果。

正如上面强调的，光学成像既可以提供地球表面某一目标的位置，也可以提供该目标的某种特征。持续性成像（监视）还可以提供有关目标移动的信息。光学成像系统也可以进行光谱特征、强度或状态测量，以获取更加完整且有用的特征。这些测量在情报应用方面变得愈发重要。有关光谱成像的问题将在第五章讨论。

一、光学系统的基本知识

用于各种实用遥感操作的光学传感器是带有相机的望远镜。它们的工作情况如图 4–1（彩色效果见书前插页对应图片）所示，图中显示的是望远镜的基本功能。图左侧，两个远距离的物体发出的光从两个稍微不同的方向到达望远镜。由于物体距离相对较远，因而每个物体所发射的光线在到达望远镜时基本是平行的。光学元件将入射能量聚集到一个叫作**焦点**（focal point）的点上。望远镜（对于任何光学系统来说都是如此）的性能由其本身的两个特点来决定，即光圈（aperture）的大小和焦距（focal length）。

光圈。每个物体的光线都是通过一个直径为 D 的圆孔进行搜集的。在这个例子里，直径为 D 的透镜将光线聚焦，并在焦平面[1]上形成两个物体的图像。（用于情报遥感用途的传感器多数使用一个凹面镜而非透镜来完成聚焦过程，因为透镜会随着光圈尺寸的增加而变得非常重。）随着直径增加，搜集到的光量也逐渐增加，因此传感器的敏感度也会增加。圆形传感器所搜集的光线量与 D^2 成正比。

焦距。传感器的焦距 F 由光圈和焦平面之间的距离决定。

上面的讨论假设了一个理想化的光学系统。天文望远镜的分辨能力（或分辨率）是其对某个能源的图像细节进行分辨的能力。因为望远镜的设计或光学元件的制造和排列方面的瑕疵，会造成像差，这样一来，在透过地球大气湍流进行窥视时其分辨能力会降低。但是，就算望远镜在光学设计方面完美无缺，且在真空中操作，其所能达到的分辨能力仍然存在一个基本的下限。这被称为**理论分辨能力**（theoretical resolving power）。这个底线与图 4–1 显示的距离 s 相关。如果 s 太小，两个图像会重叠，从而无法分辨。

---

[1] 译注：焦平面(focal plane)，指与成像系统的光轴垂直且包含成像系统焦点的平面。

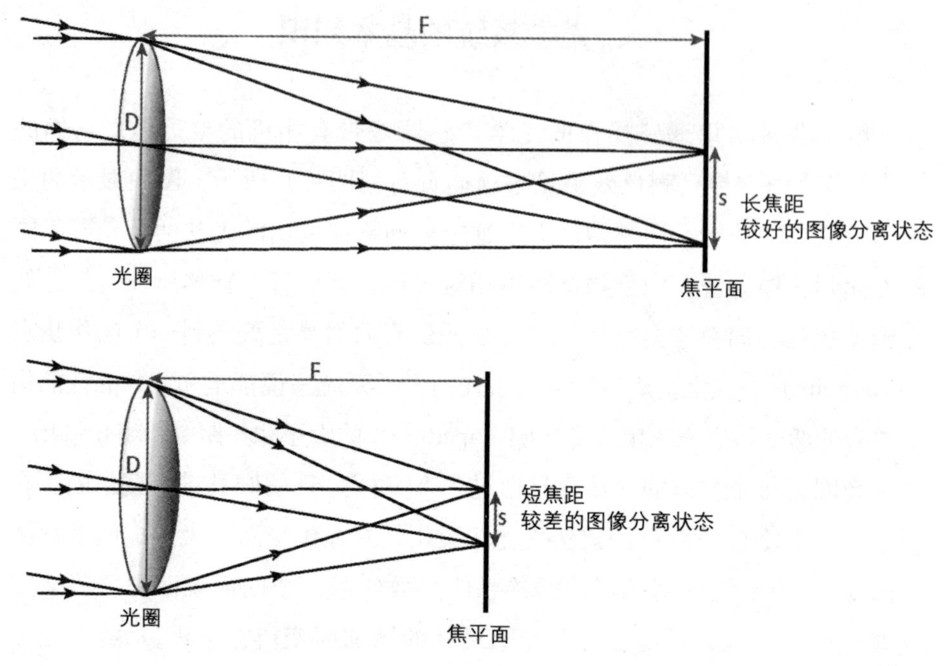

图 4–1　光学传感器元件

想要得到该光学元件生成的最佳图像，焦平面上形成的图像的空间分辨率必须尽可能高。这意味着焦平面上的两个能源之间的距离 s 必须大到足以探测到两者。

为了让 s 变得尽可能大，光学传感器必须具有较大的焦距比（focal ratio），拍摄者称之为**光圈数**（f number）。光圈数被定义为，望远镜的焦距与其直径的比率，也就是说 f=F/D，如图 4–1 所示。随着焦平面与透镜之间的距离拉大，焦距 F 开始增加，从而使得 s 变大。光圈数增加，图像分离的效果更佳，望远镜的分辨率也更高。但是随着 F 变大，透镜必须变得更薄才能保持在焦点上，如图所示。（在一个反射镜上，可以通过减少镜子的凹陷程度来实现这一点。）

要想获得更好的图像分离效果需要付出一些代价。为了得到更大的 f，在分辨率提高（也就是图像质量提高）的同时，每个像素上的光线也更少。例如，使用光圈数为 16 的相机比使用光圈数为 2 的相机生成的图像质量更高，但代价是每个像素上的光线减少了 64 倍。在摄像机上使用变焦镜头的人都会注意到这个现象。随着你把镜头拉近，光圈数增加，图像会变得更黑。（数码相机极少出现此类问题，因为电子技术可以弥补那些被削弱的光。）

另外一种折中情况就是，较长的焦距会缩小视场。望远镜可以更好地分辨物体，但是无论目标距离长短，都只能看到较小的区域。图 4–2（彩色效果见书前插页对应图片）显示的就是这种限制因素。为了更好地理解这种区别，假设通过一个直径 1 英寸、长 1 英寸（f=1）的硬纸管来观察一个场景，你可以看到该场景内的大部分区域。现在用另外一个直径 1 英寸、长 20 英寸（f=20）的管来观察，则只能看到该场景中非常小的一片区域，因为视场已经被大幅度缩小了。

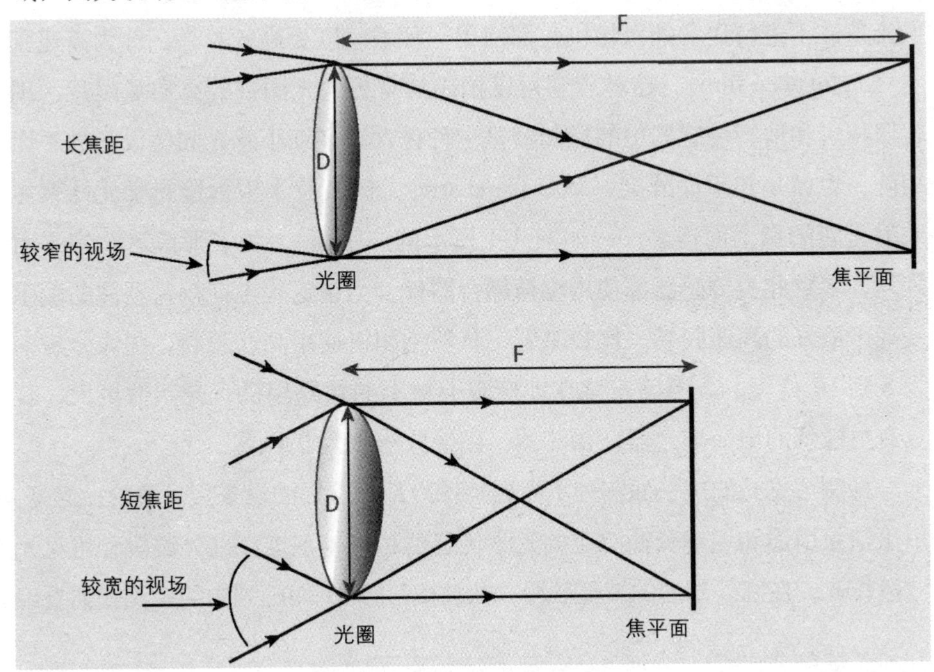

图 4–2　焦距对视场的影响

有一个方法可以对每像素所削弱的光线进行弥补，那就是增加透镜的直径，来吸收更多的光线（同时增加焦距来提高分辨率）。下面阐述的是，这种方法是如何逐步发展的：

- 20 世纪 60 年代，国家侦察办公室（National Reconnaissance Office，NRO）发射的最经典的“科罗纳”间谍卫星（Corona satellite），焦距为 24 英寸，透镜直径为 6.8 英寸，光圈数为 3.5。[1] 其焦距较短，所以视场和区域覆盖面都较宽，但是分辨率却很低。
- 目前，地球眼卫星上的光学传感器的焦距为 13.3 米，光圈直径为 1.1 米，其光圈数为 12。[2] 其焦距较长，所以分辨率较高，但是视场却非常窄，其图像只能覆盖相对较小的区域。

对每像素所削弱的光线进行弥补的另外一种方法就是，提高探测器的敏感度。旧式相机中的感应组件就是感光胶片。那些需要高分辨率或需要在微光条件下进行作业的摄像机，都使用一种敏感度更高的胶卷，称为高速胶卷（high-speed film）。这种胶卷可以拍出具有更大光圈数的高质量照片。现代照相机和情报传感器中的探测器是一种包含许多细小感光固体设备的平面矩阵，也就是**焦平面阵列**（focal plane array，因其位于望远镜光学元件聚焦入射光能的点上而得名——如图 4–1 所示的焦平面）。为了形成这个焦平面阵列，多数此类传感器都使用**电荷耦合器件**。当前这代电荷耦合器件的敏感度高于最好的高速胶卷。比较来看，科罗纳相机使用高速胶卷，图像分辨率为 8 到 10 英尺。[3] 当前安装在地球眼卫星上的数码相机，光圈数更大，且具有更敏感的电荷耦合器件探测器，图像分辨率为 0.41 米。[4]

探测可见光的焦平面阵列不需要特殊冷却，这样的设备相对廉价。但是，用于情报用途和地球资源感应的光学传感器越来越多地在红外波段和可见光波段作业。在红外光谱的较低频段（长波段），焦平面阵列中的探测器需要经

[1] 原注：National Reconnaissance Office, “Corona Fact Sheet,” www.nro.gov/corona/facts.html.
[2] 原注：National Reconnaissance Office, “Corona Fact Sheet,” www.nro.gov/corona/facts.html.
[3] 原注：National Reconnaissance Office, “Corona Fact Sheet,” www.nro.gov/corona/facts.html.
[4] 原注：National Reconnaissance Office, “Corona Fact Sheet,” www.nro.gov/corona/facts.html.

过冷却才能变得更加敏感。冷却的焦平面阵列更难构建，也更为昂贵。

二、成像几何基础

上面详细讨论了光学系统的基本知识，本节将会讨论光学元件成像的基本知识。在确定所获得的信息细节和传感器能拍摄的区域大小方面，被拍摄的目标与搜集平台之间的距离十分重要。比起那些与目标距离很近的传感器，与目标距离很远的传感器通常可以看到更广阔的区域，却不能提供更多的细节信息。图 4–3（彩色效果见书前插页对应图片）中显示了**能视域**（field of regard），也就是情报搜集卫星能够观察到的极限。能视域是搜集平台通过调整传感器而能够看到的全部区域。

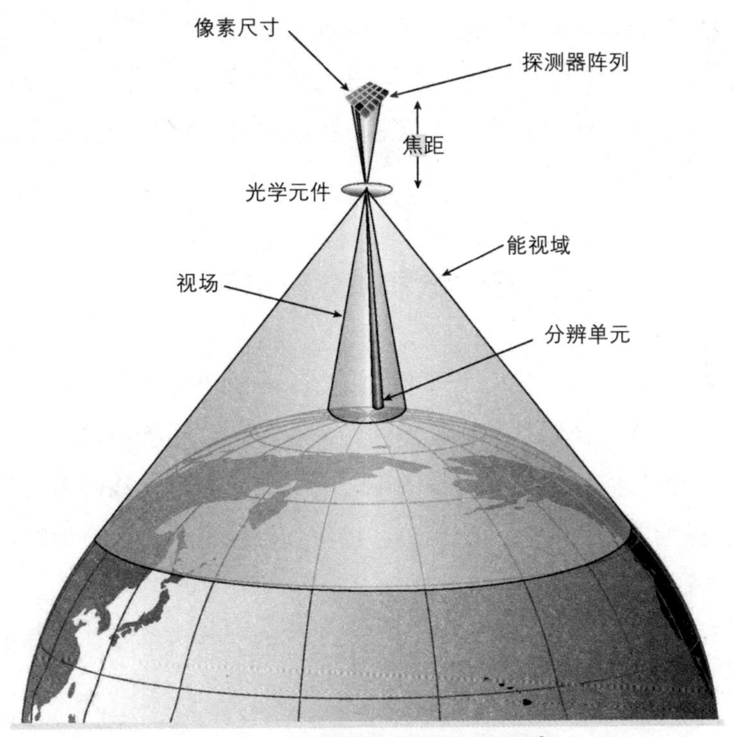

图 4–3 遥感器的视场和能视域

同一传感器，安装在情报搜集卫星（诸如法国的 SPOT 卫星或以色列的“地平线”卫星）[1] 上，与安装在飞机上所能观察到的地球区域是不同的。卫星可以看到地球表面的广泛区域，飞机能看到的区域则要小得多。搜集卫星能在特定时间内，对一个省或任何一个国家进行观察，但是其传感器无法分辨细微细节。当飞机飞越一个设备上空时，机载相机可以读取汽车上的号牌，或者识别出一个个体，但只能看到该设备周围的区域。

在图像中，可以分辨出的细节信息取决于传感器的空间分辨率（也就是说，可能探测到的最小特征的大小）。被动型传感器的空间分辨率（有关雷达传感器的特殊案例将在后文讨论）主要取决于传感器的视场。视场是指传感器可视范围的三角圆锥体，以度数来衡量，如图 4–3 所示。它决定了在固定的海拔高度上，在特定时间内，能够“观察”到的地球表面的区域。能够观察到的区域大小由视场及地面与传感器之间的距离来决定——传感器离地球越远，能观察到的区域越大。

进行太空观察的光学传感器，与进行地球观测的传感器功能相同。能视域是一个受地平线限制的半球范围。视场的大小取决于望远镜的设计。

三、像素和分辨单元

图 4–3 还显示了其他两个重要的概念：**分辨单元**和**像素**。多数遥感图像是由图像元素或像素（这也是图像的最小单位）矩阵组成。在一个数码相机中——多数应用于情报用途的电子光学传感器都是数码相机——像素是由相机探测器元件的尺寸决定的。图像的像素通常是正方形的，代表图像中某个特定区域。

每一个探测器元件都是从地面上一个称为“分辨单元”的特定区域接

[1] 原注：法国和以色列分别承认这两颗卫星是情报搜集卫星。参见 www.spotimage.fr/web/en/1803-defence-intelligence-security.php 和 www.haaretz.com/hasen/spages/869771.html。

受光能。对于一个待探测的特征来说，其尺寸通常与分辨单元相同或比之更大。如果其尺寸小于分辨单元，就可能探测不到。探测器将使该分辨单元中所有特征的亮度保持均衡。但如果尺寸较小的特征反射系数足够大，在一个特定的分辨单元中比其他特征更突出，那么它们有时也可以被探测到。

例如，如果空载光学传感器的空间分辨率为 10 米，其拍摄的图像又是以全分辨率显示，而图像中每个像素代表的是地面上一片 10 米 ×10 米的区域，那么在这种情况下，像素的尺寸和分辨率相同。

因此，在这种情况下，像素的尺寸和分辨率相符。而一台相机的分辨率不会超过其像素的尺寸。但是，在像素尺寸与分辨率不同的情况下，也可以显示图像。进行图像搜集的卫星传感器，即使其原来的空间分辨率保持不变，仍然可以在其拍摄的地球卫星图像中平均分布像素，使得每个像素表示更大的区域。

黑白相机可以在像素中显示可见光的强度；彩色相机还可以在像素中显示有关波长的信息，但是无法测量不同波长的强度。

四、光电成像仪的类型

有三种成像仪可以用于遥感。许多光电遥感器（与摄影型遥感器相反）通过**扫描仪**（可以使用视场较窄的传感器，通过扫描某个地形来构建并生成一个该表面的二维图像）来获取数据。扫描仪既可以用于飞机平台，也可以用于卫星平台，其操作原则相同。此类光电成像扫描仪中有两种可以用于情报用途：交叉扫描仪（cross-track scanner）和推扫成像仪（pushbroom imager）。图 4–4（彩色效果见书前插页对应图片）对这两种扫描仪进行了对比。图中还显示了第三种类型的仪器，就是分幅式照相机（framing camera），它不属于扫描仪。

交叉扫描仪

交叉扫描仪，也称为光机扫描仪或“摆扫”扫描仪。它使用一个扫描镜，将表面分辨元素的图像投射到单个探测器内。交叉扫描仪，沿着与平台移动方向垂直的一系列直线前后摇摆，以此来拍摄地球图像，如图 4–4 所示。通过旋转的扫描镜，传感器从其一侧到另一侧，对每条线进行扫描。随着平台不断向前移动，逐次扫描共同构建了一个地球表面的二维图像。

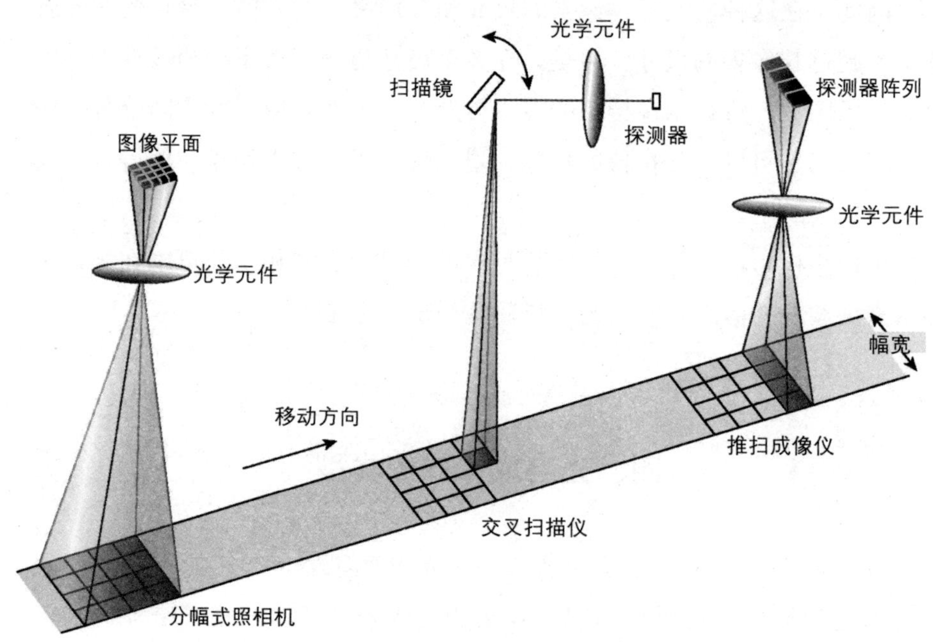

图 4–4　成像系统的类别

瞬时视场[1] 是传感器中单个探测器所观察到的角度区域（如图 4–3 所示的小片黑色区域）。传感器的瞬时视场和平台的海拔高度，决定了可能观察到的地面分辨单元及空间分辨率。角视场由扫描镜的扫视情况决定，

[1]　译注：瞬时视场（instantaneous field of view，IFOV），指在扫描成像过程中，一个光敏探测元件通过望远镜系统投射到地面上的直径或对应的视场角度。

用度数衡量，视场的角度决定了被拍摄区域的幅宽。通常，机载扫描仪扫视的角度较大（90 度到 120 度）。由于高度较高，卫星只需要扫视相对小的角度（10 度到 20 度）就可以覆盖一片广阔的区域。因为沿着幅宽的边缘，传感器与目标之间的距离逐渐增加，所以，地面分辨单元会变得更大，图像的边缘也会出现扭曲。

交叉扫描仪设计简单，比起其他两种成像仪，更易在卫星上安装，且费用也相对较低。但是，在旋转镜进行扫描时，传感器对地面分辨单元“观察”的时间（也称为**停留时间**，dwell time）通常也非常短。所以，交叉扫描仪的敏感度相对较低，由此其光谱分辨率和强度分辨率也较低。

推扫成像仪

有些成像系统不使用扫描镜，而是使用位于图像焦平面上的线性探测器阵列（linear array of detectors），使其沿着飞行轨迹方向移动以进行扫描，如图 4–4 所示。随着平台向前运动，成像仪可以接收来自地球的、连续的、带状区域的光学信号，并构建起一个与飞行方向垂直的二维图像。

这些系统被称为**推扫成像仪**，因为探测器阵列的移动与扫帚上的须毛在地板上推动的动作相似。每个探测器在任何时候都能对单个地面分辨单元中的能量进行测量。因此，探测器的尺寸决定了像素的大小，同时也决定了该系统的空间分辨率。目前用于情报目的的推扫成像仪，当属法国昴宿星图像卫星（French Pleiades imagery satellite）上安装的成像仪。[1]

---

[1] 原注：Jean-Luc Lamard, Catherine Gaudin-Delrieu, David Valentini, Christophe Renard, Thierry Tournier, and Jean-Marc Laherrere, “Design of the High Resolution Optical Instrument for the Pleiades HR Earth Observation Satellites,” *Proceedings of the 5th International Conference on Space Optics*, Toulouse, France, March 30–April 2, 2004, 149–156, http://articles.adsabs.harvard.edu//full/2004ESASP.554.149L/0000149.000.html.

分幅式照相机

目前，最常用于遥感技术的传感器是**分幅式照相机**，如图 4–4 左边所示。大多数读者可能对这种传感器十分熟悉，因为如今商店里销售的便携式相机就属于这种类型。分幅式照相机使用传统的照相机光学元件，在相机的焦平面上装有一个探测器阵列。原来安装在飞机和侦察航天器（reconnaissance spacecraft）上的分幅式照相机使用的是感光胶片，但是现在用于情报用途的分幅式照相机几乎都使用一个由电荷耦合器件组成的探测器阵列。该阵列中的探测器数量越多，每个探测器的尺寸就越小，且图像的分辨率就越高。但是，正如前面所强调的，这中间还存在一种折中关系：传感器的尺寸越小，撞击其的光线就越少，而敏感度也就更低。

"全球鹰"无人机所携带的分幅式照相机是个典型的例子。它带有一个 10 英寸的反射望远镜，作为两台分幅式照相机——其中一台相机在可见光波段作业，而另一台在红外波段（3.6 微米至 5 微米）作业——的光学元件。在其最佳分辨率（称为**现场搜集模式**，spot collection mode）的情况下，该相机每天可以搜集 1900 帧的相片，每帧的尺寸为 2 千米 ×2 千米。它还可以在径向公算误差（circular error of probability）为 20 米（这意味着 50% 的目标定位会精确至 20 米内）的范围内对目标进行定位。该相机也可以用一种广泛区域搜寻模式进行作业，其分辨率相对较低，但幅宽覆盖可以达到 10 千米。[1]

图 4–4 中，每种类型的成像系统都有其优缺点。分幅式照相机可以"瞬间拍摄"，提供一个覆盖广泛区域的图像，但是其需要一个技术精密的小型、敏感的传感器平面阵列。交叉扫描仪可以使用一个设计十分简单的探测器，但是其在每一个分辨单元停留的时间都非常短，整体敏感度会受

[1] 原注：Airforce-technology.com, "RQ-4A/B Global Hawk High-Altitude, Long-Endurance, Unmanned Reconnaissance Aircraft, USA," www.airforce-technology.com/projects/global/.

到影响，如图 4–4 所示。推扫成像仪则是两种情况的折中，其在每个分辨单元停留的时间要多于交叉扫描仪，同时也没有分幅式照相机那么复杂。

分幅式照相机和推扫成像仪可能是如今最常用的成像系统。哪一个运作得更好，取决于任务的要求。如果系统要拍摄一系列已知目标区域的图像，那么分幅式照相机的效果更好。因为敏感度较高，它可以提供有关目标区域的更为详细的图像。如果需要拍摄的区域更大，那么推扫成像仪更为有效。第五章所讨论的光谱成像仪也多使用推扫成像仪，因为该成像仪在每个光谱波段都可以使用一个单独的线性阵列探测器。

五、图像加工/处理

当今世界技术十分发达，多数遥感数据都用数字格式记录下来了。实际上，所有图像的判读及分析都涉及某些数字加工的原理。数码图像加工包含许多程序，包括对数据格式进行转换和纠正，进行数字增强以便于进行更好的目视判读（visual interpretation），完全由电脑对目标和特点进行自动分类。为了对遥感图像进行数字加工，其数据的记录和获取必须是数字形式，以便存储于电脑中。为了进行遥感图像的加工和分析，专门研发了一些商业软件系统。

为了获得一个有用的情报图像，至少要经过两种处理：预处理（preprocessing）和图像增强（image enhancement）。

预处理是在提取信息的情报价值之前，对图像进行辐射纠正（radiometric correction）或几何纠正（geometric correction）。

- 辐射纠正，包括纠正那些传感器的异常数据及传感器或大气的其他噪声，然后对数据进行转化，确保这些数据可以精确地表示传感器所测量的反射或发射的辐射能。
- 几何纠正，包括对那些几何失真进行的纠正。当传感器从不同的垂直角度进行观察，然后将所得数据转化为地球表面的真实坐标（例如纬度和经度）时，会产生几何失真。

图像增强仅仅是为了改善图像的外观，来帮助进行目视判读和分析。有三种类型的增强技术通常有助于判读图像：反差增强（contrast enhancement）、空间过滤（spatial filtering），以及边缘增强（edge enhancement）。

- 反差增强会增加一个场景里不同特点之间的色调区别，这样特点就会更加突出。
- 空间过滤用于突出（或抑制）图像中特定的空间模式，用于强调该图像中受关注的部分，去除不受关注的部分。
- 边缘增强通常是出于情报目的对图像进行的加工。图像分析人员所关注的特征通常是那些在自然特点中不常见的直切边（sharp straight edges）。边缘增强通常会强调这些特征。[1]

情报活动中使用最广泛的图像类型是来自可见光谱的全色图像，由飞机或卫星平台搜集。这样的图像取决于光源的存在，例如第二章所讨论的太阳。该图像是一种反射感应或反射成像，因为其依赖于目标能量的反射情况。便携式相机进行的就是反射成像，其闪光灯可以在微光环境里提供光照能量。

多数反射感应的图像都是在可见光波段拍摄的，但是反射感应也可以在紫外和近红外波段起作用，因为物体在这些波段的反射能非常强烈。在可见光波段以外拍摄的图像也逐渐用于情报领域，因为其可以传递可见光波段图像无法获取的信息。这种成像多数是由多光谱传感器完成的，我们会在第五章讨论。

对那些包含非可见光波段的图像进行加工面临着特殊的挑战。一台相机可以在光谱的非可见光波段获取图像，但是肉眼无法看到这些部分。因此，此类图像所面临的一个重大挑战是，需要在可见光谱中体现不可视的部分，

[1] 原注：Helen Anderson, "Edge Detection for Object Recognition in Aerial Photographs," University of Pennsylvania Department of Computer and Information Science Technical Report No. MS-CIS-87-14, 1987, http://repository.upenn.edu/cgi/viewcontent.cgi?article=1634&context=cis_reports.

这样该图像才能得到处理及分析。解决方法就是使用**假色**（false color）。拍摄一个必须包含近红外波段的图像，一个通用技巧是，将所有颜色的波长从接近 0.15 微米调至光谱的更高频率段（较短波长），结果就是绿色的物体会被描绘成蓝色，红色物体会被描绘成绿色，而红外线部分的反射则会被描绘成红色。蓝色物体不能被描绘，所以显现出黑色。图 4–5（彩色效果见书前插页对应图片）还展示了另外一个技巧，即由美国国家航空航天局（National Aeronautics and Space Administration，NASA）泰拉（Terra）卫星拍摄的一个假色图像。[1] 这是位于亚利桑那州东南部一个铜矿的图像，由可见绿色光频段、近红外线频段和短波红外线频段图像共同作用生成的。铜矿在近红外线频段反射强烈，显示为亮蓝色。该图像南部的湿润地区在两个红外线频段都出现强烈的反射，显示为紫色。假色使得一个图像分析人员能够对图像进行分析，但情报用户并不像喜欢可见光图像那样喜欢此类图像，因为在没有受过训练的情况下，此类图像较难判读。

图 4–5 假色图像

[1] 原注：NASA Image of the Day, posted November 8, 2007, http://earthobservatory.nasa.gov/IOTD/view.php?id=8196.

六、图像利用

加工完成后，下一个步骤就是利用，也就是将图像转化为情报。这个转化的过程由受过训练的专家完成。这些专家在以前被称为照片判读人员（photo interpreter）。随着数字图像的出现及处理过程的不断复杂化，这些专家也变换了名称。他们现在通常被称为图像分析人员，其工作的成果也被称为图像分析（imagery analysis）。

传统的光电图像世界存在很多特征，都是图像分析人员日常使用的。图像分析通常需要首先对一个独特特征进行识别。例如，多数液体天然气油轮都有一个甲板储气圆顶，据此特征可以对此类舰船进行识别。诸如核电站这类设施，因为有一些功能必须在设施中执行，从而具有独有的特征——例如，反应堆的冷却建筑。

图像判读分级标准

从某一图像中获得特征的价值主要取决于该图像的质量。图像分析人员需要依靠某些图像判读分级标准（imagery interpretation scale），来表达一个图像在识别独特特征和模式方面的有效性。

几十年来，美国情报界一直使用**国家图像判读度分级标准**（National Imagery Interpretability Rating Scale，NIIRS），对图像的判读度（interpretability）及有效性进行量化。国家图像判读度分级标准可以用来衡量图像质量。对于图像分析人员和光学工程师来说，**图像质量**（image quality）这一术语的内涵可能不同。国家图像判读度分级标准的评级可以简要地描述从某一图像中所提取的信息。

之所以制定国家图像判读度分级标准，是因为诸如图像分级或分辨率此类简单的物理图像质量的度量指标不足以预测图像的判读度，而复杂的度量指标也不能向图像分析人员提供有效的图像质量信息。表 4–1 是美国图像分级标准的一个简要概括[1]。

表4–1 国家图像判读度分级标准

国家图像判读度分级标准值	描述及例子
0	因为遮蔽、衰退，或分辨率低等问题使得图像无法被判读。
1	探测到一个中等大小的港口设施，或在一个较大的飞机场上区分滑行道和跑道。
2	在飞机场探测到大型机库，或探测到大型建筑物（例如，医院、工厂及仓库）。
3	识别出大型飞机的机翼构造（例如，平直翼、后掠翼或三角翼）。识别出大型水面舰艇的类型（例如，巡洋舰、辅助舰，非战斗型舰船或商船）。在铁道上探测到列车或标准轨道车辆（非私家车）。
4	识别出大型战斗机的类型。探测到一个开放的导弹发射井的仓库门。识别出单轨铁路、双轨铁路、控制塔台及铁路调车场中的道岔（switching points）。
5	通过加油设备（例如，基座和机翼吊舱）的存在而区别飞机类型。识别雷达是车载式的还是拖车式的。识别舰船上的飞机监视雷达。识别出单轨车的类型（例如，敞篷货车、平板车或厢式货车）或火车头的类型（例如，蒸汽型或是柴油型）。
6	区分小型 / 中型直升机的模式。识别出一个中型卡车上的备胎。能识别出轿车或货车。
7	识别出一个战斗机大小的飞机的配件以及整流罩。探测出在发射井和发射控制平台上导弹发射井门的转轴装置的细节。识别出不同的铁路枕木。
8	识别出轰炸机上的铆钉线。识别出一个便携式地对空导弹。探测出甲板吊车上的绞车缆绳。识别出车辆挡风玻璃上的雨刮器。
9	将飞机面板紧固件上的一字螺丝钉与十字螺丝钉区分开来。识别出卡车的车牌。识别出导弹元件上的螺丝和铆钉。探测出铁路枕木上不同的钢钉。

[1] 原注：Irvine, John M., "National Imagery Interpretability Rating Scale (NIIRS): Overview and Methodology," in Wallace G. Fishell, ed., *Proceedings of SPIE*, 3128 (*Airborne Reconnaissance XXI*), November 21, 1997, 93–103.

国家图像判读度分级标准表可用以衡量各种光学系统的性能。搜集装置与目标越近，获得的国家图像判读度分级标准的值越大。在正常作业的海拔高度，以“广阔区域搜寻模式”作业，“全球鹰”无人机搜集的可视图像所获的国家图像判读度分级标准值为 6；在同样海拔高度作业的红外传感器，其搜集的图像所获的国家图像判读度分级标准值为 5。[1]

特征库

全色图像只包含了空间测量（高度、长度、宽度和形状）的信息，因而有其局限性。该图像也可以显示一些强度信息，较亮的物体在图像中呈现白色，较暗的物体呈现黑色，因此可以获取粗略的特征，但是所得到的特征库会非常简单。这些特征库都是经过多年整理而建立起来的，是“图像分析人员的钥匙”，也就是一些书，其中包含了诸如特定类型的坦克、飞机、舰船和建筑物的图像。[2]

有关特征数据库的一个例子，是基于“集装箱运输学”（cratology），即对摄影所观察到的海运集装箱的尺寸和功能进行的一种研究。海运集装箱的尺寸及规格通常会暗示其中所包含的物质。过去的图像分析人员研发出丰富的武器集装箱信息库，甚至还包括尺寸最小的弹药箱。分析人员可以根据此类信息库的信息，通过测量运输军火或炮弹的箱子，对其类型进行识别。[3]

集装箱运输学已经被应用了多年，用于识别军事设备的移动。有关集

[1] 原注：Northrup Grumman, “Global Hawk Brochure,” www.is.northropgrumman.com/systems/system_pdfs/GH_Brochure.pdf.

[2] 原注：Melissa Kelly, John E. Estes, and Kevin A. Knight, “Image Interpretation Keys for Validation of Global Land-Cover Data Sets,” *Journal of the American Society for Photogrammetry and Remote Sensing*, 65, no. 9 (September 1999): 1041–1050.

[3] 原注：Thaxter L. Goodell, “Cratology Pays Off,” *Studies in Intelligence* 8, no. 4 (Fall 1964): 1–10.

装箱运输学的早期成功的一个案例，发生在1962年古巴导弹危机的初期。9月28日，图像分析人员对驶往古巴的一艘苏联舰船的甲板上的集装箱进行观察。他们在图像分析报告中指出，集装箱专为运输IL–28中型轰炸机而设计。因为这份报告及那些有关古巴正在部署弹道导弹的报告，U–2飞机在10月份进行了侦察飞行，并带回了建设中的弹道导弹基地的照片。[1]

举一个时间更近的例子。据报道，2006年8月间，美国侦察卫星在德黑兰附近发现一架伊朗运输机正在装载集装箱。根据集装箱的尺寸规格，据说美国情报分析人员得出结论，飞机上装载的是伊朗的C–802“诺尔”(Noor)反舰巡航导弹。根据媒体的报告，这个结论引发了一系列的外交行动，这些导弹没有能够交到正在黎巴嫩与以色列军队作战的真主党游击队手中。[2]

七、立体图像

自航空摄影用于情报领域后不久，图像分析人员就明显发现，从航空照片的三维图像中获取的有用细节要多于传统二维图像所提供的信息。为了在一个照片中生成三维立体效果，必须使用立体相机拍摄**立体照片**(stereograph)——将不同角度拍摄的同一景象的两张照片合在一起。如果距离较短，可以用一个双层镜头的相机来拍摄。在航空或卫星摄影中，在间距合适的条件下，可以对同一地面区域连续拍摄两张图像，来生成立体照片。这两张图像被称为立体图像对。两张图像不同的拍摄角度模仿的是立体视图，一张是从观察者左眼的视角来记录景象，另一张则是从观察者右眼的视角来记录景象。立体图像可以有效地显示某一特定景物的物理、

[1] 原注：Thaxter L. Goodell, “Cratology Pays Off,” *Studies in Intelligence* 8, no. 4 (Fall 1964): 1–10.

[2] 原注：John Diamond, “Trained Eye Can See Right Through Box of Weapons,” *USA Today*, August 17, 2006, www.usatoday.com/news/world/2006-08-17-missilesiran_x.htm.

生物及文化元素的分布情况。自然特点和人工特点都具有不同的辨别特征，而比起二维图像，这些特征在三维图像中更容易识别。

二战期间，许多国家在航空侦察中使用立体照片来获取三维图像。从传统的航空照片中很难观察到伪装的武器和建筑物，但是通过航空立体照片，军事人员可以识破伪装，识别出那些只有立体视图才能反映出的隐藏特点。

作为一个单独的三维图像显示，这两张立体照片必须并排放置，然后通过**立体镜**（stereoscope）来观察，它可以同时将左边的照片展示给观察者的左眼，将右边的照片展示给观察者的右眼。立体镜由两个镜片组成，这两个镜片可以通过一个滑动杆调整到离观察者的眼睛尽可能远的地方。立体图像对中心区域上方六英寸有一个被抬起的底座（放在可折叠镜腿上），把镜片放在底座上，大脑可以分别接受每个图像，并将其合成一个单独的三维图像。目前，多数立体镜已被现代数字图像和信号加工所取代，现在的立体照片多数是通过电子方式生成并显示的。

八、视频跟踪和监视

机载摄像机越来越多地被执法部门和军队用于监视地面或海上的事态。无人机可以为这些可转向的摄像机提供很好的平台。这样的机载监视方式使得分析人员可以在已知目标和未知目标之间建立联系，并确定这些联系的时间历史，识别出新的目标，从而为情报目的服务。机载摄像在跟踪恐怖分子或叛乱者活动，处理扩散活动，监视在边境及港口发生的各类活动方面十分有效。[1]

摄像监视活动通常是，机载平台先持续监视一片区域，然后将数据回馈到地面，用于实时分析。现今多数用于摄像监视的相机具有较小的视

---

[1] 原注：Katie Walter, "Surveillance on the Fly," *Science and Technology Review*, October 2006, Lawrence Livermore National Laboratory, www.llnl.gov/str/Oct06/Pennington.html.

场，以获得较高的分辨率，便于更好地识别出目标，并建立起一个目标特征。它面临的挑战通常是，需要在一段较长的时间里对移动目标进行跟踪。目标在场景里移动，有时会被建筑物或树木所遮挡。当再次出现时，必须重新获取其图像。这就需要自动跟踪目标，当目标从隐蔽处再次出现时，使用其特征自动获取该目标的图像。[1]

新一代的摄像监视仪器可以对一片广阔的区域进行观察，且分辨率较高。其设计理念是，使用多个相机，将每个相机所获取的图像进行光学合并，以提供较大的视场和较高的空间分辨率。此类传感器具有观察可见光谱和红外光谱的能力，可以提供不间歇监视。由劳伦斯·利弗莫尔国家实验室（Lawrence Livermore National Laboratory）研发的一种此类型的传感器，能对一片小城市大小的区域连续、实时生成视频图像，其分辨率足以跟踪其视场范围内的 8000 个移动物体。[2]

九、辐射计

本章前面重点探讨了反射能的成像问题，而广泛用于情报用途的其他成像类型则依赖于辐射测量。当用于形成一个图像时，这被称为**辐射成像**（radiometric imaging）。当在红外波段形成图像时，则被称为**热成像**（thermal imaging）。辐射测量并不依赖于光源的存在，而取决于能够接收到的一个温热目标发射的自然能量。

正如之前所强调的，所有高于绝对零度的物体都会发射出射频能量。随着目标变得越来越热，能量排放的强度和频率也在增加。非常热的物体

[1] 原注：Pablo O. Arambel, Jeffrey Silver, and Matthew Antone, "Signature-Aided Air-to-Ground Video Tracking," *Conference Proceedings of the 9th International Conference on Information Fusion*, Florence, Italy, July 10–13, 2006.

[2] 原注：Katie Walter, "Surveillance on the Fly," *Science and Technology Review*, October 2006, Lawrence Livermore National Laboratory, www.llnl.gov/str/Oct06/Pennington.html.

（例如，一根灯丝或火箭喷焰）会在可见光的范围内放出辐射能。见过铁先被加热到红热状态，然后又加热到白热温度的人会将这种光谱辐射的现象视为一种温度函数。如果加热超过了白热的温度，铁就可以达到蓝热的温度。正在运转的交通工具或工厂比闲置时放射出更强的辐射能，能量的频率也更高。如果交通工具或建筑物存在这样的“热点”，我们就可以对该交通工具的本质和状态以及建筑物的使用情况下结论。

不同的物体有不同的辐射方式。岩石、地表、海水及植被都具有不同的发射模式，被称为**发射率**（emissivity）。发射率的概念在理解物体的红外辐射方面十分重要。例如，黑色物体比白色物体吸收能量的速度更快，这是所有黑色车的车主都知道的情况。黑色物体发射辐射能的速度也远快于白色物体。一个完美的发射物体被称为**黑体**（blackbody）。发射率是物体的一个特质，用于描述热发射物与一个完美的黑体之间存在的差距。具有同样物理温度的两个物体，如果发射率不同，那么对于一个红外传感器来说，两者表现出的温度是不同的。

辐射感应基于三个事实——温度超过绝对零度的物体都会发射出电磁能，这些能量的强度和频率都会随着温度的增加而增加，而且不同物体辐射的方式也不同。用于探测和测量热能的传感器被称为**辐射计**或**辐射传感器**（radiometric sensor）。

辐射传感器利用发射率现象，可以获取有关舰船、飞机、导弹、建筑物以及环境（自然背景）方面的信息。这些被动型的传感器可以接收并记录下那些物体自然发射出的电磁能。辐射计可以记录下那些被加热物体在红外线或微波波段发射出的自然能。辐射计既可以是微波传感器，也可以是红外传感器；既可以是成像传感器，也可以是不成像传感器。

微波辐射计

微波辐射计可以记录下那些被加热的物体在射频波段发射出的自然

能，这一点与红外辐射计相同，因为物体越热，其发射出的辐射能量就越多。一个好的微波辐射计具有 1℃的强度分辨率（也就是说，其可以感应到 1℃的温度变化）。但是，比起其他类型的传感器，辐射计对目标进行观察的时间通常需要很长，因此，其在最敏感的情况下会具有较低的搜索速率。微波辐射计既能进行成像作业，也能进行不成像作业。

微波辐射计通常使用交叉扫描的方式，如图 4–4 所示，但是使用天线作为光学元件。微波辐射计通常使用一个高敏感度的射频接收器作为其探测器，而在毫米波波段，越来越多地使用探测器。

微波辐射计的空间分辨率低于红外辐射计，但它们在情报方面具有很大的优势。红外辐射计不能穿透云层、薄雾、浓雾和冰雹，微波辐射计却可以，但是性能会被冰雹削弱。许多微波辐射计可以用于接收毫米波能量，分辨率要高于较低波段的辐射计。但是，正如图 4–6（彩色效果见书前插页对应图片）所示，其分辨率并没有可视图像那么高。[1] 毫米波辐射计如果想要获得较高的分辨率，就需要付出一定的代价，因为比起那些在较低的微波频率作业的微波辐射计来说，它们更容易受到水分和大气气体（如氧气）的影响。

图 4–6　可视图像和辐射测量图像的比较

[1]　原注：M. R. Fetterman, J. Grata, G. Jubic, W. L. Kiser Jr., and A. Visnansky, "Simulation, acquisition and analysis of passive millimeter-wave images in remote sensing applications," *Opt. Express* 16, 20503-20515 (2008), www.opticsinfobase.org/abstract.cfm?URI=oe-16-25-20503.

红外辐射计

红外成像辐射计，有时称为**热成像仪**（thermal imager），仅仅能探测到在红外光谱的热能波段发射出的辐射能量。对地球表面在热红外波段（3 微米到 15 微米）发射出的能量进行遥感，与对于其反射的能量进行的感应是不同的。从本质上来说，热传感器测量的是表面温度及目标的热学特质。它们使用那些对表面光子的直接接触比较敏感的照片探测器，来探测发射出的热辐射能。该探测器会被冷却直到其温度接近绝对零度，目的是避免出现那些因其自身的热排放物而造成的噪声。

当前传感器的温度分辨率可以达到 0.1° C。为了便于进行分析，可以用灰色色调来描绘一个包含相对辐射温度的图像（**温谱图**，thermogram），浅色显示较高的温度，深色显示较低的温度。

图像中描绘相对温度差异的图像足以用于多数情报用途。可以做一些实际温度的测量，但是它们需要对温度参照值进行准确校准和测量，并获得有关目标的发射率、几何失真及辐射效果方面的细节信息。如果需要实际温度值，传感器可以利用一个或多个内部温度参照值，与探测到的辐射能进行对比，这样就可以在它们与绝对辐射温度之间建立联系。

大气气体的吸收通常会将热感应作业限定在两个特定的区域：3 微米到 5 微米和 8 微米到 14 微米。[1] 这些区域的光子能量少于可见光区域。能量会随着波长的增加而减少。热传感器的像素尺寸必须更大，才能确保有足够多的能量到达探测器，从而实现一次有效测量。因此，与可见光波段和红外线的反射波段相比，热传感器的空间分辨率通常比较低。

热图像日间或夜间都可以获取（因为辐射能量都是发射出而非反射出的），且可以用于多数情报用途。在军事侦察方面，其可以用于探测坦克、卡车、地面上的飞机以及海上的舰船。所有的这些物体，如果处于作业状

[1] 原注：Nicholas M. Short Jr., “The Warm Earth: Thermal Remote Sensing,” in NASA Remote Sensing Tutorial, rst.gsfc.nasa.gov/Sect9/Sect9_1.html.

态或最近刚刚使用过，会比周围的环境更热。核电站的活动以及许多工业加工过程都会形成某种热学模式，通过对这些模式进行监视可以实现特定的情报目的。[1] 一些国家也利用红外图像，远程跟踪下潜的潜艇。该技术取决于潜艇浮上水面时所改变的水流趋势，潜艇所产生的尾波的温度不同于周边海域，而这可以被红外传感器探测到。[2]

空中持久红外感应

情报领域最重要的辐射感应技术被称为**空中持久红外**（overhead persistent infrared，OPIR）感应。其使用了与图 4–4 所描述的相似的平面阵列或扫描系统，来探测并跟踪在地球上一片广泛区域内的红外线能量的密集发射。其目的在于探测、定位及描述具有情报价值的活动——主要指巨大的爆炸和导弹发射。例如，使用空中持久红外感应，在大气层的上方和接近太空的地方可以探测到爆炸；如果排放物超过 1 千吨，就可以肯定这些爆炸为核爆炸。[3] 这种感应技术之前被称为**空中非成像红外**（overhead nonimaging infrared，ONIR）技术，但该术语不足以描述其产生的结果。如图 4–7（彩色效果见书前插页对应图片）所示，这是 2006 年 11 月 4 日，德尔塔 4 号（Delta IV）高椭圆轨道卫星获取的空中持久红外特征。[4] 图片中看不到运载火箭，但是可以看到密集的红外羽流。如图所示，空中持久

[1] 原注：Alfred J. Garrett, Robert J. Kurzeja, B. Lance O'Steen, Matthew J. Parker, Malcolm M. Pendergast, and Eliel Villa-Aleman, "Post-Launch Validation of Multispectral Thermal Imager (MTI) Data and Algorithms," U.S. Department of Energy Report #WSRC-MS-99-00423, 1999.

[2] 原注：Guo Yan, Wang Jiangan, and He Yingzhou, "Detecting the Thermal Track of Submarines by Infrared Imagery," *Wuhan Haijun Gongcheng Xueyuan Xuebao*, June 1, 2002, 89.

[3] 原注：National Academy of Sciences, *Technical Issues Related to the Comprehensive Nuclear Test Ban Treaty* (Washington, D.C.: National Academy Press, 2002).

[4] 原注：USAF Briefing, "Infrared Space Systems Wing: Contributions to Transforming Space," November 6, 2007, www.californiaspaceauthority.org/conference2007/images/presentations/071106-1000b-McMurry.pdf.

红外技术的产品就是一个图像，尽管该图像的分辨率不高。

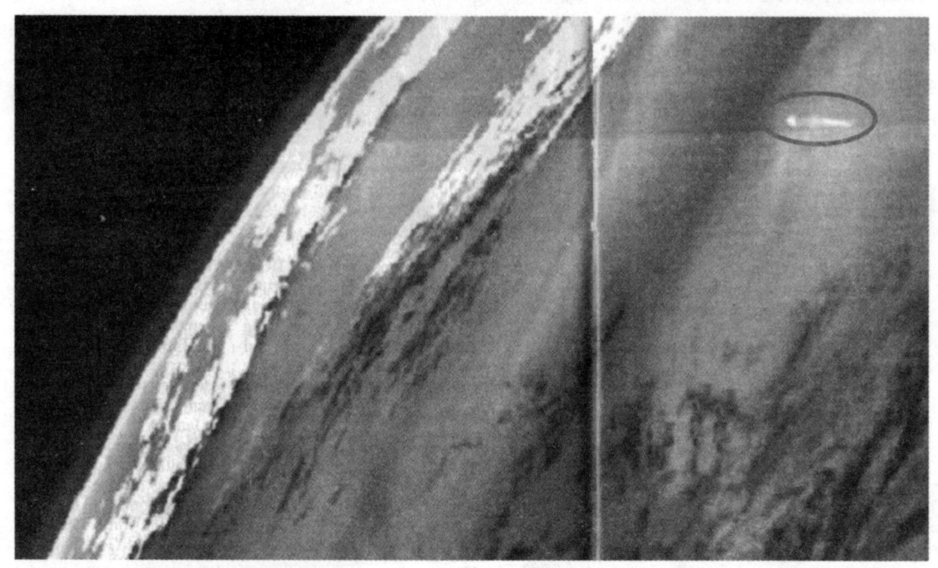

图 4–7　空中持久红外技术手段搜集的德尔塔 4 号火箭发射情况

当空中持久红外替代空中非成像红外，成为一个描述感应技术的术语时，它也面临一个相似的问题：无法提供传感器操作的精确图片。诸如下面讨论的传感器，只能搜集到短期信号，所以**持续性**（persistent）这一术语不能完整描述该系统的作业过程。

自 20 世纪 60 年代起，美军已经开始使用国防支援计划（Defense Support Program，DSP）卫星，通过空中持久红外技术来探测弹道导弹的发射或大气核爆炸。图 4–8 展示了国防支援计划卫星的效果图。[1] 位于图片左下方的光学孔径是一个圆锥管。此类卫星通过红外线来探测并报告弹道导弹的发射情况，以及其他具有情报价值的红外活动。国防支援计划卫星群正逐渐被天基红外系统（Space Based Infrared System，SBIRS）所替

[1]　原注：Public domain image from official USAF Web site “Air Force Link,” www.af.mil/factsheets/factsheet.asp?id=96.

代。据报道，天基红外系统具有更高的敏感度，能够更准确地评估导弹的位置、发射点以及弹着点。[1]

图 4–8 国防支援计划卫星

2009 年，法国发射了自己的国防支援计划卫星，称为“螺旋”（Spirale）导弹预警卫星。这是一个演示系统，以测试未来天基操作系统的理念是否可行，从而为法国提供导弹预警。两个“螺旋”导弹预警卫星已被发射至高椭圆轨道，目前正在几个红外波段进行图像搜集活动[2]。

[1] 原注：Public domain image from official USAF Web site “Air Force Link,” www.af.mil/factsheets/factsheet.asp?Id=96.

[2] 原注：“France Accepts Spirale Early Warning System Demonstrator,” *Defense Technology News*, May 20, 2009, www.defencetalk.com/france-spirale-space-early-warning-system-19033/.

闪光强度计

非成像辐射计本身不能生成图像，但它们可以提供空间信息和强度信息。一种用于情报活动的非成像光学传感器就是**闪光强度计**（大麻强度计，bhangmeter）。这种光学辐射计具有很高的时间分辨率，以小于 1 毫秒的时间分辨率来记录光线波动。它有一个特定的目的：探测大气核爆炸。“大麻强度计”这个名字源自早期一些不相信这种传感器技术具备可操作性的怀疑者。“大麻”是印度大麻的一种变体，抽这种大麻会产生幻觉。怀疑者认为，任何相信这种方法可行的人都像在吸食大麻一样。

所有的大气核爆炸都会造成一种独特且容易探测的特征：一次极短且强烈的闪光，紧接着就是稍长但没那么强烈的闪光。第一次闪光通常会持续 1 毫秒；接下来的这次闪光现象会持续几秒钟，并且根据爆炸的规模，会持续相对较长的一段时间。

美国自 20 世纪 60 年代开始使用的“维拉”（Vela）卫星就装载着闪光强度计和其他用于探测核爆炸的传感器。有关以色列或南非进行核试验的可能性的争议使这个项目蒙上了恶名。1979 年 9 月 22 日，“维拉”卫星的闪光强度计探测到一次标志大气核爆炸的典型的两次闪光现象，而且明显是位于印度洋或南大西洋地区。该闪光强度计并不是成像传感器，不能进行地理定位。该测试活动后来通过印度洋的水声数据进行了具体定位，明确在南非爱德华王子岛附近。闪光强度计的特征显示这是一次低空的千吨爆炸（大约为 3 千吨）。[1]

此次探测增加了某些国家——特别是南非或以色列，或两个国家都有——实施秘密试验活动的可能性。1980 年，美国总统任命的一个专家小组检查了这些证据，并且得出结论，该特征并不是核试验的结果。许多美

[1] 原注：Carey Sublette, “Report on the 1979 Vela Incident,” September 1, 2001, http://nuclearweaponarchive.org/Safrica/Vela.html.

国政府官员和科学家对该专家小组找到的证据持有异议，[1] 该争议直到今天还没有解决。

十、测偏振术

辐射测量通常被认为是对一个物体发射出（或者是在一个像素内接收到）的电磁能强度进行的测量，但是它也包括对接收信号的偏振情况进行的测量。在光学波段，这样的测量通常被称为**测偏振术**。在射频波段，通常使用**旋光辐射测定法**（polarimetric radiometry）这一术语。

旋光成像测量的是图像的每个像素内能量的偏振情况。比起单纯的强度测量，这种测量使得图像分析人员可以更有效地区别图像中的不同材料。

诸如太阳光一类的自然光会进行随机偏振（如第一章所述），这被称为**非偏振光**（unpolarized light）。当这种光线从粗糙表面——最自然的表面都是粗糙的——散射出来时，会出现轻微的且不可预测的偏振现象。相反，当光线从相对光滑的表面——人造物体通常都具有光滑的表面——被反射回来时，会出现强烈的偏振，如图 4–9 所示。光波可以进行线偏振、圆偏振或介于两者之间的偏振（称为椭圆偏振）。在旋光成像中，通常对两种线偏振类型——水平偏振和垂直偏振——进行测量。

旋光成像在穿透阴影、探测微弱特征或伪装目标方面十分有效，而这些对于情报活动十分重要。美国海军研究实验室演示了旋光成像在战术侦察中是如何有效实现这些目的。[2] 前面讨论的对比度增强技术可以改善阴影区域的对比度。旋光图像也是一种改善过的对比度增强形式，因为它可

[1] 原注：The National Security Archive, “The Vela Incident: Nuclear Test or Meteoroid?” May 5, 2006, www.gwu.edu/~nsarchiv/NSAEBB/NSAEBB190/index.htm.

[2] 原注：Rulon Mayer, Richard Priest, Christopher Stellman, Geoffrey Hazel, Alan Schaum, Jonathon Schuler, and Michael Hess, “Detection of Camouflaged Targets in Cluttered Backgrounds Using Fusion of Near Simultaneous Spectral and Polarimetric Imaging,” Naval Research Laboratory Report, August 8, 2000.

以提供四种不同的图像，每一种都包含了与其他几种不同的对比信息。[1]这四种图像可以放在一起处理，从而获得有关阴影物体或伪装物体的更多细节信息。

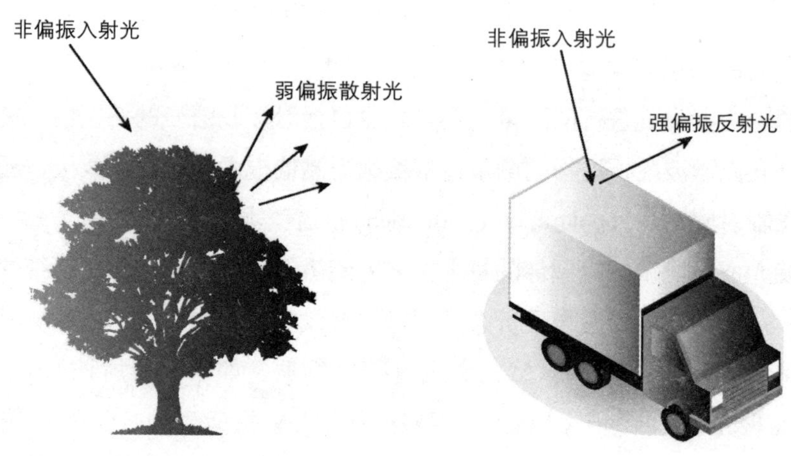

图 4–9　人工特点与自然特点的偏振效应比较

测偏振术也可以与微波辐射计一同使用。经过 20 年的发展，通过观察海洋表面的微波发射的偏振情况，旋光辐射测定法已经成为测量风向的一种方法。2003 年 1 月，携带着星载全偏振微波辐射计（WindSat）的美国科里奥利（Coriolis）宇宙飞船被发射，这是第一个可以在 18.7、23.8 和 37 吉赫（GHz）的情况下进行完全偏振测量的空载辐射计。WindSat 辐射计是为了美国海军、美国国家极地轨道运行环境卫星系统（U.S. National Polar-orbiting Operational Environmental Satellite System）以及美国空军太

[1]　原注：Michael J. Duggin, “Factors Controlling the Manual and Automated Extraction of Image Information Using Imaging Polarimetry,” *Proceedings of SPIE*, 382, no. 85, www.personal.umich.edu/~jvalenz/Literature/factors_controlling_manual_and_automated_info_extraction_from_PI.pdf.

空实验计划（U.S. Air Force Space Test Program）而造。它显示了被动测偏振术在测量海洋表面风向方面的价值。[1]

十一、商业图像

本章中假设，用于情报图像搜集的都是政府卫星系统，而多数图像情报其实就源于此类系统。但是，诸如地球眼这样的商业卫星所搜集的图像已经越来越多地被情报机构所使用。[2] 此类图像质量也已大大提高，非政府组织或普通公民均可使用，以生产有用的情报，正如下面的例子所示。

2008 年 9 月 25 日，索马里海盗扣押了乌克兰货船**芬娜号**（MV Faina）。该船携带了火箭推进榴弹、高射炮和 T–72 坦克，表面上这些是为肯尼亚军方所用。海盗在获得赎金后释放了该船。

一些观察者怀疑，肯尼亚实际上是一个中转站，而不是这些武器的最终目的地。《简氏防务周刊》（*Jane's Defence Weekly*）一位图像分析人员利用商业图像来跟踪所有被赎回武器的动向。该分析人员根据美国数字地球公司（DigitalGlobe）提供的、内罗毕东北部卡哈瓦军营的图像，认出了 T–72 坦克。接下来，又在南苏丹人民解放军的营地发现了停驻在那里、经过伪装的车辆。这些特征，包括被跟踪车辆的地面痕迹，都显示这些车辆就是坦克，它们很可能是肯尼亚用船运来的。[3]

---

[1] 原注：Karen St. Germain, Peter Gaiser, and Mustafa Bahrain, "Polarimetric Radiometry and Ocean Surface Wind Vector: From Windsat to CMIS," www.ursi.org/Proceedings/ProcGA05/pdf/F10.2（01469).pdf.

[2] 原注：Richard A. Best Jr., "Imagery Intelligence: Issues for Congress," *CRS Report for Congress: 20*, April 12, 2002.

[3] 原注：Nathan Hodge, "Sat Marks the Spot, Uncovers Pirate Weapons Haul," *Wired*, July 2009, www.wired.com/dangerroom/2009/07/satellite-uncovers-pirate-weaponshaul/.

十二、小结

光学成像系统通常被称为光电成像仪，因为入射光学信号会撞击到探测器阵列，并被转化成电子信号进行发射和储存。光电成像仪的优势在于，可以覆盖地球表面的广阔区域，其所提供的空间分辨率足以获得有用的特征，并进行图像判读。

所有实际运用中的光学传感器都是带有照相机的望远镜。光学元件将入射能聚集于一点，这个点被称为焦点。望远镜（或者是任何光学系统）的性能取决于其两个方面的特点：光圈尺寸和焦距。为了对不同的目标进行分辨，焦距与光圈直径之比（光圈数）越大越好。但是，这其中存在一个折中关系，也就是增加光圈数不仅会缩小传感器的视场，还会降低其敏感度。

光电成像仪使用一个位于焦平面的敏感型传感器阵列，用于探测整个视场内的入射光线。要确保这些探测器的尺寸尽可能小（用于提高分辨率），并且尽可能敏感（用于探测微弱信号）。每个探测器在目标区域的特定分辨单元内搜集光能，这些光能会在生成的图像中形成一个像素。

有三种类型的光电成像仪被广泛应用。最简单的一种就是交叉扫描仪，其使用一个扫描镜将每个分辨单元内的光能聚焦于单个探测器内，并扫描视场中的所有分辨单元。因为它对目标区域内任何部分的观察时间都很短，所以其敏感度较低。推扫成像仪使用的是一组线性探测器阵列，在搜集平台移动时“扫视”目标区域，其敏感度高于交叉扫描仪。最复杂同时也最常见的是分幅式照相机，其使用一个探测器阵列，其敏感度是三者中最高的。

为了获取具有情报价值的图像，至少需要执行两种图像处理功能。第一种是预处理：通过辐射纠正去除噪声，并准确地在图像中显示特点的强度；通过几何纠正来消除图像的失真。第二种是图像增强，这样可以提高图像的显示质量，通过增强对比度和优化某种空间模式，诸如边缘增强，来帮助进行目视判读以及分析。加工也包括使用假色，从而在可见光谱中显示不可视的图像特点。

图像处理和分析取决于对图像中独特特征的识别。其中一个例子就是集装箱运输学，这是根据集装箱的物理测量数据，对其所装东西进行识别的一种情报手段。使用立体图像有助于对图像进行处理，可以从两个不同角度拍摄同一目标区域，从而获取一个三维图像，最后形成一个立体图像。

辐射计可以在光谱的微波波段和红外波段生成图像。这些图像的生成取决于目标的热能发射。红外辐射计具有较高的分辨率，但是微波辐射计可以穿透云层和浓雾。天基红外辐射计可以用于探测弹道导弹的发射以及大气核爆炸。辐射计也可以测量一个信号的偏振情况和强度，这种测量通常具有情报价值：诸如车辆或飞机跑道这样光滑表面的反射光会出现强烈的偏振，而自然表面的反射光则会出现随机偏振。

[第五章]

光谱感应及成像

第四章的重点在于讨论，在单个光谱波段内进行图像拍摄所生成的最简单的光学图像：全色图像。黑白胶卷可以记录下电磁波谱可见光波段的波长，但是并没有传递任何有关光谱的信息，无法区分可见光谱中各类波长的差异，却可以记录下整个可见光波段的全部反射系数。对于在红外和微波波段的单频率辐射成像来说，情况也是如此。全色图像可以记录下强度的变化，而非整个光谱的所有强度变化。为了实现这一点，光谱成像必须提供丰富的特征。

最简单的光谱图像是由彩色胶卷提供的，可以传递一些光谱信息，但不能对其进行测量。彩色胶卷对于光谱的可见光部分的反射能十分敏感，其比全色胶卷包含了更多的信息。用技术术语来说，就是具有更高的光谱分辨率。为了适用于情报用途，有必要在可见光波段范围以外进行观察，并检查光谱的红外波段的特点。另外，为了获得一个完整的特征，需要测量光谱各部分所接收到的能量强度。

一、光谱

第二章对电磁波谱作了总体性的介绍，本章将会再次讨论有关波谱的细节问题，以进一步明确光谱成像是如何实现的。

从毫米波波段开始，随着光谱频率的上升，大气会逐渐影响电磁波的传播。图 5–1（彩色效果见书前插页对应图片）显示的是电磁波谱的吸收过程。在图中绿色阴影区的上方，大气层有效地阻碍了电磁能的通过。在该阴影区的下方，电磁能全部通过，没有任何损失。在阴影区内，能量的损失使得探测器能（或不能）获得一个可读的信号。

无论何时，一个特定传感器仅仅能够观察到图 5–1 所示的整个光谱中的一小部分。传感器的设计是为了特定目的，在特定带宽范围内或一系列较窄的波段范围内搜集辐射能。第一章和第四章讨论了光谱所划分的两个区域：反射区域和发射区域。在约 0.5 微米到 2.5 微米的反射光谱区域内，通常可以对固体和液体进行检测。辐射能的来源——通常是太阳——必须在这个反射光谱区域内生成光谱。发射区域，位于波长较长的区域内，通常用于检测气体。

正如第一章所讨论的，光谱的红外波段可以细分为更小的区域。其实并没有标准的分类法。下面是几种用于定义这些分类的常用方法：

- 一些波段定义描述了所获取的特征类型。正如前面所讨论的，有一种分类方法是将特征分为发射特征和反射特征。目标特征的类型有时可以进行更为细致的分类——例如，描述火焰以及导弹炽热废气的特征，描述坦克引擎的热辐射的特征，两者明显不同。
- 一些定义根据**大气窗口**（atmospheric windows）的存在对红外光谱进行区分。在这个区域内，大气是透明的，如图 5–1 所示。
- 一些定义是基于红外探测器的敏感度。不同的探测器有各自作业的最佳波段。例如，硅探测器在可见光波段和红外波段到约 1 微米的范围内比较敏感，而铟镓砷化物探测器的敏感区域从约 1 微米开始，到 1.7 微米至 2.6 微米结束。

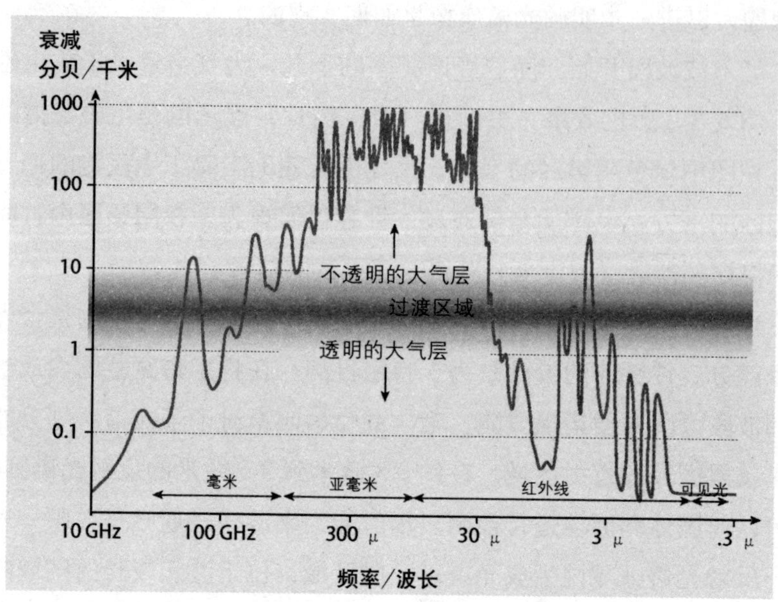

图 5–1 电磁波在大气传输中的衰减情况

红外波段并没有统一的定义，下面所描述的是一个经常使用的定义分类，也通用于本书。

近红外波段

近红外波段与可见光波段最为接近，波长范围自 0.75 微米至 1.5 微米。夜视设备可以在这个波段作业。矿物、庄稼、植物及湿润的表面，在近红外波段所反射的较长波长各不相同，因此便于区分。例如，不同的树的类型是可以区分的。波段中 0.76 微米到 0.9 微米的部分对于海岸线绘图十分有用。这个波段还可以用于成像，并降低伪装的有效性，因为设计粗糙的伪装物与周围植被的反射情况不同。从光谱这一部分到 1 微米的范围内还可以使用图像增强器，强化微弱的入射近红外信号，以在微光环境里提供可视图像。

短波红外波段

短波红外波段范围自 1.5 微米至 3 微米。在这个波段作业的传感器用于探测水体的存在，并可以进行植被分析；同时也可以识别水面上的油，以及确定土壤和植被的湿度。短波红外信号在一定程度上可以穿透云层。探测器通常由铟镓砷化物或硫化铅制成。

虽然短波红外波段被认为是位于红外波段的反射部分，但是其可以用于探测一类具有情报意义的发射。助推段弹道导弹的炽热废气会在这个波段发射出一个强烈的特征，而爆炸也可以生成短波红外波段特征。在第四章讨论的空中持久红外传感器也在这个波段作业，可以对助推段的导弹进行描述，并确定引起爆炸的弹药类型。

中波红外波段

中波红外线，也称为**中红外线**（intermediate infrared，IIR），这一波段范围自 3 微米到 8 微米。这是一个可以生成发射特征的过渡波段，且具有一些重要的反射特征。较亮的物体（例如金属屋顶的建筑）的太阳反射（solar reflectance）在这个波段十分强烈。对导弹技术来说，这是一个“热寻”区域，被动型红外制导导弹携带的传感器可以在这个区域内作业。此类导弹可以根据目标飞机的红外特征，特别是喷气发动机排气羽流的特征，进行导向目标跟踪。这个波段区域也可以用于描述地球表面物体的温度。用于情报目的时，其通常用于描述一些气体排放物。[1] 在 3 微米到 5 微米的波段之间存在一个大气窗口，锑化铟探测器和碲镉汞探测器也在这个波段作业。

[1] 原注：Alfred J. Garrett, Robert J. Kurzeja, B. Lance O’Steen, Matthew J. Parker, Malcolm M. Pendergast, and Eliel Villa-Aleman, “Post-Launch Validation of Multispectral Thermal Imager (MTI) Data and Algorithms,” U.S. Department of Energy Report #WSRC-MS-99-00423, 1999.

长波红外波段

长波红外波段是自 8 微米至 15 微米的一个主要的大气窗口。靠近 10 微米的区域通常叫作**热成像区域**（thermal imaging region），因为接近室温的物体在这个区域发射出的信号更为强烈。仅仅根据热发射的情况，长波红外传感器就可以使用这个特征来获取一个完整的地球无源图像，不需要其他的光源或者是太阳一类的热源。这是通过描述气体排放物来实现情报目的的一个主要波段。那些安装在车辆和飞机上的**前视红外**（forward-looking infrared，FLIR）系统可以利用光谱中的这片区域在黑暗中观察周边地区的情况。碲镉汞探测器也在这个波段作业，但是它们通常必须经过冷却才能达到作业所需的敏感度。该波段有时也称为**远红外**（far infrared）波段，但是在许多定义中，都被看作一个独立的波段，我们将在下面讨论。

远红外波段

远红外波段有时称为**超长波红外**（very long wavelength infrared，VLWIR）波段，范围自 15 微米以上至毫米波波段。为了实现空中成像，其范围的终止点大约在 30 微米，因为大气层在较长波段是不透明的。掺杂硅探测器（doped silicon detector）适用于这个波段。

二、光谱成像

光谱成像涉及在不同电磁波段同时获取图像。在不同的波段获取一个物体的图像，使得情报分析人员可以识别目标独有的光谱“特征”。分别获取且在不同的图像中进行加工的波长波段越多，在图像中能够获取的有关目标的信息也就越多。如图 5–2（彩色效果见书前插页对应图片）所示，随着光谱波段数量的增加，可以进一步完成一系列的步骤，包括目标探测、分类，然后将其识别为某一物体或气体。我们将在以下小节讨论这些是如何实现的。

目前，有三类光谱图像用于情报活动和地球资源感应。这个分类方法基于各自能够搜集到的不同光谱波段的数量。现在最常用的是**多光谱图像**(multispectral images，MSI)，包含 2 到 100 个波段。**高光谱图像**（Hyperspectral images，HSI）包含 100 到 1000 个波段，而**超光谱图像**（ultraspectral images，USI）包含超过 1000 个波段。高光谱图像和超光谱图像都比多光谱图像包含更多的光谱信息，这不仅使得它们具有更为丰富的信息含量，也更难进行加工和分析。它们可以提供传统图像或多光谱图像无法获得的有关情报目标的细节信息。但是，加工和分析高光谱图像及超光谱图像数据是一个困难且耗时颇多的过程，通常需要定制软件，以及昂贵的专家型劳动力。

全色图像	**探测**：确定存在的物体、发射、受关注的活动； 无光谱分辨率； 光谱波段数量：1个。
多光谱图像	**分类**：将不同光谱的物体分到相似的组群中； 适中的光谱分辨率； 光谱波段数量：2至100个。
高光谱图像	**区分**：确定物体的属性类别（例如：坦克、伪装物及气体排放物）； 较高的光谱分辨率； 光谱波段数量：100至1000个。
超光谱图像	**识别**：能识别出特定类型的物体（例如：坦克类型，或某类气体排放物）； 极高的光谱分辨率； 光谱波段数量：超过1000个。

图 5–2 光谱成像分辨率和所得信息的级别

高光谱图像和超光谱图像特征的搜集是由一些复杂的传感器完成的。这些传感器可以对整个可见光段、近红外段、中红外段中的数百或数千个狭窄的光谱波段进行探测。它们具有很高的光谱分辨率，根据不同目标在每个狭窄波段中的光谱反应，我们可以对其进行区分。下一节将讨论这些传感器是如何工作的。

光谱成像仪如何工作

一个光谱图像可以被视为多个图像的组合。为了显示图像是如何生成的，且如何用于生成特征，我们来看一种最简单的图像——全色（黑白）图像——并且从那些构成该图像的像素中选择两个进行比较。在这个例子中，美国陆地卫星 7 号（Landsat 7）是一个成像仪，因为其具有一个分辨率为 15 米的全色传感器（1 像素代表了地球上大约 15 平方米的区域）。图 5–3（彩色效果见书前插页对应图片）显示了陆地卫星 7 号所拍摄的北科罗拉多州的落基山国家公园的图像，拍摄时间为 1999 年 10 月 5 日。[1] 图像中的两个像素——其中一个覆盖了一片长有绿色银杉树的区域，另一个覆盖了一片有浅灰色黏土的区域[2]——可以进行比较。

图 5–3　北科罗拉多州陆地卫星 7 号的两个像素

[1] 原注：NASA image posted on April 4, 2001, at http://earthobservatory.nasa.gov/IOTD/view.php?id=1311.

[2] 原注：图像中方框的尺寸实际上包含了许多 15 米 ×15 米的像素，但为了更清楚地显示，使用了一个较大的方框。

这两个像素被放在一张显示返回信号波长与强度的图里，如图 5–4（彩色效果见书前插页对应图片）所示。在这个场景的全色照片中，胶卷记录的黏土像素比树的像素更亮。作为图像生成过程的一部分，陆地卫星 7 号全色成像仪测量了两者在亮度方面的区别。但是，照片无法传达给我们的信息，该成像仪也无法告诉我们。该图的纵轴测量的是反射频段的反射率（约为 2.5 微米）。

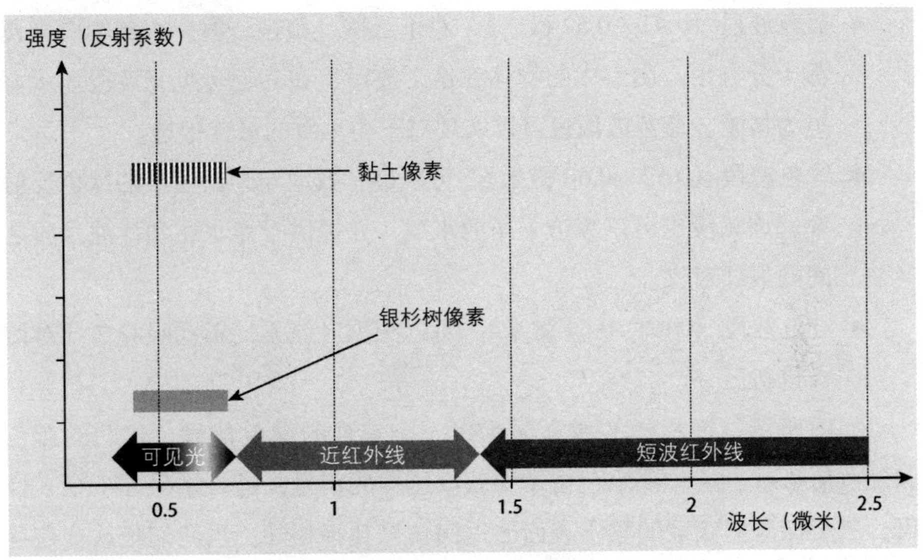

图 5–4　全色图像中两个像素的比较

陆地卫星 7 号带有一个成像光谱仪，可以提供有关同一场景的更多信息。每一个像素中反射或发射出的入射辐射能被分成了几个光谱元素，每一个元素都可以被分别探测到。成像光谱仪是一个推扫成像仪（见图 4–4），其包含了几个线性排列的探测器阵列。（图 4–4 显示的是单个探测器阵列。）每一个探测器阵列对于特定的波长范围比较敏感。其探测并测量在特定光谱波段的能量强度，并将能量转化成电流信号，然后将接收到的强度用数字数据（digital data）的形式记录下来，便于电脑接下来对其进行处理。陆地卫星 7 号有七个此类的探测器，用于对每个像素进行探测——六个探测器覆盖可见光、近红外及短波红外波段，分辨率为 28.5 米；另外一个探测器在长波红外波段作业，分辨率为 60 米。

如果陆地卫星 7 号的成像分光计对这两个像素的返回信号进行测量，就可以得到有关这两个像素内容的更多信息，如图 5–5 所示。

图中所示的其中三个探测器覆盖了图 5–4 所示的全色波段。这三个探测器涵盖了下列内容：

- 蓝色波段（0.42—0.52 微米），对于土壤、植被、海岸水域绘图来说都十分有用。阴影中的物体在这个波段比在其他可见光波段显示得更为清晰。蓝色波段也可以实现对干净水质的最佳穿透。
- 绿色波段（0.52—0.60 微米），可以最有效地勾画出植被的绿色反射率。该频段也可以穿透干净的水质，并提供干净水质和浑浊水质之间的最佳对比。
- 红色波段（0.63—0.69 微米），可以根据叶绿素的不同吸收情况对植被进行区分。

如图所示，银杉树的像素显示出一个较强的绿色信号，较弱的蓝色和红色信号——从一棵绿色树木中获取这样的信号，这一结果并不令人惊讶。三个探测器获取的黏土表面的返回信号几乎相同。当我们把这些信号结合起来，就可以用肉眼观察到黏土所呈现出的浅灰色。但是，黏土的三个光谱元素都比从树中所获取的绿色信号更为强烈，因为在可见光波段，黏土是一种效果更佳的反射器。

到目前为止，所能得到的有关该场景的信息，彩色照片都可以显示出来。但是，彩色照片的像素只能给出红、绿、蓝波段的相对强度。正如后面要讨论的，它不能提供有关该强度的数字测量，而这些在生成特征方面是十分必要的。

另外，剩下的几个陆地卫星 7 号探测器提供了有关这两个像素的其他测量数据——假如这些信息是标准的彩色照片中无法捕捉到，也无法被人眼所识别的：

- 近红外探测器（0.76—0.90 微米）提供了有关植被反射率的更多信

息，可以有效区分正常的植被与伪装物。

- 两个短波红外探测器（1.55—1.75 微米，2.08—2.35 微米）可以感应到植被湿度、不同矿物类型，以及雪或云不同的反射情况。
- 长波红外探测器（10.4—12.5 微米）可以探测到温热物体的热发射。

如图 5–5（彩色效果见书前插页对应图片）所示，近红外和短波红外探测器从黏土像素中接收到的反馈信号要比银杉树像素中接收的信号更为强烈，因为黏土表面具有更高的反射率。长波红外探测器的探测结果并没有在图中显示。

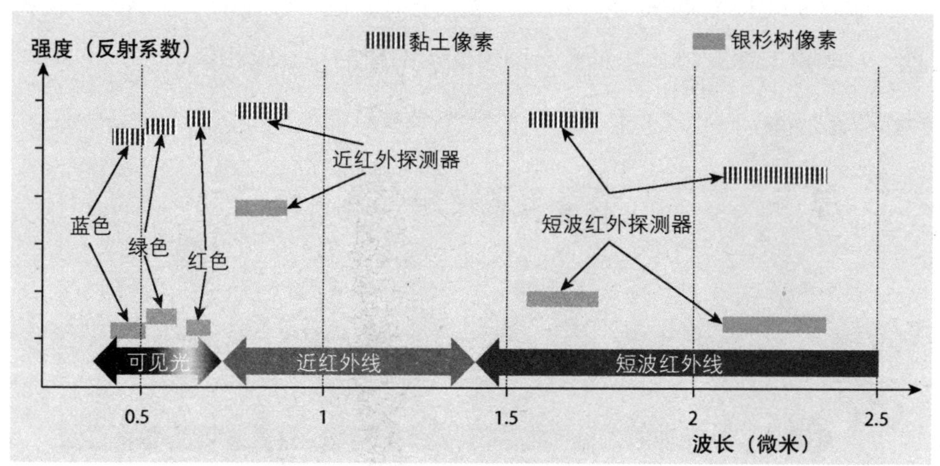

图 5–5 多光谱图像中两个像素的比较

三、光谱特征

尽管光谱成像得到的图像比较像我们常见的图像，但是其价值主要源自其所提供的光谱信息。获取的光谱信息越多，光谱特征就更为确定，对于材料的识别也就越准确。[1] 光谱特征，如第二章所强调的，取决于辐射能在散射、吸收、反射和发射的过程中与各种材料（固体、液体和气体）

[1] 原注："Abacus: Hyperspectral Image Processing," www.saic.com/abacus/.

所发生的相互作用。反射或发射的辐射能会受到不同材料的吸收、反射和发射特点的影响。只有了解各种相互作用，图像分析人员才能够对材料进行识别。光谱的相互作用通常会生成专属于某一材料的光谱特征。

从图 5–5 显示的不同探测器对这两个像素的不同判读来看，特征可以不断发展并且与每个像素联系起来。这种联系的建立需要通过一个过程来完成：画一条曲线（其实就是一系列的线条），将图中所示的每一个测量数据都连接起来。结果就是如图 5–6（彩色效果见书前插页对应图片）所示的两个**光谱特征**。这两个特征存在极大的差异。但是，另外一个黏土坑的像素特征可能看起来与图中这个黏土坑的特征十分相似；而另外一棵树或一片绿草的像素特征，可能与图中所示的树的特征很相似。

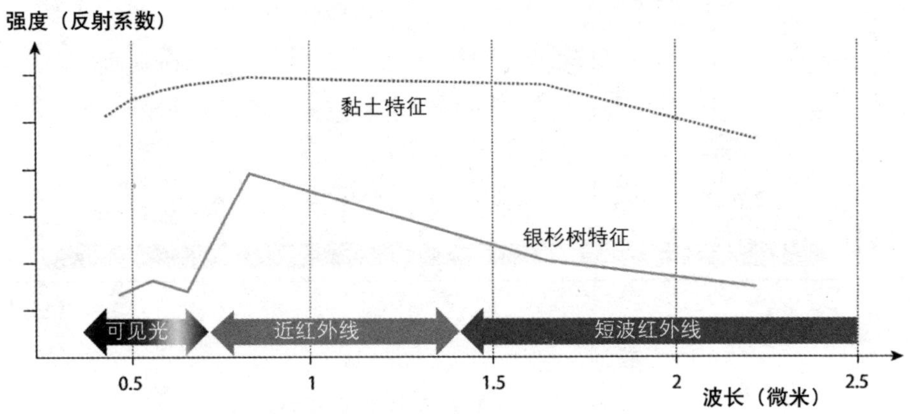

图 5–6　一张多光谱图像中两个像素的光谱特征

该图中所显示的特征被称为在波段的反射区域的**光谱响应**（spectral response）曲线——使用“响应”这个词，是因为这些曲线描述了该波长频段的特征或目标的反射系数。这些曲线通常指的是**光谱发射率**（spectral emissivity）曲线，位于波长超过 2.5 微米的波段内，因为它们描述的是在较长波段中的特点或目标的发射系数。

多光谱成像

如前图所示，前文将在不同的波长范围内搜集数据的陆地卫星传感器描述为一种成像光谱仪，它同时也被称为**多光谱扫描仪**（multispectral scanner)。这是一种最常用的光谱成像仪。一个多光谱扫描仪既可以使用交叉扫描仪，也可以使用推扫成像仪，如第四章所述。其主要区别只有一点：前者在每个光谱频段或频道需要单独的探测器进行探测，后者则需要一个单独线性阵列探测器进行测量。在扫描的过程中，传感器对每一个单独的探测器或线性阵列探测器所探测到的能量进行电子抽样，并以数字的形式记录下来。这两种传感器的设计，各有利弊。

交叉扫描仪的旋转镜在设计和使用方面更为简单，也更容易校准。但是，旋转镜扫描时，瞬时视场"观察"一个地面分辨单元的时间（停留时间）也非常短，所以其光谱分辨率、空间分辨率、辐射分辨率都相对较低。

带有一个线性阵列探测器的推扫扫描仪，配合其推扫运动，使得阵列中的每个探测器对每个地面分辨单元中的能量进行测量的时间多于交叉扫描仪（也就是停留的时间更长)。这使其能够探测到更多的能量，辐射分辨率也更高。因为停留时间较长，所以可以使用瞬时视场较小和带宽较窄的探测器。这样一来，在保证辐射分辨率的情况下还可以获得更高的空间分辨率和光谱分辨率。但是探测器必须校准，这样测量得到的数据才可以保持前后一致。

陆地卫星 7 号是当前使用的一种典型的多光谱传感器。其可以感应热红外波段的辐射能，也可以感应到可见光波段和红外反射波段的辐射能。这样的多光谱传感器在军事、情报以及商业社会中都广泛应用。其他的多光谱传感器还有快鸟遥感卫星（Quickbird）和伊克诺斯卫星（Ikonos)，每一个都有五个波段（蓝色、绿色、红色、近红外和全色波段)。Worldview 2 号卫星具有八个多光谱波段，其范围从可见光部分到近红外部分。法国的 SPOT 5 号观测卫星，具有标准的三个可见光波段和一个短波红外波段。

多光谱传感器具有较低的光谱分辨率。光谱在细节处无法辨识。例如，快鸟遥感卫星只能在五个波段进行“观察”，在红色、绿色、蓝色和近红外区域成像。它不能在其他波段成像。这就限制了其对材料的探测识别，因为最终生成的图像里的很多微粒特征都被去除了。但是，尽管特定材料无法识别，它仍然可以对材料进行区分，也很容易分辨出某些材料的不同之处。因为光谱特征不同——即使是在五个波段内，情况也是如此。要想获取高分辨率，识别特定材料，就需要使用高光谱图像或超光谱图像。

尽管受到分辨率的限制，多光谱成像还是有许多用途。它可以广泛用于环境研究，包括农业、地质情况和水深测量（对于海底构成及地形的研究）。在农业方面，可以将健康的植被与那些干渴或死亡的植被区分开来。这种分辨能力可以为扫毒行动提供有效的情报支持，因为健康的可卡因或罂粟作物与那些已经受到除草剂损害的普通作物，在多光谱成像方面存在差异。

多光谱图像有许多其他情报用途。在研究地球的岩石构造、确定矿物成分、评估采矿作业和地下设施建设方面都十分有用。水深测量对于海事情报（maritime intelligence）来说十分有用。海洋深度方面的知识可以用于识别航道，并且具有很多军事用途。这些用途通常要求具备较大的覆盖范围，且需要使用商用或民用卫星，如陆地卫星、伊克诺斯卫星或快鸟遥感卫星。

高光谱成像与超光谱成像

高光谱成像功能更像上面讨论的多光谱成像的功能。但多光谱成像的特点是其光谱分辨率相对较低，如图 5–6 所示。所以，不同物体的特征通常看起来极为相似。在图 5–6 所示的例子里，很多特定类型的物体（诸如不同类型的黏土或不同类型的树）都无法区分。对于两个相似物体来说，除非它们的特征包含了更多的波长频段，否则也无法区分。这就意味着需要一个具有较高光谱分辨率的传感器。如前所述，光谱分辨率描述的是一个传感器对细微波长间隔进行限定的能力。光谱分辨率越高，在一个特定频道或波段内的波长范围也就越窄。

高光谱图像仪和超光谱图像仪，可以在许多狭窄、连续的光谱波段内同时获取更多的图像，以此来提供较高的光谱分辨率。一个场景中的每个像素都有一个辅助光谱，包含了更多细节信息。所以，比起多光谱数据，高光谱数据和超光谱数据可以提供某一场景内更为详细的检测信息，而这些数据是在一个较宽且间隔较大的波段搜集来的。

图 5–7（彩色效果见书前插页对应图片）显示的是图像中两个像素（银杉树像素和黏土表面像素）的光谱特征之间的区别。因为这是一个反射波段，纵轴既表示目标的强度，也表示目标反射系数的大小。

在这个高光谱图像中又增加了两个像素：一个是在黏土坑附近的石灰石矿的像素，一个是附近矗立的一棵杜松树的像素。黏土像素和石灰石像素显然具有完全不同的高光谱特征，但是如果利用多光谱特征，两个像素仅在亮度上有所区别。一个多光谱成像仪无法在两者之间做出区别。如果是两棵树，这个情况更为突出，因为在人眼看来两者本身就十分相似。两棵树的高光谱特征区别甚微，而一个多光谱成像仪根本无法探测到两者之间的任何区别。

对于情报用途来说，高光谱成像的主要优势在发射段（中波红外波段和长波红外波段），特别是在探测、描述并识别排出的气体方面。发射段的气体具有非常狭窄且明确的光谱特征。图 5–7 用比较平滑的曲线来表示固体，相对而言，在这些波段的气体特征是参差不齐的，具有明显的高峰和低谷。

探测、定位、识别和描述长波红外波段中的气体，较高的光谱分辨率十分必要，但高光谱传感器的设计者会面对另外一个折中问题。他们希望探测器的带宽尽可能窄，以获取一个有用的特征。如果带宽过宽，那些专属于一个特征的鲜明特点也会变得不那么明显，并且最终会完全消失。但如果带宽过窄，在该波段就没有足够的能量（足够的光子）来识别信号。

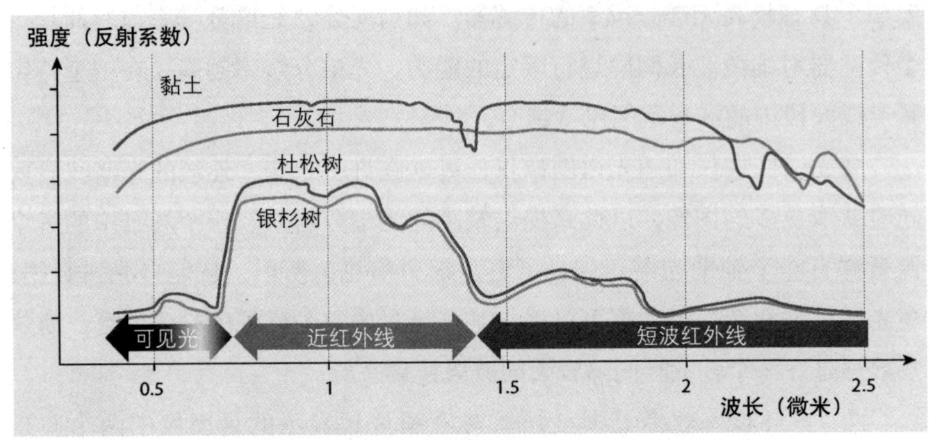

图 5–7　高光谱图像中像素的光谱特征

许多高光谱传感器都安装在飞机上，其中多数能在可见光、近红外和短波红外波段进行覆盖，以对地球资源进行感应。最典型的是 NASA/JPL 机载可视 / 红外成像系统传感器，它可以通过飞机平台，搜集从 0.4 微米到 2.5 微米的 224 个连续的光谱频段。[1]

在中波红外波段和长波红外波段作业的机载高光谱成像仪也已经被研发出来。这些传感器都被专门设计成探测那些具有情报价值的气体排放物或物体，其中一种就是机载高光谱成像仪。这是一种在 256 个光谱波段（波长在 7.5 微米到 11.5 微米之间）上，搜集窄带图像的长波红外高光谱成像仪。此传感器的设计初衷是，根据扰动土的红外线吸收特点的变化，对埋在地下的地雷进行探测。该传感器目前已用于探测气体排放，区分矿物类型。[2]

[1]　原注：Jet Propulsion Laboratory, “AVIRIS Airborne Visible/Infrared Imaging Spectrometer,” http://aviris.jpl.nasa.gov/.

[2]　原注：Paul G. Lucey, Tim J. Williams, Michael E. Winter, and Edwin M. Winter, “Two Years of Operations of AHI: A LWIR Hyperspectral Imager,” *Proceedings of SPIE*, 4030, no. 31–40, www.higp.hawaii.edu/~winter/pubs/Two%20years%20of%20operations%20of%20AHI%20a%20LWIR%20hyperspectral%20imager.pdf.

一些高光谱传感器已经开始装载在卫星上。2000 年，美国国家航空航天局发射了携带 Hyperion 星载高光谱传感器的地球观测 1 号（EO–1）高级陆地成像卫星。[1]Hyperion 传感器是一个能够搜集 220 个光谱频段（从 0.4 微米到 2.5 微米）的高分辨率的高光谱成像仪，其空间分辨率为 30 米。该仪器的每张图像可以拍摄 7.5 千米 ×100 千米大小的区域，还可以提供涵盖 220 个频道的更为详细的光谱制图，且辐射精度更高。[2] 图 5–8（彩色效果见书前插页对应图片）是一幅由 Hyperion 传感器拍摄的真实的彩色图像，显示了阿根廷的一片农田。[3] 图中，像素的光谱特征与休耕地、植被及水的特征共同显示，说明该像素很可能是结合了这三类地形的特点。

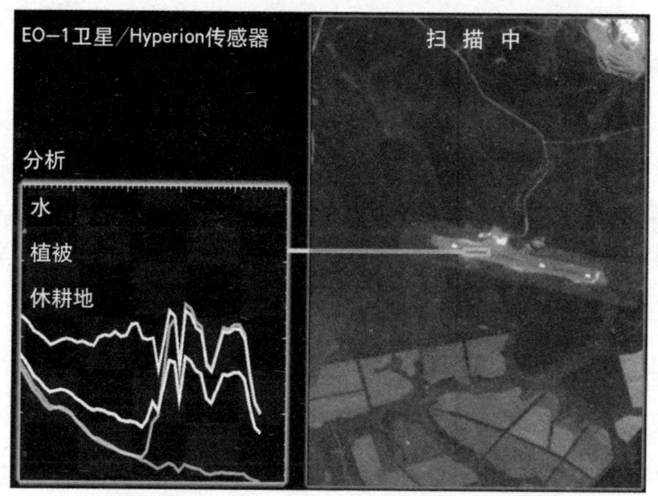

图 5–8 Hyperion 传感器搜集的高光谱图像

2009 年，德国研发了一种情报用高光谱成像卫星。该卫星有 218 个光

[1] 译注：Hyperion 是世界上第一个成功发射的星载民用成像光谱仪，也是目前少数几个仍在轨运行的星载高光谱成像仪。

[2] 原注：USGS: “Earth Observing 1(EO-1) Sensors—Hyperion,” http://eo1.usgs.gov/hyperion.php; *Space Daily*, “EO-1 Offers First Hyperspectral Imager,” January 17, 2001, www.spacedaily.com/news/eo-sats-01b.html.

[3] 原注：NASA imagery, http://earthobservatory.nasa.gov/IOTD/view.php?id=1420.

谱频道，其中 122 个在短波红外波段，96 个在近红外波段。2012 年发射的德国卫星，其空间分辨率可以达到 30 米，幅宽在 30 千米范围内。[1]

超光谱感应比高光谱图像具有更高的光谱分辨率及更窄的带宽。超光谱传感器仍然处于研发和测试阶段。

四、光谱特征的加工、利用和分析

搜集到光谱图像之后，必须要经历加工（处理，processing）、利用（exploitation）和分析（analysis）三个阶段，这样情报用户才会明白所搜集到特征的意义。加工之后，还需要对图像进行利用和分析。在这些阶段，可以比较图像在不同波长范围内的光谱特征，区分其各类特点和细节。利用是一个复杂的过程，但是很适合于采用自动化加工技术。多光谱图像、高光谱图像及超光谱图像加工的方式几乎相同，然而生成的特征和提取的信息则存在差异。

加工（处理）

第四章所讨论的图像加工必须在光谱加工开始之前就完成。例如，几何纠正使得图像与目标区域的地图精确匹配。接下来就是一系列的加工步骤，这些都是光谱成像所特有的。原始数据在利用之前必须使用辐射（强度）和光谱校准进行调整。当反射或发射的辐射能在地面目标和搜集器之间移动时，大气会对其产生影响，因此必须对其光谱特征进行纠正，这样才有价值。

为了说明这个校准步骤的重要性，我们可以举一个商业世界的例子：如果不确定场景中的颜色是否能在一个数码相机的图像中得到如实重现，

[1] 原注：“Germany Contracts for Hyperspectral Satellite,” *Aviation Week & Space Technology*, November 17, 2008, 17.

人们绝不想购买该相机；如果图像比预期的更亮或更暗，人们大多会感觉不满。为确保图像强度和光谱特点能够如实重现，校准十分必要。

接下来就涉及一系列的图像转换步骤——理论上，该操作与第四章所讨论的图像增强相似。而实际上，光谱特征的加工更为复杂。图像增强通常是一次只对一个频道的数据进行操作，光谱图像转换则涉及对多个光谱波段的数据进行整合加工。通过对这些图像的操作，能够将原始的频段进行整合并转换成新的图像，使其能够更好地显示或强调场景中的某些特点。

利用和分析

加工完成后，原始的光谱数据必须经过一个复杂的利用过程，从而将窄波段的像素转化成对分析人员有用的形式。利用主要是通过计算机算法检查每个像素的光谱信息，以便进行识别，并在某些情况下，对那些已经存在于场景里的材料——包括气体——进行量化处理；然后将光谱与光谱库（下一节会详细讨论）里的特征进行对比，从而进行识别。

有一种标准的利用技术，可以在进行大范围地理区域搜索时使用，该技术叫作**异常探测**（anomaly detection）。当搜集者对所监视的场景完全不了解，但想要寻找所有异常的事物（例如，一辆部分隐蔽在树林中的车，或者是在一个无污染区的漏油或化学物品泄漏现象）时，通常可以使用异常探测。异常探测可以通过算法，对场景里的任何可疑区域进行标记，然后将所有的线索传给一位图像分析人员，或一个光谱分析系统，又或传给另外一个传感器进行更为细致的观察。[1]

从某种意义上来说，**目标识别**（target identification）与异常探测相反。分析人员在寻找具有特殊情报价值的材料的光谱特征时可以使用该技术。

[1] 原注：Edward Ashton, Brian Flanagan, and Sherry Olson, "Analyzing Hyperspectral Data," The Edge (MITRE Corporation publication), September 1999, vol. 3, no. 3, p. 1, www.mitre.org/news/the_edge/september_99/first.html.

例如，图像分析人员在调查可能存在的大规模杀伤性武器的生产或进行环境监测时，会在气柱中寻找特定化学排放物。使用多光谱图像传感器、高光谱图像传感器或超光谱图像传感器，针对的目标和目标识别的过程都有所不同。下面讨论这些目标和识别的过程。

多光谱特征目标识别

不同类型的材料，诸如水和植被，通常使用可见光和近红外区域较宽的波长来区分。多光谱成像就完全可以实现这一点。另外，来自红外区域的多光谱图像可以区分那些肉眼看不见的地理特征。对受过训练的分析人员来说，特定的陆地特征总是特点鲜明。例如，含石油的岩石与不含石油的岩石完全不同。地下建筑物与那些自然出现的地表结构迥然不同。热能生成设施也总是显得与众不同，而诸如飞机和坦克引擎此类的机械热能生成设施的情况也是如此。自然物质，诸如植被，也可以生成自己独有的特征。[1]

健康的植被在可见光谱内是绿色的，因为其包含了叶绿素，而叶绿素可以吸收蓝色和红色光波。干瘪的植被（例如，水分不足的植被，或为了达到伪装效果而刚被切割的灌木丛）含有的叶绿素较少，因此其吸收的蓝色和红色的光波也更少，所以当用多光谱传感器进行观察时，会发现其不同之处。许多国家利用这种方法确定庄稼轮作是否健康，评估全球森林砍伐情况，并获取有关考古和城市分析的信息。[2] 军方和执法组织使用多光谱图像来显示在树荫下种植的大麻作物，因为大麻叶反射出一种与周边植被不同的绿色。商业可视图像已被成功用于识别大麻田，多光谱图像比可

[1] 原注：W. F. Belokon, M. A. Emmons, W. H. Fowler, B. A. Gilson, G. Hernandez, A. J. Johnson, M. D. Keister, J. W. McMillan, M. A. Noderer, E. J. Tullos, and K. E. White, *Multispectral Imagery Reference Guide* (Fairfax, Va.: Logicon Geodynamics, Inc., 1997), 2–8.

[2] 原注：W. F. Belokon, M. A. Emmons, W. H. Fowler, B. A. Gilson, G. Hernandez, A. J. Johnson, M. D. Keister, J. W. McMillan, M. A. Noderer, E. J. Tullos, and K. E. White, *Multispectral Imagery Reference Guide* (Fairfax, Va.: Logicon Geodynamics, Inc., 1997), 2–5, 6.

视图像更容易用于此类识别。[1]

高光谱特征与超光谱特征目标识别

对高光谱特征与超光谱特征进行分析的挑战要大于上面所描述的多光谱图像特征，因为此类特征包含了更多的细节。从根本上来说，对此类特征的识别有助于对场景内每个像素所包含的材料进行识别。但是，这样做需要得到每个已知材料的代表性光谱特征。一个涵盖所有这些光谱的数据库想必包含了数百万个光谱特征。

一种更具可操控性的目标识别技术，就是将那些与所关注的目标光谱无关的数据过滤掉。自身光谱与目标光谱相符合的像素（具有一定的可信度）都被标记为潜在目标。使用这种方法必须有一个前提，即那些包含了目标的像素必须是“纯粹的”；也就是说，整个像素中只有目标材料，而没有混合任何其他的背景材料。

但是，高光谱图像或超光谱图像的像素通常包含了一种以上的材料，所以此类像素通常具有一种复合光谱（composite spectrum）——一种存在于像素中的所有光谱的集合。复合光谱必须被分解成单个元素，还得假设每个单纯元素的光谱都存在于光谱库中。例如，气柱是透明的，所以任何包含该气柱的像素都可能包含了气柱及其下方的地面。在这种情况下，像素的光谱就不是目标光谱，除非可以从某种程度上淡化这种背景材料。[2]

目标识别的目的是确定在目标场景里存在的材料。例如，如果我们要求分析人员评估目标国内一个生产设施是否参与了化学战（CW），则必须要解决下列几个有关该设施的问题：

- 该设施生产了什么？

---

[1] 原注：Associated Press, “Swiss Police Spy Marijuana Field with Google Earth,” January 29, 2009, www.breitbart.com/article.php?id=D960T7180&show_article=1.

[2] 原注：Ashton, Fianagan, and Olson, “Analyzing Hyperspectral Data.”

- 使用什么样的生产过程？
- 其生产能力和生产率如何？
- 当前设施处于何种状况？

如果从光谱数据集合中可以识别出足够多的材料，整个识别过程能够顺利进行，这些详细的高光谱特征就可以解答第一个问题。但是，如果要识别该设施的生产过程，分析人员还需要掌握大量关于化学战毒气的各种生产流程的特征库。

要确定该设施的生产能力和生产率，通常需要不断地从目标设施中搜集信息。生产的过程通常不是连续的，因为工厂生产化学物质通常是分批进行的。如此一来，排放物不会被连续排放，还可能因为要进行维修或其他原因而停产一段时间。出于同样的原因，要确定设施当前的状况，也可能需要进行多次信息搜集。

对从事防扩散或军控分析的人员来说，利用一个高光谱数据集合的最后一步，就是确定所有这些活动的意义。要回答上述四个问题，仅仅对高光谱数据进行加工是不够的。分析人员通常必须搜集其他来源或其他情报门类的信息。在搜集面临困难的情况下，还需要对工厂进行建模及对生产过程进行模拟。

五、特征库

如前所述，在分析阶段，如果要识别出一种材料，分析人员必须利用光谱库。没有特征库，光谱特征的利用和分析就不可能完成。这样的特征库必须包括如图 5–7 所示的每一个特征。一个对于情报分析有用的特征库也会包含大量矿物质、有机和挥发性化合物、植被，以及人工材料。

许多光谱库都可以公开得到，它们在评估植被、地质情况和常见材料时十分有用。而伪装材料、军用金属材料以及其他具有情报价值的材料的光谱特征通常都会保存在保密光谱库内。

然而，仅仅获得这些特征是不够的。例如，分析人员可能需要将伊利石黏土与高岭土黏土区分来开，或者要区分不同类型的银杉树。仅获得此类细节信息不能解决问题。高岭土黏土在不同的温度下具有不同的光谱特征。健康的银杉树与患病的或缺水的银杉树表现出的特征也不相同。所以，如果想要对高光谱数据进行充分利用，该特征库就必须不断扩大，而现存的多光谱特征库对于高光谱数据利用来说并不适用。

获得优质的高光谱特征是一个缓慢的过程。而且，获取具有重要情报价值的材料的优质特征，尤其具有挑战性。例如，获取诸如神经毒气等有毒物质的特征数据，通常需要特殊的设施。

光谱库的建立要遵循如图 5–9（彩色效果见书前插页对应图片）所示的过程。每个像素都必须在每个波长频段（即每个光谱频道）进行一次强度测量，然后得到一系列的强度测量数据（图中有六个多光谱像素，数百个高光谱像素）。在这个例子里，这些数据会分别标记为黏土和银杉树特征，并保存在特征库中。

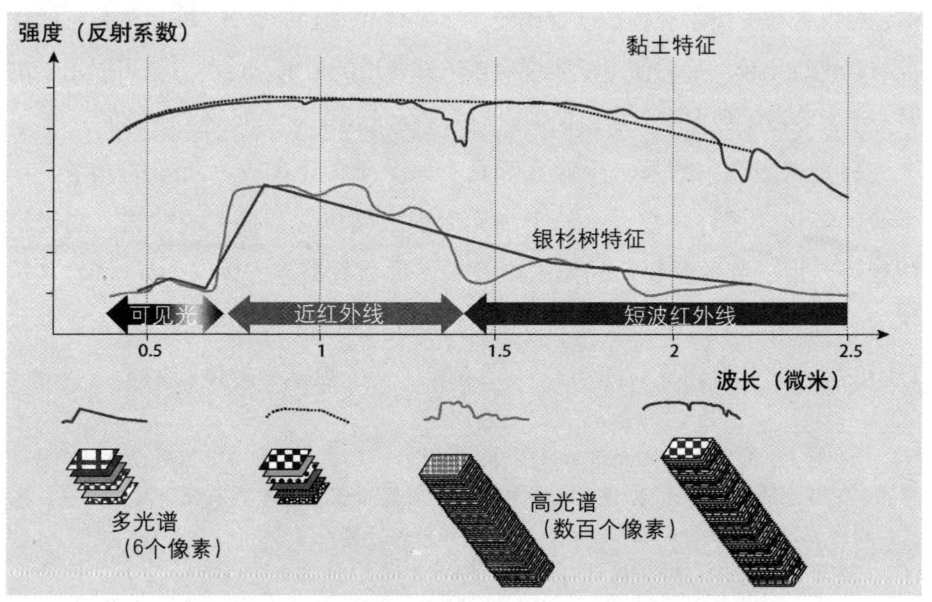

图 5–9 两个像素的多光谱和高光谱特征的比较

包含此类像素的特征库必须有适合的光谱分辨率，但是适合各个光谱波段的分辨率各不相同。反射波段的特征和发射波段的特征截然不同。正如前面所强调的，在反射段的材料特征表现出广泛的特点，而这些特点通常会随着波长的变化而缓慢变化。相反，发射段的特征则会随着波长的变化而出现快速的变化，这个复杂的结构必须被捕捉到并储存到特征库中。其中的窍门就是确保波段内每个部分都有足够高的光谱分辨率——但是分辨率也不宜太高。过高的光谱分辨率只能增加光谱数据集合的大小，却不能增加其信息内容。

光谱特征需要特定的描述方式，便于在特征库中对其进行搜索。一种方法就是使用一个三步特征描述法。第一，使用一种称为**小波分析**[1]的技术，用于描述特征的总体形状。第二，使用一种称为**二进制编码**（binary encoding）的技术，对特征的主要特点进行粗略测量。第三，使用**特征分析**（feature analysis），捕捉特征所有重要特点的细节，诸如在光谱中的位置、宽度、深度以及不对称性。

然后，根据特征描述的结果，将其整合成一个层级结构。一个未知的光谱，可以先与一类常规特征进行比较，然后将范围不断变小、联系更紧密的特征与其进行比较，最后便可以实现对该未知光谱的识别。这种方法可以用于浏览一个大容量的数据库，从而识别出与未知的光谱非常类似的光谱特征。[2]

高光谱图像中的每一个像素都具有一个类似于图 5–9 所示的光谱。单个像素都包含了许多数据，一个高光谱图像则包含了更多的数据。高光谱图像可以用三维数据集合的形式来表示，称为**数据立方体**（data cube）。数据立方体的最外层是一个地区的常规图像，深度代表的是波长。图 5–10（彩色效果见书前插页对应图片）显示的是一个数据立方体的例子。[3]

---

[1] 译注：小波分析（wavelet analysis），是时间—尺度分析和多分辨率分析的一种新技术。它在信号分析、语音合成、图像识别、计算机视觉、数据压缩、地震勘探、大气与海洋波分析等方面都取得了有科学意义和应用价值的成果。

[2] 原注：Ashton, Fianagan, and Olson, “Analyzing Hyperspectral Data.”

[3] 原注：Galileo Group, “Applied Spectral Imaging Sample Gallery,” March 2007, www.galileo-gp.com/home.html。图片来自 Galileo Group, Inc.

图 5–10 高光谱数据立方体

任何特定波长内的特定像素的辐射强度都由色标来表示。最外层图像的呈现与人的眼睛看到的一样。其后面的各层图像表示的是，随着红外波段中波长的增加各个部分的强度变化。例如，不断地观察数据立方体后面的各个图像层，最外层中白色的人行道仍然保持其亮度，其左侧的黑色区域（水域）在后面的多个红外图像层中一直处于较暗的状态。

六、小结

在单个光谱波段成像会生成最简单的光谱图像：全色图像，但是其无法传递任何光谱信息。可见光谱的各种波长都无法区分，只有整个可见光部分的全部反射系数可以被记录下来。对于红外波段和微波波段的辐射成像来说，情况也是一样的。此类图像可以记录强度变化，却无法记录整个光谱的强度变化。相反，光谱成像可以记录整个光谱的强度变化，因此可以提供丰富的特征。

光谱成像是在光谱的可见光部分和红外线部分完成的。红外线部分又会被细分成不同的波段，但是并不存在一个标准的划分方法。无论何时，该波段只有一小部分受到关注，因为任何一款传感器都是为了某一特定目的、在某一特定带宽中搜集辐射能而设计的。

- 近红外波段是离可见光段最近的，其波长范围从 0.75 微米到 1.5 微米。夜视设备在该频段作业。矿物、庄稼和植被以及潮湿的表面在近红外波段反射的较长波长各不相同。
- 短波红外波段的波长范围从 1.5 微米到 3 微米。根据不同的反射特征，该区域可以用于探测水体的存在，并进行植被分析。
- 中波红外波段的波长范围从 3 微米到 8 微米，是一种既可以生成发射特征又可以生成反射特征的过渡波段。诸如金属屋顶建筑物这样的较亮物体的太阳反射在这个波段十分强烈。这是一个“热寻”区域，在该区域内，那些由被动型红外制导导弹携带的传感器可以作业。
- 长波红外波段是波长范围从 8 微米到 15 微米的一个主要大气窗口。该区域的 10 微米波长的附近通常被称为“热成像”区域，因为接近室温的物体在该区域发射出的能量更强。仅仅根据热发射的情况，长波红外传感器就可以使用这一特征来获取完整的地球无源图像。这也是对气体排放物进行描述以实现情报目的主要波段。

光谱成像就是要在这些波段的不同波长范围内同时获取许多图像。在不同的波长范围内拍摄一个物体，情报分析人员能够识别出其独有的光谱“特征”。分开获取并在不同的图像中进行加工的波长波段越多，从图像中获取的有关目标的信息就越多。随着光谱波段数量的增加，我们可以对一个目标进行探测、分类，然后将其识别为某一物体或气体。目前，我们常用的图像多数都是多光谱图像，从飞机或卫星上就可以获取。另一方面，高光谱图像和超光谱图像比多光谱图像包含了更多的光谱信息，因此，它们能够提供更多的信息，但是对其进行加工和分析也变得更难。

加工光谱信息的第一步就是校准传感器搜集来的原始数据。其他的纠正活动，诸如辐射校准和光谱校准，也适用于数据集合。原始数据必须进行地理校正——要使其与目标区域的地图精确匹配。因为当反射或发射的辐射能在地面目标和搜集器之间穿过时，大气会产生影响，为保证其有效性，搜集来的光谱特征必须进行纠正。下一个加工步骤就是图像转换，将非可见光波段转化为可视的，通常使用假色的方法。图像转换也会格外强调那些具有情报价值的特点。

在图像利用阶段，比较图像中不同类别的特点和细节在不同波长范围内的反应，可以对其进行区分。为了做到这一点，分析人员必须利用光谱库。在没有得到此类特征库的情况下，对光谱特征的利用和分析是无法实现的。对于情报分析有用的特征库会包含大量矿物质、有机和挥发性化合物、植被，以及人工材料。伪装材料、军用金属材料以及其他具有情报价值的材料的光谱特征通常都会保存在保密光谱库内。

[第六章]

主动传感：雷达

主动传感（active sensing）这一术语通常指代的就是雷达。与前一章所讨论的被动型传感器不同，雷达能够自己生成照明能。这个特点使雷达在技术搜集方面具有一些优势。例如，它们在日间和夜间都可以作业，不需要利用物体反射太阳的能量。除暴风雨一类的极端天气情况外，在微波波段作业的雷达可以在各种天气情况下作业。较厚的云层会阻碍红外传感器和可见光传感器的作业，却不会影响微波雷达对目标的观察。

雷达被广泛用于民事和军事用途。多数雷达都用于对一个目标进行地理定位，并跟踪其移动情况。相关的例子包括商用空中交通雷达、海面及空中搜索雷达，以及防空雷达。地基雷达用于搜索天空（或者某表面，在相对较短的距离范围内），并跟踪舰船、飞机或卫星一类的目标。多数机载雷达和空载雷达都可用于勘查地球表面，查明并跟踪地球表面的热点目标。机载雷达也可以对天空进行搜索，来查明天气或其他飞机的情况。

雷达用途广泛，但多数都与情报无关。如果雷达数据用于即时行动，行动结束后被摒弃，它就会被看作行动信息，而非情报。例如，空中交通管制雷达、舰船和飞机导航雷达都属于这种类型。这些雷达搜集的信息在行动结束后就没有价值了。如果所搜集的雷达数据在行动结束后仍有保留价值，那么其既可以用于情报领域，也可以用于科学研究。例如，多数飞机图像和卫星图像都可用于情报或研究。

军事作战用途和情报用途之间的区别很难界定，两者之间通常有重叠。例如，雷达获取的敌方飞机或舰船的跟踪信息通常在任务完成后就没有什么价值了，但如果飞机或舰船是新型的，之前从未见过，那么雷达的跟踪数据可能会包含有关该舰船或飞机性能的宝贵情报信息，雷达返回信号的强度也可以为反雷达（隐形）技术的使用提供相关信息。下面是有关雷达使用的通用法则：

- 多数情况下搜寻并跟踪飞机或舰船是一种军事行动，也可以是一种情报行为。
- 搜寻并跟踪在冲突中使用的弹道导弹再入飞行器（R/Vs）属于军事行动，但是对另一个国家正在测试的弹道导弹再入飞行器实施同样的跟踪，就属于情报活动。
- 搜寻并跟踪另外一个国家的卫星所获得的信息，如果用于确定该卫星所要执行的任务，这种行为就属于情报活动。同样的信息，如果用于避免出现卫星碰撞，则属于军事行动。
- 拍摄地球表面的图像可以是情报活动、科研活动或者军事行动，这取决于数据的用途。

就最后一项，举一个相关的例子。装备联合监视与目标攻击雷达系统的飞机（JSTARS aircraft）携带一个成像雷达，可以提供有关场景中目标移动的细节。这些信息可以用于锁定移动车辆，如作战状态中的坦克或卡车，所以可以被看作是一种军事行动。但是，有关这种移动信息也可以用于获取敌方的整体意图，因此也具有情报价值。显然，两者之间存在重合：同样的雷达既可以用于军事行动，同时也可以用于情报搜集。

一、雷达的工作原理

雷达发射机通过天线辐射出电磁波，这个天线利用无线电波来“照亮”天空或某片空间。进入这片空间的目标，诸如一架飞机，会将这种无线电能的一小部分散射回一个接收天线之中。这种返回信号会被一个电子放大器放大，然后被加工，并显示给一名雷达操作员。信号一旦被探测到，物体的位置、路程（距离）以及方位就能被测量出来。因为无线电波以已知的恒定速度（光速——300000 千米 / 秒或 186000 英里 / 秒）进行传播，所以可以通过测量无线电波从发射机到物体，再返回接收器的时间来确定距离的长短。例如，如果目标距离是 186 英里，往返的时间就是（2 × 186）/186000= 千分之二秒，或者是 2000 微秒。多数雷达都会发出脉冲，这意味着辐射能不是连续的，而是以一连串的短脉冲的形式被发射出来，每个脉冲都会持续数微秒。可以使用一个电子计时器来测量脉冲发射以及返回信号之间的时间延迟，以对目标距离进行计算。

当射频能量从一个移动物体上被反射出来，雷达也可以通过观察多普勒频移[1]的频率来显示移动目标的迹象。多普勒频移是目标特征的一个重要部分，其在技术搜集方面有多种用途，且对于成像雷达实现其功能来说是必不可少的，具体将在第七章讨论。

雷达的功能

多数雷达都会通过优化来实现下列功能。

搜索雷达（search radar）发射一道光束，该光束在一片空间范围里进行扫描进而对目标进行探测。该光束用雷达能量“覆盖”这片空间范围。机场监视雷达就属于这种类型：雷达所发出的光束被旋转，所以其可以扫

[1] 译注：多普勒频移（Doppler shift），因辐射源的视向运动而导致的辐射频率漂移。

描360度方位角，从而监视周边区域中的空中交通情况。图3–13中所示的长颈鹿监视雷达就是一个搜索雷达，可以用于监视战场上空的活动。

跟踪雷达（tracking radar）将其光束定位在一个目标上（通常是一个由搜索雷达探测到的目标），在雷达的覆盖范围之内对目标进行追随和跟踪。雷达向目标发射单束的雷达能量。能量自目标处被反射回来，并返回雷达接收器，用于测量到达目标的距离和角度。然后，发射机发射另一雷达能量束，随着雷达在其整个覆盖范围内对目标的跟踪，这个过程会不断地重复。此类雷达可以对目标进行精确定位，并且根据两次脉冲之间目标的移动情况，能对目标将来的位置进行预测。地对空导弹系统携带有特定类型的雷达，可以跟踪飞机目标，并帮助导弹锁定目标。

成像雷达（imaging radar）可以拍摄有关目标的照片。一些飞机雷达可以绘制地球表面的电子地图，用于导航。一些成像雷达专为拍摄高分辨率的图像而设计。这些雷达被称为合成孔径雷达，第七章会详细讨论。

目标测量雷达（target measurement radar）的用途十分广泛。一些雷达，诸如飞机上的雷达高度表，被用于测量飞机距离地球的海拔高度。另外一些此类雷达，通过测量机载目标或空载目标的物理特点来获取特征，从而实现对目标的识别。这些目标识别雷达会在第九章讨论。

一些雷达拥有两种或两种以上的功能，这种雷达被称为**多功能雷达**（multifunction radar）。例如，战斗机雷达就属于多功能雷达。它们可以在跟踪一架飞机的同时搜索同一区域内的其他飞机。图3–12所示的丹麦“眼镜蛇”雷达，我们在前面讨论过，是另外一种典型的多功能雷达。它可以搜索、跟踪目标，并通过变换作业模式来获得目标测量数据。

雷达设计

雷达基本上是由发射机、天线、接收器、信号处理器以及显示屏组成的。多数雷达在信号发射和接收时使用同一根天线。只有少数一些雷达，也称为**双基地雷达**（bistatic radar），发射机和接收器是完全分开的，以获得不同的目标特征，或者为了抗干扰。

用今天的标准来看，早期的雷达设计十分简单。发射机会产生一个脉冲，天线用单个光束发射该脉冲，与今天的通信接收器的设计基本相同的接收器则从目标处接收回声，然后将目标距离显示在一个阴极射线管上。随着天线不断地在一片空间范围内进行搜索，这个过程被不断地重复。今天的雷达设计在这些元件方面都有所不同，但是最大的区别在于接收器和信号处理器。

现代雷达接收器会对返回的信号进行数字化处理，将其转化为一系列的比特单位。这些比特单位可以用几种不同的方法来加工，与上一代雷达相比，能够从中提取到更多有关目标特征的信息。这些数字接收器可以探测到目标返回的微弱信号，并确定目标的位置、移动以及配置情况。这些接收器使得雷达以不同的模式作业，根据想要获得的有关目标信息的本质特点，雷达可以变换其脉冲形状以及调制[1]方式，将脉冲发射到不同的方向，并且以不同的脉冲重复率进行发射。数字接收器可以对所有接收到的数据进行加工，并且可以自动提取想要的信息。

为了对所有这些信息进行处理，天线的配置也有新的发展。多数雷达都继续使用我们所熟悉的抛物面天线的变体，这些天线将射频能量变成一个光束的形状。但抛物面天线的劣势就是，其必须通过机械的移动来探测或跟踪一个目标。

雷达越来越多地使用相控阵天线来代替抛物面天线。与以前机械地移动天线不同，相控阵通过电子模式来操作雷达能量。相控阵里的数千个小型天线元件被安装在一个平面结构上。如果不同元件的信号同时被释放，

[1] 译注：调制，一种将信号注入载波、以此信号对载波加以调制的技术，以便将原始信号转变成适合传送的电波信号，常用于无线电波的广播与通信、利用电话线的数据通信等各方面。调制作用的实质就是使相同频率范围的信号分别依托于不同频率的载波上，接收机就可以分离出所需的频率信号，不致互相干扰。这也是在同一信道中实现多路复用的基础。

且同相位，它们就会形成一个雷达束，其方向与相控阵的表面垂直。为了查明那些不处于相控阵表面正前方的物体，要使用一些设备，将那些到达天线元件的信号相位进行移动。这些相位移动器改变了那些能量波离开或进入天线的方向，由此也就控制了主光束的方向。

因为相控阵雷达拥有数千个天线元件，可以同时快速并连续地形成多条光束，所以，一个相控阵雷达可以同时跟踪数百个目标；而电脑可以根据每条光束，计算出正确的目标测量数据。相控阵雷达具有一些优点。它们本来就是多功能的雷达。它们可以同时搜索和跟踪许多不同的物体。但是，相控阵有两大缺点：建造费用高，维护成本也很高。

二、雷达频段

雷达通常在指定的频段区域作业。国际电信联盟（International Telecommunications Union，ITU）已经指定了从甚高频（very high frequency，VHF）、特高频（ultra high frequency，UHF）到微波段的整个频段中雷达的固定作业区域。美国军方、电气与电子工程师协会（Institute for Electrical and Electronics Engineers，IEEE）为同一频率代码指定了更为宽泛的频段范围，如表 6–1 所示。但是，国际电信联盟的频段更为精确地描述了大多数国家中雷达的实际作业区域。美国的雷达通常在国际电信联盟所指定的频率范围内作业。一些国家，诸如俄罗斯，则在国际电信联盟指定的频段范围外作业，所以电气与电子工程师协会和美军所指定的更为宽泛的频段就有了用武之地。

表6–1　雷达频段

雷达指定频段	国际电信联盟频段	电气与电子工程师协会频段
高频频段	—	3—30 MHz
甚高频频段	138—144 MHz; 216—225 MHz	3—300 MHz
特高频频段	420—450 MHz; 890—942 MHz	300—1000 MHz
L 频段	1215—1400 MHz	1—2 GHz
S 频段	2.3—2.5 GHz; 2.7—3.7 GHz	2—4 GHz
C 频段	5.250—5.925 GHz	4—8 GHz
X 频段	8.50—10.68 GHz	8—12 GHz
K_u 频段	13.4—14.0 GHz; 15.7—17.7 GHz	12—18 GHz
K 频段	24.05—24.25 GHz; 24.65—24.75 GHz	18—27 GHz
K_a 频段	33.4—36.0 GHz	27—40 GHz
V 频段	59.0—64.0 GHz	40—75 GHz
W 频段	76.0—81.0 GHz; 92.0—100.0 GHz	75—110 GHz

表 6–1 所示的雷达频段中，V 频段很引人注目，因为在这个频段作业的雷达无法探测到地球大气层中的任何目标，不管其距离如何。正如前面图 5–1 所示，因为分子氧的存在，大气会出现强烈的衰减现象，这也是该频段的特点。雷达所发射的能量中，十分之九以上都会被一千米以外的氧气所吸收。但是，V 频段对一个短程雷达可能还是有效的，因为此类雷达在任何距离范围内都不会被电子情报接收器探测到。V 频段对于空载雷达也十分有用，因为从地球上无法探测到这样的雷达。

下面讨论在不同频段进行情报作业的雷达。这些雷达可以分为两大类：可以超越视线范围对目标进行观察的**超视距**（over-the-horizon，OTH）雷达；那些只限于视线范围内作业的雷达。

超视距雷达

超视距雷达在高频或近高频频段作业，在这些频段会有无线电波从电离层被反射出——这个现象使得数千英里以外的电台可以接收到国际广播。传统的雷达在视线范围内作业，这就是说它们不能观察到接近地球表面的远距离目标。与此相反，超视距雷达将信号弹离电离层，并能够沿地球的曲线弧度进行环视观察，这使得其可以监视那些利用其他方式无法观察到的地区。对于情报用途来说，超视距雷达具有一个优势：可以监视那些在一个国家的广泛地域范围内移动的目标，并且可以从更远的距离对目标进行持续监视。它们也可以监视舰船的移动，一个雷达就可以监视地球上非常广阔的区域。但是，这样的雷达造价十分昂贵，并且很难操作。它们所依赖的电离层就像一个不断变化的反射器，其作业的频段具有很多噪声和干扰信号，高频频段雷达也没有备用频率（如表 6–1 所示）。雷达从背向散射的地面信号中接收的回波十分密集，必须将需要的信号从中分离出来。解决这些问题需要一款天线大、功率大，且能对信号进行精密处理的雷达。美国已经用于情报领域的两款此类雷达，分别是“薄雾眼镜蛇”雷达（Cobra Mist）和空军的 FPS–118 雷达（OTH-B）。

FPS–95 超视距雷达，代号为“薄雾眼镜蛇”，在 20 世纪 60 年代建于英国北海海岸，用于监视东欧和苏联西部地区的空中活动及导弹活动。FPS–95 雷达被认为可以探测和跟踪在苏联西部地区和华沙条约国家飞行的飞机，以及位于普列谢茨克的苏联北方舰队导弹试验中心的导弹发射。该雷达在 6—40 兆赫的频率范围内作业。

FPS–95 超视距雷达是当时尺寸最大、功率最大、最精密的超视距雷达之一。超视距雷达界都希望其可以为此类雷达的性能和能力设定新的标准。这种雷达被设计成探测和跟踪 500—2000 海里距离范围内的飞机移动和导弹发射，相当于从电离层进行一次弹离作业。该雷达可以使用一种探照灯模式来查明重要优先目标（high-priority targets），该目标的大概位置被称为**推理位置**或**假定位置**（a priori）。这些目标可能是单架飞机、密集飞机编队，或导弹发射装置。

这种雷达的性能的关键点是，要将目标的返回信号从强烈的地面回波中分离，这也是所有超视距雷达性能的关键点。但是，地面回波[1]在所有的距离范围内都存在，其造成的噪声在一开始就破坏了该雷达的探测性能。即使是精密的信号处理器也不能将目标与那些“回波噪声”分离。

而在该基地进行的实验没能发现噪声源。这些噪声似乎与陆地区域而非海平面的成像有关。存在电子对抗的可能性也被考虑到了，且这种可能性一直没有被排除。经过数次尝试对噪声源进行定位，并试图纠正该问题后，该雷达项目于 1973 年 6 月终止，设备也从该基地移走，或者任其损坏。噪声的起因仍然不得而知。[2]

OTH-B 雷达，即美国空军的超视距背向散射防空雷达系统，是全世界最大的地球覆盖雷达系统。从 1970 年开始的 25 年时间里，共建起了六个 OTH-B 雷达，这些雷达被用于监视美国附近的空中交通情况。位于缅因州的三个雷达负责监视大西洋的北部和南部地区，以及加勒比海地区的空中交通状况；位于俄勒冈州和加利福尼亚州的三个雷达负责监视太平洋的北部和南部地区的空中交通状况。

OTH-B 雷达项目时运不济，刚投入使用不久，冷战就结束了。位于西海岸的三个超视距雷达都被封存，而缅因州的三个雷达被重新定向，用于反毒品监视——专门用于探测那些横跨墨西哥湾而接近美国的飞机。OTH-B 雷达的跟踪数据被直接发射到国防部，以及那些负责反毒品行动的民事执法机构。东海岸的几个雷达在 1997 年也正式停止作业。[3]

图 6–1（彩色效果见书前插页对应图片）显示了 OTH-B 雷达能够提供的区域覆盖的宽度。超视距雷达能够监视非常广泛的区域，这也是该雷达

[1] 原注：地面回波，任何对地球表面进行观察的雷达都必须处理“回波”——从地面或水面返回的不需要的信号。通常来说，回波反馈会因为过强而隐蔽了所应关注的目标。雷达也会在一些天气情况下，如雨天，遇到回波。

[2] 原注：E. N. Fowle, E. L. Key, R. I. Millar, and R. H. Sear, “The Enigma of the FPS-95 OTH Radar,” www.cufon.org/cufon/cobramst.htm.

[3] 原注：USAF Fact Sheet: “Over the Horizon Backscatter Radar: East and West,” www.acc.af.mil/library/factsheets/factsheet_print.asp?fsID=3863&page=1.

的主要优点之一。其缺点是，目标必须是移动的，这才能与地面回波进行区分——情报机构关注的大多数目标，至少在水面上的目标，都是移动的。

在较近但是仍然不可视的距离内，雷达也可以作为**地波雷达**（surface-wave radar）进行作业。通常来说，此类雷达用于探测和跟踪最远为几百千米范围内的远洋舰船或低空飞行的飞机。尽管它们被称为超视距雷达，却不能将其信号弹离电离层。相反，沿着海面传播的雷达信号会被舰船一类的障碍物反射，并返回到接收器的天线中。澳大利亚已经在其北部部署了一个此类雷达，称为地波扩展海岸区域雷达（Surface-wave Extended Coastal Area Radar，SECAR）。该雷达的发射站和接收站是分离的，并且可以进行海岸监视、经济财产保护、走私活动震慑，天气或暴风雨情况监视、非法移民监视以及海上交通管制。[1]

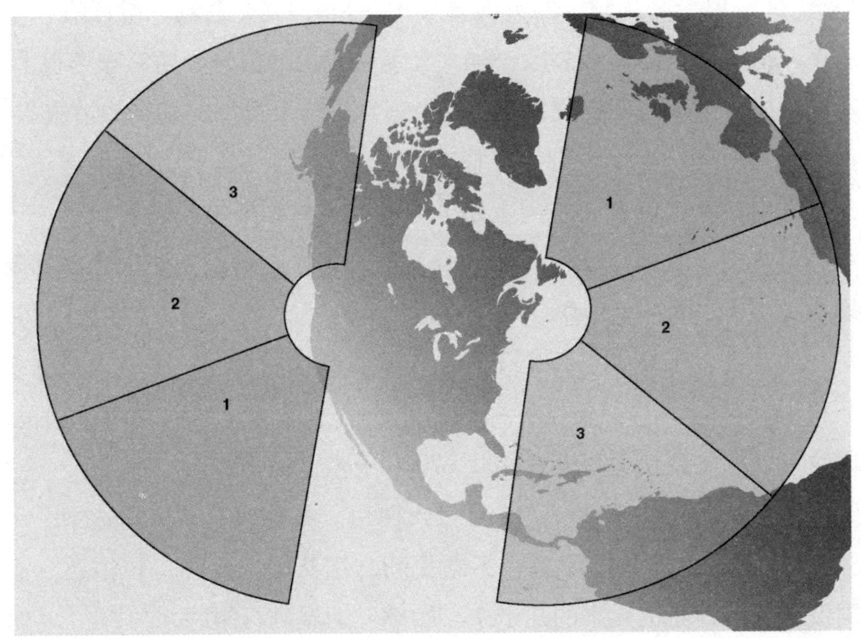

图 6–1 OTH-B 雷达覆盖

[1] 原注：Jane's Defence Review, "Surface Extended Coastal Area Radar (SECAR) (Australia)," www.janes.com/extracts/extract/jrew/jrew2202.html.

视线内雷达

多数雷达都在高于高频频段的频率范围内作业，因为它们无法观察到地平线以下的目标，所以被称为**视线内雷达**（line-of-sight radar）。下面的讨论有关视线内雷达的主要操作频段，并且举了一些用于情报用途、在甚高频以及更高频频段作业的雷达的例子。以下列出此类雷达并进行了解释，但是其中并不包括用于技术情报的所有雷达。

甚高频雷达。在两个标准的甚高频频段（138—144 兆赫，216—225 兆赫）作业的雷达可以进行远程搜索。之前，这些频段被用于空中搜索，但是现在，甚高频雷达——至少是那些用于情报领域的雷达——最常见的应用是对弹道导弹和卫星进行探测和跟踪。这些雷达通常使用大型天线（尽管比那些用于高频频段的天线要小一些）。但是，甚高频频段有一个主要缺点，这个频段和高频频段一样，充斥着无用的信号，通常噪声很大。

法国格拉维斯空间监视雷达（Graves）是一个典型的甚高频情报雷达。该雷达专为空间监视而设计。它拥有一项新的设计：一个双基地雷达，这意味着发射机和接收器在空间上是分开的。格拉维斯雷达的发射机位于法国东部第戎空军基地（Dijon Air Base）附近，接收器位于法国南部的阿尔比恩高原（Albion Plateau），两者相距约 400 千米。发射机使用甚高频信号对一片空间范围持续进行电子扫描，接收器也扫描同一区域，根据多普勒频移返回信号，对卫星进行探测，并评估卫星的速度和方向。据报告，该雷达可以探测到轨道高度在 400—1000 千米上的物体。

格拉维斯雷达在 2005 年 11 月投入使用。从那时起，该雷达中一个包含了 2000 个卫星的数据库就在不断更新。据法国方面称，该雷达一直对美国没有公布其轨道元素的几十个“敏感”卫星进行跟踪。[1]

特高频雷达。在特高频雷达频段（420—450 兆赫，890—942 兆赫）

---

[1] 原注：ONERA, “Graves: The French Space Surveillance System,” www.onera.fr/dprsen/graves-space-surveillance-system/index.php.

作业的雷达在设计和用途上与那些用于甚高频频段的雷达相似，但是特高频频段所受到的噪声和干扰较少。特高频频段的范围是 300—3000 兆赫，包括下面将要讨论的雷达 L 频段和 S 频段，然而传统上，"特高频雷达"这一术语仅用于表示那些在这两个较低频段作业的雷达。

图 6–2 FPS–85 雷达

图 6–2 是一张位于佛罗里达州的 FPS–85 雷达的照片。[1] 这是一个用于太空监视的雷达的典型例子。太空监视包括对空间物体进行搜索、探测、跟踪以及报告。FPS–85 雷达的作业频率为 442 兆赫。

该雷达于 1961 年建立，并一直作为科学实验的对象，因为它是第一个具有这种尺寸和功率的相控阵雷达。该设施在 1965 年被大火毁坏，1969 年重新被使用，自那时起就开始日夜作业。

[1] 原注：图片承美国空军惠允，请参见 peterson.af.mil/photos/mediagallery。

该雷达的数据库，包含了 7000 多个卫星和空间碎片的相关信息。当这些物体进入雷达的覆盖区域，雷达会对其进行跟踪。该雷达每天可以进行 20000 次观察活动，并将每个物体的时间、仰角、方位角、距离以及距离变化率等数据传递给科罗拉多州夏延山的北美防空司令部（North American Aerospace Defense Command，NORAD）。该雷达可以对地球同步轨道卫星观测范围外的深太空物体进行观察，最高可达 37500 千米，且可以同时跟踪 200 个近地目标。

FPS–85 雷达最适合进行空间监视，其位置和主要的波束指向的方位角是 180 度（正南方），地平线上的仰角为 45 度，这使得该雷达具有极佳的空间覆盖范围。[1] 第三章中，我们注意到，为完成特定情报任务的丹麦眼镜蛇雷达，无法搜集到在某些轨道上运行的卫星的相关情报；而优化过的 FPS–85 雷达却可以获得所有轨道上卫星的相关轨道信息。

需要注意的是，FPS–85 雷达有两根天线，一根用于发射，另一根用于接收。但它却不是双基地雷达，与前面讨论过的格拉维斯雷达不同。双基地雷达的天线是分开的，其中间隔的距离相当于雷达到达其目标的距离，通常约为几百千米。FPS–85 雷达使用的两根天线简化了射频硬件的设计，使雷达可以更有效地进行搜索和跟踪。

L 频段雷达。1215—1400 兆赫频段在世界范围内大量用于空中监视，但是这个频段范围也适用于弹道导弹和卫星探测及跟踪等情报用途。这是一个极好的折中频段：其频率足够高，可以避免较低频段的噪声和干扰，但也足够低，这样建立一个高功率搜索雷达的费用仍然十分合理。

第三章对丹麦眼镜蛇雷达进行了简要介绍。这是一个相控阵雷达，官方名称为 FPS–108 雷达。该雷达于 1977 年建于阿拉斯加州的施姆亚岛。丹麦眼镜蛇雷达在 1215—1400 兆赫频段范围内作业。它使用较窄带宽的信号进行目标获取和跟踪，使用较宽带宽（200 兆赫）的信号用于对弹道

[1] 原注：J. Mark Major, “Upgrading the Nation’s Largest Space Surveillance Radar,” www.swri.edu/3PUBS/BROCHURE/D10/survrad/survrad.HTM.

导弹再入飞行器和卫星进行特征分析。[1]

FPS–108 雷达的一个主要任务就是技术情报搜集。该雷达可以对俄罗斯洲际弹道导弹和潜射弹道导弹的测试发射（主要针对堪察加半岛的弹着区及太平洋北部地区）的精确雷达特征数据进行跟踪和搜集，其探测、跟踪，并对卫星进行分类的距离最大可达 40000 千米。丹麦眼镜蛇雷达还要完成一个作战任务，即针对那些可能会影响美国大陆的导弹攻击提供预警和攻击评估。[2]

S 频段雷达。空中搜索雷达和目标跟踪雷达可以使用两个 S 频段 (2.3—2.5 吉赫，2.7—3.7 吉赫)。这些雷达的天线比 L 频段的雷达要小，所以它们通常是移动的。地面机动雷达和舰载雷达都使用该频段。

用于情报用途的 S 频段雷达的一个典型例子就是“眼镜蛇 · 朱迪”雷达，第三章对此进行了简要介绍（见图 3–9）。该雷达使用一个相控阵天线，该天线安装在一个内设有发射机和微波电路的立体旋转炮塔上。该雷达的首要任务是搜集战略弹道导弹的精确数据，以核查军备控制条约的遵守情况。其次要任务是为美国导弹开发和战区导弹防御系统测试进行数据搜集。S 频段雷达通过窄带宽发射（narrow bandwidth transmission）来探测和跟踪目标，使用宽带宽发射（wide bandwidth transmission）对目标进行分类或识别，其使用各种信号波形来帮助进行目标区分和分析。[3]

C 频段雷达。5.25—5.925 兆赫频段范围内作业的雷达通常为跟踪雷达，可以进行高精度跟踪。该频段的雷达也常用于射击控制（也就是说，为导弹跟踪舰船或飞机目标）。

ARPA 林肯 C 波段观测雷达（ALCOR）是一个卫星和弹道导弹跟踪

---

[1] 原注：USAF, “Aerospace Control,” www.maxwell.af.mil/au/awc/awcgate/au-18/au18004c.htm.

[2] 原注：National Security Space Road Map, “Cobra Dane,” 1998, www.wslfweb.org/ docs/roadmap/irm/internet/surwarn/init/html/cobradan.htm.

[3] 原注：William W. Camp, Joseph T. Mayhan, and Robert M. O’Donnell, “Wideband Radar for Ballistic Missile Defense and Range-Doppler Imaging of Satellites,” *Lincoln Laboratory Journal*, 12, no. 2(2000): 267–280, www.ll.mit.edu/news/journal/pdf/vol12_no2/12_2widebandradar.pdf.

雷达，也是位于南太平洋夸贾林岛的三个空间监视雷达之一。另两个是ARPA远程跟踪和识别雷达（ARPA Long-range Tracking and Identification Radar，ALTAIR），及目标分辨和识别实验雷达（Target Resolution and Discrimination Experiment，TRADEX）。ARPA林肯C波段观测雷达是一种大功率的窄束跟踪雷达，其使用窄频（6兆赫带宽）脉冲来跟踪目标，使用宽频（512兆赫带宽）脉冲来获取目标图像。其宽频波形可以提供大约0.5米的距离分辨率。这些高分辨率数据，与先进的雷达信号加工技术结合，可以支持卫星图像的快速生成。这些图像可用于识别和描述空间物体，并且评估宇宙飞船的正常运行和任务状态。[1]

X频段雷达。8.5—10.68吉赫频段一直以来都是用于精确跟踪雷达作业。通常认为这一频段不适合进行远程搜索作业，因为在这个频段作业的

图6–3　海上X频段雷达

[1]　原注："The ARPA Lincoln C-Band Observables Radar (ALCOR)," www.smdc.army.mil/KWAJ/RangeInst/ALCOR.html.

雷达天线都非常小（基本为 1 米到几米），不易实现远程搜索所需要的大功率作业。在该频段作业的新一代雷达，如图 6–3 所示的 X 频段雷达，在设计上已经摒弃了这个传统想法。为了获得大功率，X 频段雷达使用一个包含了 22000 模块的相控阵，每一个模块都有自己的发射机。

海基 X 频段雷达如同一种浮动的、自推进的、移动雷达站，可以在大风中及波涛汹涌的海面上进行作业。这是美国政府弹道导弹防御系统的一部分。该雷达可以远程探测与跟踪弹道导弹和卫星。其在 X 频段，约 10 吉赫的频段作业，这使其可以发射较宽带宽的信号，获取被跟踪物体的高分辨率，最后获得非常详细的特征信息。这些特征信息使得该雷达可以将弹道导弹再入飞行器与那些假目标、火箭体和残骸区分开来。[1]

X 频段雷达被设计成移动式的，这样就可以灵活执行任务。正如前面所举的丹麦眼镜蛇雷达和 FPS–85 雷达的例子，这两种雷达都有固定的位置和天线方向，这些有利于执行为其设定的任务，但它们的空间覆盖率也是固定的。例如，丹麦眼镜蛇雷达可以覆盖俄罗斯导弹测试活动，却不能通过适当定位来覆盖朝鲜的导弹测试活动。

三、激光雷达

激光雷达的作业方式与微波雷达极为相似。该雷达可以发射激光脉冲，以探测目标反射的能量。与微波雷达相同，利用能量到达目标并返回传感器所需要的时间可以确定两者之间的距离。与微波雷达不同的是，激光雷达不能穿透云层。但是，激光雷达的最大优势就是其光束非常窄，可以照亮一片极小的表面（短程范围内光束直径约为 1 厘米，空对地距离范围内光束直径小于 1 米）。

---

[1] 原注：GlobalSecurity.org, "Sea-Based X-band (SBX) Radar," www.globalsecurity.org/space/systems/sbx.htm.（图片来自美国陆军空间和导弹防御司令部。）

激光雷达的另外一个主要优势是，它们可以发射非常短的脉冲，可以对距离进行高精度测量。因此，激光雷达在测量地表特征的高度（树冠相对于地面的高度）方面十分有效。该雷达也可以用于大气研究，检测地球大气层各层的微粒含量，获得有关空气密度的数据，并对气流进行监视。

激光雷达的一个重要情报用途是处理荧光现象。有些目标一旦接收到入射光能，就会发出荧光，或发射出能量。这不是一种简单的入射辐射能的反射。在实际操作中，激光用特定波长的辐射能照亮目标。一个携带了激光器的传感器可以探测到多种波长的荧光辐射。当目标被照射时，会吸收激光能。其分子、原子或离子都处于活跃状态，且以较长波段发射出能量。然后，传感器对较长波长辐射能的发射情况进行测量，被发射出的辐射能的波长会提供有关该目标材料的独特特征。该技术主要取决于第五章所讨论的同一光谱感应过程。

许多化学和生物制剂，以及挖掘出的弃土，当暴露在紫外线和可见光下时，都具有独特的荧光光谱，所以紫外线或可见激光可以用于荧光感应。对于情报应用来说，紫外光在发挥这些作用时具有明显的优势：它是人眼不可见的，所以紫外光源不太可能被探测到。稀土元素和一些重原子元素，诸如铀，可以有效地发出荧光。在白天，荧光很难被探测，因为通常情况下太阳光的反射很强，但是可以使用特殊的滤光器来阻止可见的太阳光，并使得荧光能够通过。传感器可以使用激光诱导荧光（laser-induced fluorescence）来探测海上浮油之类的污染物。[1]

激光雷达也可以生成图像。用于雷达成像的激光将会在下一章讨论。

---

[1] 原注：T. Sato, Y. Suzuki, H. Kashiwagi, M. Nanjo, and Y. Kakui, “A Method for Remote Detection of Oil Spills Using Laser-Excited Raman Backscattering and Backscattered Fluorescence,” *IEEE Journal of Oceanic Engineering*, 3, no. 1 (January 1978): 1–4.

四、振动测量

振动测量是对目标的振动情况进行遥感的一种雷达技术。一个相干雷达[1]（coherent radar，一种具有可测量脉间相位的雷达）可以用于照亮目标区域。雷达接收器可以提取目标背向散射的多普勒频移信号，从而获取一个特征。很多人都知道振动测量可以用于通信情报，正如本节所讨论的。但是，一个振动计也能感应到建筑物表面或地下设施上方地面的振动，从而识别出在该设施中正在进行的操作过程或正在该设施中运作的机器类型。由机器所生成的声学特征通常足以识别出该机器的类型，而该机器的类型及其在一段时间内的运作模式也可以提供有价值的情报信息。

微波振动测量

微波振动计已经被使用了数十年。公开披露的关于振动计在情报用途方面的案例发生在莫斯科。20 世纪 40 年代，苏联赠与美国驻苏代表一个木刻的美国国徽的复制品。美国大使将国徽悬挂在其位于斯巴索大厦（Spaso House，美国驻苏联大使宅邸）的办公室里，在一个显眼的位置悬挂了数年。1952 年，在乔治 · 凯南（George F. Kennan）任大使期间，进行了一次常规的安全检查，发现国徽中有一个话筒和一个空腔谐振器，可以受到外部无线电信号的刺激。苏联可以在附近位置用一个相干特高频信号来照亮这个国徽，并使用一个接收器来接收返回的信号，大使办公室里出现的任何声音都可以对其进行调制。[2]

---

[1] 译注：相干雷达，是指发射信号的载频随时间保持严格的相位关系，并利用此特性以测量或鉴别运动目标物的雷达。气象上探测风暴云粒子的多普勒雷达，探测高空风廓线的甚高频雷达都是相干雷达。

[2] 原注：“The Great Seal Bug Story,” www.spybusters.com/Great_Seal_Bug.html.

激光雷达振动测量

激光器已经被应用多年，对于窗户或建筑物中类似的固定装置的声音振动进行处理，以实现通信情报目的。该技术也可以用于识别由目标的移动部分所生成的独有的特征。此类设备的应用技术现已被广泛运用。[1]

图 6–4（彩色效果见书前插页对应图片）是一个简化图，显示了这个运作的过程。一个激光束锁定了目标，能量通过一个分光镜从该目标背向散射回探测器。背向散射的能量是一种正弦波，根据目标的振动或其他移动情况，多普勒频移可以对这些能量进行调制。探测器可以捕捉到这种信号调制。该技术已被用于恢复屋内的音响效果，也可以用于获取诸如机器噪声特征或直升机螺旋桨旋转率的特征。例如，20 世纪 80 年代，该技术曾用于识别 5 千米范围内的直升机。[2]

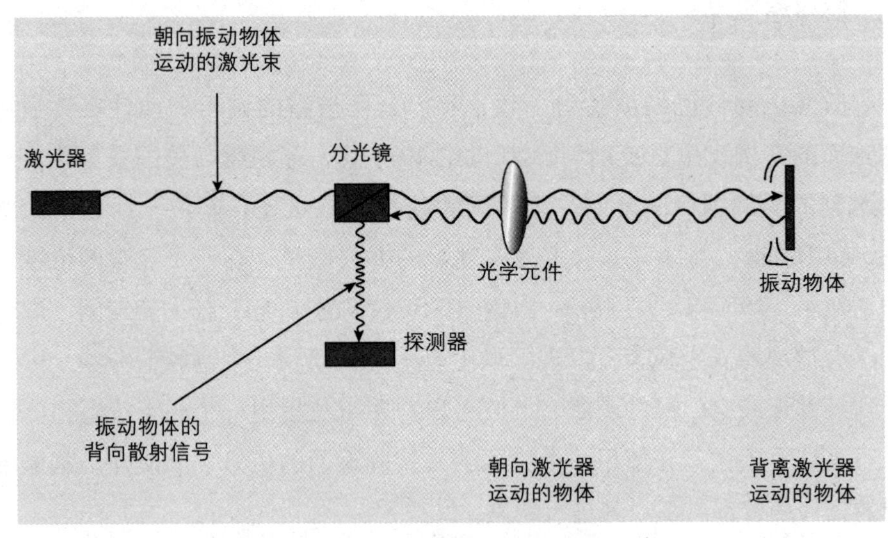

图 6–4　激光振动测量

[1]　原注："Laser Microphone," December 22, 2007, www.bobjunior.com/project/lasermicrophone/.

[2]　原注：*U.S. Army Communications-Electronics Command Annual Historical Review*, October 1, 1985–September 30, 1986, 200.

传感器的性能因为激光器频率的稳定性、大气扰动或大气湍流，以及激光平台的机械振动的影响而受到限制。为了监视一个建筑物或地球表面的振动情况，角形反射器可以固定在地面或建筑物上，用以增加背向散射的能量，并去除目标图像的斑纹。这样的角形反射器可以小至几厘米，因此很容易被隐蔽起来。

五、小结

雷达具有广泛的民事和军事用途。多数雷达都可以用于对一个目标进行地理定位，并跟踪其移动情况。机载雷达和空载雷达也可以用于对地球表面进行绘图，探测并跟踪地球表面上受关注的目标。机载雷达还可以为获取天气数据或其他飞机的数据而搜索天空。因此，雷达的用途十分广泛，但多数都与情报无关。雷达应用的基本原则是，如果雷达数据的持久价值大于其满足即时任务需求的价值，该数据就可以作为情报数据或研究数据。如果该数据没有持久价值，那么其通常属于作战数据。

雷达通常经过优化以执行四个功能中的一项。搜索雷达通过发射光束扫描某一空间范围来实现对目标的探测。跟踪雷达将其光束定位在一个目标上（通常是搜索雷达探测到的目标），跟踪雷达覆盖区域内的目标。成像雷达可以拍摄目标的照片。一些成像雷达专为高分辨率图像而设计，第七章将对此进行讨论。目标测量雷达通过测量一个机载目标或空载目标的物理特点，来获取有关该目标的情报细节。多功能雷达可以执行这些功能中的两项或更多项。

多数雷达在指定的频段范围内作业，技术情报雷达利用这些作业频段，以实现特定目的：

- 超视距雷达在高频频段或近高频频段内作业。它们可以将信号弹离电离层，并沿着地球的曲线弧度进行环视观察，对利用其他方法无法观察到的区域进行雷达监视。它们可以监视那些在一个国家的广泛地域范围内移动的目标，也可以在数千米的范围内提供持续监视。

- 甚高频和特高频雷达可以用于空间监视。
- L 频段雷达在监视空中活动方面用途广泛，也可以用于监视弹道导弹试验活动。
- S 频段和 C 频段雷达可以对飞机、导弹和卫星进行精确跟踪。除了跟踪之外，C 频段和 X 频段雷达也可以用于获得目标的图像。
- 激光雷达的优点是，比微波雷达的光束更窄，可以进行更精确的距离测量。

微波雷达和激光雷达都可以获取振动测量特征。在振动测量中，一个相干雷达可以照亮目标区域。目标背向散射出的多普勒频移信号可以提供具有情报价值的特征。

[第七章]

成像雷达

第四章和第五章讨论了依靠太阳作为光源或目标发射进行被动成像的问题。与此不同的是，雷达图像是有源成像，因此，正如本章所讨论的，其具有一些明显的优势。

前一章强调过，一个传统的微波频段雷达在扫描地球表面时，可以生成图像。常规情况下，机载和舰载搜索雷达可以提供周边地域的图像，以便进行导航。激光雷达的价值也在提升，因为它们能够生成具有情报价值的图像。但是，当我们讨论情报中的“成像雷达”时，我们指的是一种非传统雷达：合成孔径雷达。

传统的微波频段雷达不能生成包含更多细节的图像。因为像素较大（约为数百米，且取决于雷达脉冲宽度及目标与雷达之间的距离），其图像的分辨率较低。一般来说，目标与雷达之间距离增加，像素也会变得更大。然而对合成孔径雷达来说，情况则不是如此。即使目标与雷达之间的距离增加，合成孔径雷达图像的像素大小仍然保持恒定，具体原因将会在本章讨论。

一、合成孔径雷达简介

合成孔径雷达是情报领域最重要的遥感器之一。它具有很多优势：

- 合成孔径雷达在微波频率范围内作业，并且可以在多数天气状况和云层条件下工作。
- 合成孔径雷达可以穿透许多用于隐藏设备或设施的材料或表面（例如，帆布帐篷和多数木棚对于该雷达来说变得透明）。
- 合成孔径雷达通过其平台的侧面进行观察来获取图像。这意味着它们可以观察建筑物、棚屋以及隧道的开口处。
- 合成孔径雷达图像可以对地面的纹理、植被、海平面、降雪和结冰情况进行描述。它甚至可以发现细微的变化。
- 合成孔径雷达图像可以与可视图像、红外图像及高光谱图像结合，来获取有关目标的独特信息，单独一类图像不可能做到这一点。

根据目标区域背向散射出的微波能量，合成孔径雷达可以生成有关目标区域的高分辨率图像。一个合成孔径雷达图像是某场景中各个点背向散射出来的微波能量的强度图。较亮的图像像素对应较强的背向散射返回点。图

图 7–1　五角大楼的机载合成孔径雷达图像

7–1（彩色效果见书前插页对应图片）是一幅由机载合成孔径雷达生成的五角大楼的雷达图像，该图像显示了这种效果。[1] 建筑物上，特别是建筑物边缘的许多点都是非常强的雷达反射器，以较亮的返回信号在图中显示出来。

二、合成孔径雷达的工作原理

合成孔径雷达与传统雷达的不同之处在于，前者可以通过一系列的脉冲以电子方式生成（合成）一根较长的天线。较长的天线可以生成分辨率更高的图像，正如下面所讨论的。合成孔径雷达使用带宽较宽的信号来发射、接收、加工一个短脉冲。就确保距离分辨率来说，发射短脉冲很重要，原因如下。

合成孔径雷达成像的过程包含两个步骤，首先是获取相干数据（coherent data），然后对雷达距离回声串进行相干处理，从而恢复一个场景的高分辨率图像。合成孔径雷达的作业方式是在目标区域发射**相干**脉冲串。相干意味着所有的脉冲相位相同，尽管它们被作为一个连续的正弦波而发射，该正弦波被不时打开和关闭以生成脉冲——图 7–2（彩色效果见书前插页对应图片）所示为一个相干脉冲序列。为保证合成孔径雷达能够正常工作，所有用于成像的脉冲都必须进行相干发射，同时该雷达也需要保留所发射信号的精确频率和相位的记忆存储。

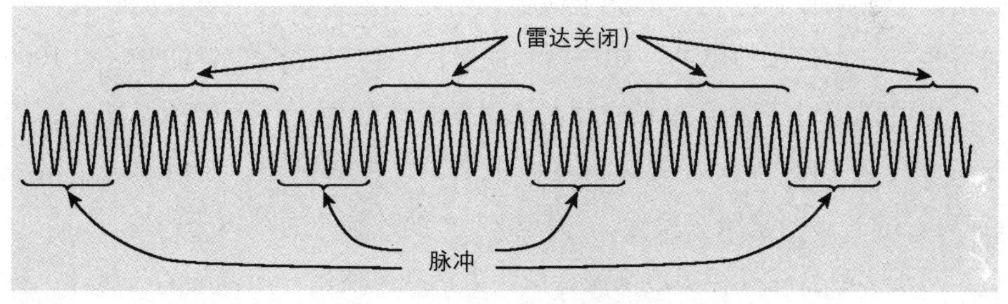

图 7–2　相干脉冲序列

[1]　原注：Sandia National Laboratory, www.thespacereview.com/article/790/1.

当一个背向散射信号返回时，该雷达可以测量返回信号的强度，并比较背向散射信号和那些被发射信号的频率和相位，两者在频率或相位方面的细微差别会被记录下来。这种通过搜集多个脉冲而获得的记录被称为**相位历史数据**（phase history data，PHD）。在一段时间内搜集到的强度和光谱信息都被用于生成目标图像。

合成孔径雷达聚焦图像的分辨率是一个重要的参数，可以确定图像的可判读度和能够被提取信息的质量。合成孔径雷达的目标是，在可能情况下获取最高分辨率。因为同样的原因，也需要高分辨率的光学图像。高分辨率图像具有更大的情报价值，因为图像分析人员可以从更多的细节特征中得到更多的信息。在分辨率足够高的情况下，可以把卡车与坦克区分开来，能把轰炸机与运输机区别开来。总体来说，合成孔径雷达在目标探测和分类方面的性能依靠优质的图像分辨率。对于一些应用性的问题来说，诸如我们在本章后面所讨论的变化探测，较高的图像分辨率是很关键的。

合成孔径雷达必须在距离（沿着合成孔径雷达光束的方向）和方位角（与雷达光束垂直）方面具有较高的分辨率，从而形成高分辨率图像。获得较高的距离分辨率所需要的技术不同于获得较高的方位角分辨率（azimuth resolution）。

获得较高的**距离分辨率**相对比较容易。对于任何雷达来说，距离分辨率依赖于被发射脉冲的持续时间（称为脉冲宽度）。一个纳秒脉冲（一秒的十亿分之一）的距离分辨率约为一英尺，这是一个较高的距离分辨率。但是，一个纳秒脉冲包含的能量很少，所以雷达接收器很难探测到背向散射信号。一个较长的脉冲，如一微秒的脉冲，可以提供的能量是它的 1000 倍，也可以提供更多可探测的背向散射信号。然而，一个微秒脉冲的距离分辨率约为 1000 英尺，无法满足情报需求。挑战在于，如何用一个微秒（或更长的）脉冲来照亮目标，并获得一个纳秒脉冲的距离分辨率。

对于多数合成孔径雷达来说，解决方法就是使用一个调频的长脉冲，称为**啁啾脉冲**（chirped pulse）[1]，其频率会在脉冲持续时间里发生平稳的变化，

[1] 译注：啁啾，象声词，鸟鸣声。通信技术方面有关编码脉冲技术的一种术语。对

如图 7–3 所示。图中所显示的脉冲包含了许多频次，因此具有较宽的频率带宽。该脉冲经过加工后，可以提供带宽相同的较短脉冲的距离分辨率。可以使用一种称为**脉冲压缩**（pulse compression）的技术，来获得一个长脉冲的能量与一个短脉冲的分辨率。使用该技术后，机载雷达的发射带宽可达 1.8 吉赫，相应的距离分辨率可达 0.1 米。

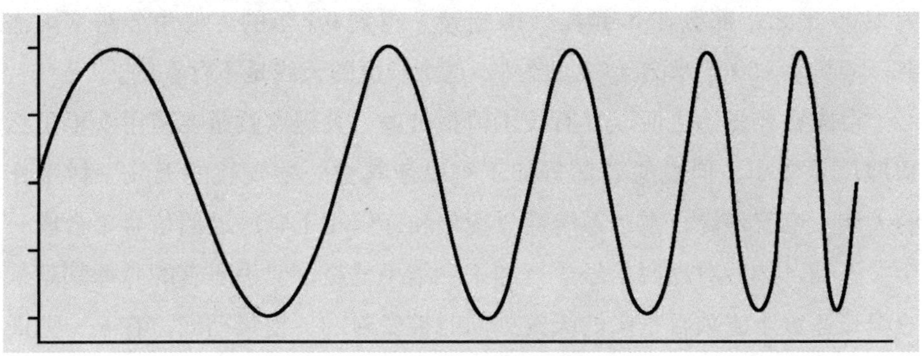

图 7–3 啁啾脉冲的频率变化

我们总是希望从目标处获取尽可能多的能量。发射一个长脉冲能有所帮助。实现这一点的另一种方法则是发射更多的脉冲。多数合成孔径雷达不会等待背向散射能量返回雷达后再发射另外一个脉冲，而是快速地发射脉冲流。脉冲之间相隔的时间要比脉冲到目标的往返时间短得多。对于合成孔径雷达来说，无论何时总是有 5—20 个脉冲被同时发射，这样下一个接收到的脉冲并不是那个刚刚被发射的脉冲。一个脉冲被发射后，在接收到下一个脉冲之前实际上已经发射了 5—20 个脉冲。

方位角分辨率比距离分辨率更难获得，获取的方法也截然不同。问题是，传统雷达的方位角分辨率是由其束宽和其到达目标的距离所决定的。束宽是由天线尺寸和频率决定的——频率越高，天线越大，光束就越窄，

脉冲进行编码时，其载频在脉冲持续时间内线性增加，当将脉冲变到音频地，会发出一种声音，听起来像鸟叫的啁啾声，故名“啁啾”。后来将脉冲传输时中心波长发生偏移的现象叫作“啁啾”。

而分辨率就越高。

我们来做进一步说明。1 度宽的雷达光束在 60 千米远的距离范围内的方位角分辨率约为 1 千米，这是完全无法满足需求的。方位角分辨率应该与距离分辨率几乎相同，这样就能在图像中形成一个正方形的像素。上面提到，如果我们想要获取 0.1 米的距离分辨率，假设从雷达到目标的距离为 1000 千米，那么在 X 频段（10 吉赫）得到 0.1 米的方位角分辨率则需要一根长达 150 千米的天线。当然，这个长度的天线是不存在的。

合成孔径雷达之所以具有技术情报价值，关键点就是要使用一根虽然物理尺寸较小，但是通过信号加工可以使其像一根较长的天线一样工作的天线。也就是说，雷达系统通过搜集和存储相干脉冲返回信号来**合成**一个大孔径，然后对返回信号进行加工。结果就是，似乎所有的脉冲都是从一根长达数十或数百千米的天线处同时被发射的。搜集期间，在某一地面上的观察者看来，合成孔径雷达是通过在一定角度范围内移动来进行作业的。图 7–4 显示了该搜集活动的几何模拟图。

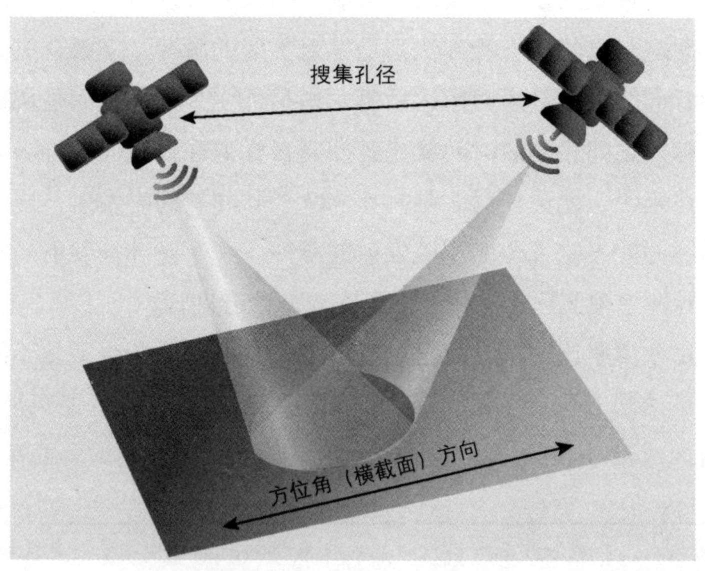

图 7–4 合成孔径几何模拟成像图

合成孔径雷达天线的物理尺寸会限制所观察的场景或视场的大小。也就是说，较长的天线只能提供较小的视场。这种物理尺寸也会影响其敏感度，因为较长的天线更为敏感。但是，因为信号加工的方式，天线的尺寸不会影响到方位角分辨率。

如图 7–4 所示，要了解合成孔径雷达如何在宽阔地面范围内精确定位一个小型目标，首先要了解多普勒频移的工作原理。如果你坐在合成孔径雷达上，从侧面观察其飞行方向（称为零度偏斜角，zero squint），地面目标看起来是静态的。如果顺着合成孔径雷达的飞行方向略向前看（主动偏斜角，positive squint），你会看到地面目标朝向你缓慢移动，从这些目标处返回的雷达脉冲的频率都会上升（主动多普勒频移，positive Doppler shift）。顺着合成孔径雷达的飞行方向向更远的前方看，你就会看到目标向你快速地移动——返回信号出现更大的主动多普勒频移。同样，从雷达飞行方向向后看（被动偏斜角，negative squint），目标看起来像是在向你后退，目标返回信号的频率会下降（被动多普勒频移，negative Doppler shift）。当目标处于方位角或横向方向上，可以使用这种相对速度的感知方法。被感知到的相对速度越快，目标与场景中心点之间的横向距离也会越远。合成孔径雷达系统可以捕捉到所有这些返回信号，以及与它们相关的多普勒频移，接下来通过对相位历史数据进行加工，以提供场景中每个目标所需要的高方位角分辨率。由于对多普勒频移的依赖，合成孔径雷达不能直接从空中获取图像。

很多人都经历过声波的多普勒频移或多普勒效应。一个快速移动的交通工具所产生的声音，诸如一架飞机的声音，或是飞驰而过的火车的鸣笛声，会随着交通工具的通过而降到一个较低的音调。多普勒效应在声波和电磁波方面的工作方式也是相同的，事实上，这两种情况下都可以成像。医疗诊断的超声波成像依赖于多普勒效应，既可以在人体内成像，也能通过图像来测量血液流动情况。

三、合成孔径雷达成像

合成孔径雷达成像可以通过**聚光灯**（spotlight）或**带状地形图**（strip map）模式来完成。根据所需达到的分辨率水平与覆盖区域之间的折中情况，可以使用这两种模式的任何一种。

在聚光灯模式下，整个宇宙飞船朝着目标的方向转动，来增加整合的时间并提高轨道内分辨率。为了获得最高的分辨率，合成孔径雷达通常以聚光灯模式作业，也就是在一单独地带搜集数据。随着合成孔径雷达平台移动经过该场景，雷达光束会不断调整，这样它能够一直指向地面上的同一片区域。合成孔径雷达图像分辨率会随着对这片地面的总体搜集时间的增加而提高（也就是说，不同像素之间的距离会变得更小）。不断移动的宇宙飞船实际上形成了一根较长的天线，搜集时间越长，分辨率也越高。

图 7–4 显示了聚光灯模式下合成孔径雷达的成像几何的一个典型例子。随着雷达移动通过该场景，天线也不断转动方向，这样就可以继续照亮同一片地面。在雷达移动经过该场景时，通过使用最佳尺寸的天线，并对一系列距离回声串进行相干加工，就可得到较高的方位角分辨率。相干加工就是将一系列回声串中所获得的信息进行整合，那么当合成孔径雷达用“聚光灯”照射地面上的这片区域时，就生成了一个与飞行路径一样长的合成天线阵。

带状地形图成像需要一根指向固定方向的天线（通常与飞机或卫星的移动方向垂直）。图 7–4 中，如果雷达以带状地形图模式作业，合成孔径的有效长度与在地面被照射区域的大小相同，就可以提供较高的方位角分辨率，但是比在聚光灯模式下提供的分辨率低很多。带状地形图成像的优点是可以覆盖广阔区域，只是牺牲了分辨率。任何遥感器的目标都是通过高分辨率来获得广阔区域的覆盖，但改善两者中的任何一个都会使得另外那个变得更加糟糕。

德国雷达卫星 TerraSAR-X 就充分体现了带状地形图模式和聚光灯模

式之间的折中关系。该卫星可以在聚光灯模式中获得 1 米的分辨率，但是只能覆盖 5 千米 ×10 千米的区域。在带状地形图的模式下，覆盖区域扩大到 30 千米 ×50 千米，但是分辨率却降到 3 米。[1]

四、机载合成孔径雷达与空载合成孔径雷达

同其他遥感系统一样，成像雷达传感器也可以被装在机载平台或空载平台上。根据战术形势和图像的使用意图，两类平台之间也存在折中关系。无论选用哪种平台，使用合成孔径雷达的一个主要优势是，其空间分辨率并不主要依赖于其与目标之间的距离。所以，机载平台和空载平台都可以获得较高的分辨率。

尽管空间分辨率不是由海拔高度来决定，但是在很大程度上，几何观察角度及幅宽覆盖受到海拔高度变化的影响。在飞机作业的海拔高度上，一个机载雷达必须在较大的入射角（60 度或 70 度）的广泛范围内拍摄图像，目的是获得相对较宽的幅宽（大约为 60 千米）。但正如下面所讨论的，入射角（或者观察角）的大小对于表面地理特征的背向散射及其在图像中的呈现方式具有很大的影响。如果入射角变化很大，那么图像特点，诸如掩叠（layover）和投影（shadowing）（下面会讨论）则会受制于多种变量。空载雷达可以避免此类成像几何问题的出现，因为它们作业的海拔高度远高于机载雷达。如图 7–5 所示，在几百千米的海拔高度上，空载雷达可以拍摄与机载雷达同样幅宽的图像，但是入射角的变化范围更窄，通常在 5 度到 15 度的范围内。由于几何观察角度的原因，空载雷达可以保持相同的照射状态，并且减少在幅宽内不需要的成像变量。

飞机平台能使合成孔径雷达与目标更为接近，通常可以比空载雷达发

[1] 原注：S. Buckreuss, R. Werninghaus, W. Pitz, “The German Satellite Mission Terra-SAR-X,” *IEEE Radar Conference 2008*, May 26–30, 2008, INSPEC Accession#10425846, 306.

射更大的功率，因而能探测到更小的目标，生成更为详细的微粒图像。这是飞机平台的优势。

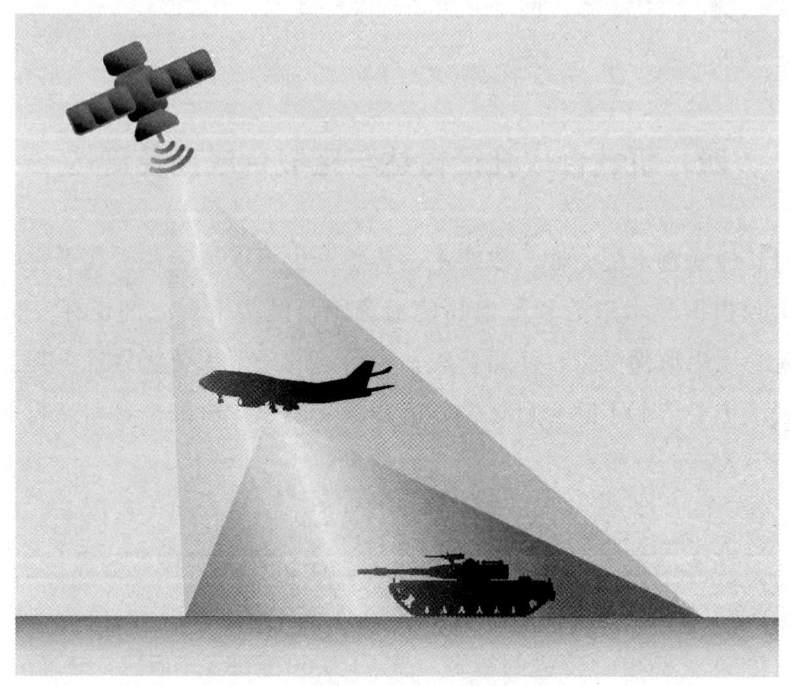

图 7–5 机载与空载合成孔径雷达的幅宽和入射角

五、合成孔径雷达图像处理和利用

图像处理要求将每个像素中存储的脉冲返回信号（相位历史数据）转化成一个可以识别的图像。整个加工链如下：

相位历史数据被搜集和加工后，形成一个**复镜像**（complex image），然后被进一步处理，形成一个**可被探测到的图像**（detected image）。

图像处理器的任务是将从特定区域中接收到的所有返回信号整合，恢复成一个聚焦图像。合成孔径雷达加工的算法非常复杂，因为它们必须解释随着雷达移动而逐步变化的场景。因目标与雷达之间的扫描角不同，每个目标散射能量的方式也会有所不同。

合成孔径雷达在几秒钟的时间内通过快速脉冲来搜集数据。在这段时间内，合成孔径雷达天线和地面之间的角度会逐渐变化。相位历史数据的首次加工需要满足一个假设前提：对每个脉冲来说，场景中每个点返回信号的强度是相同的。我们可以得到下面几个假设：

- 地势是平坦的；
- 目标是静态的；
- 整个搜集时限内雷达散射截面保持不变；
- 具有安静的微波环境（没有干扰）。

场景中的自然特点和人工特点通常都会违背上述一个或多个假设。我们会相继对每一个假设进行讨论。

不平坦的地势

多数情况下，“地势是平坦的”这一假设都是不成立的。很少有陆地是完全平坦的。山脉和垂直建筑物都会在合成孔径雷达图像中形成两种假象：**投影**与**掩叠**。更为复杂的建筑物会在与其距离较远的一侧生成一个表面目标，正如下面所讨论的。

投影很容易理解，因为这与太阳所造成的阴影十分相似。同一方向的目标如高出周围地势，如山脉和建筑物，投影就会出现。被阴影笼罩的区域在合成孔径雷达图像中呈现为一片黑色，因为在这个区域内没有信号返回。图 7–6 显示了投影的效果。建筑物后面的区域处于阴影中，位于该区域的物体无法被观察到。

高出地面的目标也会在面向合成孔径雷达飞行轨道的方向上造成掩叠效应，正如图 7–6 所示。掩叠效应是指，在图像中，高大目标的顶端与合成孔径雷达的距离，看起来要小于其底部与合成孔径雷达之间的距离。之所以会出现掩叠现象，是因为合成孔径雷达将场景内所有同一距离内的点都放到图像上的同一距离单元中。如图 7–6 所示，雷达脉冲首先撞击到建筑物的顶端，因为其与雷达的距离更近。因为我们假设地球是平坦的，所以当对图像进行处理时，建筑物顶端返回的信号与雷达的距离较近，而从建筑物底部返回的信号恰恰处于地平面的位置上。因此，高大的建筑物看起来像是“重叠”在与目标距离较近的一侧的地面返回信号的顶部。

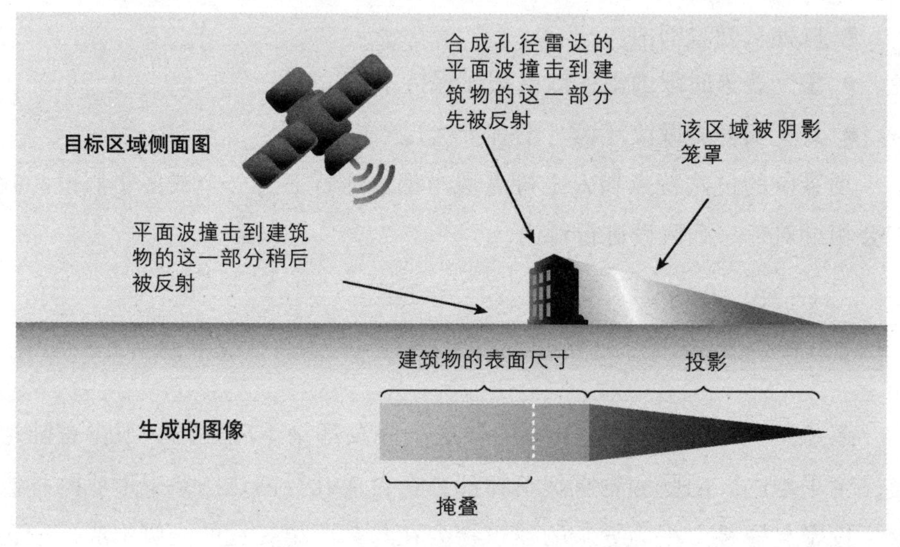

图 7–6　合成孔径雷达图像中的掩叠与投影

图 7–1 中关于五角大楼的合成孔径雷达图像同时显示了投影效应和掩叠效应。机载合成孔径雷达位于该建筑物的南面，面朝北方；而投影效应在东北和北边清楚地显示出来，掩叠效应可以从与西南边平行的建筑物所遮挡的一条较亮的线上看到。

掩叠的程度取决于掠射角和高出地面目标的高度。图 7–6 中，如果合成孔径雷达的仰角较小（较小的掠射角），那么脉冲撞击建筑物顶部与撞击底部之间的时间长短的区别不会很大，掩叠效应也会更不明显。

在出现掩叠的区域，图像判读会十分复杂。因为在靠近高大建筑物的一侧，其他地理特征与建筑物之间也会出现重叠现象。掩叠还会扭曲场景内的任何地形变化。

多反弹（multibounce）会造成与掩叠相反的效果。当合成孔径雷达观察一片城区，或一个复杂的建筑物或洞穴时，背向散射的信号并不一定直接返回到雷达。复杂目标的合成孔径雷达图像中会出现多反弹特征。在该图像中，返回传感器之前，微波的反射点会超过一个。多反弹散射可以是一种简单的双反弹散射，或者是更为复杂的多反弹散射。

由于多反弹路径比正常的单反弹背向散射路径更长，因而合成孔径雷达会将目标的多反弹特征放置在与实际目标地点相距较远的一侧。对复杂目标来说，可以有很多适用于不同路径的多反弹特征，如图 7–7 所示。

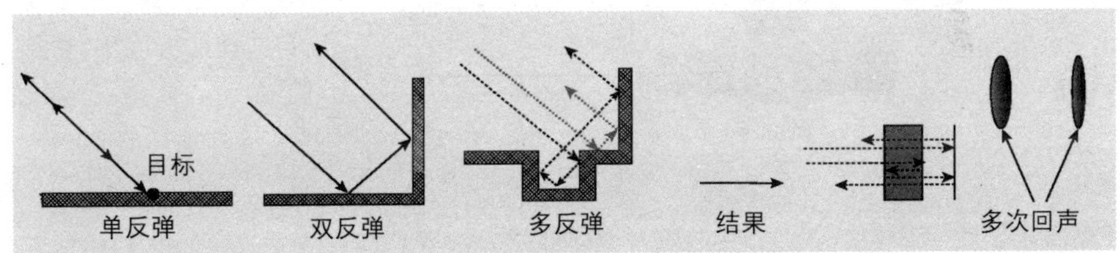

图 7–7 合成孔径雷达的多反弹现象

非静态目标

对合成孔径雷达的相位历史数据进行加工，我们假设场景中所有的目标在雷达照射该场景的整个时间段里都是静态的。当情况不是如此时，例如，目标是移动的，合成孔径雷达图像中会生成一个假象。当目标移动经过该场景时，会因为不适当的聚焦而生成一个假象。这个现象与那些快门速度较慢的照相机拍摄一组快速移动的物体时的情况很相似。物体在照片中会变得模糊，因为当快门启动时，物体占据了图像祯幅的几处不同的位置。合成孔径雷达拍摄一个移动的目标时，情况也是如此。当合成孔径雷达通过发射脉冲形成图像时，该目标就会移动通过图像祯幅中的几个像素。

目标移动会造成何种假象取决于移动的特点。最常见的就是目标移位(target displacement)、拖尾效应（smearing）和目标扭曲（target distortion）。究竟会出现什么样的假象取决于合成孔径雷达平台与目标之间的几何角度关系，以及两者间的移动情况。下面具体描述一些最常见的假象。

目标移位。图 7–8 显示了由目标朝向或背离合成孔径雷达进行移动而产生的移位效果。如果该目标（如下图中的舰船）向着合成孔径雷达平台移动，那么目标图像中的移动方向就与合成孔径雷达平台移动的方向相同。如果该目标移动时背离合成孔径雷达，那么图像中的移动方向就会与合成孔径雷达移动的方向相反。

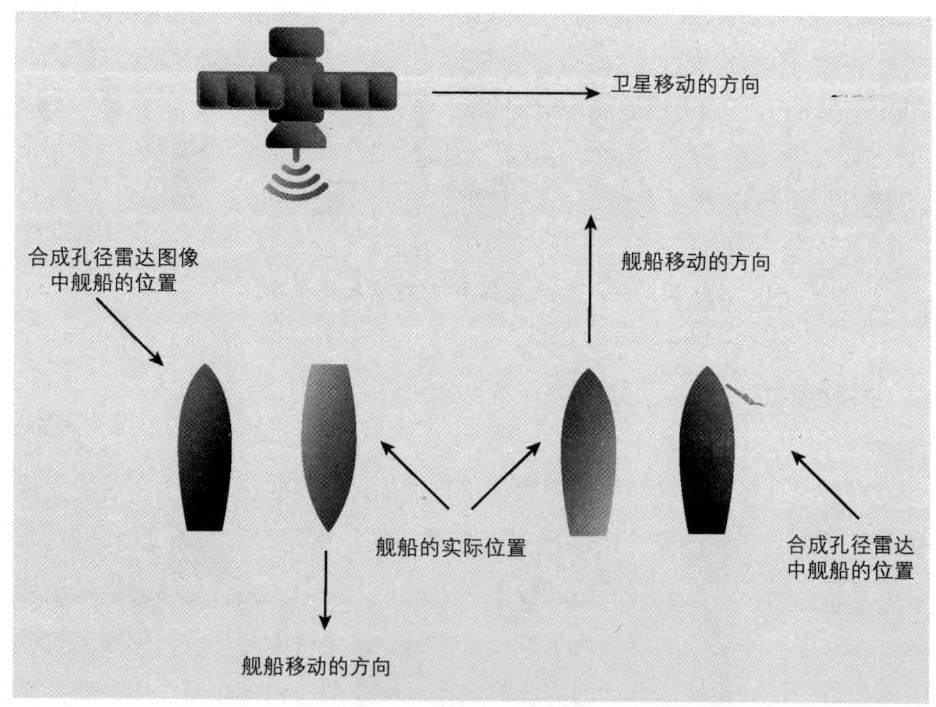

图 7–8　合成孔径雷达图像中的目标移动假象

拖尾效应。假设图 7–8 中所示的舰船并不是匀速行驶，而是在朝向或背离合成孔径雷达的方向上加速或减速行驶。当图像形成时，这种加速或减速会造成不断变化的移位现象；其形成的图像不是图 7–8 中所示的简单移位，而是沿着合成孔径雷达移动的方向（也称为方位角方向）形成目标的一个拖尾图像。在搜集的间隙里，目标速度的变化会促使移动情况发生改变。这种变化会造成方位角拖尾。拖尾的形状取决于掠射角和偏斜角，以及目标的移动情况。

方位角移动也会在方位角方向上造成拖尾效应。如果目标在方位角方向上匀速移动，拖尾区域将会是线形的。相反，如果目标在加速或减速移动，拖尾区域就会变成一个弯曲的形状。

拖尾效应通常要经过处理，从而推导出有关目标移动的信息。但是，在许多情况下，拖尾效应也会隐藏受关注的目标或分散对其的注意力。一种称为**拖尾减少处理**（smear reduction）的加工技术可以消除拖尾效应，清理合成孔径雷达图像。

目标扭曲。固定位置的目标，如果出现旋转或振荡，会生成一个扭曲的反馈信号，显示在合成孔径雷达图像上，就表现为一个空间上反复（周期性）出现的特征。这些特征因为过于微弱，以至于在合成孔径雷达数据中看不到。但是，对于那些具有较大振荡或旋转金属部件的系统来说，该信号可以被处理。旋转的直升机螺旋桨，或是与冷却塔相关的大型风扇螺旋桨，通常都会在合成孔径雷达图像中显示为一个扭曲的目标。这种扭曲通常表现为在目标的任意一侧出现方位角移位的成对回声信号，而其与目标的距离显示了旋转或振荡的速度。地表或建筑物的振动都会生成相似的扭曲，但是返回的信号通常非常微弱，不能在合成孔径雷达图像中显示出来。[1]

---

[1] 原注：Merrill Skolnik, ed., *Radar Handbook*, 3rd ed.(New York: McGraw-Hill, 2008), 17.25–17.27.

非恒定雷达散射截面

无论从哪个方向照射，一个完美的圆球总有一个恒定的雷达散射截面，其他任何球体都做不到这点。如果任一球体被放置在一个典型的合成孔径雷达工作场景中，这种情况就更少发生。该场景中多数物体的雷达散射截面都会随着合成孔径雷达与目标的几何角度关系的变化而变化。合成孔径雷达图像中所产生的亮点（在这个图像中，物体的雷达散射截面突然变得非常大）被称为**回波起伏**（glint）。例如，与合成孔径雷达光束垂直的边缘会反馈频率更高的信号，从而使得图像像素变得更亮，或造成回波起伏。一些曲线表面会沿着曲线边缘生成较亮的条纹。这种效果在电力线或电话线上会格外明显。

不同的平坦表面的雷达散射截面也各不相同。一个常见的例子就是，在搜集的过程中，当合成孔径雷达光束与一个金属屋顶在某个点处于垂直状态时，该屋顶会变得更亮。如果信号足够强，会造成接收器饱和。而目标似乎在图像中有所扩大，这种现象称为图像“泛光”（blooming）。与拖尾减少处理技术一样，回波起伏减少（glint reduction）技术也可以用于去除这种假象来清理合成孔径雷达图像。

独特的微波环境

因为合成孔径雷达作业频段存在干扰信号，合成孔径雷达的成像能力会受到很大的限制或影响。这种干扰可能是故意的（人工干扰），或者是因为合成孔径雷达频段的无线电频率干扰而造成的。合成孔径雷达图像中干扰信号的表现方式取决于干扰的类型。通常来说，它就是一个条纹形状，或是在距离上，或是在方位角上，或者两者兼有，有时则是在干扰发射机的中心形成较亮的十字架形状。[1]

---

[1] 原注：Skolnik, *Radar Handbook*, 24.49–24.51.

六、卢皮合成孔径雷达

代表合成孔径雷达在侦察应用方面最高水平的是德国的卢皮合成孔径雷达（SAR-Lupe）卫星。图 7–9 是卢皮合成孔径雷达的效果图。[1]5 颗卢皮合成孔径雷达卫星中的第 1 颗，于 2006 年 12 月发射，第 5 颗于 2008 年 6 月发射。这 5 颗卫星在 3 个相隔约 60 度角的 500 千米高的轨道平面上作业。这些雷达在 X 频段作业，中心频率为 9.65 吉赫。卢皮合成孔径雷达的平均功率消耗是 250 瓦，寿命为 10 年。

卢皮合成孔径雷达所具有的性能特点使其成为出色的技术搜集传感器。它拥有直径为 3 米的碟式天线，天线的背面也在图中显示出来了。据报告称，其可以提供约 0.5 米的分辨率，在聚光灯模式下，其帧幅的边长为 5.5 千米。我们前面强调过，在这种模式下，卫星会不断旋转以保持其碟式天线指向一个目标。在带状地形图模式下其分辨率约为 1 米，帧幅为 8 千米 ×60 千米。在这种模式下，卫星保持了相对于地球的固定方向，其

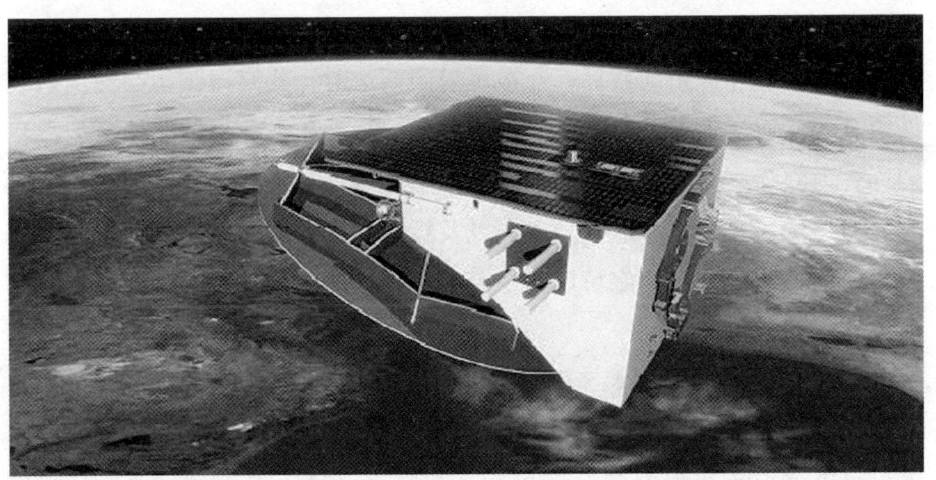

图 7–9　德国卢皮合成孔径雷达飞船的效果图

[1]　原注：OHB System, “Technology for Space,” www.ohb-system.de/gb/Satellites/Missions/sarlupe.html.

雷达图像的生成也仅仅是通过卫星沿着其轨道的运动完成的。该雷达可以在 10 个小时以内对地球某特定区域进行一次图像拍摄。[1]

合成孔径雷达具有高度的灵活性，能够通过多种方式来搜集和处理数据，且每种方式都具有情报价值。下面将会对其中一些方式进行讨论。

七、测偏振合成孔径雷达

第四章介绍了测偏振术，并描述了其在光学成像方面的应用。合成孔径雷达也可以利用测偏振术来获得具有情报价值的特征。

合成孔径雷达图像是通过发射和接收微波脉冲而生成的。微波通常以水平或垂直偏振电磁波的形式被发射。在较老的合成孔径雷达设计中，该雷达所接收电磁波的偏振类型必须与其发射的偏振类型相同。而当前多数的合成孔径雷达都可以发射并接收多种偏振类型的电磁波，原因如下。

当偏振脉冲撞击到目标，并被反射回雷达时，其偏振类型会被反射表面所改变。通常来说，被反射的信号包含了水平和垂直两种偏振类型，我们称之为椭圆偏振。返回信号中水平和垂直偏振各占多少比例取决于反射表面的结构、反射率、形状、方向以及粗糙程度。因此，对一个物体返回信号的偏振类型进行测定可以提供有关该物体的更多信息。这种测定就是测偏振术过程的基础。

合成孔径雷达测偏振术包括，目标区域背向散射信号偏振类型的获取、加工以及分析。在测偏振术中，通过对这种背向散射的信号进行加工，可以确定表面材料的散射机制（或者可以说是表面材料的一种“指纹”）。一个雷达可以用四种不同的方式作业以获得此类偏振信息。在下列每一种假定中，一个固定目标的背向散射信号各不相同：

[1] 原注：OHB System, “Technology for Space.”

- 发射和接收同一种偏振类型的电磁波——传统方法；
- 发射一种偏振类型，接收相反的另外一种偏振类型（称为交叉偏振）；
- 发射一种偏振类型并接受两种偏振类型；
- 发射和接收两种偏振类型（一个完成此类操作的合成孔径雷达被称为**全偏振** [fully-polarimetric] **合成孔径雷达**）。

例如，粗糙表面的背向散射通常都会导致单一偏振类型的信号返回接收天线。相反，树的背向散射是一种漫射，并且包含了一系列混合的偏振类型，因为雷达波会与树干、树枝以及树冠上的树叶相互作用。全偏振合成孔径雷达可以确定这样一个复杂表面上的所有这些特质。

测偏振合成孔径雷达（Polarimetric SAR）对于一些非情报类的目标，如监视庄稼长势、土壤湿度、森林、雪的覆盖、海面的冰层以及海洋情况等来说是很有价值的。它还可以用于绘制地图。此类应用中有一些还与情报相关，可用于舰船、飞机和军事车辆的探测及分类。[1] 我们后面要讨论，低频的测偏振合成孔径雷达还具有一个额外的优点。因为较低频的微波雷达可以穿透树叶和土壤，所以它们可以对那些位于丛林树冠下的物体，或者是埋在地下的物体，如地雷，进行探测和分类。[2]

有关测偏振合成孔径雷达的一个早期例子就是 SIR-C 雷达。该雷达于 1994 年 4 月和 10 月由"奋进"号宇宙飞船（Endeavor）带入太空。SIR-C 雷达实际上包括三个雷达，一个在 L 频段作业，第二个在 C 频段作业，而第三个在 X 频段作业。L 频段和 C 频段的天线可以测量水平和垂直两种偏振类型。

SIR-C 是一个全偏振雷达，可以使用上面所描述的四种运作模式，提供相位相对差别方面的相关数据。"奋进"号宇宙飞船的两次飞行所得到

---

[1] 原注：Dai Dahai, Wang Xuesong, Xiao Shunping, Wu Xiaofang, and Chen Siwei, "Development Trends of PolSAR System and Technology," *Heifei Leida Kexue Yu Jishu* (February 1, 2008): 15.

[2] 原注：L. Carin, R. Kapoor, and C. E. Baum, "Polarimetric SAR Imaging of Buried Landmines," *IEEE Transactions on Geoscience and Remote Sensing*, 36, no. 6(November 1998): 1985–1988.

的测偏振数据提供了有关表面地质结构、植被覆盖和地下结构特点的细节信息。[1] 对这些数据的处理显示，SIR-C 雷达具有获取高分辨率海上舰船图像的能力，足以识别出海上特定类型的舰船。[2] 目前，运行中的携带了全偏振合成孔径雷达卫星的两个例子，当数德国的陆地合成孔径雷达卫星（TerraSAR-X）及以色列的 TECSAR 间谍卫星。

八、变化探测

合成孔径雷达的主要优点之一是，其具有探测某一场景中一段时间内所发生的变化的能力。变化探测是合成孔径雷达功能的一种极佳应用。那些已经被观察到的表面变化，包括车辆轨迹、庄稼生长和收割，及土壤挖掘。因为地下建造活动而造成的地表变化也可以通过变化探测观察到。地下挖掘会造成垂直沉降和水平应变，这些都是可以被探测到的。[3]

有三种技术可以用于变化探测：非相干变化探测（incoherent change detection）、相干变化探测（coherent change detection）和合成孔径雷达干涉测量法（SAR interferometry）。前两种技术需要反复的通过运行，用小时、日、周或年，在时间上进行区分。在每次通过运行中，合成孔径雷达观察同一个目标区域的方位角和仰角几乎相同。图 7–10 显示的是反复通过运行的例子。第三种技术，也就是合成孔径雷达干涉测量法，单次通过运行就可以完成，但是需要两根单独的位于同一平台上的接收天线。

[1] 原注：Jet Propulsion Laboratory, “JPL Imaging Radar,” http://southport.jpl.nasa.gov/.

[2] 原注：D. Pastina, P. Lombardo, A. Farina, and P. Daddi, “Super-Resolution of Polarimetric SAR Imaging,” *Signal Processing*, 83, no. 8 (August 2003).

[3] 原注：“Characterization of Underground Facilities,” JASON Report JSR-97-155, April 1999.

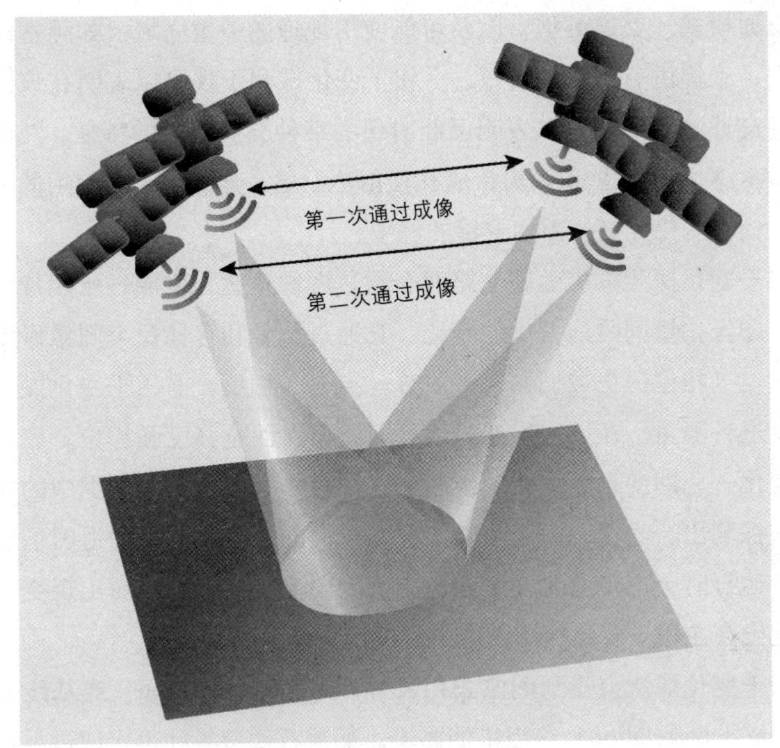

图 7–10 反复通过成像几何图

非相干变化探测通过对两次连续的通过运行时单个像素背向散射能量的强度进行比较，来识别该场景中出现的变化。局部区域如果出现重大变化（例如，一个图像中出现了卡车、舰船或油轮，但是在下一个图像中没有出现），会在其背向散射能量的强度方面表现出来。该技术也应用于探测土壤、植被含水量或（物体）表面粗糙度方面的变化。

相干变化探测（CCD）需要进行更为复杂的信号处理，但是可以探测出场景中非常细微的变化。[1] 这些变化的图像可以通过透露一些相关信息，

[1] 原注：Mark Preiss and Nicholas J. S. Stacy, "Coherent Change Detection: Theoretical Description and Experimental Results," Australian Department of Defense, DSTO-TR-1851, August 2006, http://dspace.dsto.defence.gov.au/dspace/handle/1947/4410.

包括交通模式、交通类型，以及可能使用地道的关键区域（如阿富汗）的地形图，来提供有价值的情报。[1] 相干变化探测不仅可以表明在该区域内出现的交通状况，还可以表明已经出现的某种交通类型的特征。[2] 德国的TerraSAR-X 雷达卫星和卢皮合成孔径雷达卫星，是当前正在使用的两个可以进行相干变化探测的雷达卫星的例子。

相干变化探测事实上就是将两个雷达图像重叠，生成一张照片，包含了两个图像拍摄间隔内发生的变化。它通过测量和存储每个图像像素的强度和相位（相位历史数据）来完成这一点——相反，非相干变化探测中仅对强度进行测量。在下一次通过运行时，再次测量强度和相位。表面上的微小变化——即使是一英寸的断裂——都会作为相位历史数据中的相位变化而被探测出。当然，由于生长情况或风向的原因，植被的返回信号在两次通过运行时会出现变化，地面也会因为雨水等自然原因而出现变化。这些变化也会在相干变化探测图像中呈现出来。

相干变化探测会受到**图像去相关**（image decorrelation）或**基线去相关**（baseline decorrelation）等因素的影响。如果首次搜集和再次通过运行搜集的活动在成像几何角度（imaging geometry）方面存在巨大差异，那么这两个图像之间就不会建立起联系（也就是说会丧失相干性）。为了避免出现这种去相关，搜集者努力在两次通过运行中采用相同的飞行路径。如果路径相同或几乎相同，图像对（image pair）之间的强度或相位的区别都可以归结为场景中出现的变化。实际上，因为平台导航信息的不精确性，在同一飞行路径上飞行是很困难的。机载系统中情况尤其如此，因为风和气流不稳定都会造成飞行路径出现较大的偏离，而由此所造成的去相关必须要在加工中进行处理。[3]

[1] 原注：John L. Morris, “The Nature and Applications of Measurement and Signature Intelligence,” *American Intelligence Journal*, 19, nos. 3 & 4 (1999–2000): 81–84.

[2] 原注：Preiss and Stacy “Coherent Change Detection.”

[3] 原注：Preiss and Stacy “Coherent Change Detection.”

合成孔径雷达干涉测量法，也称为干涉测量合成孔径雷达，需要使用两个位于同一移动平台且独立的接收天线来获取图像；然后对这两个图像进行加工，以识别并利用其在强度和相位方面的差别。根据这两个接收大线在平台上的部署方式及作业方式，可以获取两种不同类型的情报信息。[1]

一种方法是，使用合成孔径雷达干涉测量法来探测场景中的移动目标。为了实现这一点，两个接收天线并排安装在平台上。当平台移动时，前面的天线接收从目标区域返回的背向散射信号。几毫秒后，后面的天线就到达前面的天线此前占据的同一位置，并且在同一时间里接收同一目标区域内**下一个脉冲**发出的背向散射信号。因为接收到的两个脉冲的目标几何角度是相同的，所以返回信号的强度或相位方面的任何变化都必定是由目标区域的移动造成的。所有没有变化的背向散射信号可以去除，只有场景中缓慢移动的目标会被保留下来。[2] 该技术也可以用于绘制洋流图。

另一种方法是，使用合成孔径雷达干涉测量法来绘制地形图。为了实现这一用途，这两根接收天线可以并排安装，也可以叠加方式安装。不同点在于：两根天线是否同时接收和处理同一个背向散射脉冲。因为这两根天线观察该场景的成像几何角度稍有不同，所以可以精确测量地形特点上的变化。这种方法具有提供精确地形海拔测量的潜力。[3] 合成孔径雷达干涉测量法用于生成地形图、勘察地图表面变形、监视山体滑坡、测量物体的速度，确定植被的结构和成分，如上所述，还可以进行变化探测。

双色多视点技术（two-color multiview，或多色多视点技术，都是对两种以上的图像进行比较）是观察两张拍摄于不同时间（数天、数周以至数

[1] 原注：Sun Xilong, Yu Anxi, and Liang Diannong, "Analysis of Error Propagation in Inteferometric SAR," *Heifei Leida Kexue Yu Jishu* (February 1, 2008): 35.

[2] 原注：Sun Xilong, Yu Anxi, and Liang Diannong, "Analysis of Error Propagation in Inteferometric SAR," *Heifei Leida Kexue Yu Jishu* (February 1, 2008): 35.

[3] 原注：Skolnik, *Radar Handbook*, 17.30–17.33.

年）的合成孔径雷达图像之间细微变化的最佳技术。该技术用一种颜色显示那些在第一个图像中出现，但在第二个图像中留下背景的物体。第一张图片拍摄后背景中形成的物体以另一种颜色表示。使用双色多视点技术观察每周或每年搜集来的图像，可以很容易地识别出车辆、栅栏、海岸线或建造中的建筑物在位置上的变化。[1]

九、叶簇穿透合成孔径雷达

合成孔径雷达应用中具有最明显情报用途的是叶簇穿透合成孔径雷达（foliage penetration SAR）。多数合成孔径雷达在微波频段作业——L、S、C 及 X 频段。在这些频段作业的雷达不能很好地穿透树叶，其穿透能力还会随着频率的上升而变得更差。但是，如果在更低的频率上，雷达甚至可以穿透浓密的叶子，从而探测到树林中树冠下的物体。在特高频，或者在更理想的情况下，在甚高频频段作业的合成孔径雷达可以有效地拍摄那些隐藏在树叶中的物体的图像。[2] 在这些较低频段作业的合成孔径雷达也可以在较短距离内穿透干燥的土壤，使得雷达可以探测到埋在地下的物体。[3] 在甚高频 / 特高频范围内，使用较宽带宽的新型合成孔径雷达能探测到隐藏在树叶中的移动目标，并且能精确确定移动目标的位置和速度。[4] 我们将在下面详细介绍如何使用合成孔径雷达对移动的目标进行探测。

[1] 原注：John W. Ives, “Army Vision 2010: Integrating Measurement and Signature Intelligence,” April 9, 2002, www.iwar.org.uk/sigint/resources/masint/Ives_J_W_02.pdf.

[2] 原注：Skolnik, *Radar Handbook*, 17.33–17.34.

[3] 原注：D. J. Daniels, *Ground Penetrating Radar*, IEE Radar, Sonar, and Navigation Series, 2004.

[4] 原注：Zhou Hong, Huang Xiaotao, Chang Yulin, and Zhou Zhimin, “Ground Moving Target Detection in Single-Channel UWB SAR Using Change Detection Based on Sub-Aperture Images,” *Heifei Leida Kexue Yu Jishu* (February 1, 2008): 23.

十、合成孔径雷达水上成像

在水上，合成孔径雷达传感器只能观察到海平面。与地面返回信号不同，它几乎不能进行水域穿透。完全平滑的水面或者生物油及人造油（诸如浮油）返回给雷达的能量非常少，所以在生成的图像中呈现出黑色。然而，海平面很少是平滑的，波动的海面的背向散射会生成一个可以被测量和分析的返回信号。通常需要倾斜度较大的入射角（对于机载合成孔径雷达系统来说要超过20度，对于空载合成孔径雷达来说要超过40度），以保证得到一个返回信号。

2到15节的风速可以提供最佳成像条件。如果风速过快，会造成高背景回波，从而掩盖那些具有情报价值的细微的波浪或浮油的特征。如果风速过慢，则无法提供足够的对比度来探测这些特征。

测偏振合成孔径雷达在水面成像方面具有一些特殊的优点。如果发射的是垂直偏振信号，那么在返回的信号中，背向散射的水平偏振信号比较弱，背向散射的垂直偏振信号比较强。但是，球面点目标（诸如地雷）返回的两种偏振信号强度相似。所以，水平偏振的背向散射体通常会显示为较小的点状目标，诸如漂浮在水上的地雷。

尽管雷达能量不能穿透海水，合成孔径雷达测量仍然可以间接提供有关海水深度的信息——通常是一条有关海军行动的关键情报。当膨胀波或长波向海岸移动时，它们会受到海床的影响，这会缩短它们的波长，并降低它们的表观速率（apparent speed）。通过测量这些变化可以确定水的深度，通过对图像进行直接测量或光谱分析可以确定其波长。通过搜集数秒钟内的合成孔径雷达相位历史数据，我们可以将波作为一种时间函数，对其传播情况进行跟踪，从而确定其表观速率。

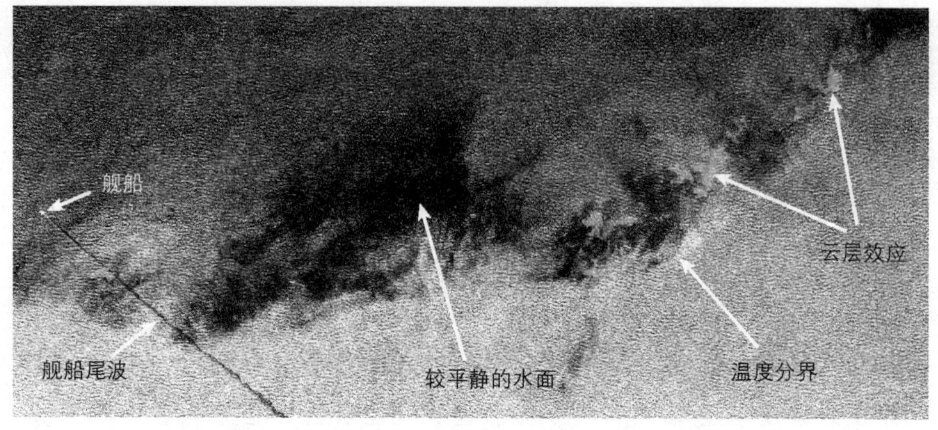

图 7–11　北大西洋的合成孔径雷达图像

图 7–11（彩色效果见书前插页对应图片）显示的是拍摄公开海域获取的特点。这是 1994 年“奋进”号宇宙飞船上空载成像雷达拍摄的一张合成孔径雷达图像。在这张图像中，合成孔径雷达的多种能力可见一斑，因为其中包含了多种频率和多种偏振类型。该图像实际上是三张不同雷达图像的合体，里面用三种颜色对这些图像进行区分。红色表示发射和接收水平偏振信号的 L 频段雷达，绿色表示发射和接收水平偏振信号的 C 频段雷达，蓝色表示发射和接收垂直偏振信号的 L 频段雷达。左下方的直线显示的是一艘舰船的船尾伴流，长约 28 千米。其尾波的长度显示了该船可能在排放油料，这使得尾波持续的时间更长，且使其在图像中极为显眼。整个图像中贯穿了一条明显的温度界限，可能是一个锋面，将两种具有不同温度的水体区分开来。不同的水面温度造成了两种不同的风型，不同的风型又造成了两种不同的波型。图像下方浅绿色区域的水面起伏不定，风较大。紫色区域中，水面较平静，风也较小。黑色区域中，水面十分平静，有微风，这可能是由沿着锋面的云层造成的。鲜绿色区域很可能是因为云层中散射雷达波的冰晶造成的。[1]

[1]　原注：NASA, “North Atlantic Ocean,” http://southport.jpl.nasa.gov/pio/srl1/sirc/naocn.html.

十一、移动目标显示

前面讨论过，移动目标会在合成孔径雷达图像中造成扭曲和假象，但其明显具有高情报价值。因此，我们不是要消除由移动目标造成的模糊和移位，而是要将这些移动情况分离出来，并对其进行详细分析以获取相关信息。

合成孔径雷达可以在**移动目标显示**（moving target indicator，MTI）模式或**地面移动目标显示**（ground moving target indicator，GMTI）模式下工作，以提高目标移动的探测性。我们通常会使用移动目标显示这一术语，因为它的描述更为精确。移动目标显示可以对飞机、直升机或者舰船的移动进行探测，还可以探测地面上的车流情况。前一部分讨论的合成孔径雷达测量法也是实现移动目标显示的一种方式。[1]

移动目标显示模式的作用已经在许多合成孔径雷达中得到验证，可以用于支持战斗行动及情报活动。联合监视与目标攻击雷达系统（Joint Surveillance and Target Attack Radar System，JSTARS）飞机（也就是改进的波音 – 707 飞机）携带的 AN/APY–3 雷达就是一个例子。联合监视与目标攻击雷达系统能获取移动目标图像，并且可以区别轮式车辆和履带式车辆。联合监视与目标攻击雷达系统甚至可以告知，沿着公路移动的潜在目标是一辆坦克还是一辆吉普车——这在 1990 年至 1991 年的海湾战争期间被证明是一种十分关键的能力。[2]

移动目标显示雷达依靠多普勒频移，可以实现对远程移动目标的探测和跟踪。联合监视与目标攻击雷达系统中的雷达就是此类用途的一个典型例子。该雷达的天线可以向飞机的任何一边倾斜，并且以 120 度的视场，覆盖 50000 平方千米的范围。它可以在 250 千米的距离内同时跟踪 600 个目标。该雷达还可以跟踪交通工具大小的任何移动物体。移动目标显示模

[1] 原注：Zhou Hong, Huang Xiaotao, Chang Yulin, and Zhou Zhimin, “Ground Moving Target Detection,” 23.

[2] 原注：USAF Factsheet, “E-8C Joint Stars,” www.af.mil/factsheets/factsheet.asp?fsID=100.

式无法捕捉静态目标。该雷达可以在移动目标显示模式与合成孔径雷达模式之间进行转换，前者用于探测移动目标，后者用于生成静态物体的图像。除了可以对大量的地面车辆进行探测、定位和跟踪外，该雷达还具有探测直升机、旋转天线以及缓慢移动的固定翼飞机的有限能力。

图 7–12　联合监视与目标攻击雷达系统的移动目标显示图像

图 7–12（彩色效果见书前插页对应图片）显示了联合监视与目标攻击雷达系统可以生成的显示类型。[1] 图中较亮的物体是那些移动目标，被叠加在一个单独生成的目标区域地图上。

[1]　原注：图片来源于美国空军。

该图还显示了地面移动目标显示模式的另外一种重要的情报能力。它使得图像分析人员可以提取路面地图信息，并评估交通流量。一旦对公路进行绘图，就能了解正常的交通流量，分析人员就可以对其进行更好的定位，识别出首要目标及那些具有情报价值的交通方面的变化（例如，交通流量的增加预示着一次大规模的军事行动）。[1]

体现合成孔径雷达的移动目标显示能力的另一个典型例子就是“全球鹰”无人机。除了拥有光电传感器和红外传感器外（第四章讨论过），它还携带了一个合成孔径雷达，可以在 24 小时内对与伊利诺斯州差不多大小的区域（40000 平方海里）进行拍摄。通过卫星和地面系统，该雷达可以在近实时的情况下将图像传递给战场指挥官。该雷达可以在 X 频段作业，带宽为 600 兆赫，峰值功率为 3.5 千瓦。类似于联合监视与目标攻击雷达系统，其可以在合成孔径雷达成像模式或移动目标显示模式下作业。不同于联合监视与目标攻击雷达系统的是，它还可以同时在两种模式下作业：

- 宽域移动目标显示模式可以在 100 千米的半径内探测到移动目标；
- 合成孔径雷达模式和移动目标显示模式的组合，可以在 20 千米到 110 千米的距离内提供 1 米的分辨率和 37 千米的幅宽覆盖；
- 合成孔径雷达聚光灯模式可以在 10 平方千米的范围内提供 0.3 米的分辨率，同时具有海洋监视功能。[2]

十二、激光雷达成像

激光雷达可以使用合成孔径雷达技术生成地球表面的图像。[3] 比起传

[1] 原注：M. Ulmke and W. Koch, “Road Map Extraction Using GMTI Tracking,” *Conference Proceedings of the 9th International Conference on Information Fusion*, Florence, Italy, July 10–13, 2006.

[2] 原注：Airforce-technology.com, “RQ-4A/B Global Hawk High-Altitude, Long-Endurance, Unmanned Reconnaissance Aircraft, USA,” www.airforce-technology.com/projects/global/.

[3] 原注：“NG Demonstrates Synthetic Aperture Laser Radar for Tactical Imagery,” *Space*

统的光学系统，激光合成孔径雷达的原型机能够在更远的距离提供更高质量的图像。

激光雷达也可以在不使用合成孔径雷达技术的情况下生成三维图像，这样的雷达具有特别的情报意义。前面讨论过，与叶簇穿透合成孔径雷达相似，它们可以对树叶下的物体或伪装物进行定位和识别。尽管都是对同一目标区域进行多次测量，但它们的实现方式还是有所不同，实际上是通过激光在覆盖材料上发现“漏洞”来实现。因此，激光可以穿透伪装的网眼，来获取物体内部的返回信号。利用这一技术，激光雷达能提供隐蔽在树叶或伪装物下的军事车辆的三维图像。对于分析人员来说，这些图像的质量足够用于对物体进行分类和识别。[1] 图 7–13（彩色效果见书前插页对应图片）显示了有关伪装坦克（左侧）的可视图像，以及同一坦克（右侧）的激光图像的例子。[2]

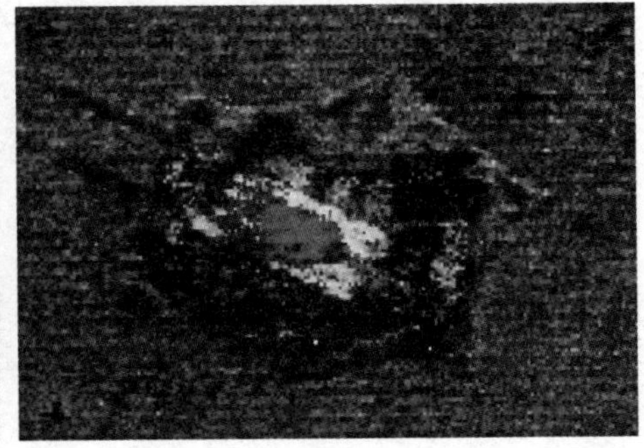

图 7–13　坦克的可视图像及激光雷达图像

Mart, August 13, 2006, www.spacemart.com/reports/NG_Demonstrates_Synthetic_Aperture_Laser_Radar_for_Tactical_Imagery_999.html.

[1]　原注：Richard M. Marino and William R. Davis Jr., “Jigsaw: A Foliage-Penetrating 3D Imaging Laser Radar System,” *Lincoln Laboratory Journal*, 15, no. 1(2005): 23.

[2]　原注：Photo from Alfred B. Gschwendtner and William E. Keicher, “Development of Coherent Laser Radar at Lincoln Laboratory,” *Lincoln Laboratory Journal*, 12, no. 2(2000): 393. Used with permission.

十三、小结

传统的雷达可以在扫描地球表面时生成一个图像。这一点对于机载搜索雷达来说属于常规作业范围，但是其生成的图像分辨率很低，因为其像素较大，且随着目标与雷达距离的增加而变得更大。合成孔径雷达的情况则有所不同。

合成孔径雷达可以根据目标区域背向散射的微波能量，生成该目标区域的高分辨率图像。一个合成孔径雷达图像就是该场景中的各个点背向散射能量的强度图。较亮的图像像素对应着较强的背向散射信号返回点。

合成孔径雷达与传统雷达的不同点在于，它可以使用一系列的脉冲“合成”一根长天线。较长的天线可以在方位角方向上生成较高分辨率的图像。为了有效地形成一根长天线，该雷达可以发射相干脉冲，记忆发射信号的精确频率和相位。当一个背向散射信号返回时，该雷达就会测量返回信号的强度，并且将这个背向散射信号的频率与刚刚发射的信号频率进行比较，从而发现两者之间轻微的频率差异（也叫相位差），并将这些差异记录下来。这一从多个脉冲中搜集来的记录，被称为相位历史数据，可以用于生成一根较长的合成天线。

为了获得更高的距离分辨率，合成孔径雷达会使用带宽较宽的信号来发射一个实际上非常短的脉冲。多数合成孔径雷达都会使用经过频率调制的长脉冲，这被称为啁啾脉冲。其频率会在脉冲持续时间内平稳上升或下降，因此它也具有较宽的频率带宽；在加工过程中，它也可以提供一个具有相同带宽的较短脉冲的距离分辨率。

对于相位历史数据的首次加工需要满足一个假设前提，即该场景中的每个点返回的信号强度对于每个脉冲来说都是相同的。实现这一点，需要在加工时满足四个假设：地势是平坦的，目标是静态的，具有恒定的雷达散射截面，射频环境是安静的。无论是场景中的自然特点还是人工特点，通常都会违背上述假设中的一项或多项，所以必须另外进行判读和分析，以纠正在图像中生成的假象：

- 因为地势是不平坦的，所以山脉和建筑物后方的区域会被投影笼罩，掩叠现象则使得建筑物的顶端与雷达的距离看起来比实际情况更近。
- 在生成的图像中，目标移动会造成拖尾或移位现象，或者两种情况同时出现。
- 除非目标是一个完美的球体，否则雷达散射截面会在图像的生成过程中发生变化，从而使图像出现条纹或扭曲。
- 无意识的射频干扰或故意的人为干扰通常会在生成的图像中造成条纹。

合成孔径雷达也可以使用测偏振术来获取具有情报价值的特征。它们通过发射至少一种偏振类型的信号，并接收两种偏振类型的信号来实现这一点。一个能够发射和接收两种偏振类型信号的合成孔径雷达（形成四种发射和接收的偏振类型的可能组合）就称为全偏振合成孔径雷达。当偏振脉冲撞击到目标，并且被反射回雷达时，反射表面会改变偏振类型。返回信号中，水平和垂直偏振类型各占的比例取决于反射表面的结构、反射率、形状、方向和粗糙程度。因此，对一个物体返回的偏振类型进行测量可以提供更多有关该物体的信息。

合成孔径雷达的主要优点之一是，可以通过连续的通过运行，在同一个位置对同一场景进行拍摄，来探测一段时间内该场景发生的变化。变化探测可以对两次成像通过运行期间进入或离开场景的物体进行识别，也可以对新式车辆的轨迹、庄稼生长或收割、土壤挖掘，以及由地下建筑活动而造成的地表变化进行观察。

在甚高频或特高频的较低频段作业的合成孔径雷达，可以对那些隐藏在树叶下的物体进行图像拍摄。这些合成孔径雷达也可以在短距离内穿透干燥的土壤。

合成孔径雷达还能在移动目标显示模式或地面移动目标显示模式下作业。这些模式的设计是为了提高对移动目标的探测能力。移动目标显示模式可以用于监视飞机、直升机或者舰船的移动，也可以对地面车流情况进行跟踪。

[第八章]

利用无源射频进行情报搜集

许多技术搜集常常使用无源射频传感器（passive RF sensor），我们通常称之为信号情报系统。虽然**信号情报**这个术语也包含通信情报，但本章仅简要涉及通信情报的一部分。技术情报手段有两大重要来源，即雷达信号和遥测信号。前者由电子情报手段搜集，后者由外国仪器信号情报手段搜集。此外，一系列有意辐射或无意辐射所产生的信号也具备情报价值，但不属于上述两类情报范畴，通常称为射频测量与特征情报（RF MASINT）。本章主要讨论利用无源射频进行情报搜集的传感器，章末讨论射频传感器在情报上最重要的应用方式——定位。

一、电子情报搜集和分析

电子情报，是指对雷达、信标[1]、干扰机、导弹制导系统、测高仪等物体发射的信号进行搜集、处理、利用和分析之后，提炼出的信息。大部分

[1] 译注：信标，也称信标机或应答机，是装在目标上能发射电磁信号并与雷达配合工作的电子设备。广泛用于航空管制、无线电导航、导弹制导、外弹道测量、卫星测轨等方面。

电子情报搜集主要针对雷达展开，因此下面讨论的主要假定目标是雷达。通信发射机被视为通信情报的目标，它们不在电子情报侦控目标之列。

ELINT（电子情报）这种首字母缩写有人可能不熟悉，但是它已在全世界广泛应用。有些汽车驾驶员使用雷达探测器来探测警方测速雷达，这种雷达探测器也算是电子情报手段所使用的一种传感器。雷达在全球的广泛分布，使电子情报的搜集和分析，成为规划军事行动不可分割的组成部分，其在执法行动中的地位也日趋重要。为支援军事作战，我们必须持续识别和定位各类机载、空载、船载和地基雷达。对于像美国这样具有全球利益的国家，雷达监控还是一个浩大的产业。

电子情报大体上从两方面支援军事行动和执法行动，即作战电子情报和技术电子情报（如图 8–1 所示），我们将在下面几节讨论。这两类电子情报都有共同的最终目标，即协助研究雷达对抗措施。不过它们的技术手段不同，时间范围也不同。

技术电子情报

技术电子情报（technical ELINT）主要用来评估雷达的能力和性能，以确定建造雷达所用的技术水平，找出雷达缺陷，协助电子战的规划者进行对抗。起初人们将此类电子情报手段称为**精度参数测量**（precision parameter measurement）。该技术通过测量雷达信号特征，来获得极高的雷达精度，或者测量其他参数以发现雷达运作的某些特征，能够分析出雷达的探测和跟踪能力。技术电子情报的战略性目标是：评估一个国家的技术水平，阻止出人意料的技术突破。技术电子情报的主要目的是：获得技术参数，借此评估雷达的任务、目标、性能和弱点。最为重要的搜集目的，就是能够揭示雷达在电子对抗中暴露出的弱点的技术参数，见图 8–1。

搜集和处理技术电子情报时，我们通常关注已被确认的信号和这些信号的演变调制。就电子情报的搜集而言，最优先搜集的信号，应当是无法认定的新型信号，因为它们有可能代表着最先进的技术能力。最新研发的雷达可能只在测试的短时期内辐射能量，而且在判定了敌方拦截威胁最小的时候才运行。因此，短时拦截是侦测这些新型雷达的最好方法。其次要搜集的情报，就是确认目前正在工作的雷达的新模式或者异常模式。比如，有的雷达具有**战时备份模式**（wartime reserve mode），直到战争需要的时候才能显现出来——因此这种雷达的抗干扰能力会更强。如果计划要对这些雷达实施电子干扰，就要确认它们是否具备战时备份模式。

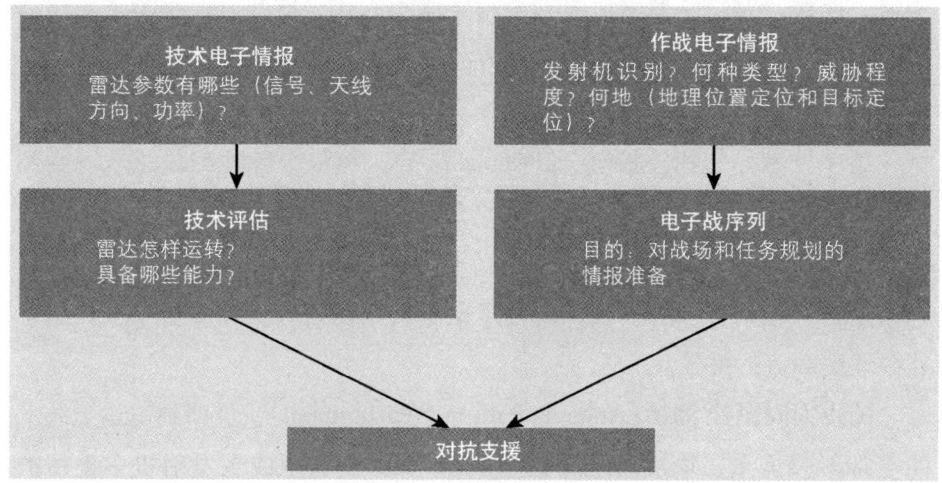

图 8–1 作战电子情报和技术电子情报

技术电子情报搜集分为两步流程：首先，电子情报搜集人员必须获得雷达详细的信号特征；其次，电子情报分析人员必须对信号特征进行详细评估来获得其性能信息。典型的信号特征包含三个显著的要素：信号参数、天线方向和天线功率。找出这三类数据，分析人员就能评估雷达的探测性能。

信号参数测量。电子情报中使用传统的雷达信号参数测量（signal parameter measurement）方式，包括雷达的频率、脉冲持续时间、脉冲重复频率（pulse repetition frequency，PRF）或脉冲重复间隔（pulse repetition interval，PRI）、主光束扫描图（main beam scan pattern）和带宽。频率和脉冲持续时间有助于确定雷达的探测范围。脉冲重复频率或脉冲重复间隔能够确定雷达的最大不模糊距离[1]。在雷达执行搜索和跟踪目标任务时，其主光束扫描图有助于识别雷达作战的意图和模式，带宽能够判断雷达的距离分辨率。

最初研发的雷达，发射的是未经调制的简单脉冲。现代雷达的构成十分复杂，因此需要测量其他的参数。随着时间的推移，雷达的构造越来越精密。现在，人们研发出很多种调制脉冲的方式，有些方式是为了提高雷达的性能，有些方式是为了规避敌方的电子情报侦察。雷达的频率可以经调制而变化，这种技术称为**线性调频**[2]。雷达的调频可以通过相位变化进行，这种技术称为**相位编码**（phase coding）。每一个脉冲都任意地跳变到不同的频率，这种技术叫作**跳频**[3]。雷达信号也可以呈现为一串不规则的噪声，这可以通过**扩频编码**（spread spectrum coding）技术来实现。所有这些雷达信号调制技术的发展，向技术电子情报搜集人员和分析人员提出了比以往更艰巨的挑战。

天线方向图[4] **测量**（Antenna Pattern Measurement）。反馈到雷达天线上的全部射频能量，取决于功率管（power tube）类型或者发射机中使用的固态元件、脉冲的典型特征，以及系统中的衰减损耗。天线的功能就是把能量集中在系统需要的方向上，这种能力叫作**天线增益**[5]。能量在所有方向

---

[1] 译注：最大不模糊距离（maximum unambiguous range），即以脉冲方式测距的雷达中不出现距离模糊现象的最大距离。

[2] 译注：线性调频（linear frequency modulation，LFM），指在脉冲持续时间内，脉冲载波频率按线性规律变化的一种脉冲压缩技术。

[3] 译注：跳频（frequency hopping），即在无线发射中，射频频率按照预定规律发生的重复变化。这种变化通常借助于扩频代码序列发生器进行。

[4] 译注：天线方向图，又叫辐射方向图、远场方向图。是指在离天线一定距离处，辐射场的相对场强随方向变化的图形，通常采用通过天线最大辐射方向上的两个互相垂直的平面方向图来表示。

[5] 译注：天线增益（antenna gain），指在输入功率相等的条件下，实际天线与理想

上的相对分布，称为**天线辐射方向图**（antenna radiation pattern）。天线方向和辐射能量的等级都是确定雷达性能的关键性参数。出于情报和电子对抗（electronics countermeasures，ECM）的需求，我们必须精确地测量这些参数。

即便对雷达的设计者而言，对雷达天线方向图进行精确且复杂的测量，都是一个冗繁的过程。对电子情报分析人员而言，问题更为严峻，因为电子情报搜集并非总是在有利条件下进行。在雷达的测试靶场上，靶场工程师操控试验环境，通常竭力使试验环境不利于电子情报搜集。况且在测试靶场上雷达所呈现的天线方向图，与作战时检测到的天线方向图并不一致，因为雷达所在地的环境、地面因素等，都会对雷达天线方向图产生巨大的影响。

功率测量（power measurement）。电子情报测量功率方向图（power-pattern）的目的，是获得最大束功率、整体辐射能、天线增益，以及天线周围增益的变化（旁瓣[1]和背瓣分布）的精确数据。这种情报搜集需要机载或空载测量平台。理论上，电子情报的搜集方法和在天线测试靶场中使用的监测手段是相同的；先测量功率密度[2]，然后根据雷达天线和搜集系统的已知几何角度，转化成辐射的能量。在实际中，除了会遇到在测试靶场中将遇到的所有问题之外，电子情报作业中还会有情报搜集本身固有的问题：如目标雷达不配合；电子情报搜集系统在寻找这些目标的时候，它们并不产生辐射；目标并不向电子情报接收机的方向进行辐射。上述缺陷增

的辐射单元在空间同一点处所产生的信号的功率密度之比。它定量地描述一根天线把输入功率集中辐射的程度。它被用来衡量天线朝一个特定方向收发信号的能力，是选择基站天线最重要的参数之一。

[1] 译注：天线方向图上，最大辐射波束叫作主瓣，主瓣旁边的小波束叫作旁瓣。旁瓣使声能量扩散，衰减增多。目前，减少旁瓣的最简单方法是：减少物体的尺寸，使其小于或者等于波长的一半，此时将不会产生旁瓣效应。

[2] 译注：功率密度，是功率通量密度的简称，指电波入射到单位面积上的辐射功率，通常以 S 表示。

加了潜在的错误来源数量，我们必须对搜集系统进行校准，争取误差的最小化，尽可能排除这些缺陷。

作战电子情报

大部分的电子情报主要致力于截获和分析雷达信号，用来定位并识别雷达，判断其运行状态，并跟踪它们的移动。这一类电子情报统称为作战电子情报（operational ELINT）。

作战电子情报的情报产品就是**雷达战斗序列**（radar order of battle）。军队通过确认敌方雷达战斗序列，可以在战斗中蒙蔽敌方雷达的侦察，或者摧毁敌方雷达。在近期的中东冲突中，作战电子情报被证明极具情报价值，美国空军和海军都进行了大规模的作战电子情报活动以支援战斗任务。

军事指挥官对作战电子情报最感兴趣。连续精确地定位舰船、飞机或者地对空导弹部队分队所携带的雷达，是实施跟踪的最佳方式。作战电子情报广泛应用于现代战争中，用于精准定位空中打击的目标，定位存在威胁性的敌方雷达，协助战斗机避开雷达防御的领域。同时，对能量辐射源的高精度定位，也是对军火库进行高精度定位的关键。出于战术情报需求，执法人员也越来越关注作战电子情报。

密集信号环境下的作战电子情报。空载电子情报搜集系统往往监控地球表面的一大部分区域。机载电子情报搜集系统覆盖的地面区域相对较小，但是覆盖面积仍然可以达到上千平方千米。无论是空载还是机载，电子情报系统的接收机都是在密集信号环境中工作，有大量脉冲持续涌入接收机。如果电子情报接收机的带宽较宽，信号会更加密集。为了能正常作业，电子情报系统（包括电子情报接收机和信号处理部件）首先要将每一个输入的脉冲分配给某一特定的雷达。[1] 然后，在大部分情况下，电子情

---

[1] 原注：David Adamy, *EW 101: A First Course in Electronic Warfare* (Boston: Artech House, 2001), 112–120.

报系统必须对雷达进行定位，本章稍后会讨论这种定位技术。最后，系统必须确认情报搜集中具有特殊价值的雷达，特别是战场环境中具备威胁性的雷达。

电子情报搜集的第一步，将输入脉冲归类为特定雷达型号，就是依据射频、脉冲宽度和脉冲重复频率等信号参数，从大量复杂的雷达脉冲信号中识别和分离出不同雷达的脉冲。通常，射频作为一种信号分离参数被运用得非常成功；然而，大量不同的发射器可能会使用同一个射频波段。在大部分电子情报运行环境中，第二有效的分离参数就是脉冲重复频率。[1] 为了分选各种信号，电子情报处理器利用了**脉冲列去交错**（pulse train deinterleaving）技术。脉冲列去交错的原理是，雷达有固定的脉冲重复频率，脉冲以不变的速率到达接收机，很容易确定恒定的速度序列。[2] 当然，雷达设计者也了解脉冲列去交错技术，所以在设计现代雷达时通常会不断改变它们的脉冲重复频率，让信号分选过程更加复杂。

作战电子情报不仅仅是根据雷达的类型来识别雷达。情报搜集系统还能利用雷达信号的细微特征来识别和跟踪特定的雷达。这种技术叫作**辐射源个体识别**（specific emitter identification）技术或者“雷达信号指纹分析”（finger-printing）技术。正如世界上没有两个人的指纹是相同的一样，即使两个雷达的物理构造完全一致，它们也不会有相同的信号参数。用指纹技术分析雷达信号，通常需要卓越的技术电子情报系统来获得非常翔实的目标特征。

在现代战场上，如果雷达持续安置在同一个地方，在单一的频率上以高功率持续发射可识别的信号，可能很快就会变成一堆废墟残骸。不断演变的复杂电子情报系统，能够精确地对雷达信号进行地理定位。电子情

---

[1] 原注：Richard G. Wiley, *ELINT: The Interception and Analysis of Radar Signals* (Boston: Artech House, 2006), ch. 13.

[2] 原注：Adamy, *EW 101*, 82.

报系统和高精确制导弹药（灵巧弹药）的飞速发展，已经改变了战场冲突的形态。具备战场威胁性的雷达而今已经高度机动化，它们仅在必要的时候，利用极短的时间运行，并且运行之后能快速重新定位（一种被称为“打了就跑”的技术）。雷达的这种技术，推动了电子情报系统进行极快的地理定位，并迅速把搜集到的情报传送到战斗单位。

低截获概率。雷达的不断发展，让电子情报系统很难搜集到信号。这一类雷达主要是低截获概率（low probability of intercept，LPI）雷达。它使用一种或多种技术来确保雷达信号安全，以防信号被拦截，或者即使被拦截到也更难定位。其中最简单的技术就是控制辐射源，尽可能把雷达的发射功率降到最低值。因为大部分电子情报系统都要依赖探测旁瓣雷达能量波工作，所以催生了另一种有效的低截获概率技术，也就是旁瓣抑制技术（sidelobe suppression）。有的雷达以不同的频率发射每一束脉冲（也就是之前讨论的跳频技术）来躲避被截获，或者让电子情报系统无法使用脉冲列去交错技术。有的低截获概率雷达发射类似噪声的信号，来隐匿其在电子情报系统中的位置。雷达甚至能模拟友好信号来抵御攻击（比如模拟机场监视雷达和电视台的信号）。

图 8–2 就是电子情报搜集卫星的一个例子。“银河辐射及背景”卫星[1]是美国海军电子情报卫星。1960 年 6 月，“银河辐射及背景”卫星发射升空，一直运行到 1962 年 8 月。“银河辐射及背景”卫星主要获取苏联防空雷达的信息。苏联的防空雷达位于其腹地，为了躲避该防空系统，美国空军和海军的电子情报侦察飞机只能在苏联集团国家的边界以外飞行，而不能接近这些雷达。

[1] 译注：“银河辐射及背景”卫星（GRAB），美国第一颗电子侦察卫星，1960 年 5 月由艾森豪威尔总统批准发射。卫星上装有保密的电子情报设备和非保密的太阳辐射（SolRad）试验装置。

图 8–2 “银河辐射及背景”电子情报侦察卫星

“银河辐射及背景”卫星负载两个电子系统：保密的作战电子情报设备和非保密的测量太阳辐射的仪器。非保密的仪器进行太阳辐射监测试验，向公众披露数据，以掩护秘密任务。[1] 太阳辐射监测试验相当有成效。美国海军利用太阳辐射测量结果来预测高频无线电通信在电离层的效果。[2]

近期有关电子情报侦察卫星的一个例子是，法国的太空电子情报卫星（ELISA）计划在 2010 年发射。ELISA 是法国新近送入太空的一系列信号情报卫星（之前有“樱桃”电子侦察卫星、“克莱门汀”电子侦察卫星、

---

[1] 原注：掩护(cover story)，是指为一个有秘密目的的行动或者系统提供可以接受的解释。

[2] 原注：Mark F. Moynihan, “The Scientific Community and Intelligence Collection,” *Physics Today*, 53, no. 12 (December 2000): 51. Photo of satellite courtesy of the Naval Research Laboratory.

“蜂群”试验型电子侦察微小卫星）的总称。[1]ELISA 由四颗卫星组成，在太空中分别相隔几千千米。每一颗卫星都接收和记录输入的雷达脉冲，并将雷达脉冲数据发射给某一地面接收站。地面站将收到的信号与定位技术相结合，以对雷达进行地理定位。本章稍后将讨论定位技术。[2]

二、遥测情报搜集和分析

处于开发测试阶段的运输工具——比如导弹、飞机，乃至农用拖拉机和推土设备——都带有称作**传感器**（transducer）的部件。传感器能够监控运输工具的状况，比如速度、压力、温度和子系统的性能。人们记录传感器的读取数据，用于随后的实验室分析。假如有的运输工具（比如飞机）的记录器在事故中损毁，或者有的运输工具（导弹或者卫星）的记录器无法复原，读数将会通过无线电发送给一个地面站。这种传送方式叫作**遥测**。

遥测涉及信息的有意发射（deliberate transmission），对遥测的拦截被视为通信情报搜集的一部分。因为遥测拦截技术搜集到的是非文字信息，发射的是测量结果，所以遥测拦截在逻辑上也属于技术搜集的范畴。

像导弹和卫星这样复杂而昂贵的系统，会发射大量从仪器中读取的数据。如果每一条读取的数据都用一根单独的线路发射，是不切实际的。遥测系统最终把所有读取信号合并到一个通信过程中，称为**多路复用**（multiplexing），即用一个发射器发射所有数据。每一个信号都在多路发射系统中占据一个“信道”。在接收器一方，这些信道被分离开（多路信号分离），然后输送给不同的显示屏或者存储器。

[1] 原注：Arianespace press release, “Arianespace to launch ELISA satellites,” September 11, 2007, www.arianespace. com/news-press-release/2007/09-11-07-Arianespace-tolaunch-ELISA-satellites.asp.

[2] 原注：CNES report, “Mapping Radar Stations from Space,” www.cnes.fr/web/CNES-en/5940-elisa.php.

老式遥测系统所使用的多路发射技术，就是把射频波谱的不同部分分配给每一个信号，这种技术称为**频分多路复用**[1]。较为复杂、现在更受欢迎的技术是**时分多路复用**[2]，也就是每一个信号在一小段时间内周期性地占用发射器的整个频率带宽。

解密截获的遥测信号较为困难，部分原因是存在**尺度问题**（scaling problem）。操控仪器的工程师通过接收到的数据来确认尺度，也知道哪个信道的遥测数据来自哪一个仪器。但是，截获方必须从外部证据来推断仪器的性质和读数的尺度——要把读数和外部因素结合在一起，比如飞机、导弹所处的海拔高度或飞行速度等。

如果仅仅进行一些关键的识别，我们可能就会获得极高的情报效益，因为遥测数据分析人员能够把目前的发射情况和之前的数据进行对比，来确定这一次发射是不是同一个发射系列。此外，通过比较遥测数据和之前的数据，我们也能够判断这次发射究竟是测试新一代产品，还是测试已知导弹的新型号。假设取得了某一次动力飞行的基本遥测信号样本，分析人员能够立刻判断出发射的飞行器是用液体燃料还是用固体燃料，是一次燃烧还是多次燃烧，其有效载荷占整个重量的可能的比例。如果查找到不同遥测信道中典型的信号特征，分析人员就能得出上述结论。比如，弹道导弹的速度分布图（velocity profile）里有着非常典型的特征：在导弹的攀升期，速度随着时间的推移而稳步增加，然后在发动机关闭之后渐趋平缓。多级导弹在第二级发动机工作之后又开始增加速度。这些加速模式都在遥测数据中创建了独一无二的特征。

经过加密的遥测信号对敌人具有欺骗性。采用了时分多路复用技术的数

---

[1] 译注：频分多路复用（frequency division multiplexing，FDM），是指载波带宽被划分为多种不同频带的子信道，每个子信道可以并行传送一路信号的一种多路复用技术。它常用于模拟传输的宽带网络中。

[2] 译注：时分多路复用（time division multiplexing，TDM），是按传输信号的时间进行分割的。它使不同的信号在不同的时间内传送，将整个传输时间分为许多时间间隔（slot time，TS，又称为时隙），每个时间片被一路信号占用。

字遥测，特别适合于加密。加密让搜集人员无法确认**遥测内部信息**（telemetry internals，也就是数据本身的价值）的真伪。加密迫使搜集人员依赖于**遥测外部信息**（telemetry externals），也就是运输工具飞行剖面图（flight profile）中信号的变化。遥测外部信息能够揭示运输工具某方面的性能。[1] 使用遥测外部信息，我们能够用本章随后讨论的多径技术来测量飞行剖面图。

三、通信情报特征

序言中提到，通信情报主要与对文字信息的分析有关，因此不在本书讨论范围。不过，通信情报很重要的一部分和特征相关。没有任何两个通信系统是完全相同的，如果知道某一个特定人物或者组织所使用的通信系统，就能发掘出情报价值。

此外，有时可以通过生物测定学技术来确认通信设备操作员的身份，比如声纹（本书稍后会讨论）。这种技术的历史相当悠久：在中世纪，“通信情报”可能包括截获和阅读信件，有时用笔迹分析法来确认作者。当摩尔斯电码技术（Morse code telegraphy）自 19 世纪末期至二战期间得到广泛应用时，一位摩尔斯电码机的操作员能够根据按键的手法特征来识别另一名操作员，也就是他的“笔迹”。

现代通信技术的发展，已经让识别过程变得更加简单。两部相同品牌的手机可能在发射信号时有略微区别——频率、信号稳定度或者虚假信号的发送都有区别。[2] 两根光纤发射信号时也会有细微的差别。如果能测量到这些差异，就能确定每一个通信设备独一无二的特征。

---

[1] 原注：Angelo Codevilla, *Informing Statecraft* (New York: The Free Press, 1992), 122.

[2] 原注：U.S. Federal Highway Administration, “Assessment of Automated Data Collection Technologies for Calculation of Commercial Motor Vehicle Border Crossing Travel Time Delay,” April 2002, http://ops.fhwa.dot.gov/ freight/freight_analysis/ auto_tech/sect_2a.htm.

另外，人们对电子产品的消费，也提供了与个人相关联的更加独特的特征。这些设备——Wi-Fi、蓝牙、黑莓手机、iPod 数码播放器、智能手表和 GPS 定位设备，渗透到我们的私人生活和职业生涯中——我们正在不断增加可能被识别的射频特征的数量，足以确立一个独一无二的模式。因此，仅仅靠被动模式监控个人设备所产生的特征，我们就能从数据统计上进行关联，不仅能确认个人身份，还能跟踪个人动向。[1]

四、其他射频发射

有几类射频发射也具备情报价值，虽然我们经常用信号情报系统搜集它们，但是对这些信号的搜集不属于信号情报范畴。区别在于，这些发射不是有意识地发射信号。正如前面提到的，我们习惯上称其为射频测量与特征情报。

有的射频发射是有意的，有的是无意的。很多因素都能导致射频能量无意识发射。有些装置也辐射射频能量，比如内燃机、发电机和交换器。这些能量的发射通常很弱，但是敏感的设备也能探测到信号，并且定位发射源，或者运用能量发射的典型“特征”来识别目标。除了高灵敏度的接收仪器，分析人员还需要高度复杂的信号处理设备，以便处理无意识的辐射信号，从中获得有用的情报。

电磁脉冲

早期，当核武器在高海拔进行空中爆炸的实验时，我们首先会监测到电磁脉冲（electromagnetic pulse，EMP）效应。该现象的典型特征，就是

[1] 原注：George Spafford, SearchSecurity.com, “Underlying Patterns Can Reveal Information Security Targets,” http://searchsecurity.techtarget. com.news/article/0,289142,sid14_gci1193714,00.html.

在很短的时间内（数百纳秒）产生密集的电磁脉冲，从源头向所有方向扩散。电磁脉冲实际上是一种电磁冲击波。由于电磁场十分强大，因而能够对裸露的电导体（比如电线或者印刷电路板的外露部分）施加几千伏的瞬变电压。1962 年 7 月，美国进行的“海星一号”高海拔核爆炸试验，证明电磁脉冲危害巨大。在 400 千米的海拔高度，核爆炸产生的电磁脉冲效应，竟然熄灭了 1500 千米外夏威夷州的街灯，并导致收音机和电视机无法工作。

电磁脉冲效应中的瞬变电压具有重大的军事意义，因其能对众多电气电子设备造成不可挽回的损失，特别是计算机、收音机和雷达接收器。损失程度的大小，取决于电子产品防电磁脉冲的保护措施是否完善，以及武器产生的磁场强度的大小。瞬变电压造成的损失，类似于近距离闪电对消费性电子产品的损害。用于数据处理系统的计算机、通信系统、显示屏、工业控制应用程序（包括公路信号灯和铁路信号灯），以及嵌在军事设备中的装置，如信号处理器、电子飞行控制器、数字式发动机控制系统等，都可能会是电磁脉冲效应的受损对象。[1]

监控核武器试验的时候，因为技术情报搜集的价值，我们也用它来探测电磁脉冲。在第四章里提到，我们怀疑南非和以色列进行了核试验，但是“维拉”号核爆炸探测卫星上的电磁脉冲传感器并没有产生反应。因此，我们没有获得任何独立的电磁脉冲特征来验证我们的推断，两国是否真正进行了核试验，此事仍然存在疑问。[2]

高功率微波和非核电磁脉冲武器

在发现核爆炸引起的电磁脉冲能阻断或摧毁电子设备之后，人类就研

[1] 原注：www.globalsecurity.org/military/library/report/1996/apjemp.htm.

[2] 原注：Carey Sublette, “Report on the 1979 Vela Incident,” September 1, 2001, http://nuclearweaponarchive.org/ Safrica/Vela.html.

发了一类武器来产生同样的效果，无须引爆核装置就能在更短范围内产生同样的效应。虽然这一类武器有不同的名称，但是**射频辐射武器**（RF radiation weapons）和**射频毁损武器**（RF damage weapons）是两个常用的名称。这些武器在极短的时间内产生强烈的能量脉冲，相当于瞬时间产生的数千伏电压，可以干扰和破坏半导体装置。在武器有效范围内，它们能摧毁所有未加防御的电子设备，特别是各类现代电子设备。它们的目标通常是电子系统，比如飞机或者制导导弹的传感器、战术计算机 (tactical computer) 和火炮引信等。这一类武器有两种独特的类型。

第一类是**非核电磁脉冲装置**（non-nuclear EMP device），它们会产生类似于核爆炸时能量非常巨大的短脉冲。第二类称为**高功率微波**（high-power microwave，HPM）**武器**，它们发射一束微波辐射，类似于雷达波束，能在短时间内影响目标。正如下面要讨论的，高功率微波武器有潜力成为非致命的人身攻击武器。通过加热身体中的水分，高功率微波武器对人体展开攻击，其作战方式类似于用微波炉加热食品，使受害者产生痛苦的感觉。在不同级别的高功率层面，高功率微波武器是针对电子产品的特别有效的武器；长度仅仅为几毫秒的一束脉冲，能够完全瘫痪或者摧毁所有计算机、通信网络和发电站中敏感的电子元件。

据报道，美国已经研发了一些武器，有的依靠高功率微波，有的不需要核爆炸就可以模拟电磁脉冲效应。列举如下：

- 一种是反导弹防御系统，安装在飞机上，可对抗便携式防空系统（man-portable air defense systems，MANPADS）。[1]
- 高功率微波武器能够安装在无人机、炸弹和巡航导弹的武器系统中。如果具备足够大的功率，针对目标发射的微波，能够削弱或摧毁如今在军事领域运转的大部分电子系统。美国军队已经将高功率微波技术作为一种非致命的人身攻击武器加以使用。它的工作原

[1] 原注：Jane's Defence Review, "High-Power Microwave Weapons—Full Power Ahead?" August 25, 2006, www. janes. com/defence/news/jdw /jdw060825_1_n.shtml.

理，就是向人群发射一束毫米波，导致人产生极其痛苦的灼烧感，却没有任何体貌特征的物理伤害。[1]

- 另一类武器是电磁脉冲弹头（E-bomb），一枚炸弹或巡航导弹弹头利用爆炸性能量，能在瞬间产生单一的宽波段脉冲能量，类似于电磁脉冲。来自多个渠道的消息表明，美国空军发射的空中巡航导弹，美海军“战斧”巡航导弹，及最新的联合空对地防区外导弹（Joint Air-to-Surface Standoff Missile）已经设计使用了电磁脉冲弹头。[2] 和常规弹头相比，它有两个优势：不是致命的武器，但是针对设备的杀伤半径可能比任何一种常规弹头都要大。
- 美方研发了不同形式的高功率微波武器，能够携带于车辆上，瞄准其他车辆进行发射。安装于车顶的天线可向敌方车辆发射高功率微波能量的脉冲波束；该能量能够穿透车辆的某些部件，比如挡风玻璃、车窗、格栅，或者发动机罩和非金属车身之间的间隔。辐射的微波能量将会干扰或者损害车辆的电子系统，特别是控制重要的发动机微处理器的功能，比如点火控制、喷油嘴和加油泵控制等。[3]
- 电磁脉冲发射器也可置于手提箱内。可以把手提箱放在安全防护措施较差的重要目标附近，比如计算机中心，启动发射器让炸弹爆炸，干扰或者摧毁设施内的电子产品。

在探测电磁脉冲和高功能微波装置测试的时候，获得的情报可以用来制定合适的反制措施，主要用来保护敏感的电子产品免受脉冲功率级别电磁波的损害。搜集此类测试情报也有挑战。类电磁脉冲武器的低频脉冲带宽较宽，高功率微波武器的带宽相对狭窄，也就是高于 4 吉赫的微波波

---

[1] 原注：Sebastian Springer, “Air Force Shops for High-Power Microwave Technologies,” October 2, 2007, www.fcw. com /online /news /150339-1.html ? topic=defense.

[2] 原注：Jane’s Defence Review, “High-Power Microwave Weapons—Full Power Ahead?”

[3] 原注：Brittany Sauser, “Stopping Cars with Radiation,” November 13, 2007, www.technologyreview.com/computing/19699/.

段。此类武器的测试并不能经常进行，通常要避开已知晓的敌方电子情报搜集系统的工作时段进行。结果就是，针对射频损毁装置测试实施的情报搜集工作很难连续进行，除非我方能够持续监视疑似测试范围的宽频带，而且最好是就近对疑似测试区域的某一位置进行监视。

无意发射

大多数电子设备都发射某种形式的电磁能量。有的发射是为了传输信息，但大部分都不是有意识的，可能是电子装置在某种工作条件下偶尔发射的能量。这些无意识的能量发射通常称为**电磁辐射**（electromagnetic radiation，EMR）。

我们可以依据电磁辐射特征来识别设备的某些特定元件。这种识别能用于工厂里，例如：监视射频发射模式就可以计算生产率。

有一种无意识发射具备重要的军事意义，即电磁轨道炮（electromagnetic rail gun）的辐射。这种炮不使用火药作为助推剂，而是用强烈的电磁能量作用于弹丸进行加速，因此该炮能产生一种独特的电磁特征，可供情报人员搜集和识别。[1] 然而，情报搜集机构也会遇到与搜集射频损毁武器试验情报时同样的问题。电磁轨道炮测试不一定经常进行，搜集系统需要进行近距离侦察来监控测试过程。

电子设备可以从空气中，也可沿电力线或其他传导路径来辐射电磁能量。当电子元件或电缆像天线一样发射电磁脉冲，就会产生电磁能量。电磁辐射源包括电缆、接地回路、印刷电路板、内部接线、电力线耦合的供电装置、电缆与电缆之间的耦合装置、开关晶体管和高功率放大器。[2] 金

---

[1] 原注："U.S. Navy Demonstrates World's Most Powerful EMRG at 10 Megajoules," Sensiac (Military Sensing Information Analysis Center), *Sensing Horizons*, March 2008, p. 6.

[2] 原注：D. White and M. Mardiguian, *EMI Control Methodology and Procedures*, 10.1（Gainsville, Va.: Interference Control Technologies, 1985).

属管（比如某些用于国内供水的金属管），也能产生同样的电磁效应。如果某个接地系统安装有误，电路中就会有一个路径存在很高的电阻（比如油漆阻碍电传导），会导致整个接地系统像天线一样辐射能量。

我们可以拦截、判读和分析电磁辐射传递的信息。位于电子设备附近的传感器能够还原信息的情报价值——有时是文字信息，有时是非文字信息。举例来说，一百米开外的传感器可以探测到旧型号计算机视频监控显示屏的电磁信息并进行恢复（这些旧式显示屏采用阴极射线管，利用电子束在屏幕上创建字符）。新式显示屏（比如等离子显示屏）极大地减少了电磁辐射。想要通过电磁信号恢复计算机中存储的内容，或者探测计算机中大型存储设备里的内容，过程可能更复杂，传感器位置也必须离计算机更近。美国政府关注电磁安全防护，致力于保护无意识发射以避免此种情报搜集，推动了瞬时电磁脉冲发射标准（TEMPEST[1]）技术的发展，也就是采用屏蔽或者其他电子设计技术来减少电磁辐射。[2]

受激电磁发射

对电磁辐射进行无源搜集的另一种方法，就是激发这一类的辐射。严格上讲，这种技术不算无源搜集，因为搜集人员为了获得一个可用的信号必须发射另一个信号。从这方面看，情报搜集人员激发电磁辐射类似于操作雷达。不过，这种概念和前面一节讨论的搜集方法有密切的联系。

受激电磁发射的概念，就是向邻近的目标（大概在几百米远处）发射一个强烈的射频信号，这种射频信号通常是经受了微小振动（通常是声学的振动）的相干信号。侦察目标随后重新辐射经受上述振动形

[1] 译注：TEMPEST，即“瞬时电磁脉冲发射标准”（Transient ElectroMagnetic Pulse Emanation Standard）的英文缩写。它研究计算机系统和其他电子设备的信息泄露及其检测和保护，目的是减少其中的信息泄露。

[2] 原注：Ryan Singel, “Declassified NSA Document Reveals the Secret History of TEMPEST,” *Wired*, April 29, 2008, http://blog. wired.com /27bstroke6/2008/04/nsa-releases-se.html.

成的调制过的射频信号，当传感器接收天线接收到这个重新辐射的信号时，会解调并复原成声学信号。这种技术称为射频泛洪算法（radio frequency flooding）[1]，常用于通信情报搜集，并且也能复原有关目标区域的非文字信息或该区域发生的活动的非文字信息。详见第六章关于振动测量一节。

至少从 20 世纪 60 年代开始，情报数据搜集就运用射频泛洪算法来搜集军事基地信息。泛洪信号便于情报人员从远程搜集数据，搜集过程类似于雷达感知目标。在打字机这样的设备上运用泛洪技术，打字机键盘敲击的声音信号就会转化为电磁信号，如果有其他天线接收到被调制的电磁信号，就会泄露打出来的信息。利用从电视台或者无线电台发射的无害信号，我们也能对此成功地应用泛洪技术，以确定某一军事驻地。[2]

通过目标附近资源的有意辐射，我们能够获得目标特征，因为目标部件的移动会调制附近的射频信号。例如，安装在飞机上的雷达或无线电，能够通过飞机螺旋桨或者喷气涡轮叶片调制信号。这种调制出的信号虽然极其微弱，但也能提供飞机的类型信息，还能识别出某一架特定的飞机。这类似于利用微波或者激光照射物体来获得反射效果，我们也可以用这种技术探测对话内容，因为音频的振动也会调制信号。

五、无源射频传感器

情报搜集中的无源射频传感器，通常包括天线、接收机和信号处理机。有的射频传感器可供操作员直接使用，因此也有显示屏和存储系统。

---

[1] 译注：泛洪（flooding），是交换机和网桥使用的一种数据流传递技术，指将某个接口收到的数据流从除该接口之外的所有接口发送出去。

[2] 原注：Ryan Singel, "Declassified NSA Document Reveals the Secret History of TEMPEST," *Wired*, April 29, 2008, http://blog. wired.com /27bstroke6/2008/04/nsa-releases-se.html.

远程控制的传感器，比如卫星上的传感器，通常把搜集到的信号信息发送给地面站。对于所有类型的传感器而言，天线和接收机是最低的构成要求。传感器的性能完全由天线和接收机的设计和性能决定。

天线

信号情报搜集系统中天线的设计，主要取决于它的用途。有两类天线在情报搜集中经常使用。接近工作（close-in work）往往需要把一个传感器秘密安置在目标信号附近，所用的传感器天线形状要小且容易隐藏。这种天线不会比用在手机上的短电线或者贴片天线长；图 8–3 列举了一些小型易隐藏的天线类型。[1] 远程监控要求天线规模巨大，从而获取高增益和捕捉弱信号。要获得良好的接收效果，就要使用抛物面碟形天线（parabolic dish antenna），不过相控阵天线的使用也在不断增加。

信号情报搜集系统能够使用的天线，如图 8–3 上半部分所示；左边的天线叫作喇叭天线（horn antenna），右边的天线叫作环形天线（loop antenna）。当传感器必须在窄频带收集信号的时候，天线构造相当简单——喇叭天线和环形天线就是窄带天线。然而，电子情报搜集系统的天线需要覆盖很宽的波带；虽然表 6–1 列出了特定雷达的波段，但雷达信号能出现在微波波谱的任何地方。有的天线叫作**非频变天线**（frequency-independent antenna），因为它们的带宽较宽。宽频带天线有很多种类——平板螺旋天线（flat spiral）、锥形螺旋天线（conical spiral）和对数周期天线（log-periodic antenna），类似于传统上安装在屋顶的家用电视信号接收天线。图 8–3 下半部分就是两个宽频带天线的例子。左边的是对数周期天线，右边的是锥形螺旋天线。

---

[1] 原注：图片蒙 A-Info, www.ainfoinc.com 网站惠允。

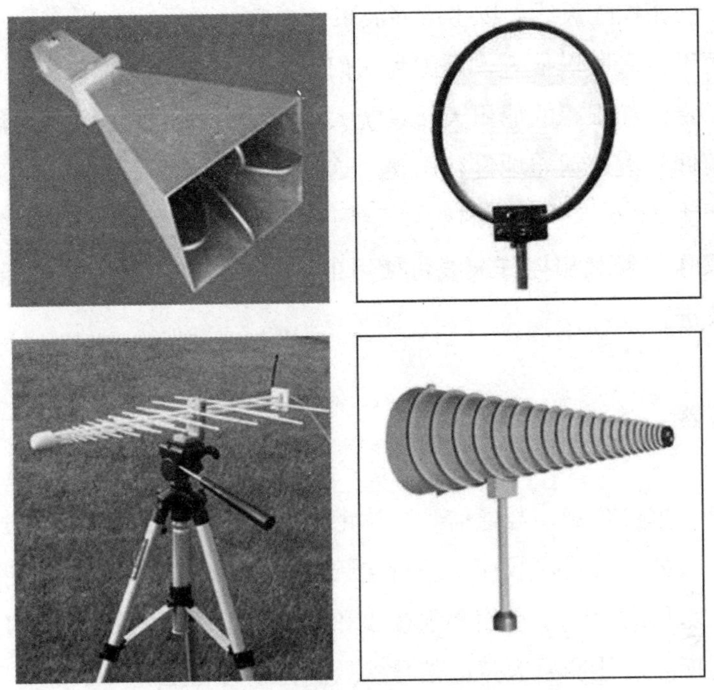

图 8–3 信号情报天线类型

外国仪器信号情报搜集所用的天线带宽可以很窄，因为搜集频率是已知的。天线的设计通常受到工作波段的影响。搜集甚高频和特高频信号常用螺旋天线。对于频率大于 1 吉赫的信号，可能更常用抛物面碟形天线或者类似的天线。

设计信号情报接收器天线，要综合考虑大小、增益、波束宽度和跟踪需求等多种因素。要实现我们所渴望的高增益，信号情报系统就要能探测更弱的信号，天线型号要大，波束宽度要窄。不过，高增益天线不得不减少覆盖角；窄波束的性能优势（选择性和敏感性）必须和覆盖大部分区域的需求相平衡。宽带的信号情报接收器，需要使用高度定向性的天线，以便在密集信号环境中识别和分类复杂的信号。为了覆盖更大的区域，我们有必要进行机械扫描，这时就会用到多天线（multiple antennas），或者单个天线——相控阵天线，以生成多波束。

地面天线之所以很大，是因为它们安放在非常稳定的平台上。与之相反，用于定位和跟踪的船用天线系统大小有限，因为它必须随着航向杆的变化、俯仰和滚进动态地进行调整。这就限制了船载信号情报的碟形天线直径只能为 5—6 米。更大的船载天线理论上也是可能的，但是很难建造，也很难操作。船载相控阵天线可使用电子转向设备，来弥补舰船的偏航、俯仰和滚进。

接收器

信号情报接收器，与通信和雷达用接收器不一样。雷达或者通信接收器的设计目的，就是接收和处理特定频率上的特定信号。信号情报接收器没有这种奢侈的设计；它们必须接收和处理位于很宽的频带上的广泛的信号类型，而且要能测量大量的信号参数。为了符合上述要求，信号情报接收器只能根据接收器的用途，进行折中设计。设计不同的射频接收器解决了我们面对的不同问题，既要试图从目标信号中搜集所有需要的东西，又要维持必要的时间、频率和空间覆盖范围。第二章讨论了三个同样的问题——覆盖范围、分辨率和准确度——这里也能适用。接收器折中方案必须符合下列要求：

- 整体带宽距离（光谱覆盖范围）；[1]
- 瞬时频率带宽——在某一时间能够截获多宽的频带（光谱覆盖范围）；
- 频率和时间测量的准确度；
- 时间和频率分辨率——能够根据多短的一段波束时间或者频率来判断不同的信号而没有信息的损失；

[1] 原注：P. Hyberg, “Spread Spectrum Radar Principles and Ways of Jamming It,” [Swedish] Defense Research Institute, December 1980.

- 敏感度——能探测到最微小的信号能量是多少（强度覆盖范围）；
- 动态范围——信号能量能同步被探测到的距离（强度覆盖范围）。

我们所期待的目标信号的性质决定了要在接收器选择和设计中强调的特征。要不断优化不同接收器的设计，以保证运行良好、能实现特定的目的。对于遥测信号这样的弱信号，敏感度最重要。相反，如果要求目标雷达信号强且在非常宽的带宽上使用（高于 1 吉赫以上），电子情报接收器的瞬时带宽宽度显然更加重要。表 8–1 总结了用在情报中的一些重要的射频接收器类型。

表8–1　微波射频接收器一览

接收器	射频波段（吉赫）	瞬时带宽	频率准确度	频率分辨率	敏感度	动态范围
宽带晶体视频接收机	0.5—40	很宽	差	很差	差	良好
瞬时测频接收机	0.5—40	很宽	良好	好	良好	好
窄带超外差接收机	0.01—40	窄	好	很好	很好	很好
宽带超外差接收机	0.5—18	适中	良好	差	良好	良好
信道化接收机	0.5—60	宽	好	良好	好	好
微扫接收机	0.5—18	宽	很好	好	很好	良好
声光接收机	0.5—18	适中	好	好	好	差

下面简要概括主要接收器的优缺点和在信号情报中的用途。

晶体视频接收机。晶体视频（crystal video）接收机之所以受欢迎，是因为它们具备很宽的瞬时射频带宽。它们没有接收同步信号或者测量频率的能力。在信号情报搜集中，它们可以用来寻找新信号，特别是短距离信号。

瞬时测频接收机。瞬时测频（instantaneous frequency measurement，IFM）接收机适合接收在一定频率上跳来跳去的信号（跳频信号），因此有助于探测那些试图逃避被信号情报搜集的信号。瞬时测频接收机的带宽很宽，动态范围很大，敏感度适中。它们没有接收同步信号的能力，因此只能测量单一信号的频率。

超外差接收机。超外差（superheterodyne，通常叫作 superhet）接收机能够在一段时间内搜索很宽的带宽，但是这种接收机截获信号的概率很低，因为它的瞬时带宽非常窄。不过，超外差接收机具有高灵敏度，能够探测到弱信号。超外差接收机更适用于搜集外国仪器信号情报，因为很多遥测信号都是在固定的频率上发送的。

信道化接收机。信道化（channelized）接收机灵敏度很好，测频能力很强，能够处理同步信号。它和瞬时测频接收机一样，在搜集跳频信号方面很有效。

微扫接收机。微扫（microscan）接收机在快速扫描超外差时特别有效，能够改善在很宽的带宽上的探测概率。但是，微扫接收机无法接收非常宽的瞬时带宽信号。它的动态范围也有限制。在电子情报搜集中，我们常常用它来处理很多同步信号和弱信号。

声光接收机。声光（acousto-optical）接收机使用一种叫作布拉格小盒（Bragg Cell）的装置（用传入的电子信号来调制通过玻璃进入的光波），工作方式更像信道化接收机。这种接收机最大的优点，就是它有很多平行的信道（通常是一千以上），能够获得很高的频率分辨率和很宽的频率覆盖范围。声光（布拉格小盒）接收机非常适合接收跳频信号，是电子情报搜集最常用的接收机之一。

接收器组合（receiver combinations）。显然，没有哪一种类型的接收器能够符合理想化信号情报接收机的所有要求。根本的解决之道，通常是用各种类型的接收器和信号处理机合成一个系统。一个接收器，比如微扫接收机，可以用来搜索和获取新信号。另一个接收器，比如超外差接收机，可以严密检测搜索接收机所探测到的我们感兴趣的信号。某个特定的处理机可以被访问以测量信号参数，比如脉冲宽度和脉冲重复频率。[1] 这种技术也是使用传感器组合的另一个范例。我们在第二章雷达和光学情报搜集中讨论过，如果单一的传感器不符合任务要求，就使用传感器组。

[1] 原注：Adamy, EW 101, 59.

辐射计

辐射计没有在表 8–1 中列出，因为传统上它被视为能量探测器，而不是信号接收器。第四章讨论过用于成像的辐射计，它也能用在信号情报中。辐射计的主要价值就是搜寻射频波谱，发现新的尚未确认的射频能源。它们在探测低截获概率信号的时候尤为重要，诸如扩频信号。辐射计仅仅测量某一带宽内的所有能量。虽然辐射计能探测出信号的存在，但是无法测量信号参数，而且其时间分辨率和频率分辨率都相当低。它必须依赖表 8–1 中列举的某一种接收器来获得信号参数。

信号处理机

依据所搜集情报的类型，信号处理机必须具备很多相应的功能。信号处理的第一个步骤，通常是根据频率或脉冲分选技术（前面介绍过），将输入信号进行分类。在分选信号之后，要确定发出这些信号的发射机的特定类型，但前提条件是已经搜集并分析过发射机的相关信息。如果发射机是新类型，技术电子情报处理过程就要分析信号参数。如果发射机中有可识别的电子特征（比如在现存的信号目录里面能搜寻到），就往往采用作战电子情报处理技术（比如，定位发射机并且能确认发射机类型，作为未来作战的参考）。

信号处理技术广泛用于电子情报中，不过所采用的技术也依据性能而定。技术电子情报的重点，通常是精确测量频率和调制信号特征。作战电子情报更强调识别和定位特定发射机。现代电子情报系统中的大部分信号处理技术，先需要把输入信号数字化，再依据我们希望从信号上获得的信息，以各种不同的方式处理信号。接着根据用途，处理机会以不同的方式展示我们需要的信息。作战电子情报展示通常都是空间化的——地图展示，在上面标明并且定位特定信号。技术电子情报往往使用某种光谱分析仪器，通常会展示信号强度和频率之间关联的标绘图。光谱分析仪器能提供可视特征，描述信号带宽和调制、功率，以及其他信号参数。

六、定位

精确地找到目标的位置，在技术搜集中叫作**定位**。一提到定位，我们通常会想到在地表或者海洋表面定位目标；这一术语是指在全球范围对目标进行定位。事实上，大部分定位涉及定位表面目标，但是在情报中会有更宽泛的意义，包括对目标在地下、水下或者空中和太空进行定位。对于移动的目标，比如车辆、舰船、飞机、导弹和卫星，定位工作要多次重复进行，以便跟踪目标的移动情况。传统的搜索雷达只是常规地定位和跟踪飞机、舰船及卫星。军队采用大量技术定位敌对单位的位置，有些技术属于情报技术。

除了搜集信号以外，通信情报、电子情报和外国仪器信号情报的工作内容，都包括准确地定位信号的来源。关键性能参数，在这里就是指定位精度。定位通常利用光学成像和雷达成像，第四章和第七章都讨论过。根据传感器已知位置和坐标角度进行几何计算，或者参照图像中已经定位过的物体，光学成像和雷达成像都可以形成非常精确的定位。本节集中讨论出于情报目的使用无源射频传感对目标进行定位，这种技术可以接近，但无法企及光学成像和雷达成像的定位精度。

我们采用众多方法来获得发射机的位置数据。三种最常用的方法分别是测角交叉（又称信号到达角，angle of arrival，AOA）定位法、信号到达时间差（time difference of arrival，TDOA）定位法、信号到达频率差（frequency difference of arrival，FDOA）定位法。[1]

[1] 译注：测角交叉定位法，又称信号到达角定位法，指在两个以上的位置点设置方向性天线或阵列天线，获取终端发射的无线电波信号角度信息，然后通过交汇法估计终端的位置。它只需利用两个天线阵列就能完成目标的初始定位。信号到达时间差定

测角交叉定位

最古老的无源射频定位技术就是测量信号到达的角度。因为发射机发出的电磁波以直线传播，所以信号到达的方位就是发射机所在的方位。

这些传统的**测向定位**（direction-finding，DF）系统使用一对传感器一起工作。系统中的每一个测向定位传感器都能测算截获信号的到达角度。从单个信号到达角度的交叉点可以估算出发射机大概的位置，如图 8–4 所示。测算该数据，要先假设发射机位于地球表面。如果发射机是机载的或是空载的，就需要第三方测向定位系统来确定发射机的位置。

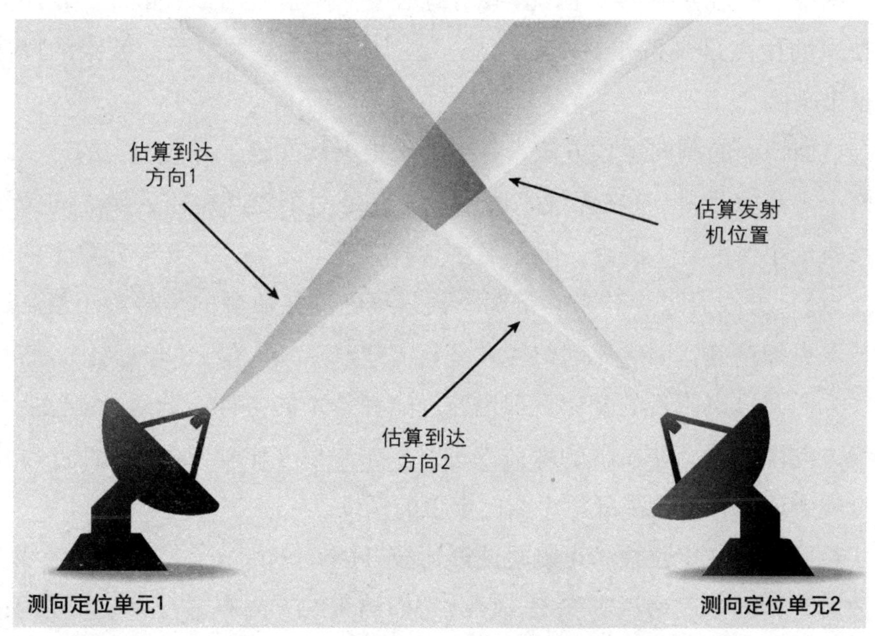

图 8–4 对测角交叉定位信息的综合

位法通过检测信号到达两个接收站的时间差，而不是到达的绝对时间来确定移动台的位置，这就降低了时间同步要求。发射的是同一个信号，但由于多普勒频移的影响，在到达接收站时存在一个频率差值，称之为到达频率差。

图 8–4 表明了测角交叉定位存在的精度问题。测向定位天线有固定的带宽，会导致波束在地表的某一片区域产生交叉，而不是在某一个点交叉。在城市环境中，测角交叉定位精度问题更加严重，因为信号会于到达测向定位单元之前在多个建筑物之间弹跳——称作多径传播[1]。多径传播的效应，就是测向定位单位可能会测算的信号，来自信号在建筑之间最后一次弹跳的反射。

最古老但现在仍然广泛应用的一种测向定位方法，就是不断移动天线来寻找所接收信号的最大节点。要进行精确测量，我们就得选用波束非常窄的天线。如果采用宽波束天线，信号变化就会过于微小，原因是天线围绕视准轴[2]旋转。因此，有时有必要测算信号的最大节点。定向天线技术的优点是具备相对高的增益，因为测向定位是由天线波束的峰值呈现出来的。

更加精确的测向定位方法，是运用一根天线在辐射方向图上的一个或者两个零点来推算。（在天线术语中，零点是两个较高增益区域之间天线增益的最小值部分上的点；除了名字含有“零”之外，它并非能量上的零增益点。）天线通过旋转来确定两个强信号之间接收到的信号最小值。这种技术更加精确，因为比起信号在多数天线波束最大值之间的变化，它在天线方向图零点附近的变化更加迅速。这种技术的劣势，是测向定位要在天线方向图的一个非常低的增益点进行。如果信号比较微弱，波束在零点附近就会消失，从而降低整个测向定位的精度。

最好的测向定位技术可能是波瓣比较（lobe comparison）。两根天线相邻放置，指向角度略微有偏差，因此它们的天线方向有重合部分。当两根天线接收到相等的信号强度时，目标正好位于两个指向的中间位置。

---

[1] 译注：多径传播（multipath propagation），指从发射机天线发射的无线电波（信号），沿两个或多个路径到达接收机天线的传播现象。

[2] 译注：视准轴，即十字丝交点与物镜光心的连线，也称视准线。测量中要求视准轴与水平轴正交。

确定信号到达角的技术有三种，即旋转器（spinner）、相控阵（phased array）、干涉仪（interferometer）。

旋转器。旋转器使用一根单独的小天线来进行测向定位，通过快速移动天线（通常天线要不断旋转以提供 360 度方位角的覆盖），及关注天线所指的信号最强的方向来实现。

相控阵。第六章介绍过相控阵。有些经过特别设计的阵列，可以用于在信号情报中定位目标，因为它们能够瞬时覆盖目标空域。信号情报中广泛使用的一种阵列叫作环形配置天线阵（circularly disposed antenna array，CDAA），通常叫作乌兰韦伯（Wullenweber）天线阵。

乌兰韦伯天线阵是军用大型环形阵列天线，用三角测量法计算高频（3—30 兆赫）无线电信号，可用于无线电导航、情报搜集、搜索和援救。由于规模庞大，拥有巨大环形反射屏，该天线阵在俗语中也被称为“象笼”（elephant cage）。德国人最初在二战时研制了环形配置天线阵，主要是为了接收在北大西洋上航行的德国潜艇发射的高频信号，以及确定潜艇大概的位置。他们用“乌兰韦伯”来代指他们的环形配置天线阵研发项目。[1] 图 8–5 中所示的两个环形配置天线阵[2]，如果相距位置足够远，能够定位上千千米之外的高频发射机，主要依据的原理就是高频信号能够在地球电离层发生反射。但其定位精度不是非常准确。环形配置天线阵要依赖电离层的状态和角度测量的精度；精度可以达到数十千米。

干涉仪。干涉仪是从两个以上的不同路径中接收电磁能量的传感器，能从接收到的信号之间的相干干扰中推导出信息。测量一个射频信号在两个以上天线单元上的到达相位差，可以得出信号到达角的方位。这些天线单元在空间上是相对物理隔离的，分别属于一段波长的某些部分，单个单元上记录的相位差，能确定信号到达角的方位。因此，干涉仪就是一个有着更宽阵元

[1] 原注：Michael R. Morris, “Wullenweber Antenna Arrays,” www.navycthistory.com/WullenweberArticle.txt.

[2] 原注：照片由美国海军研究实验室惠允。

间距的相控阵。最简单的干涉仪由一对定向天线组成，其频率经过调谐，可以接收到来自所需射频波段的无线电发射信号。比较两个接收器收到的信号相位，可以从信号的波阵面[1]来确定信号到达角的方位。从波阵面确定信号到达角的方位，进而可以判断出目标无线电发射机的准确方位。

图 8–5 位于德国奥格斯堡附近的 AN/FLR–9 环形配置天线阵

信号到达时间差定位

另一种定位信号的技术原理，即信号是按照既定速率发射的——声学信号以音速传播，电磁信号（包括光学信号）以光速传播。传播速度能够定位信号来源。不同媒介中信号传播速度不同，估算声学信号时就存在问题，但是在实践中，我们会将无线电波在大气中的传播速度按照光在真空中的传播速度计算。第六章提到，雷达通过测量一束脉冲往返的时间间隔

[1] 译注：波阵面（wave front），简称波面，为波在介质中传播时，经相同时间所到达的各点所连成的直线、曲线和面。

来确定目标的距离。下面就会讨论到，信号情报系统不发射信号，它们用类似雷达测距的技术定位目标。

多点定位（multilateration），亦称**双曲线定位**（hyperbolic positioning），是通过计算一个信号在不同地点的到达时间差来定位某一个对象的过程。在民用领域和军事侦察领域，多点定位通常用来准确地定位飞机、车辆或者静止的发射机，测量发射机发出的一个信号传送到三个以上接收机所在站点的到达时间差。这种技术除了广泛应用在信号情报上[1]，也能用在第十章讨论的声学信号搜集上。

发射机发射的脉冲，到达两个位于不同位置的接收机的时候，会有轻微的时间差别。由于每一个接收机到平台的距离不同，就产生了到达时间差。实际上，对于两个给定位置的接收机，用信号到达时间差法测算大型系列发射机的位置，可能会产生同样的结果。对于已知位置的两个接收机，用信号到达时间差来定位同一曲面两侧对称位置的发射机，就称为双曲线定位（这就是双曲线定位的由来）。要注意，接收机不需要获得脉冲发射的绝对时间，只需要时间差。[2]

现在，假设信号情报搜集系统在不同的位置上有第三个接收机，它也能拦截信号。如图 8–6 所示，我们就可以测量出第二次和第三次到达时间差。比较三个传感器接收到的不同信号的三次到达的时间差，可以确定空间中一条曲线的位置，发射机肯定在这条曲线的某一个点上。如果发射机位于地球表面，定位问题就很容易解决：发射机的位置就是曲线和地球表面的交点。如果发射机位于地球上空某处，就需要第四个传感器来精确定位发射机在曲线上的坐标。[3]

---

[1] 原注：Li Tao, Jiang Wenli, and Zhou Yiyu, “TDOA Location with High PRF Signals Based on Three Satellites,” *Chengdu Dianzi Xinxi Duikang Jishu* (July 1, 2004): 7.

[2] 原注：Li Tao, Jiang Wenli, and Zhou Yiyu, “TDOA Location with High PRF Signals Based on Three Satellites,” *Chengdu Dianzi Xinxi Duikang Jishu* (July 1, 2004): 7.

[3] 原注：Pan Qinge, Yan Meng and Liao Guisheng, “Joint Location by Time Difference of Arrival and Frequency Difference of Arrival at Multiple Stations,” *Heifei Leida Kexue Yu*

与测角交叉定位等技术相比，多点定位要精准得多。比起测角交叉中形成非常窄的波束来提高精度，我们更容易精确测量时间。多点定位的精度是好几个变量作用的结果，包括：

- 接收机和发射机的几何角度关系；
- 接收机系统的计时精度；
- 接收地点的同步精度（会因为未知的传播效应而衰变）；
- 发射脉冲的带宽；
- 接收机位置的不确定性。[1]

自从雷达出现之后，高精度定位系统往往选用到达时间差法。全球定位系统就是基于信号到达时间差法运作的，系统的大部分卫星要发送信号来推算时间差，从而确定发射机位置。信号到达时间差系统通过在广阔领域中多个地点放置定位接收机来进行作业；每一个定位点都有精确的定时源。当一个移动设备发射出信号时，对信号的拦截会在所有天线站点上加盖时间戳。最后合成时间戳差异，形成之前讨论过的到达时间差技术中双曲线的交叉点。[2] 我们要注意，对发射机所在位置的估计不是一个点，而是一个椭圆，定位术语里面叫作**误差椭圆**（error ellipse）。误差椭圆表示的就是发射机最有可能位于的地理区域。[3]

和测角交叉定位系统一样，信号到达时间差系统也会遇到很多同样的城市多径传播的问题。类似于测角交叉定位系统，信号到达时间差系统主要的误差来源就是，信号到达路径不是发射机到接收机的直线路径。多径

Jishu (December 1, 2005).

[1] 原注：Huai-Jing Du and Jim P. Y. Lee, “Simulation of Multi-Platform Geolocation Using a Hybrid TDOA/AOA Method,” Technical memo, Defence R&D Canada TM 2004-256, December 2004, http://pubs.drdc.gc.ca/PDFS/unc33/p523132.pdf.

[2] 原注：Louis A. Stilp, “Time Difference of Arrival Technology for Locating Narrowband Cellular Signals,” *Proceedings of SPIE*, 2602, no. 134–144 (1996).

[3] 原注：Li Tao, Jiang Wenli, and Zhou Yiyu, “TDOA Location with High PRF Signals Based on Three Satellites,” 7.

接收会扭曲信号形态、造成时间延迟，导致到达时间差系统很难精确定位所有接收机测量的信号。[1]

多径传播是公认导致到达时间差系统误差的最大的原因。天线接收到的第一个信号，来自从发射机到接收天线的最为笔直的路径。通常，特别是在城市环境中，复制的信号会延迟数百纳秒或者几十微秒之后和第一个信号重叠。这些信号就是从该区域很多自然或者人工的反射面反射出来的，比如山丘、建筑物、桥梁、汽车，甚至是茂密的树林。[2] 信号处理机必须正确辨别这些多余的干扰信号。

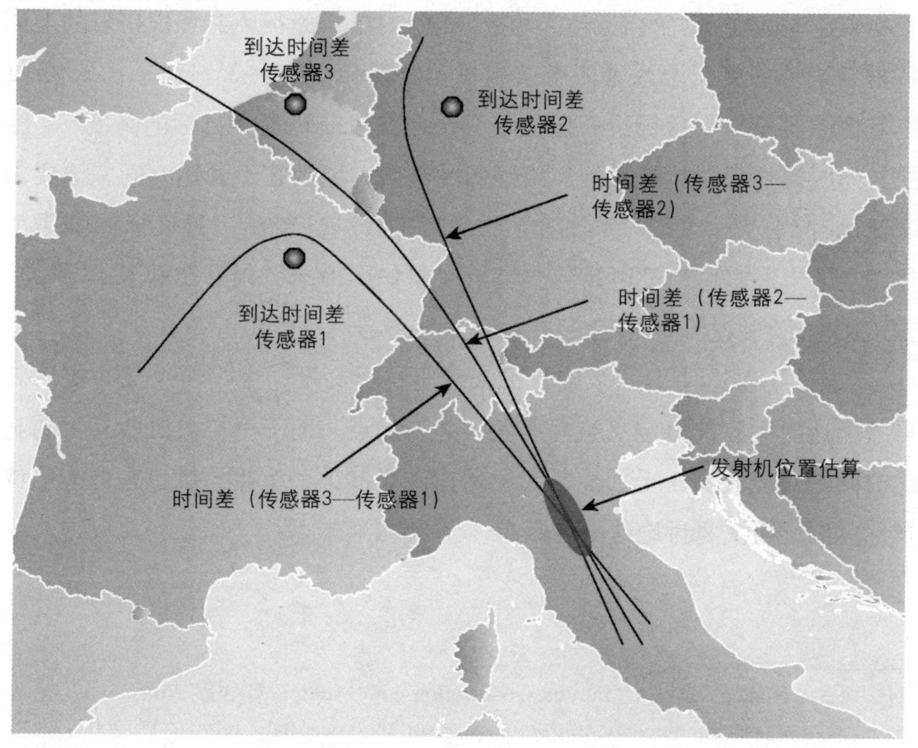

图 8–6 信号到达时间差定位

[1] 原注：Li Tao, Jiang Wenli, and Zhou Yiyu, "TDOA Location with High PRF Signals Based on Three Satellites," 7.

[2] 原注：Li Tao, Jiang Wenli, and Zhou Yiyu, "TDOA Location with High PRF Signals Based on Three Satellites," 7.

用于电子情报搜集的到达时间差接收机可以安放在地面上，来定位和跟踪飞机或者卫星。舰载到达时间差系统可以定位和跟踪飞机、卫星、反舰导弹，或者其他舰船。当这些接收机位于地球上方——比如在飞机、卫星或者无人机上的时候，定位跟踪地球表面目标最有效。[1] 机载或空载平台，比地面站或舰船对地球表面的覆盖范围更大。机载和空载传感器的缺陷在于，搜集信号时，它们的到达时间差的精度与对自身位置的定位精度差不多。

图 8–7 中所示的“维拉”（VERA-E）无源监视系统，就是现代情报搜集中到达时间差系统的范例。“维拉”无源雷达 [2] 是捷克共和国研发的电子情报系统，它有三个或者四个接收机，分别相隔 10—25 千米。三个接收机对地图上某一个目标进行定位；四个接收机还可提供目标的高度。“维拉”无源雷达仅仅能够探测和跟踪脉冲辐射，原因在于到达时间差法要求测量脉冲到达的时间。接收机工作频率为 1—18 吉赫，对目标探测距离是 150 千米，定位精度可达到方位角（左右）20 米、前后 200 米。“维拉”雷达还使用指纹技术来识别目标。该系统能自动同步跟踪 200 个目标。[3]

“维拉”雷达使用四个接收机来确定目标高度，因为四个接收机所获得的到达时间差能够定义空间上独一无二的点，而三个接收机所获得的到达时间差只能定义一个曲线，如上所述。当然，一个接收机也有可能定位目标高度，下文将讨论这一点。

---

[1] 原注：Nickens Okello, “Emitter Geolocation with Multiple UAVs,” *Proceedings of the 9th International Conference on Information Fusion*, Florence, Italy, July 10–13, 2006.

[2] 译注：“维拉”无源雷达系统，是一种可移动的用于对空中、地面和海上目标进行定位、识别与跟踪的电子情报和无源监视系统。雷达的工作是基于电波到达时间差的原理实现的。除了执行电子情报任务外，“维拉”雷达系统是防空系统中最为有效的无源监视传感器。

[3] 原注：OMNIPOL a.s. marketing brochure, www.omnipol.cz/OMNI2224/OMPO-Vera-E.pdf. Photograph courtesy of Miroslav Gyurosi via Air Power Australia.

图 8–7 运用到达时间差定位的“维拉”无源监视系统

利用多径到达时间差法来确定目标高度

如前所述，如果一个信号直接到达接收机天线，或者由于某些物体——往往是在地球表面——的反弹间接到达接收机天线，都有可能产生多径接收。多径接收干扰所需的信号，造成了信号接收的问题。前面说过，这是城市环境中存在的很严重的问题，因为信号在到达接收机天线前会在建筑物之间多次弹跳。

多径接收也能用于确定发射机的高度。如果知道直接信号的到达时间和信号从地球表面反射之后到达的时间差，运用几何学知识，就可以估算出发射机的高度，如图 8–8 所示。如果反射面是平滑的（比如水面），就会产生**镜反射**，准确度就比较高。反射面越粗糙，结果越不准确；如果反射效果受粗糙表面干扰，就会产生漫反射。因此，接收机收到的信号在时间上是模糊的，很难找到反射信号的确切到达时间。[1]

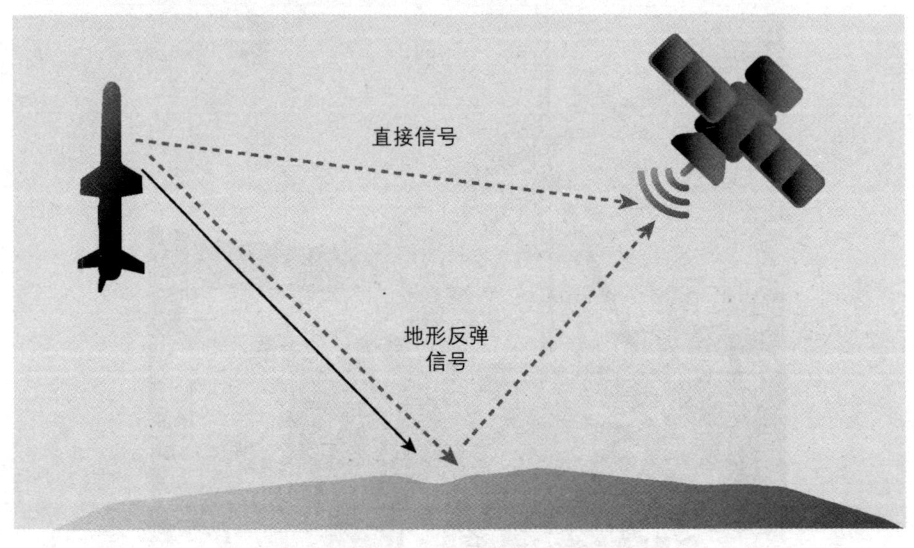

图 8–8 利用多径接收确定目标高度

利用多径技术来跟踪飞机或者导弹，运用到达时间差法能确定目标高度；多普勒剖面表明目标移动会随时间而加速。以上测算再综合到达角信息，有助于情报分析人员确立目标的飞行剖面图。[2]

[1] 原注：Yang Shihai, Hu Weidong, Wan Jianwei, and Zhou Liangzhu, “Radar Detection of Low Altitude Target in Multipath,” *Beijing Dianzi yu Xinxi Xuebao*, April 1, 2002, 492.

[2] 原注：Yang Shihai, Hu Weidong, Wan Jianwei, and Zhou Liangzhu, “Radar Detection of Low Altitude Target in Multipath,” *Beijing Dianzi yu Xinxi Xuebao*, April 1, 2002, 492.

信号到达频率差定位

信号到达频率差是第三种定位技术。原理是：移动目标发射和接收的信号都伴有多普勒频移，可以用于确定目标位置和移动速度。到达频率差法类似于到达时间差法，即通过广泛分布的其他点的观测结果，来估算无线电发射机的位置。与到达时间差法不同的是，到达频率差观测点必须处于相对运动中，或者相对于发射机正在运动（通过观测多个发射机的位置，它也能用于估算自身的位置[1]）。

相对运动导致在每一个位置观测发射机会有不同的多普勒频移。如果从飞机或者宇宙飞船上进行观测，相对运动就能实现。已知接收机位置、运动速率以及每一对接收机之间观测到的相对多普勒频移，就能推算出发射机的位置。位置的精度和以下要素有关：发射机信号的带宽，每一个观测点的信噪比（signal-to-noise ratio，SNR），以及发射机和接收机位置之间的几何角度关系和运行速率。[2] 大量的数据需要在观测点之间移动，或者传往中央位置以进行处理，这对于估算多普勒频移是必要的，而这也是到达频率差法的一大缺点。

图 8–9 展示了到达频率差的作用方式。三个接收机在图中从左到右移动，试图定位一个静止的发射机的位置。传感器 1 正在远离发射机，所以观测到的多普勒频移为负值。传感器 2 观测到多普勒频移为零，因为它就在发射机的侧面。（传感器 2 和发射机之间没有相对运动。）传感器 3 观测到的多普勒频移是正值，因为它正朝向发射机移动。比较了传感器 1 和 3 观测到的频率之后，信号情报处理器就能确定发射机位于图中所示的曲线的某一个位置。比较传感器 2 和其他两个传感器观测到的频率，处理器能

---

[1] 原注：Pan Qinge, Yan Meng, and Liao Guisheng, “Joint Location by Time Difference of Arrival and Frequency Difference of Arrival at Multiple Stations.”

[2] 原注：K.C. Ho and Y.T. Chan, “Geolocation of a known altitude object from TDOA and FDOA measurements,” *IEEE Transactions on Aerospace and Electronic Systems*, 33, no.3 (July 1997): 770–783.

够确定发射机位于传感器 2 侧平面的同一直线位置上。这三条线的交点能确定发射机的位置。不过，我们要注意到这个位置有固有的模糊性；如果发射机位于距离传感器 2 同等距离的两个侧面上，都会依据到达频率差法得出同样的测量结果。

图 8-9 提出运用到达频率差法测量时应注意的另一个问题，即发射机必须是静止的。当然，很多具备情报价值的发射机都不是静止的；移动的发射机会产生无效的位置信息，除非电子情报处理系统进行某些校正。这就是前一章讨论到的同一个现象：通过改变多普勒频移，一个移动的目标会导致合成孔径雷达系统和电子情报系统的定位错误。不过，增加测量到达频率差传感器的数量，或者时刻注意监控到达频率差的变化，电子情报系统就能进行必要的修正。

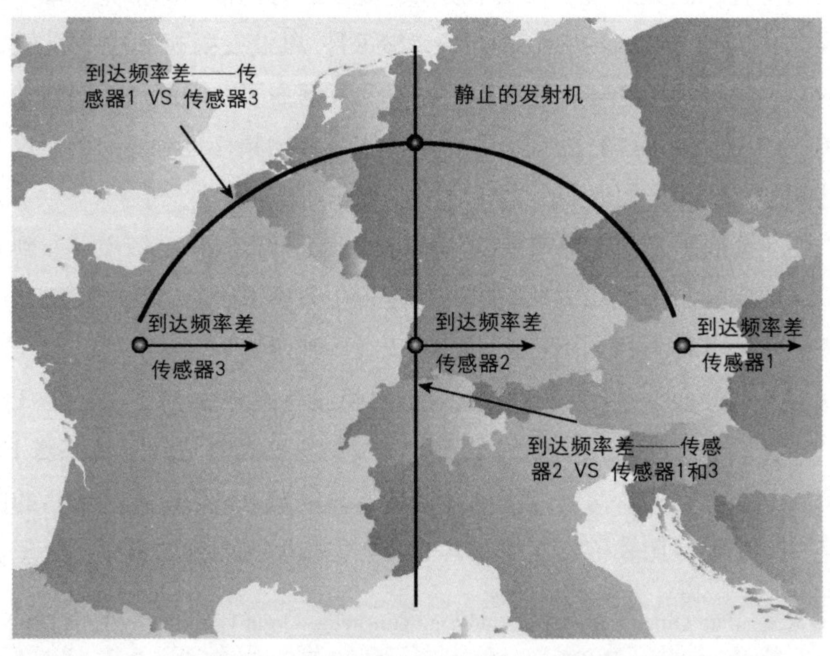

图 8–9 利用三个移动的接收机演示到达频率差法定位

提高定位精度

如前所述，对军事或者执法行动提供情报支持时，定位精度非常重要。为此，人们耗费大量心血来提高这种定位精度。

比较直接的提高定位精度的技术很简单，就是对一个目标使用更多的情报资产来定位。比如，为了减少脉冲到达时的测量误差，搜集人员可以在分散的地段使用更多的接收机。四个接收机可以形成六个双曲面，五个接收机就能形成十个双曲面，以此类推。假设测量结果够完美，所有的双曲面都会交汇在一个点上。当然，在实践中，这些曲面由于误差问题很难交汇，所以测量结果总是呈现出一个误差椭圆。但是，在到达时间差法中，可以用发射机发射的多重脉冲的平均值来提高精度。[1]

另一个提高精度的方法就是综合运用上面讨论的一些技术。综合运用定位技术，会得出更加精确的定位结果。同时运用到达时间差法和到达频率差法能够提高定位精度，而相应的评估结果不受其他因素影响。[2] 测角定位技术能和上述任何一种方法合并使用，以解决目标定位的模糊性问题。[3] 比如，在图 8–6 中，如果只有接收器 1 和接收器 2 工作，任何发射机都能在地球曲线上定位，换言之，就是被贴上“时间差”的标签（从传感器 2 到传感器 1）。假设任何一个接收器都能够得到一个到达角的信息，就能确定发射机在曲线上的位置。

还有一种截然不同的提高精度的技术，就是参照目标区域内有着精确的已知位置的发射机。使用参考信号发射机，也称**参考发射机**（reference emitter）或**参考信标**（reference beacon），到达时间差法和到达频率差法的

---

[1] 原注：Huai-Jing Du and Jim P. Y. Lee, “Simulation of Multi-Platform Geolocation Using a Hybrid TDOA/AOA Method.”

[2] 原注：Pan Qinge, Yan Meng and Liao Guisheng, “Joint Location by Time Difference of Arrival and Frequency Difference of Arrival at Multiple Stations.”

[3] 原注：Huai-Jing Du and Jim P. Y. Lee, “Simulation of Multi-Platform Geolocation Using a Hybrid TDOA/AOA Method.”

精度可以大大提高。参考发射机可以是目标区域位置上已知的雷达，或者是安置在目标区域的配备了 GPS 定位装置的信标。假如要定位该目标区域的一个新信号，定位系统可以通过接收参考发射机的信号和新信号，利用信号处理机中的对比技术来减少定位误差。[1]

射频标记和跟踪

射频标记和跟踪（RF tagging and tracking）广泛运用于情报和执法活动中。众所周知的例子，就是使用射频标签来跟踪被盗的汽车。这些标签嵌入汽车中，通常包含一个跟踪汽车位置的 GPS 接收器，用于防盗。如果一个带电子标签的汽车被盗，警察能通过接收标签的射频信号来精确定位汽车的位置。

射频标签主要应用在商业部门。射频标签最简单最常用的方法，就是使用射频识别（radiofrequency identification，RFID）标记。这些标记方法大量用在零售业和供应环节上，以跟踪商品的流动情况。一个射频识别标签就是指在商品外包装上嵌入一个带天线的微型芯片；这种包装方式可以让我们持续跟踪附着在商品上的射频识别标签。天线上还带有一个计算机芯片，统称为射频识别标签。天线将存储在芯片上的数据无线发射给一个射频识别读写器或者扫描装置，它们的工作频率和天线的频率一致。贴了标签的天线接收到来自射频识别读写器或者扫描装置发出的信号，然后返回信号，通常会添加其他的数据（比如，一个独特的序列号或者其他定制的信息）。

射频识别设备分为主动（有源）和被动（无源）两种：

- 无源射频识别标签从射频识别读写器中获得能量。当射频识别读写器

[1] 原注：Layne D. Lommen, David O. Edewaard, and Henry E. Halladay, “Reference Beacon Methods and Apparatus for TDOA/FDOA Geolocation,” USPTO Application # 20070236389, October 10, 2007.

指向无源射频识别标签的时候，标签调谐到读写器的频率，读写器会向标签发送电磁信号。电子标签接收的有效能量，可作为动力来源以响应读写器。无源射频识别通常要求读写器距离芯片不超过一英尺，不过依靠对频率的捕捉，读写器能够在 20 英尺外读取标签。

- 有源射频识别标签内有一块电池，可提供能量以发射芯片上的数据，而且能够从很远的距离发射数据。一些有源标签携带可替换的电池，能使用多年；有些则是密封电池，可抛弃。有些有源标签能够和外部电源连接。[1]

射频识别标签可以非常小。无源标签能够像一颗米粒一般大。有源标签通常大一些——大概是一本小的平装书的大小。在情报用途上，我们甚至能把射频识别标签藏在个人物品中，比如索马里军火商奥斯曼·阿托的手杖中就藏有射频识别标签。美国三角洲特种部队的一支小分队凭借该标签在索马里首都摩加迪沙逮捕了阿托。[2]

手机实际上也具备多种射频识别标记，能被一些技术追踪到。手机只要开机，无论是否在使用都能被定位。有这样一种技术，通过比较从附近手机基站上接收到的信号的强度，来获得手机的大概位置。如果手机安装了 GPS，则定位精度更高。配备 GPS 装置，使用标准全球移动通信系统的手机，在欧洲和英国的定位精度是 10 米，在美国、南美洲和加拿大的定位精度是 25 米。[3]

美国国土安全部的海上资产标记跟踪系统（Marine Asset Tag Tracking System，MATTS），就是具备情报应用价值的有源标签系统。该系统将微型传感器、数据记录计算机、无线电收发机、GPS 跟踪系统，整合入一个

---

[1] 原注：Technovelgy.com, “RFID Tags,” www.technovelgy.com/ct/Technology-Article.asp?ArtNum=50.

[2] 原注：Jeffrey T. Richelson, *The U.S. Intelligence Community*, 5th ed. (Boulder, Colo.: Westview Press, 2008), 25.

[3] 原注：“Mobile Phone GPS Tracking Technology,” SunSat Satellite Solutions Co., www.themobiletracker.com/english/index.html.

构造紧凑但造价并不昂贵的小盒子中，盒子有一副扑克牌那么大。据报道称，即使标签固定在船运集装箱上，集装箱放置在甲板底层，也能通过船载通信系统发射信息。标签发出的信号能从一个集装箱“跳到”另一个集装箱，直到发现可行的传播路径。海上资产标记跟踪系统的盒子中存储了其历史位置记录，可以向方圆一千米之内，安装了互联网设备的舰船、集装箱码头和手机基站发送信息。无论该集装箱位于旅程中的哪个地方，当局随时都能查证集装箱的历史位置记录；一旦有任何财产损失，当局就能收到警报并会对特定的集装箱进行查看。[1]

七、小结

情报中使用的无源射频传感器（也称被动型射频传感器）通常称为信号情报搜集系统，也能搜集通信情报、电子情报和外国仪器信号情报。无源传感器也可以搜集射频测量与特征情报。

电子情报，是指对雷达、信标、干扰机、导弹制导系统、测高仪等物体发射的信号进行搜集、处理、利用和分析之后，提炼出的情报。大部分电子情报搜集主要针对雷达展开，分为两类：作战电子情报和技术电子情报。

技术电子情报，主要用来评估雷达的能力和性能，以确定用于构建雷达的技术水平，找出雷达缺陷，以协助电子战的规划者进行对抗。该技术通过测量雷达信号特征以获得极高的雷达精度，或者测量其他参数以发现雷达作业的某些特征，能够分析出雷达的探测和跟踪能力。电子情报最优先搜集的，就是无法认定的新型信号。

作战电子情报涉及通过截获和分析雷达信号来定位雷达，识别并确定其运行状态。作战电子情报的产品叫作雷达战斗序列，主要是用来规划和

[1] 原注：“DHS Puts MATTS in Play,” *Telematics Journal*, September 6, 2007, www.telematicsjournal.com/content/topstories/ 2158. html.

执行军事行动。

外国仪器信号情报包括拦截和判读导弹和飞机试验中发射的遥感信号。遥感信号可被加密，以混淆情报搜集人员对遥测内部信息——遥测读数的价值——的认知。加密迫使搜集人员依赖遥测外部信息——目标的飞行剖面图所导致的遥测信号的变化。

射频测量与特征情报能够捕捉和利用从内燃机、发电机和交换器上无意识发射的射频能量。这些能量的发射通常都很微弱，但是敏感的射频接收器能够探测到信号，从而确定发射机的位置，或者利用能量发射的典型特征来识别目标。射频测量与特征情报搜集也针对电磁脉冲和射频损毁装置。

信号情报搜集系统的两个关键部件是天线和接收机。两者都涉及折中设计。理想状态的天线有着高增益，覆盖较大的空间，有很宽的频率带宽。要增强三者中的任何一个优势，就可能损害其他性能。接收机要在灵敏度、带宽、同步搜集多个信号、动态范围、分辨率、测量精度等参数上进行平衡。大部分接收机的设计，就是要优化其中一种或多种信号参数。结果是，信号情报系统通常混用多种天线和接收机，每一个仪器都被设计用来搜集特定的信号。

信号情报传感器最大的贡献，就是定位和跟踪有情报意义的发射机。

最古老的无源射频定位技术就是测向定位，也就是通过确认信号到达方位角进行定位。因为来自发射机的电磁波是直线传播的，信号到达的方向是发射机所在的方向。旋转天线、相控阵和干涉仪都能测定信号到达角。分离得很好的两根天线，能定位地面上的目标。三根天线就能确认空中或者太空中的目标。

还有一种定位雷达信号的技术，依据电磁信号是以光速进行传播的原理。利用传播速度，再通过测量信号到达散布在广阔区域内的接收机的时间差，可以定位信号来源。到达时间差技术运行的关键，就是确认来自雷达的特定脉冲。

第三种定位方法的原理，就是移动目标发射或者接收的信号都伴有多普勒频移，可以用于确定目标位置和移动速度。到达频率差法类似于到达时间差法，观测广泛分布的其他点可以估算出无线电发射机的位置。与到达时间差法的区别是，到达频率差观测点必须处于相对运动中，或者相对于发射机正在运动。

第四种定位技术需要目标上存放有射频标签。标签往往嵌入目标中以应对其移动。射频标签通常包含一个 GPS 接收器，可以确定目标位置，并将信息传送给远程接收器。

因为定位精度相当重要，我们采用了很多技术来提高定位精度。动用更多的信号情报搜集器材来定位目标信号，可以减少定位误差。另一个提高精度的方法就是综合运用几种定位技术；如同时使用到达时间差法和到达频率差法来提高定位精度。信号到达角角度信息可以和上述任一种技术综合使用，以解决目标定位的模糊性问题。

[第九章]

导弹情报和太空情报

之前的章节讨论了技术搜集中雷达光学传感器和信号情报传感器的典型特点。本章集中讨论这些传感器最重要的战略情报应用之一：导弹监视和太空监视。本章的目的，就是展示不同的技术搜集者怎样合作，以获得关于目标更加全面的画面信息。

随着许多国家更多的卫星进入太空轨道，我们更加迫切地需要了解这些卫星的位置和任务，而且越来越多的卫星都担负着军事或者情报任务。也有越来越多的国家在研究和测试弹道导弹与反导系统。监视外国导弹试验，判断导弹和反导系统的性能，成为一项情报任务。

执行情报任务的传感器有多种功能。它们必须能够搜索、跟踪和确认太空目标和导弹目标。它们必须支援情报机构对正在测试的外国导弹进行性能评估，或者评估卫星的性能。早在二战时期，就有三类传感器——雷达、光学和信号情报传感器——一直在执行针对飞机的情报搜集任务（自一战开始使用光学技术）。这类监视大部分都是出于作战目的，而不是情报需求。从监视和识别飞机转变成监视和识别导弹及卫星，方法是简单易行的。但是，因为导弹和卫星比飞机飞行速度更快，现代传感器必须在监视距离更长、环境限制更多（特别是受限制的时间段）的条件下工作。

本章仅涉及处在试验阶段的弹道导弹。在战争状态下发射的导弹，是弹道导弹防御（ballistic missile defense，BMD）体系的范畴，属于作战问题，而不是情报的问题。

一、雷达

雷达系统运用全天候、大容量的手段，发现和跟踪导弹和太空物体。它们能提供所有弹道导弹和位于低地球轨道上的太空飞行物（特别是低于3000千米的高度）的高精度跟踪信息。因为雷达探测距离无法企及地球同步轨道卫星的高度，它们很少跟踪地球同步轨道卫星。

这些雷达的设计理念，是实现以下三种功能的一个或者多个：搜寻弹道导弹，包括再入飞行器，或者太空物体（卫星和太空垃圾）；精确地跟踪上述物体；确认它们。每一个功能都要求在设计雷达时做一些调整，虽然能够通过折中设计来同时实现上述三个功能。

搜索雷达

搜索雷达通常需要高功率和大型相控阵天线，往往能在较低的雷达频带（比如甚高频和更低的超高频频段）运行。我们在第六章提到的美国“铺路爪”（PAVE PAWS）雷达[1]，部署在佛罗里达州艾格林空军基地的FPS–85雷达[2]，还有俄罗斯“第聂伯”（Dnepr）雷达和“达利亚尔”（Dar’yal）雷达，都是搜索雷达。它们的用途就是探测事先未知的目标，

[1] 译注：美国“铺路爪”雷达，军方代号为AN/FPS–115，一种大型固定相控阵远程战略预警雷达，主要用于探测、跟踪潜射弹道导弹和洲际弹道导弹，提供导弹预警信息。也可用于监视、跟踪和确认空间目标，提供绕地球轨道运行卫星的位置、速度等数据。

[2] 译注：AN/FPS–85雷达，是美国研制的战略预警雷达，为大型多功能两维相扫相控阵雷达。

进而跟踪和确认目标。

跟踪雷达

跟踪雷达可用于确立目标的位置及其运行方向；对卫星来说，这就相当于确定卫星的轨道参数。跟踪雷达可以使用相控阵系统或者碟形天线，通常在较高的频率（L、S 和 X 频段，或者更高的频段[1]）上工作。相控阵系统非常适用于搜索和跟踪，它的优点之一，就是能同步跟踪很多目标——这对弹道导弹防御系统相当有利。抛物面碟形天线造价相对便宜，还能持续进行精确跟踪，但是只能在一段时间内跟踪一个目标。上述两种天线的跟踪精度都会受到天线束宽的限制；窄束宽天线的跟踪效果更好。

高精度跟踪有时会用到雷达干涉仪。干涉仪的设计原理，就是在地面上部署一些相对小的、在 L 频段或者 X 频段工作的天线；一个以上天线向目标发射信号，从目标返回的信号会被所有天线接收。通过对比天线接收到的返回信号的相位差，雷达能精确地得出卫星或者再入飞行器的方位角和高度，提供更加精确的轨迹或者轨道参数。

雷达的跟踪信息提供了一类信号特征：

- 对于弹道导弹而言，信号特征就是再入飞行器的轨迹。雷达通过轨迹来确认再入飞行器目标。同时，雷达能够确定再入飞行器在重新进入大气层时的机动能力，这种机动能力主要用来避开反导防御系统，或者提高弹头的精度。
- 对于卫星而言，信号特征就是卫星的轨道参数。轨道参数有助于情报人员确定卫星的任务。物体在轨道上运行的历史纪录，可用于协助区分卫星的“正常”行为和非正常行为。有时卫星进行机动飞行，是为了抵消漂移和大气阻力的影响，我们可以据此得到卫星任

[1] 译注：对雷达频段的详细划分可参见表 6–1。

务和运行状态的附加情报。

目标识别雷达

目标识别雷达（object identification radar），能够从卫星、飞机、舰船或者车辆等目标中，获得独特的特征。然后，根据特征来确定目标的任务或者意图。如果识别的目标是卫星，特征就包含了卫星的轨道、形状、反射率特点等等。雷达或者光学系统也能进行目标识别，不过综合运用两种手段进行识别的效果更好。

利用雷达来识别物体，属于测量与特征情报的分支领域，叫作**雷达情报**（radar intelligence，RADINT）。雷达情报的目标包括卫星、导弹、舰船、飞机和战场车辆。根据设计的不同，一个目标识别雷达能从事多种工作：它能对目标成像，确认雷达散射截面，识别和区分目标，精确测量目标部件，确定目标或者目标部件的运动，测量目标的雷达反射率和吸收系数特征等。返回雷达的信号能重构导弹的轨迹，透露出导弹这一类再入飞行器的所有的细节特征和构造特征。[1]

目标识别雷达的一种特殊类型，称为**太空目标识别**（space object identification，SOI）**雷达**。它综合运用多种技术，以获得卫星、再入飞行器、太空垃圾的信息。此类雷达主要依赖三种探测技术来进行目标识别：

- 目标的运动（轨迹或者轨道参数）和目标在运动中的变化；
- 雷达散射截面及其随时间而发生的变化；
- 雷达成像。

目标的运动。正如前文雷达跟踪中所说，目标的运动，是跟踪雷达识别目标相对简单的方法，在搜集弹道导弹测试信息时尤为重要。弹道导弹的再入飞行器部分有弹道系数（ballistic coefficient），也叫贝塔（beta）。弹

[1] 原注：Robert M. Clark, *Intelligence Analysis: A Target-Centric Approach*, 3rd ed. (Washington, D.C.: CQ Press, 2009), ch. 6.

道系数取决于其重量、阻力和截面。弹道系数值高的再入飞行器，弹头细长光滑，所受阻力很小；它们飕飕穿过高层大气，并没有太多的减速，到达很厚的低层大气时才开始减速。在较短的时间段内，弹体会变得非常灼热。弹道系数值低的再入飞行器在进入高层大气时就开始减速。它们减速所需的时间更长，产生热量较少，热量持续时间也会很长。再入飞行器所携带的雷达诱饵，通常比真正的再入飞行器更轻一些，因此它们更容易受大气影响。有的再入飞行器还具备机动能力，可以提高命中精度，或避开弹道导弹防御系统，也给情报用户了解再入飞行器是否具备机动能力提供了依据。

对于卫星而言，目标的运动也能提供很多情报。一个在近地轨道运行的重型卫星，比起一包重量略轻的太空垃圾，受到的大气阻力多一些，因此速度要慢一些。如果卫星超出预定的轨道运动，也能据此判断卫星的工作状态和意图。例如，通过助推器控制运行的卫星可以避免遭到攻击或者逃避监视。

雷达散射截面变化。跟踪雷达能够测量卫星或者再入飞行器的雷达散射截面，散射截面会随着时间而发生变化。雷达散射截面在一段时间之内的变化，能够表明目标正在滚动。有的截面变化表明目标正在改变原来的方位——如机载卫星天线正在移动等。

成像雷达（Imaging Radar）。传统的搜索和跟踪雷达缺少必要的分辨率，无法提供有用的雷达图像。空间目标识别雷达具备必要的分辨率，能够辨认从卫星或者再入飞行器不同部分返回的信号，以生成信号特征。每一个目标反射的雷达能量都会以独特的辐射方向或者雷达散射截面（信号）的形式表现出来，实际上是对目标形态和材料性能的描述，也称为雷达—目标几何角度关系。不同类型的物体会产生不同的、可识别的方向图或信号特征，可以根据测量结果来确定目标的形状和大小，常用来辨认和区分情报搜集中感兴趣的目标。

当雷达扫描经过目标时，记录下从目标所有部件反射出的距离和能量的数值，就产生了有关目标表面的二维图像。图 9–1（彩色效果见书前插页对应图片）是一个锥形再入飞行器的雷达图像，可以和飞行器的真实形状进行对比。[1]

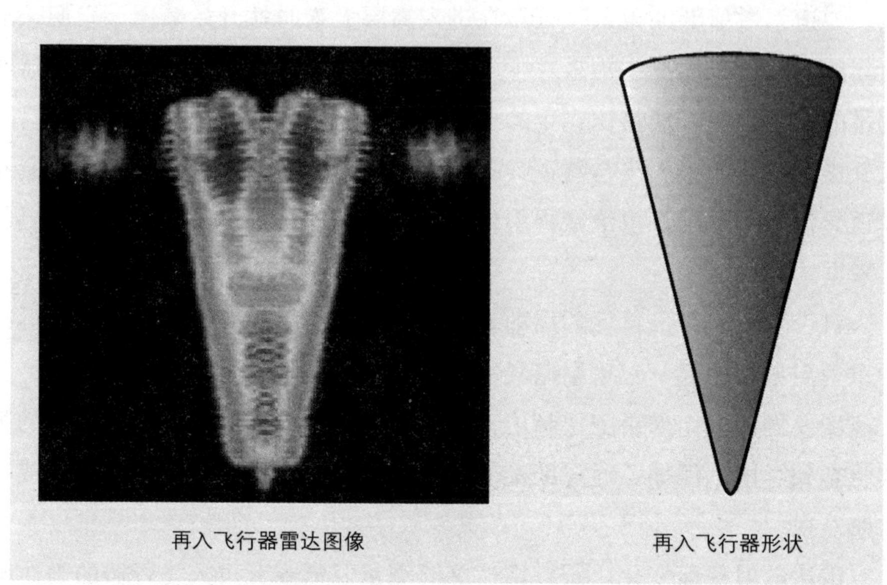

图 9–1　再入飞行器雷达图像

几十年来，美国和其他国家都曾使用过高分辨率微波雷达从远程识别目标。与空间目标识别雷达上的光学成像设备相比，这一类雷达在目标识别上有独特优势。微波雷达能够在很长的大气路径中作业，在多云或者妨碍光学系统有效工作的气象条件下也能工作。雷达能够搜集到丰富多样的波形，经过相关的技术处理后，既可以用于对卫星和飞机成像，也能用于观察它们的工作状态。

一颗卫星由很多相互连接的部件组成，每一个部件都可以向雷达反射

[1]　原注：Daniel R. Martenow, “Reentry Vehicle Analysis” CIA, *Studies In Intelligence*, Summer 1968; figure taken from Kevin M. Cuomo, Jean E. Piou, and Joseph T. Mayhan, “Ultra-Wideband Coherent Processing,” *Lincoln Laboratory Journal*, 10, no. 2(1997): 203.

能量。卫星相对于雷达运动到某些方位时，连接这些部件中心的器材臂也能向雷达反射很强的能量。另外，每一个主要的散射中心都是由很多更小的散射中心构成，能够被高分辨率雷达区别出来。

成像雷达技术试图利用尽可能高的分辨率来区分出这些散射中心，以构成对于卫星的细节化的图像。有的太空目标识别雷达也试图观测这些中心的运动情况（比如说，天线或者太阳能电池板的再定位运动）。综合运用成像技术和对部件运动的观测，能够反映出卫星的任务和工作状态。

传统的远程搜索雷达不能生成图像。在卫星范围，它们有很宽的波束宽度（可能是几百米），因此在方位上不能分辨出单个的散射中心。正常的雷达脉冲宽度是几十米到几百米，所以无法分辨出单个的散射中心。在此类雷达观测中，卫星呈现出单个的大型散射中心的图像。

相比而言，太空目标识别雷达采用很宽的带宽，并且一个脉冲能够有效地区分彼此距离小于 1 米的散射中心。有一种方法叫作**距离 - 多普勒处理**（range-Doppler processing），能够获得很高的方位分辨率。**逆合成孔径雷达**（inverse synthetic aperture radar，ISAR）技术可以用于创建阵列，能够有效地在卫星传播方向的几千米距离上接收信号；此类阵列在传播方向上有很窄的波束宽度，因此能够从方位上分辨卫星的散射中心。这种技术同第七章讨论到的机载或者空载合成孔径雷达的使用原理一致，唯一的不同就是，雷达是静止的，而目标在移动（这就是所谓的“逆”合成孔径雷达得名的由来）。美国马萨诸塞州的“干草垛”（Haystack）雷达和德国的跟踪和成像雷达[1]，就是具备逆合成孔径雷达功能的太空目标识别雷达。

高距离分辨率和高方位分辨率相结合，可以用于产生雷达图像，解决

[1] 译注：德国的跟踪和成像雷达（tracking and imaging radar，TIRA），能够观测到 500 千米高空上 2 厘米大小的空间物体。

卫星散射中心的问题。[1] 图 9–2 展示了一架美国航天飞机在飞行时的雷达图像。如图所示，雷达成像不如光学成像简单易懂。我们必须判读图像，并且理解卫星或者飞机是怎样设计的。图像顶端和底端的部件是航天飞机的机翼，航天飞机的鼻锥部分在图像左侧。图像是根据卫星速度矢量和从雷达到卫星的距离矢量创建的。

图 9–2 航天飞机的雷达图像

第六章提到的“眼镜蛇 · 朱迪”系统，主要搜集情报目标的高精度的尺度（metric）和特征数据。它的数据搜集系统由两个雷达构成——一个 S 波段相控阵雷达和一个 X 波段碟形雷达。S 波段雷达利用任务剖面（mission profile）来进行监视（目标的探测和获取）、跟踪和目标分类。X 波段雷达利用其更宽的带宽、更高的分辨率，可以将 S 波段雷达辨认出的目标合成图像。[2]

---

[1] 原注：Nicholas L. Johnson, “U.S. Space Surveillance,” paper presented at World Space Congress, Washington, D.C., September 1, 1992.

[2] 原注：M. Gaudreau, J. Casey, P. Brown, T. Hawkey, J. Mulvaney, M. Kempkes, “Solid-State Upgrade for the Cobra Judy S-Band Phased Array Radar,” report presented at the 2006 IEEE Radar Conference.

二、陆基光学传感

陆基光学传感器在情报上主要用来探测和跟踪卫星。从光学上也能探测再入飞行器，在导弹实验中，使用红外传感器能够跟踪再入飞行器发热的机身。

和雷达不同，大多数光学传感系统没有自身专用的发射机。相反，它们通常利用太阳作为它们的发射机，这就是搜集卫星情报的光学系统和雷达最显著的一个区别。利用太阳作为发射机，光学系统可以在更短的波长上作业，但会让传感器更加依赖有利的光线和气象条件。光学探测利用太阳作为光源，从地面站探测或者跟踪一个卫星，必须满足两个条件：

- 太阳照射目标的时候，通常地面站所处位置必须在黑暗中（这种情况叫作明暗界限状态，terminator condition）[1]。低地球轨道卫星可能有一半的轨道处在地球阴影中，如果要满足明暗界限状态[2]，光学跟踪只能在日出前和日落后的几个小时内进行。低地球轨道卫星每天都可能多次经过某一个光学观测点，而光学跟踪的机会可能很多天才有一次。监测某些卫星的时候（比如太阳同步卫星），很有利的光线条件有可能几个月都不会出现一次。监测高椭圆轨道卫星和地球同步轨道卫星时，问题可能少一些，因为它们即使在夜晚也可以被照明。
- 该站点必须有较好的大气状况。光学传感器的一个严重缺陷，就是不能在恶劣天气下工作。云、雾和霾会严重降低光学系统的工作能力，而同样情况丝毫不会影响雷达。最佳的观测条件，往往位于高海拔地区，天空无云且夜色深沉，较少受不利大气效应干扰，也不被光污染影响，这是比较理想的观测条件。

虽然光学跟踪的最佳条件就是处于明暗界限状态，但是无源传感

[1] 译注：这里是指地球的明暗分界线，类似于地球白天和黑夜的分界线。

[2] 译注：这里可能特指观察仪器在暗处，目标物在明处的状况。

(passive sensing) 在昼间也能进行光学跟踪。使用可见光过滤器和视场较窄的光学仪器，可以在白天跟踪到低地球轨道卫星。过滤器只能通过特定的光波长，其他波长都被拒绝通过，大大降低了其他来源光波的干扰，只接收能够跟踪到卫星的光线。在白天，太空冷色背景下观测到的卫星的红外特征，也可以用来跟踪卫星。

与雷达相比，光学系统在情报搜集上有缺陷，但也有优势。卫星能够探测到自身正被雷达跟踪，却无法探测到是否正被无源光学系统跟踪。利用太阳作为光源，在执行观测任务时，不会泄露光学观测点的位置。

传感器性能

光学传感器的性能，主要由光学设备的大小决定。一般而言，光学设备孔径越大，性能越佳。评估性能，主要依据传感器能够探测到的**目视星等**（visual magnitude, m_v）。一个光学系统所能探测到目视星等的最大值，取决于很多变量，包括光学系统的孔径、接收机的功率和曝光时间。

目视星等是对目标相对亮度的量度。目视星等的数值越大，代表目标的亮度越暗。最亮的星的目视星等接近于 1。不借助任何辅助手段，肉眼能看到最暗的星是 6 等。卫星的目视星等特别容易发生变化，它们反射率的变化，取决于卫星的能见度（纵横比或者是高宽比）以及卫星可见部分的材质。通常，地球同步卫星的目视星等在 11 到 13 之间——相当于火星卫星的星等亮度。口径为 0.5 米到 1 米的望远镜，就可以探测并跟踪地球同步卫星。

无源光学系统不能像雷达一样测量一个目标的距离。雷达系统可以测量电磁波到达一个目标的往返传输时间，从而确定距离。但是，利用太阳作为光源的光学系统，就没有可供参考的起始时间来确定距离。运用第八章射频系统中使用的测角交叉技术，用一个光学系统网络就可以测算距离。假如在几个站点同步跟踪一个物体，运用三角测量法[1]将能测定物体的距离。

作为可替代的选择，有源光学系统能够用于获取距离。激光可以同时作为光源和雷达发射机工作。激光测距仪利用光波和雷达利用无线电波一样，通过测量光波到达一个物体的往返传输时间来确定它的距离。使用激光测距仪，可靠地测定卫星的距离，通常需要卫星携带**反射镜**（retroreflector）把激光脉冲反射回它的源头。

无源光学系统主要用来搜索、跟踪和确认卫星。下面三小节讨论地面站点的无源光学系统是怎样做到的。

搜索

偶然情况下，光学系统必须搜索整个或者部分的天幕，以探测新的或者迷失的卫星。使用带有传动系统的望远镜能完成对卫星的光学搜索。带驱动器的望远镜观测时沿着天空移动的速率和恒星移动的速率一致，所以遥远的恒星始终位于视场中的同一个位置。随着望远镜缓慢地移动，它的摄像机能够在视场内迅速拍摄电子快照。恒星的图像位置固定，其轨迹在光电成像记录中可以通过电子手段擦掉。卫星的位置不定，它们的运动轨迹，在控制台屏幕中显示为细细的条痕。计算机测量这些条痕，利用其数据来确定卫星的位置和计算卫星的轨道。[2]

搜索位于地球同步轨道或高椭圆轨道最高点附近的卫星，需要采用不同的方法，因为这些轨道上的卫星仅在很长一段时间内展现出相对于地球的运动。我们通常会采用剔除法（elimination）。星表（star catalog）用来

---

[1] 译注：三角测量法，即在地面上布设一系列连续三角形，采取测角方式测定个三角形顶点水平位置（坐标）的方法。它是几何大地测量学中建立国家大地网和工程测量控制网的基本方法之一。

[2] 原注：Federation of American Scientists (FAS) Space Policy Project, Military Space Program, www.fas.org /spp military program track /geodss.htm.

描述在视场范围内的恒星，空间目标编目（space object catalog）则用来描述已知的卫星，剔除恒星和已知卫星之后就只剩新的或移动的卫星。另一种探测地球同步轨道卫星的方法就是关闭望远镜驱动。这样，地球同步卫星或者太空垃圾在控制台屏幕上就是一个点，而恒星仍然显示为条痕。

使用宽视角望远镜，更容易搜索和获得目标。不过，望远镜的视角变宽，跟踪精度会受到影响。当然会有一些解决方案，比如在大型窄视角跟踪望远镜上附加一个小型宽视角“寻星”望远镜。另一个方案就是使用独立的搜索望远镜（acquisition telescope）。

跟踪

利用光学跟踪卫星的方法之一，就是沿着卫星轨道的不同点测量卫星和参考恒星之间的距离。已知参考恒星的位置，就能算出卫星位置和卫星轨道。跟踪过程和搜索过程大体上一致：移动望远镜来保持参考恒星的相对静止，把卫星环绕的次数、移动的不同位置与已知恒星、已确定位置的卫星进行对比，就能确定目标卫星的位置。另一种替代方案是，移动望远镜来跟踪目标，是可能跟踪到光线非常微弱的物体的，由此得到的目标的图像在探测器上仍然是静止的。长时间的曝光，让探测器获得更多的光量，也是可行的方法。问题是：必须提前知道目标卫星的轨迹，才能让望远镜随卫星的轨道移动。

光学跟踪系统很少跟踪低地球轨道航天器，因为目标在低轨道的高速率限制了光学传感器的观测时段。不过，它们可以跟踪位于地球同步轨道或者高椭圆轨道的空间目标；在有利光线条件下，光学跟踪系统能够对位于这些轨道上的目标进行长时间观测。

光学跟踪系统的主要优势，在于其跟踪地球同步轨道卫星和高椭圆轨道卫星时的成本效益。虽然雷达也能跟踪地球同步轨道卫星，但是它需要特制的高功率设备，整体功耗极大，因此造价相当高昂。另一方面，从单位（a per-unit basis）成本来衡量，光学跟踪系统相对于雷达跟踪系统花费较少。对于希望发展太空监视能力的第三世界国家而言，光学跟踪系统成本低廉，简单实用，格外有吸引力。多年以来，美国用来跟踪太空物体的主要的陆基光学传感器，就是贝克－努恩相机[1]，如图 9–3 所示。[2] 相机口径 0.5 米，重约 3.5 吨。贝克－努恩相机最初使用胶卷，但是现在，大部分此类相机改为在焦平面上使用 CCD（电荷耦合器件）传感器。

图 9–3 贝克－努恩相机

[1] 编注：贝克－努恩相机（Baker-Nunn camera），20 世纪 50 年代由贝克和努恩设计的大型高精度人造卫星跟踪照相机。

[2] 原注：Smithsonian Institution Archives, Smithsonian Astrophysical Observatory, Photographic print, Negative no. 2002-32252.

贝克－努恩相机现在被陆基远太空光电监视系统（ground-based electrooptical deep space surveillance，GEODSS）代替。陆基远太空光电监视系统的传感器是增强型的电子望远镜，使用微光电视摄像机和计算机来代替胶卷。传感器获得的数据可以储存在本地进行分析，如有情报需求，也可以近实时地传输给太空监视中心进行分析。陆基远太空光电监视系统的传感器比贝克－努恩相机更加灵敏，它们能够探测和跟踪体积更小、亮度更弱的物体。它们的跟踪精度足以维持“空间目标（跟踪）编目”项目[1]，其中包括确定位于地球同步轨道的卫星的位置，但传感器只能在夜间工作。

陆基远太空光电监视系统所在的每个站点都有三台望远镜，每一台朝向天空的不同区域。当卫星穿越天空时，望远镜运用此前描述的技术迅速拍下电子快照，在操作者的控制台屏幕上显示为细小的条痕。然后，计算机测量这些条痕，利用相关数据来判断卫星当前在轨道上的位置。恒星的图像保持在星表中的固定位置，作为三台望远镜的参照物或者校准点。陆基远太空光电监视系统有三大观测地点，分别位于美国新墨西哥州的索科罗、印度洋的迪戈加西亚岛和夏威夷的毛伊岛。[2] 位于毛伊岛的陆基远太空光电监视系统站点，也是第三章简要讨论的毛伊岛空间监视系统的一部分。

目标识别 / 确认

光学太空目标识别系统分为主动（有源）和被动（无源）两类。被动光学太空目标识别系统（passive optical SOI systems），利用太阳光来提供

[1] 译注：空间目标（跟踪）编目，指美国利用其全球地面观测站系统和轨道预报模型系统，对空间目标进行跟踪和编目，迄今已经实现对包括 11000 多颗在轨卫星在内的 31000 多种空间目标的编目能力。

[2] 原注："Ground-Based Electro-Optical Deep Space Surveillance," USAF Fact Sheet, www.af.mil /factsheets/factsheet.asp?id=170.

光学特征信息。主动光学太空目标识别系统（active optical SOI systems），如前文所述，依靠激光来照亮目标。与利用太阳光相比，激光照明器有几大优点。第一，它在白昼黑夜均可操作。第二，它可以根据多普勒特征获得物体的转速。第三，它能够比被动照明提供更好的成像效果。

在用于目标识别的三种被动光学技术中，光谱传感和光度测定技术可以不经过成像就提供识别了的细节数据，尽管两者也可以和第三种技术（成像技术）一起使用。

光谱传感。太空目标识别最迫切的需求，就是明确制造卫星的材质，探测卫星表面的退化程度，确定未公开的有效负荷，分析卫星的异常，分类和确认卫星。光谱成像，特别是高光谱成像，显示了对目标识别的巨大潜力。美国高级光电系统[1]的光谱成像传感器，能够对卫星进行高光谱成像。[2]

能够在发射波段，特别是长波红外波段观测卫星或者再入飞行器的传感器，可以测量卫星的发热部位，判断目标的任务和工作状态。分析人员对再入飞行器进行光谱分析，可以确认其材料。[3] 感知长波红外线的最佳时段是夜间，天空背景对传感器的干扰较小。图 9–4（彩色效果见书前插页对应图片）展示的是美国航天飞机在执行 STS–96 任务时，在中波红外波段生成的一幅红外图像。航天飞机鼻锥面和两翼的前端，显示的是航天飞机在再次进入大气层过程中因摩擦产生的密集的热量。[4]

---

[1] 译注：高级光电系统（AEOS），能通过适当的光学原理以消除大气造成的图像模糊，从而产生非常清晰的图像。

[2] 原注：Robert Plemmons, Wake Forest University, “Tensor Methods for Space Object Identification using Hyperspectral Data,” Slides 30–36, www.wfu.edu/~plemmons/ talks/ Maui07.pdf.

[3] 原注：John A. Adam, “Peacekeeping by Technical Means,” *IEEE Spectrum*, July 1986, 42–80.

[4] 原注：Daniel W. Banks, Robert C. Blanchard, and Geoffrey M. Miller, “Mobile Aerial Tracking and Imaging System(MATrIS) for Aeronautical Research,” NASA/TM-2004-212852, August 2004.

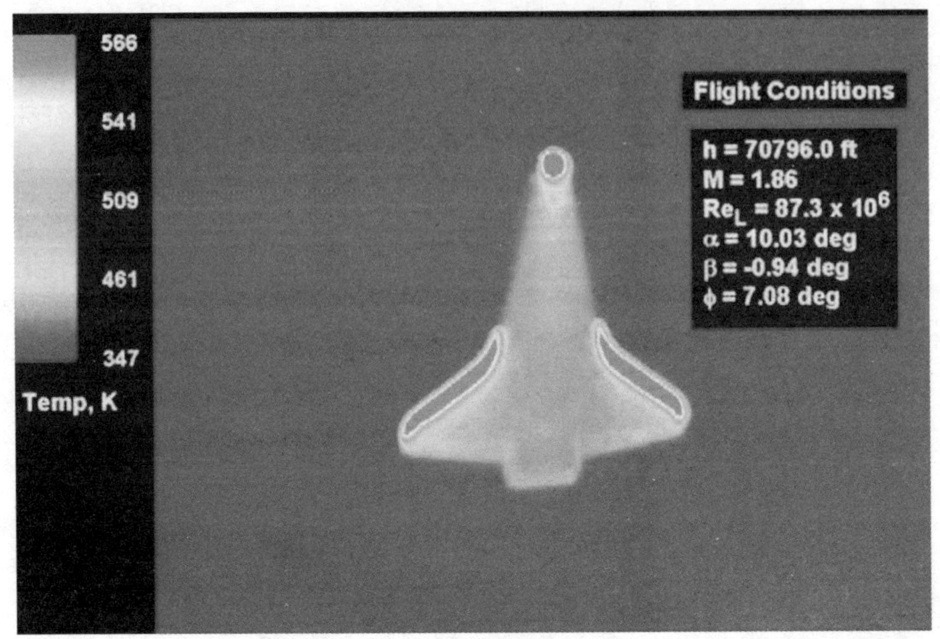

图 9–4　航天飞机的红外图像

光度测定。一些被动光学太空目标识别系统会使用光度计来测量目标发射或者反射的光线的强度。在一个以上波段上光线强度的变化，构成了光学特征。多色光度计可以搜集不同光谱波长的光学特征，是进行太空目标识别的非常有利的工具。例如，多色光度计可以帮助操作者区分卫星的类型；每种类型的卫星都具有典型的光学特征。同种类型或者配置相似的卫星会有类似的光学特征。此外，光度测定有助于判断卫星的状态。一旦失效卫星坠落，光学特征就会出现无规则的变化。[1]

光学成像。也许最有效的光学太空目标识别技术，就是获得物体的光学图像。第三章提到的美国空军毛伊岛光学空间监视站，以及上文提到的

[1]　原注：T. Schildknecht, R. Musci, C. Fruh, M. Ploner, "Color Photometry and Light Curve Observations of Space Debris in GEO," *International Astronautics Congress Proceedings*, IAC-08, paper IAC-08-A6.1.04, September 29, 2008.

高级光电系统，都具备成像能力。高级光电系统孔径为3.67米，堪称美国用来跟踪卫星的最大的光学望远镜。这个重达75吨的光学望远镜，能够非常精确地进行深空空间定位和跟踪，快速跟踪低地球轨道卫星和导弹。该望远镜具有复杂的传感器系统，包括自适应光学系统、辐射计、摄谱仪、长波红外成像仪，可生成多种有助于目标识别的特征。[1]

由于大气湍流会扭曲穿过大气层的光线，这导致很难获取高质量的光学图像。下面是应对大气湍流效应、能提高图像分辨率的几种主要技术。

- **未补偿成像**（uncompensated imaging）。这种技术涉及携带光学仪器的卫星成像，这些光学仪器未修正大气湍流效应。如果暂时不计大气湍流效应和镜像品质，图像分辨率取决于孔径直径和光线波长。理论上，携带一个镜面的望远镜可以对相距400千米的卫星成像，分辨率为26厘米。在实践中，大气湍流干扰和镜像缺陷会降低平均分辨率，利用镜面对相距400千米的卫星成像，其分辨率会低于2.4米。然而，通过处理这些未补偿成像来获取卫星构造的细节——比如确认太阳帆板、天线和望远镜镜身，是可以实施的。[2]
- **补偿成像**（compensated imaging）。这种技术使用自适应光学仪器，能够大幅度减少大气湍流造成的图像退化。自适应光学仪器试图抵消大气湍流造成的物体图像扭曲，利用可移动的拼接镜面或者可变形的连续镜面来补偿图像退化。在成像过程中，可以移动拼接的镜面或者让镜面表面变形，直到产生系统可以接受的图像。
- **视频成像**（video imaging）。在视频成像中，可以使用灵敏的高速分幅式视频摄像机，在跟踪卫星的同时拍下视频。在某一段时间

[1] 原注：USAF, "Air Force Maui Optical and Supercomputing Site," www.maui.afmc .af.mil/.

[2] 原注：Yulia Zhulina, Vympel Corporation, Moscow, "Extracting Useful Information from Distorted Images with Multiframe Blind Deconvolution," *SPIE Newsroom*, April 5, 2007, http://spie.org/x14617.xml.

内，可拍下卫星的数千帧照片。有时大气湍流自身发生抵消后，搜集系统可以拍摄近乎没有大气干扰的图像，再把这些图像合成完整的照片。

- **多镜面／镜面拼接**（multiple mirrors/segmented mirrors）。一旦大气湍流效应弱化，使用自适应光学仪器，或者运用某些图像处理程序，都能增加光学仪器的尺寸，提高成像分辨率。但是，大镜面昂贵笨重，很难制造。解决的方案就是拼接很多镜面来合成图像，避免制造单个的大型镜面。决定望远镜有效孔径的，是小镜面阵列的直径，而不是单个镜面的直径。

镜面制造业的最新进展，就是制造出直径约为 8 米的大型蜂巢式镜面群。很多筹划中的望远镜观测项目都会运用蜂巢式镜面群，或者联合使用多台望远镜，来形成更大的有效孔径。镜面拼接望远镜的一个实例就是凯克望远镜，该望远镜直径 10 米，由 36 块（六角）镜面拼接组成。望远镜放置在美国夏威夷州莫纳克亚山顶峰的凯克天文台。多台望远镜的实例，是欧洲南方天文台在智利建造的甚大望远镜（Very Large Telescope）。该系统由 4 台相同的 8.2 米口径的望远镜组成，形成的等效口径为 16 米。

三、天基光学传感

大部分光学传感作业在地面站进行，但在太空平台上运行这些传感器有潜在的优势。大气不再是影响因素，能够在更近的距离获得图像以提供更多细节，也会有更多机会让目标获得适度的阳光。此外，还有更多机会感知可见光波段之外的物体。在太空中，卫星和再入飞行器都可以跟踪并且成像。比如，美国空军的天基可见光传感器，设计用途就是跟踪上述两种飞行器。其传感器套装包括一个能探测 300—900 微米波段的可视传感器，还有能够在长波红外波段和紫外波段工作的各类传感器。[1]

有时，成像卫星会贴近另一个卫星飞行，以获取高分辨率的照片。这种技术称为星对星成像（satellite-to-satellite imaging）技术或者卫星平方成像（sat-squared imaging）技术。[2]1998 年 5 月，法国地球观测系统（SPOT4）成像卫星拍摄了一张关于欧洲空间局 ERS–1 雷达观测卫星[3]的令人惊叹的照片。ERS–1 卫星上的天线，所覆盖面积大概有 3.6 米 × 0.25 米，在照片上清晰可见。[4]

第四章提到过使用空载红外传感器来探测弹道导弹和宇宙飞船。类似的红外技术可以用于探测和跟踪来自太空的再入飞行器。[5]

四、信号情报

为了执行任务，卫星必须和地面站通信。导弹在试验阶段必须和地面站进行遥测通信。因此，信号情报传感器可以用于识别有情报价值的信号。它们能够确定物体的类型和任务状态，或者协助确定轨道位置。

---

[1] 原注：Jayant Sharma, Grant H. Stokes, Curt von Braun, George Zollinger, and Andrew J. Wiseman, "Toward Operational Space-Based Space Surveillance," *Lincoln Laboratory Journal*, 13, no. 2 (2002): 309–334.

[2] 原注：FAS Space Policy Project, www.fas.org/spp/military/program/track/index.html.

[3] 译注：ERS–1 是目前欧洲开发的最复杂的地面观察卫星之一，重 2 吨多，长 12 米，配备有先进的电子仪器与多种天线发射装置。ERS–1 装备有 3 个雷达观测孔，不管空中阴云密布，天气如何，其观测数据不受干扰。目前，ERS–1 卫星已为欧洲空间局提供了关于地球表面上陆地、海洋、南北极的冰况，海洋冰川的变化，气象预报等大量的卫星图像。

[4] 原注：ERS-1 Seen by SPOT4, http://spot4.cnes.fr/spot4_gb/im-ers-0.htm.

[5] 原注：Statement of Lt. Gen. Ronald T. Kadish before the House Armed Services Committee, Subcommittee on Military Research and Development, June 14, 2001, www.mda.mil/mdaLink/html/kadish14jun01.html.

对卫星和再入飞行器进行情报搜集，可以利用电子情报手段和外国仪器信号情报手段。任何具备卫星通信能力的国家，都能从截获的信标或者通信卫星下行信号中获得跟踪信息。自由市场上就常常出售这种被动跟踪系统。

用于太空监视和弹道导弹试验监控的信号情报系统，除了搜集信号，也在尝试准确定位信号的来源，不时跟踪信号来获得轨道或者轨迹信息。卫星或者弹道导弹的任何发射源——通信设备、雷达，或者信标——都能成为跟踪信息的源头，然后使用第七章讨论过的某种定位技术就能确定目标的位置。

陆基信号情报系统能够跟踪卫星和提供卫星的位置数据。它们使用利于山顶状况的情报搜集天线来跟踪卫星的方位角和高度。通常来说，虽然此类跟踪系统不如光学或者雷达仪器那么精确，它们却能提供全天候 24 小时的被动跟踪系统，足以支持维护空间目标编目。加用干涉仪，能够极大地提高此类信号情报跟踪的准确度。

在信号情报搜集的过程中，我们要搜集大量信息以了解、确认卫星的弱点。如指挥系统的后门程序、具体的卫星命令、信号的典型特征和功率等级，以及寻找信道间隔——以备日后反卫星作战利用等。

遇到一个新信号时，我们要进行搜集和处理以了解信号的功能和特点。如果是加密的系统，会大大增加信号评估的难度。而我们无须具备对信号进行解调或者分离的能力，就能进行基础层面的电子情报 / 外国仪器信号情报行动。

电子情报

针对卫星进行的电子情报搜集通常直指卫星的信标（假设卫星携带信标），它通常用于跟踪卫星和确定轨道。如果卫星携带雷达，并且是合成孔径雷达，那么针对雷达的技术电子情报搜集系统就能确定雷达的参数和性能。

弹道导弹再入飞行器通常不携带雷达，也不是电子情报搜集的目标。巡航导弹通常携带至少一个雷达测高仪，很多巡航导弹——特别是反舰巡航导弹——也携带目标采集和制导雷达（homing radar）来引导导弹击中目标。这一类导弹的代表就是法国“飞鱼”反舰巡航导弹[1]，该导弹配备了X波段目标采集和制导雷达。[2] 与巡航导弹雷达相关的电子情报技术对我们而言非常重要，有助于发展反制措施，特别是为舰队防御系统服务。

外国仪器信号情报

几乎所有的卫星都具备相关能力，能接收地面发出的通信信号（指令信号或者指令上行信号），也能把卫星状态信息传送到地面（遥测或者遥测下行信号）。两者综合称为卫星的遥测、跟踪和指令（telemetry, tracking, and commanding，TT&C）。通过截取和分析指令上行信号或者遥测下行信号，可以获得卫星位置和状态的信息。弹道导弹和巡航导弹在试验阶段也携带遥测系统（作战导弹不携带遥测系统）。下面我们用弹道导弹试验遥测来解释外国仪器信号情报的一般运作过程。

按照弹道导弹的发射顺序，发射升空之前的最后一个步骤，就是分离连接导弹和发射台的脐带电缆。从那一刻起，导弹设计者就必须依赖遥测技术来观测导弹的性能。[3]

导弹在飞行过程中，沿飞行路径向地面站发射遥测信号。这些信号不断接力传回控制中心，测量结果同步储存并且显示在可视化屏幕上。地面站中预计接收遥测信号的装置会有遥测信道分配密钥（channel assignment

[1] 译注：飞鱼导弹（Exocet），是法国航宇公司研制的一种全天候空对舰导弹。

[2] 原注：Federation of American Scientists, “Exocet AM39/mm.40,” www.fas.org/man/dod-101/sys/missile/row/exocet.htm.

[3] 原注：David S. Brandwein, “Telemetry Analysis,” www.cia.gov/library/center-for-the-study- of-intelligence/kent-csi/docs/v08i4a03p_ 0001. htm.

key)，确认哪一个轨迹记录了哪些测量结果，列出校准方案清单，确定转换系数以便把既定的遥测值转换为压力、温度、流速或者其他变量。

当然，情报分析人员并没有信道分配密钥，因此他们使用遥测结果之前必须判断信道，这要求获得导弹飞行中某些基本的测量数据。导弹推进系统会有加速度测量值和推力舱压力（thrust chamber pressure）测量值。如果发动机以液体燃料为动力，燃气推动涡轮泵将推进剂输送到燃烧室，涡轮泵进口和出口都会测量到燃料和氧化剂的压力值，以及燃气发生器压力、涡轮速度、燃料和氧化剂流速的读数。如果对本国弹道导弹遥测读数有一定的了解，分析人员可以在截获的遥测信号中搜寻类似的读数。

一旦有了初步的判定，就要根据物理定律和合理的设计实践来进行各种测试，以验证推断的有效性。比如说，假设某一个数据疑似为加速度的测量结果，可以对照理论上一枚具备恒定推力的导弹在某时间段内的加速度值进行验证。在确认加速度之后，情报分析人员就能利用这样一个事实，即推动加速度的力量（火箭推力）和（火箭）推力舱压力成一定比例。加速度记录上微小的变化都能反映在推力舱压力变化上，可用来确定推进舱压力的信道。

情报部门如果获得了较好的遥测样本，就能判断出主要的测量结果。样本必须包括主要的飞行模式转换阶段（flight transition period），如关闭发动机的时段。例如，在涡轮泵填充液体燃料的发动机中，推进剂输送系统的压力在发动机关闭不到 1 秒内降为零；而依据高速旋转的惯性，涡轮在弹道导弹运行中还要经过 4—8 秒才会停止运转。这类数据有助于识别导弹的意图。

导弹的加速度是最重要的测量结果，在分析中最有用。假设在第一级推进器燃料用尽之前截获了遥测信号，其轨迹如图 9–5 所示。显然，从记录上可以看到导弹有两大主要燃烧阶段，发动机第一次关闭是在第 100 秒的时候。接着导弹滑行 5 秒直到第二阶段点火，然后第二阶段燃料燃烧

145 秒后结束。第二阶段关闭之后图表记录上显示的低高度，表明在主发动机关闭后，用于合理规划燃尽阶段速率的小型助推火箭发动机（vernier engine，微调发动机）还工作了 10 秒；这 10 秒加速度和主要发动机关闭时的加速度之比，也就是微调发动机推力和整体推力之比。270 秒的短暂被动移位说明制动火箭从主火箭中发射分离，脱离了有效负载。[1]

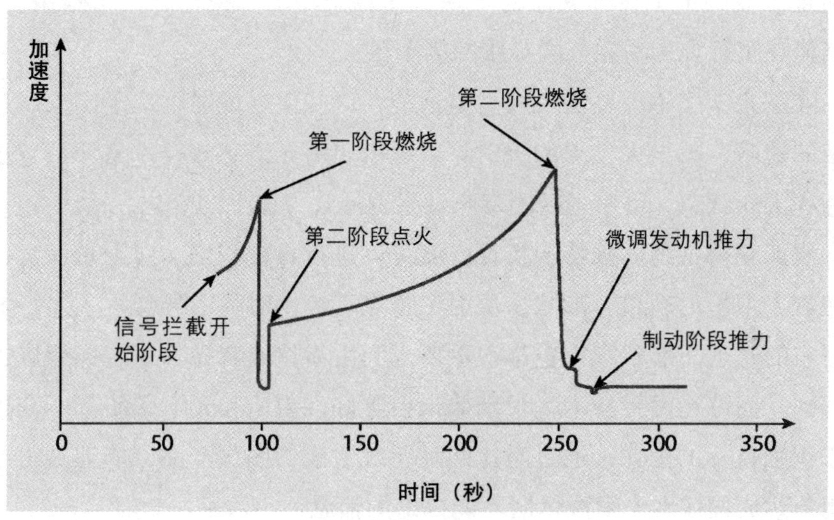

图 9–5 导弹加速度典型历史记录

五、小结

导弹监视和太空监视严重依赖技术搜集传感器来提供战略情报。各类技术搜集人员能够在该领域共同合作，以获得更加完整的目标画面和信息。雷达、光学、电子情报和外国仪器信号情报传感器，都能用来搜集关于弹道导弹测试和卫星运作的情报。这些传感器能够搜索、跟踪和识别

[1] 原注：David S. Brandwein, "Telemetry Analysis," www.cia.gov/library/center-for-the-study-of-intelligence/kent-csi/docs/v08i4a03p_0001. htm.

(确认）太空目标和导弹目标。它们支持对试验阶段的导弹进行性能评估，以评价卫星的性能。

雷达的设计理念，是运行下面三种功能的一个或者多个：搜寻弹道导弹，包括再入飞行器，或者太空物体（卫星和太空垃圾）；精确地跟踪上述物体；确认它们。每一个功能都要求在设计雷达时做一些调整，虽然能够通过效能的折中设计来同时实现上述三个功能。相控阵雷达运用普遍，因其能够履行多重功能，同步跟踪多个目标。

陆基光学遥感卫星需要大型望远镜，这些望远镜通常位于山顶以避免云层的遮蔽，减少大气层的折射。望远镜使用光谱感知技术来评估卫星的任务和工作状态，可用光度测定来观察卫星在方位上的变化。

假如获得某物体独特的特征，就可以进行目标识别。对卫星而言，特征包含了卫星的轨道、形状、反射率特点等等。对弹道导弹再入飞行器而言，它的轨道、形状和重量都很重要。利用雷达或者光学系统都能进行目标识别，而综合两种技术，识别效果会更好。雷达和光学系统都能获得有助于识别目标的图像，通过对比两种系统生成的图像产品，能够获得单纯利用雷达成像或者光学成像所不能提供的信息。

天基光学传感器能够获得卫星的高分辨率图像，以协助识别目标。因为在太空中，大气层不再是影响情报搜集的因素，而且天基成像能比陆基成像获得更加近距离的图像。

利用信号情报系统能够跟踪发射射频信号的卫星和导弹。除了定位目标之外，信号情报系统通过分析接收到的信号能够获得有价值的情报。电子情报系统可用于搜集卫星和巡航导弹上所携带雷达的信息。遥测搜集系统（外国仪器信号情报）可以评估试验阶段弹道导弹的性能，并且评估卫星的状态和任务。

[第十章]

非电磁特征

前面的章节集中讨论了电磁传感，即整个毫米波段的射频传感和从红外波段到紫外波段的光学传感。技术搜集也使用某些设备来感知传感器周围环境的化学变化或者物理变化。这些**原位**[1]传感器，可测量物体内部或者短距离内的现象，通常是探测声音、温度、污染物、核辐射，以及电场和磁场。如侦察机携带到高空的空中取样设备，探测大气核试验放射物痕迹的，就是一种原位嵌入传感器。卫星上携带的原位传感器，在通过环绕地球的辐射带时，可以测量地球辐射带的强度。

大部分非电磁传感器，并不具备电磁传感器在广阔地域上的搜寻能力（之前章节讨论过）。与在空中或者太空中运行的电磁传感器相比，非电磁传感器要么搜寻速率相对慢，要么距离相对短，或者两者兼备。因此，大部分非电磁传感器受限应用在小范围内。唯一明显的例外是，这一类传感器能够探测土壤和水下的低频率声波（比如次声波）；如果声源强度很高，传感器能够探测到几千米之外的声波。这些次声波传感器实际上是远程传感器，但是它们又不符合远程传感的定义（远程传感是指在电磁波谱环境

[1] 译注：原位（in situ），为拉丁语“在其位置（situs）上”之意。

下工作)，所以放在本章讨论。[1]

一、磁场和电场

磁场传感、电场传感和电磁传感不一样。电磁波可以扩散，能在很远的距离被探测到。磁场和电场并不能扩散，通常只能在很短的距离内感知到。比如说，某一块磁铁形成的磁场，使用特殊的传感设备，只能在几英寸到几英尺之内的距离感知到。

磁场传感只能针对对磁铁有反应的物质（称为**铁磁性**[2]**物质**，ferromagnetic material）工作。根据车辆、舰船或者潜艇在地球磁场上产生的微弱变化，磁场传感能够探测到这些运输工具的位置或者运动轨迹。这一类磁场传感器，在短距离内，能够探测铁磁物体，比如武器和简易爆炸装置 (improvised explosive devices，IEDs)。

探测地球磁场微弱变化的设备叫作磁强计[3]。磁强计的工作原理,就是某些类型的原子受外部磁场引力作用，导致排列顺序上的变化。**地磁异常探测器**（magnetic anomaly detector，MAD）是一种特殊类型的磁强计，在地质学上可以用来观测对地球正常磁场的干扰现象以搜寻矿物质。地磁异常探测器也能定位地下隧道或者建筑，因为在岩层的中空部分，岩石通常会引起地球磁场的微小变化。地磁异常探测器的工作原理，类似于寻宝猎人用的金属探测器，或者公共事业公司用来发现地下管道的设备。

军队常用地磁异常探测器从飞机上定位水下潜艇，但是侦察机必须正

[1] 原注：Robert M. Clark, *Intelligence Analysis: A Target-Centric Approach*, 3rd ed. (Washington, D.C.: CQ Press, 2009), ch. 6.

[2] 译注：铁磁性（ferromagnetism），指的是一种材料的磁性状态，具有自发性的磁化现象。各材料中以铁最广为人知，故名之。某些材料在外部磁场的作用下被磁化后，即使外部磁场消失，依然能保持其磁化的状态而具有磁性，即所谓自发性的磁化现象。所有的永久磁铁均具有铁磁性或亚铁磁性。

[3] 译注：磁强计（magnetometer），是测量磁场强度和方向的仪器的统称。

好位于潜艇位置的上方，或者距离潜艇非常近，才能探测到磁场变化或者异常。侦察机的探测范围，通常和地磁异常探测器与潜艇之间的距离有关，大约为数百米。潜艇的大小和潜艇外壳材质构成，通常决定了磁场异常的强度。磁场异常探测需要就近探测，在进行空投鱼雷攻击之前，地磁异常探测器是确定潜艇位置的绝佳的传感器。

携带地磁异常探测器的飞机的作业，会极大地影响地磁异常探测器的探测距离。飞机和潜艇相对于地球磁场行驶的方向，也是影响探测的重要因素。飞机方向的迅速改变，或者某些电子设备的操作以及电动机产生的巨大飞机射频噪声，都会导致无法探测出潜艇的磁场特征。飞机携带的地磁异常探测器，具备抑制或者清除飞机噪声的特殊电子线路构造。地磁异常探测器的位置也尽量远离干扰源。因此，携带地磁异常探测器的飞机尾部都有明显的延长部分，叫作**地磁异常探测器尾桁**（MAD boom）。图 10–1 展示的就是

图 10–1　携带地磁异常探测器尾桁的 P–3“猎户”飞机

携带地磁异常探测器尾桁的 P–3C“猎户”[1] 飞机。

因为舰船外壳和螺旋桨之间有电流的运动，舰船和潜艇在海水中也能产生电场。距离目标几千米就能探测到电场，但也要视水深和海面风浪状态而定。[2]

二、核辐射

所有核反应都会导致粒子和波的发射——中子、电子、离子、伽马射线或者 X 射线。地表或者大气核爆炸的辐射强度最强，但是核动力反应堆也会辐射能量。了解核辐射的强度和类型，能够帮我们了解发射机的特征。我们研发出了很多核辐射探测器，最古旧的一款，就是盖革计数器[3]，它能感知辐射所造成的电离效果。现代固态辐射传感器更加灵敏，能够探测出近距离内隐蔽的核装置。有的核装置很小，只有衬衫纽扣那么大。

以核武器为例，我们最感兴趣的、产生主要核裂变同位素的物质就是铀 – 233、铀 – 235 和钚 – 239。大部分情况下，核辐射探测器只有在相对接近源头时，才能发挥功效。比如，钚武器自发裂变的特征就是释放伽马射线和中子，但是能探测到中子的限制是距离核武器 15 米之内。超过这个范围，背景噪声[4]（也就是自然产生的中子的活动干扰）就掩盖了武器特

[1] 译注：P–3C 是美国洛克希德公司在民用客机的基础上改进的反潜飞机，绰号为“猎户”。它可以在空中进行长时间的飞行。它的最大活动半径达 3835 千米。“猎户”有 10 个武器挂架，可以携载鱼雷、水雷、深水炸弹等多种武器。机翼下还可以挂两枚空对空导弹、“鱼叉”反舰导弹等。这些武器足以对付水下的潜艇。

[2] 原注：E. Dalberg, A. Lauberts, R. K. Lennartsson, M. J. Levonen, and L. Persson, “Underwater Target Tracking by Means of Acoustic and Electromagnetic Data Fusion,” *Conference Proceedings of the 9th International Conference on Information Fusion*, Florence, Italy, July 10–13, 2006.

[3] 译注：盖革计数器（Geiger counter），又称盖革 – 米勒计数器（Geiger-Müller counter）。由德国物理学家盖革（Hans Geiger）发明，米勒（Walther Müller）改良。用来探测和计数单个粒子辐射的仪器。

[4] 译注：背景噪声（background noise），也称为本底噪声，主要指电声系统中有用信号以外的总噪声。

征。因此，核材料探测器只能在相对短的距离内使用，最适合于咽喉要道和监视出入口，或者此前我方已经通过其他情报（a priori intelligence）来源获知核物质的存在。

X 射线和伽马射线都是核辐射的一种形式；它们也属于电磁波，但波长比紫外辐射的波长要短，但能在短距离内被探测到，所以放在本章一起讨论，但最适合在另一类核辐射探测中讨论。

恐怖组织会利用常规炸弹的放射性物质如铯－137 等来制造脏弹。全世界蕴藏了大量可以制造脏弹的放射性物质。脏弹越来越成为情报关切，而 X 射线和伽马射线探测器可以对付这一威胁。在关键地域，伽马射线探测器和 X 射线扫描仪组合起来，就可以探测到脏弹。如果放射源没有屏蔽，那么伽马射线探测器能够感知到放射源。如果有屏蔽物（比如铅），X 射线扫描仪可以探测到一个大型的不透明圆团，进而进行深入调查。任何隐藏放射性物质的技术，都会使它更容被探测到。[1]

核辐射传感器要进行折中设计。对很多类型的传感器而言，这种折中司空见惯：设备必须极端敏感，但是引发假警报的数量也会急剧增加。具备天然放射性的物质（比如猫砂、陶瓦、瓷片）会重复地激发虚假警报，即安装在港口和边境检查站的辐射监控器不断重复出现的问题。[2]

三、声波和次声波

声波（声能）的无意识发射或者调制，能够和射频能量一样提供相同类型的情报信息。这种无意识发射情报的专门领域叫作**水声情报**（ACINT，

[1] 原注：Steven Johnson, “Stopping Loose Nukes,” *Wired*, 2004, www.wired.com/wired/archive/10.11/ nukes_pr.html.

[2] 原注：Eric Lipton, “U.S. Security Devices at Ports to Be Replaced,” *International Herald Tribune*, Monday, May 9, 2005, www.iht.com/articles/2005/05/08/news/secure.php.

水下的声音)，或者**声学情报**(ACOUSTINT，空中的声音)。声波和次声波传感，有时称为**地球物理情报**(geophysical intelligence)，主要涉及对环境干扰噪声的搜集、处理和利用，这些噪声主要存在于可听波段(20 赫兹以上)或次声波段(20 赫兹以下)，可以穿过地球或在地面之上传播。

声波在水下传播和次声波在土壤中传播都有一定条件，声音在远距离传输效果较好，这也是此类情报搜集工作最好的状况。比如，使用被动声呐[1]可以获得潜艇的特征，或者确定它们的位置，这是众所周知的。潜艇的涡轮、螺旋桨和其他安装在船上的机械会产生声学噪声，传感器可以在水中探测到这些特征并在很远距离外识别潜艇。

出于情报目的，传感也有短距离的。图 10–2 显示了声波和次声波传感，在不同声波和次声波频段内的大体范围。

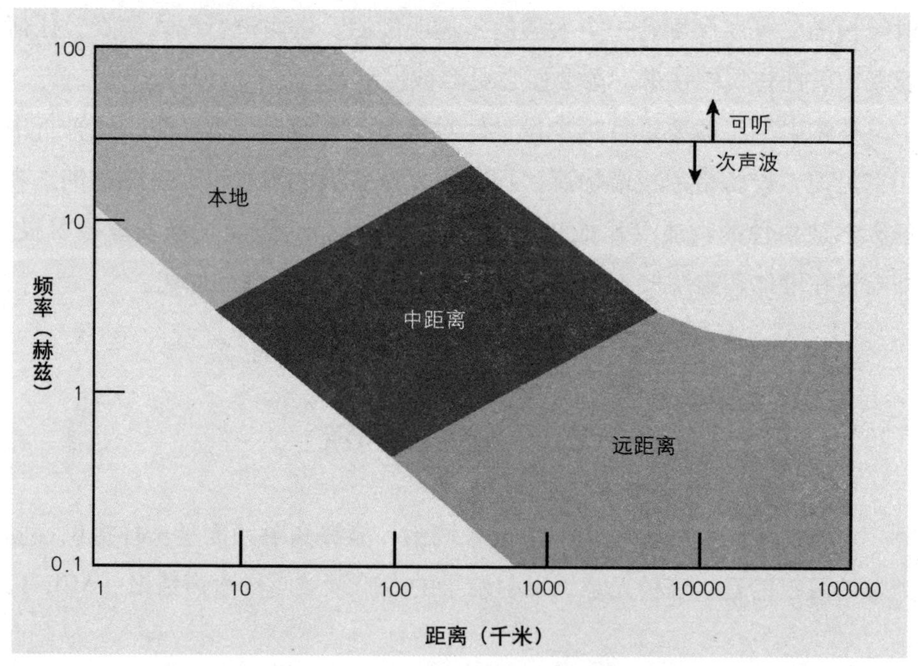

图 10–2　声波和次声波监视区域

[1]　译注：被动声呐(passive sonar)，也叫噪声声呐。它是通过接收和处理水中目标发出的辐射噪声或声呐信号，从而获取目标参数的各种声呐的统称。

第五章讨论过获得电磁波谱传感良好特征库的重要性。情报利用上的声学特征，也需要依靠良好的声学特征库。下面讨论我们遇到的一些特征类型，以及它们的用途。

大气声学传感

战场情报，越来越多地使用短距离声波或者次声波进行情报搜集。陆地车辆和空中飞行器，比如卡车、坦克、直升机和无人机，在可听范围内通常都有连续的声学功率谱。许多此类运输工具都会显示出独特的窄带声学特征（比如，汽油或者柴油发动机气缸循环速率的谐波，轮胎刹车的间隔，或者脚步行进的间隔等）。

图 10–3（彩色效果见书前插页对应图片）显示了一辆大卡车的声学特征。[1] 其中包含从 200 赫兹到 25 赫兹的声谱上的显著功率。谐波频率独特的窄带特征代表了发动机气缸的旋转运动，轮胎在地面上滚动之后产生轻

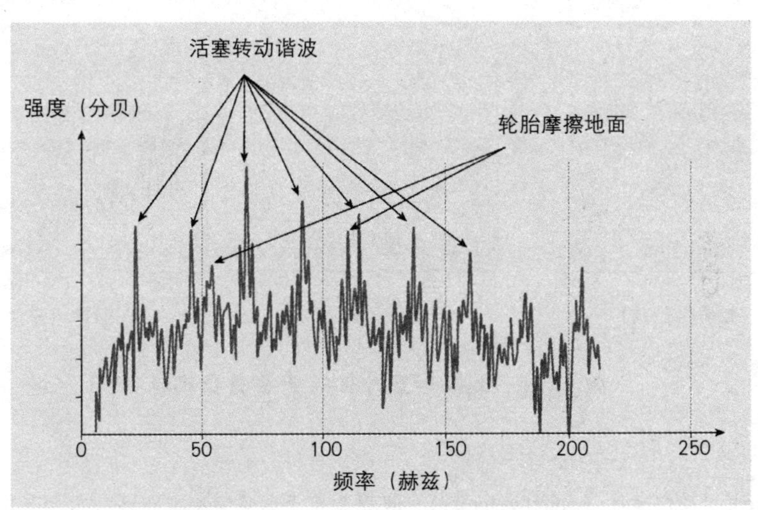

图 10–3 卡车的声学功率谱图

[1] 原注：From S. Tenney, Army Research Laboratory; quoted in Christopher Stubbs, "Tactical Infrasound," JASON Report JSR-03-520, The MITRE Corporation, May 9, 2005.

微的不对称声波就是图上间隔性的停顿。类似的窄带特征可用在信号处理算法中，以提高探测能力，也有助于识别车辆类型。

如图 10–3 所示，运动车辆形成了图中尖锐的声学“尖峰信号”，我们能够使用多普勒频移的一个以上特征来测算径向速度[1]。多个声学探测器安放在不同的位置，能够估算出车辆行进的方向和距离。另外，特征中显示的细节，能够让情报分析人员辨认出特定的车辆，跟踪它们的运动。情报部门研发了很多识别技术来支援战场声学（battlefield acoustics），重点关注高于 10 赫兹的频率。大部分同类技术都用在短距离情报搜集中，范围覆盖 1 赫兹到几百赫兹之间的声学频谱。[2]

图 10–4 对波音 747 飞机、A–7 海盗攻击机和黑鹰直升机的声学特征进行了比较。总体而言，每一种喷气发动机都有独特的声学特征；不过，即使是用在不同飞机上的同一类发动机，由于飞机构造或者发动机维护的不同，也会形成有轻微差别的特征，进而能让情报分析人员确认特定的飞机。直升机比较容易辨认，图中直升机旋转机翼的特征，就是典型的尖峰信号。[3]

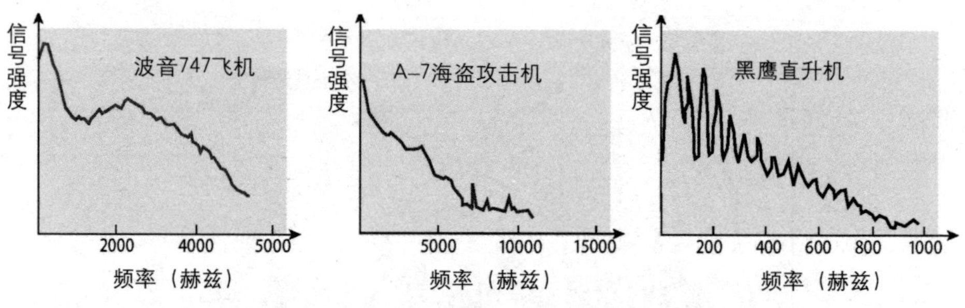

图 10–4　飞机和直升机的声学特征比较

[1] 译注：径向速度（radial velocity），即物体或天体在观察者视线方向的运动速度。

[2] 原注：From S. Tenney, Army Research Laboratory; quoted in Christopher Stubbs, “Tactical Infrasound,” JASON Report JSR-03-520, The MITRE Corporation, May 9, 2005.

[3] 原注：Gregory Crawford, “Netted Sensor Fence for Homeland Defense,” www.mitre.org/news /events /tech04/briefings/1406.pdf.

大部分声学特征仅仅能从几千米以下的短距离探测到，但是我们能从更远的距离上利用声学或者次声波探测大型弹道导弹的发射。在 27 千米的范围、1 赫兹到 25 赫兹的频段上，我们能够侦测到飞毛腿导弹发射的声学特征。[1]

在良好的大气条件下，声波能够在空气中传播相对远的距离。通常，这时候地面附近存在大气逆温（也就是说，温度随着高度而增加，并不是按照常理的随着高度增加而降低）。声波能够在水中或者顺风时传播得更远。

水下声学

水面舰船和潜艇发出的水下噪声等级相当高，**水听器**（hydrophone，它是能在水下有效工作的扩音器）这种被动声学装置在几千米范围内就能探测和跟踪到这些噪声。如前所述，在几千千米的距离内，这种搜集无意识发射情报的专门领域称为水声情报领域。通常来说，声音在水中比在空气中传播得更远，其传播的速度几乎是在空气中传播速度的五倍。水下噪声源有如下几种：

- 机械振动，舰船低速行驶时它是主要噪声源；
- 流过船体外壳的水流，在船速高于 10 节的时候更加重要；
- 螺旋桨旋转，叶片旋转也会产生信号；
- 螺旋桨空泡[2]，螺旋桨高速运转在水中产生气泡的时候出现；
- 船员的活动。

识别舰船可以依靠监视和分析其行驶时产生的声音，特别是主发动机和辅助发动机产生的振动，还有螺旋桨旋转产生的声音。这些噪声合并组成了舰船声学特征。理论上，每一艘船都有自己独特的声学特征，这是一种声波

[1] 原注：Christopher Stubbs, “Tactical Infrasound,” JASON Report JSR-03-520, The MITRE Corporation, May 9, 2005.

[2] 译注：空泡，是指一部分压力降至水饱和蒸气压以下时产生的气泡。这些气泡是由蒸气和某些溶解于水中的气体组成的。

指纹，类似于之前提到的飞机和车辆的声学特征。这些声波特征可以用于识别目标。水听器记录声学信号，和之前录制好的标本信号进行对比，从而识别舰船。一旦建成此类声学特征库，后续的特征搜集和分析就能提供宝贵的信息，辨识舰船的类型、进行身份识别、掌握其活动和能力。

同一个船厂出产的舰船，设计相同，可能会有几乎相同的特征，由此产生非常类似的声学特征，通过对特征使用细粒测量技术（fine-grain measurement），情报分析人员能够区分两艘舰船。问题在于同一艘船的声学特征会随着时间和条件的不同而变化。当一艘船的载运量改变时，其吃水深浅会改变，声学特征也会发生改变。舰船声学特征的改变，是船龄、损耗和改装综合作用的结果。有的专家认为，为了确保识别的可靠性，情报部门应该每六个月就测量和记录一次同一艘船的声学特征。[1]

图 10–5（彩色效果见书前插页对应图片）的频谱图展示了美国国家海洋和大气管理局（National Oceanic and Atmospheric Administration，NOAA）大型舰船“布朗号”（Ronald H. Brown）的声学特征，当时这艘船接近太平洋近赤道区域的某一个水听器站点。水平连续的黄色“线条”，或者叫作噪声带，是螺旋桨叶片的旋转造成的。在图中，强峰线的数值分别是 21、35 和 42 赫兹。军队通常使用这些“螺旋桨叶片线”（blade lines）的典型特点来确定舰船的特点、船级[2]，识别特定的舰船。[3]

---

[1] 原注：Daniel Frei, “International Humanitarian Law and Arms Control,” *International Review of the Red Cross*, November–December 1988, 491–504, www.loc.gov/rr/ frd/Military_Law/pdf/RC_Nov-Dec-1988.pdf.

[2] 译注：船级，是表示船舶技术状态的一种指标。在国际航运界，凡注册总吨在 100 吨以上的海运船舶，必须在某船级社或船舶检验机构监督之下进行监造。在船舶开始建造之前，船舶各部分的规格须经船级社或船舶检验机构批准。每艘船建造完毕，由船级社或船舶检验局对船体、船上机器设备、吃水标志等项目和性能进行鉴定，发给船级证书。证书有效期一般为 4 年，期满后需重新予以鉴定。

[3] 原注：Andra M. Bobbitt and Sharon Nieukirk, “A Collection of Sounds from the Sea,” NOAA Pacific Marine Enviromental Laboratory, www.oceanexplorer.noaa.gov/explorations/sound01/background/seasounds/seasounds.html.

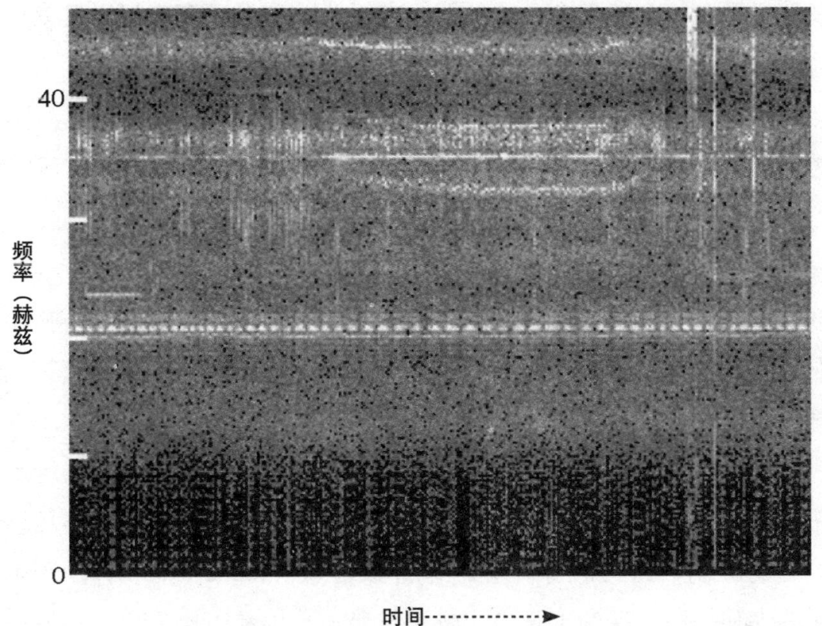

图 10–5 水面行驶船只的频谱图

据报道，美国海军使用特殊构造的攻击潜艇来获取外国潜艇的声学特征。据说该项目始自 1959 年，目标就是获得苏联潜艇的特征库。最近的报道表明，该项目有所扩展，可以获取俄罗斯、中国和印度潜艇的声学特征，并且跟踪它们。[1]

水下声学侦听的困难之处，就是要在非常不利的环境下探测舰船或者潜艇的特征。海洋表层之下是一个嘈杂的环境。背景噪声让监听器很难接收到声学信号。比如，信号在传播过程中，可能会因海水温度的改变而受到干扰或者阻塞。其他因素，包括深度、盐度和海底自然状态的变化，都会影响声音在水下的传播。在相对浅的海水中，比如波罗的海和北海，声音传播是一个非常复杂的过程，信号很难获得。但因为水下声波的传播方

[1] 原注：Jeffrey T. Richelson, *The U.S. Intelligence Community*, 5th ed.(Boulder, Colo.: Westview Press, 2008), 233–234.

式多种多样，综合使用多种传感器，在近距离和远距离都可以搜集声波特征。下面两节讨论声学特征搜集的方式。

近距离传感——声呐和声呐浮标。声呐（sonar，声音导航测距）技术是众所周知的，几百万年来，海洋生物就利用该技术进行交流和目标探测。一战期间，为了探测潜艇，主动和被动声呐技术取得重大突破，随后舰船和潜艇都安装了水听器。英国在 1944 年最早研发出声呐浮标（sonobuoy），可通过飞机空投，以便从远程识别和跟踪潜艇。声呐浮标构造很简单，就是一个绑在漂浮装置（浮标）上的水听器；浮标携带无线电发射器，能够把接收到的声波特征发射给飞机。

远距离传感——水听器基阵。大部分声学特征，如图 10–5 所示，都是在相对短的距离内搜集到的。但是，声学信号也能在海洋波导环境下传播很远的距离，这种波导环境叫作**音频信道**（sound channel）。音频信道位于海水某一层，深约 1 千米，位置与海洋上层和下层隔离。声波一旦进入信道，就会一直在信道内传播很长距离，没有明显的能量发散到海水表层。水面上的声波（来自舰船和波浪）不容易进入音频信道。但是，潜艇制造的低频声波很容易进入音频信道，能在远距离被探测到。

20 世纪 50 年代中期，美国海军利用这种现象，研制了一套水下监视系统来跟踪潜艇。美国海军的**水下声波监听系统**（sound surveillance system，SOSUS）[1]，是耗资数十亿美元的水听器基阵，位于大西洋和太平洋的海底。水下声波监听系统主要利用存在于海洋中的音频信道，低频声波能在音频信道中传播很远的距离。这些水听器基阵监听着海洋，记录着

---

[1] 译注：在二战期间，美国海军为了应对纳粹德国的潜艇袭击，开始研制水下声波监听系统来侦测敌方的潜艇和舰船。50 年代末，贝尔实验室的研究人员制成了第一套水下听音器，它们的尺寸与汽车的立体声扬声器相似。以后，陆续有 1000 多套听音器被部署在洋底，将它们连接到岸边而铺设的海底线路长达 3 万英里。其工作程序是：当听音器接收到音响信号后，首先由导线传送给沿岸的各收集站，经由卫星传送到温德比岛的监听站及几座类似的监听站，然后海军分析人员从显示的数据中对潜艇信号特征波形进行识别，并将关于该潜艇方位的情报发给海上的海军舰艇。

声音，通过海底电缆把数据传回海岸基站用于分析。水听器基阵具备类似射频相控阵系统的极高的灵敏度。基阵不断增加所需方向的信号，减少其他方向的信号。按照特定的时间序列，每一个水听器都向系统传送信号，利用信号对阵列进行电子导航。

水听器基阵不仅可以固定在海底，还能被舰船或者潜艇拖动。大多数情况下，一艘舰船拖曳一组水听器阵列，不过有时也会使用二维矢量或者三维矢量水听器[1]阵列。美国海军的**一体化水下监视系统**（integrated undersea surveillance system，IUSS）[2]，整合了水下声波监听系统和可移动的声学阵列，可被战术反潜作战部队利用。一体化水下监视系统主要用来探测和识别外国潜艇。[3]

图 10–6 展示了水听器基阵是如何工作的。[4] 来自潜艇的声音在不同时间到达每一个水听器，到达时间和阵列与潜艇之间的相对方向有关。水听器基阵通过处理信号，能确定潜艇的方位。如图所示，声学情报处理流程的时间尺度是以秒（或者几分之一秒）为衡量单位；雷达和电子情报信号的时间差则是以纳秒为测量单位。

---

[1] 译注：矢量水听器是目前声呐系统的重要部件之一。二维矢量水听器能进行水平面或垂直平面无模糊波束扫描，三维矢量水听器能进行全空间无模糊波束扫描。

[2] 译注：该系统将海军前沿集团行动区的固定和机动远程水下声波监视系统、作战指挥及通信系统连接在一起。IUSS 系统共同使用统一的情报交换网中各用户（包括远方用户和水下用户）所获得的水下情报。由于将各远程水下声波监视系统——SOSUS、FDS（Fixed Distribution System）、ADS（Advanced Deployable System）和 SURTASS（Surveillance Towed Array Sonar System）和舰载拖曳系统分散的各部分联网，IUSS 系统不仅能确保初步发现目标，还能处理和传递目标参数等信息，用于引导巡逻机、潜艇、反潜舰或反潜直升机。

[3] 原注：U.S. Navy, “History of IUSS,” www.cus.navy.mil/timeline.htm.

[4] 原注：Graphic from University of Rhode Island, “Discovery of Sound in the Sea,” www.dosits.org/gallery/tech/bt/hal.htm.

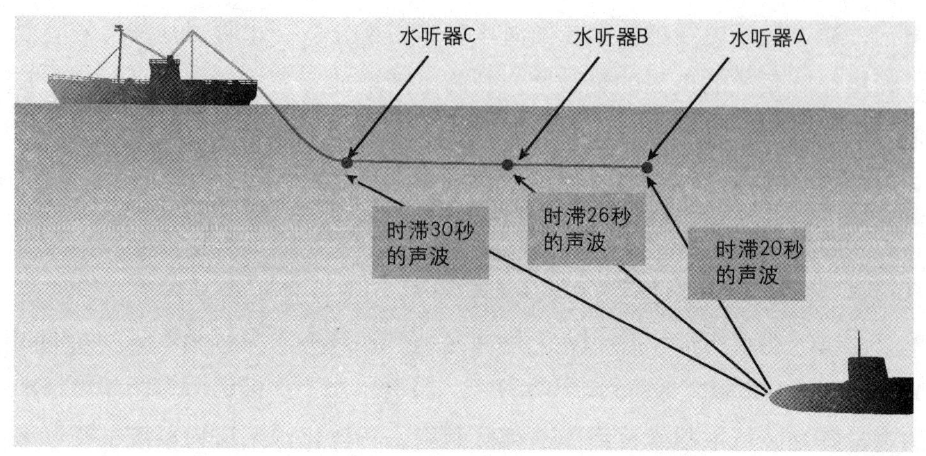

图 10–6 拖曳水听器基阵

地震传感

与水下声学传感密切相关的，是对沿着地球传播的地震波的探测和测量，称为**地震传感**（seismic sensing）。地震信号或者地震波是由地球震动产生的。人工和自然活动都能导致地球震动；震动可能是轻微的（人行走在地面上，或者飞机从地面上空飞过对其产生的声学效应），也可能是强烈的（地震或者发生在地下的大爆炸）。我们使用**地震检波器**[1]——一种扩音器——来感知大部分地震。图 10–7 是地震检波器的设计构造。声波和次声波能够击打圆筒，圆筒的机械振动转化为环绕磁铁的磁振荡。磁振荡传导为环绕圆筒线圈的电流。

地震检波器是结构简单却高度灵敏的设备，可以探测地面震动；多年来一直被地震学家和地质学家使用。地震检波器在石油和天然气勘探行业应用广泛；不过，它只能在相对短的距离内感知较高频（4 赫兹到 400 赫兹）的地震波，在探测低频（低于 1 赫兹）时性能很差。低频是长距离远

[1] 译注：地震检波器（geophone），用于地质勘探和工程测量的专用传感器，能将地面震动转变为电信号。

震信号（teleseismic signal）的典型特点，后文将讨论。

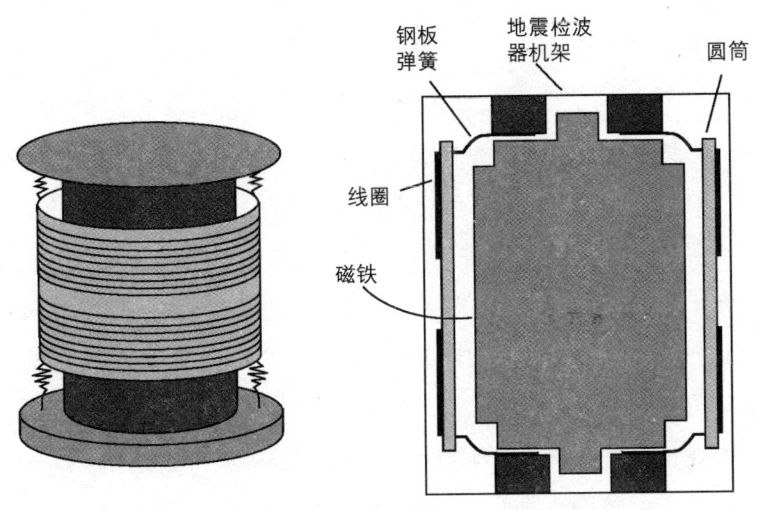

图 10–7　地震检波器设计构造

地震检波器是结构简单却高度灵敏的设备，可以探测地面震动；多年来一直被地震学家和地质学家使用。地震检波器在石油和天然气勘探行业应用广泛；不过，它只能在相对短的距离内感知较高频（4 赫兹到 400 赫兹）的地震波，在探测低频（低于 1 赫兹）时性能很差。低频是长距离远震信号（teleseismic signal）的典型特点，后文将讨论。

对脚步声和车辆通行进行声学监听。在短距离范围内，地震传感器能够探测和识别出不同类型的脚步声或者运行的车辆。在 20 世纪 60 年代越南战争时，美军用地震传感装置搜集战场情报。空军和特种作战部队把地震检波器放在“胡志明小道”（Ho Chi Minh Trail）上，探测人和装备在小道上造成的震动。地震检波器把数据和信息发射给指挥中心，分析人员把数据转换成目标信息供作战单位使用。[1]

[1]　原注：“The Conflict in Southeast Asia (SEA),” June 1996, www.wpafb.af.mil/museum/ history/vietnam/sea1968.htm.

对建筑物和地下设施进行声学监听。地震检波器能够用来监听建筑物和地下设施中的行动。最能体现这种专业扩音器情报价值的，就是将地震检波器直接放置在建筑物结构中，如墙体、结构大梁、电缆或者通风管道中。地震检波器从建筑物构造中直接获取机械振动，通过电线或者安全的无线通信把信号发射到设施外。这种技术依靠的就是房间中的物体构造能获得声波（比如声音和机械噪声）和机械振动的能力。因此，地震检波器可以获得有情报价值的声学特征，也能从建筑物内人们的对话中获得通信情报。

如果无法在建筑物或者地下设施中放置地震检波器，在建筑物附近广泛分布的地震检波器阵列既能探测声源的位置，也能辨认制造声波的设备。众所周知，所有的机械设备，比如发动机和齿轮，都会发射声学信号。可以根据信号频谱来确认声源。很多建筑和地下建筑内进行的活动以及机械振动的频谱范围，都在 10 赫兹到 250 赫兹之间。[1]

定位声波。确定声波源头的位置，需要精确地测量声波到达广泛分布的地震检波器的时间。这种传感器阵列测量到的时间差，能够对源头进行“三角测量”，精确定位噪声的位置。这种技术非常类似于第八章讨论的到达时间差法，但有一个很重要的区别：前面说过，电磁信号的速度可以被视为光速，但声波不能那么简单地被视为某种固定的速度。

问题在于，地下声波传播的速率变化很大。在土壤里通常是 500 米每秒，在坚硬的岩石里就是 5000 米每秒。通过到达时间来确认声源位置可能是一种挑战。而且，如果使用位置临近地面的地震检波器阵列，很难确定声源的深度。为了获得声源的深度，地震检波器阵列必须沿着垂直钻孔安放。

更加复杂的地震检波器阵列，可以被动监控来自地下设施内部静止物体和移动设备发射出的声波，并对地下设施进行成像。这种成像方法早已用在勘探地震学中，该学说认为，地球表面的爆炸或者机械振动能够生成反射或者折射出地球深层结构的波形。地震检波器阵列搜集反射信号，以

[1] 原注：Preston Johnson and Shahzad Sarwar, “Recent Technology Trends in Machine Monitoring,” www.averna.com /en/news_events_data/2004-10-15-averna-vibrationmonitoring-oct15_2004.pdf.

创造出地质构造的图像。人们在地震区能够感知到震动，因此主动传感技术不一定用作情报目的。如果能够列出该地区的地质特点，相同的技术也能应用于被动传感。被动传感器阵列能够连贯地综合接收到的数据，以获得声源的图像，方法类似于地震勘探中图像的形成过程。[1]

远震和区域地震波传感

远震（teleseismic）信号，描述的是由强烈的地壳震动引起的地震运动，能在距离源头很远的地方被仪器记录下来。区域地震波或者中距离地震信号，描述了在地震中间段记录的地震波动，统称为地震信号。

为了探测处于较低的次声波频段的远震信号和区域地震波信号，我们会使用地震计（seismometer）。[2] 和地震检波器一样，地震计是加速度计的一种。它测量次声波敲击地震计外壳而导致的物质运动，主要是测量物质在三个方向上的运动（上下、南北和东西）。地震计可以在较宽的带宽上工作（比如，0.01—50 赫兹），具有较大的动态距离，即对广阔范围内的信号强度格外灵敏。

感知地下爆炸。情报机构的主要关切就是探测和分析地下爆炸，特别是和核武器试验有关的地下爆炸。地震和地下爆炸都能从很远的距离上探测到。

如果地下爆炸发生在欧洲、亚洲、北非和北美的任何地方，只要是在硬岩层上释放出 0.1 千吨的爆炸量（爆炸当量相当于 100 吨 TNT），就能被探测到，并且可进行识别。地震传感系统能够切实探测到地下爆炸。在某些情报部门感兴趣的地点，比如俄罗斯的新地岛 [3]（参见下面的论述），

---

[1] 原注：Steve Norton, I. J. Won, Alan Witten, Alex Oren, and Frank Funak (Geophex, Ltd.), “Time-Exposure Acoustics for Imaging Underground Structures,” Final Report, September 30, 2003, http:// handle.dtic. mil /100.2/ADA417769.

[2] 原注：Gurlap Systems, “Broadband Seismometer,” http://ida.ucsd.edu/pdf/cmg-3t.pdf.

[3] 译注：新地岛（Novaya Zemlya），位于北极圈内。新地岛核试验场（Novaya Zemlya Nuclear Test Site）是苏联重要的核武器试验场之一。共进行过 132 次核爆炸，总当量约为 240 个百万吨级，包括 1 次地上核爆炸、3 次潜射核爆炸、3 次水上核爆炸、83 次空投核爆炸以及 42 次地下核爆炸。

甚至可能探测到 0.01 千吨（10 吨）的爆炸能量。爆炸发生的媒质有所不同，其特征改变的系数为 100；水饱和土壤可能会释放很强的信号，而松散干燥土壤的信号很弱。水下爆炸的信号最强；能够在 0.001 千吨（1 吨）或者更低的当量上被探测和辨认。[1]

感知地下爆炸（或者水下爆炸）有两个基本的方法，就是感知中距离地震波或者长距离地震波，如图 10–8 所示。距离上的区别，是因为波形在土壤中传播的方式不同。根据观测到距离的不同，地震波传统上分为远震波和区域波。地震波可能以远震波的形式在地球深部扩散，在大于 1500 千米的距离外显现出来，或者以区域波形式传播（类似于池塘水面的波纹）。因为远震波在 2000—9000 千米的范围内不容易消减，我们能利用它从国家边境线的观察站上监视某一个大国的动作。远震波是美国在 1987

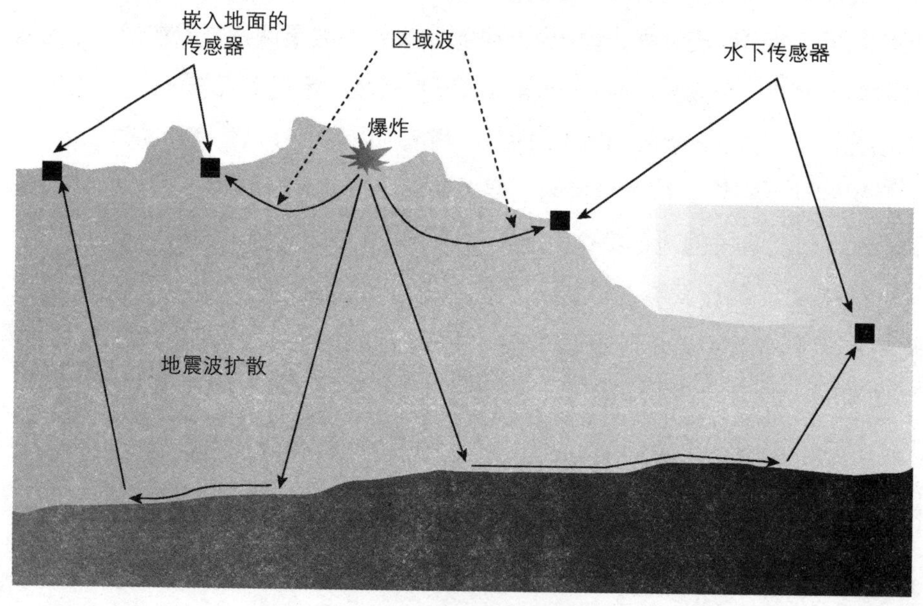

图 10–8　地震波传感路径

[1]　原注：National Academy of Sciences, “Technical Issues Related to the Comprehensive Nuclear Test Ban Treaty” (Washington, D.C.: National Academy Press, 2002), 57.

年之前用来监视外国核试验的基本手段。[1]

长距离远震传感。最近几十年来，在 1949 年 8 月苏联核试验之后，美国建立了次声波探测系统，部署了地震波观测站网络来监视可预期的地下核试验。多年以来，苏联在很多广为人知的试验区域进行了很多次核试验，利用观测网络相对容易探测到这些试验。

1961 年美国首次探测到苏联的地下核试验，位置在现今哈萨克斯坦境内塞米巴拉金斯克[2]大气核试验场以南 40 海里。该次核试验之前，情报界还对试验地区有争议，认为这里不是已知的核试验地点；不过，该次核试验发生的地点虽不位于地震带，但在已知核试验区域的附近，有着大量的山峰适合进行地下核试验。情报界据此推断出，这实际上可能是一个地下核试验区域。[3]

除非有其他原因，塞米巴拉金斯克附近的任何地震波动，从过去到现在一直被假定为进行核试验。俄罗斯的新地岛有同样的遭遇。由于新地岛有着进行大气核试验的长久的历史，该地区地震活动相对较少，也存在大量山峰适合进行地下核试验，因此苏联在此进行了 5 次地下核试验，第一次是在 1964 年。从该地区探测到的地震波动通常会引起情报界的密切关注。在 1966 年秋季，苏联确认该地点是核试验场地，并且暗示说政府在此地进行了最大的 1 百万吨级（1 兆吨）的地下核试验。[4]

---

[1] 原注：National Academy of Sciences, “Technical Issues Related to the Comprehensive Nuclear Test Ban Treaty” (Washington, D.C.: National Academy Press, 2002), 39.

[2] 译注：塞米巴拉金斯克核试验场（Semipalatinsk Nuclear Test Site），位于原苏联哈萨克斯坦东北部，距塞米巴拉金斯克市约 150 千米，建于 20 世纪 50 年代后期，是苏联最主要的核试验场。1989 年关闭。苏联在这里共进行了 456 次核试验，其中 340 次为地下核试验，116 次为大气层核试验。

[3] 原注：James R. Shea, “Winnowing Wheat from Chaff,” *Studies in Intelligence*, 13, no.3 (Fall 1969): 20, https://www. cia.gov/library/center-for-the-study-of-intelligence/kent-csi/vol13no4/pdf/v13i4a03p.pdf.

[4] 原注：James R. Shea, “Winnowing Wheat from Chaff,” Studies in Intelligence, 13, no.3 (Fall 1969): 21, https://www. cia.gov/library/center-for-the-study-of-intelligence/kent-csi/vol13no4/pdf/v13i4a03p.pdf.

1966 年根据《全面禁止核试验条约》(*Comprehensive Nuclear Test Ban Treaty*)的规定，全世界建立了核试验国际监测系统（International Monitoring System，IMS)，即由全球的次声探测系统、水声探测系统和放射性核素探测系统组成的网络。一个典型的国际监测系统的地震计阵列，包括 5—30 个传感器，分布在几平方千米范围内，受同一个中心记录系统指挥。这一阵列能探测到非常微弱的信号，减去噪声的影响，通过计算信号到达单个传感器的时间序列，来估算信号是从哪个方向到达观测站的。全世界大约有 50 个这样的监视站点，近乎实时地通过卫星持续向国际监测系统国际数据中心发射数据。[1] 使用这种分布在全球的原位传感器网络，信号分析人员能通过对比信号到达每一个传感器的时间，来确定爆炸源的位置。

远震感知也能探测长距离的非核爆炸。在深海大部分区域中，只有几千克炸药的爆炸量，就能够在上千千米的范围内被探测到。由于震源附近的气体存在膨胀和压缩的现象，被记录的信号里能探测到典型的气泡脉冲 [2] 特点，就能由此确认深海的爆炸。因为声波在海底能有效地转化成地震波，联合使用水下声学和地震网络可以有效地监视水下媒介的状态。监视海洋中的声波是一门非常先进的学科。起初为了探测潜艇，对声学系统进行了大量投资，后来慢慢发展成该学科。[3]

中距离地震信号。区域波有好几种类型，它们都在比较浅的深度扩散(小于 100 千米)。这些波通常无法覆盖远震时波的扩散距离。它们的传播依赖于地球外壳和上地幔顶部的地形特征，这些特征在不同的地区都有明显的变化。根据记录，距离在 1200 千米左右的浅源的区域波强度，要大

---

[1] 原注：National Radiation Laboratory of New Zealand, "CTBT International Monitoring," www.nrl.moh. govt.nz/about/ctbtinternationalmonitoringsystem.pdf.

[2] 译注：气泡脉冲（bubble pulse)，又称重复冲击。是指海洋地震勘探中，震源在水中形成的气泡受周围水介质的压力作用，而产生反复多次的膨胀和压缩的现象。它会产生干扰，严重影响有效波的识别。

[3] 原注：National Academy of Sciences, "Technical Issues Related to the Comprehensive Nuclear Test Ban Treaty," 51.

于距离超过 1800 千米的远震波强度。而区域波比远震波更复杂，更难解读。千吨以下爆炸量的远震信号太微弱因而无法探测，但是此类爆炸当量的区域信号能够被设备探测到。[1]

长期的监视经验反映出区域波的用途，我们通过监视可以推断，从 1961 年到 1989 年塞米巴拉金斯克核试验基地实施了 340 次地下核试验。这些爆炸通常都被西方地震学家用远震信号记录在案。在苏联解体之后，中亚的区域波信号档案被公开，我们又探测和定位了该基地另外 26 次的核试验。大部分都是千吨以下的，不能通过远震信号识别，也无法记录在案。[2]

处理和利用远震波与区域波信号。因为地震传感器的探测阈值非常低，我们探测到的大部分地震活动，也需要进行分析。一年中，世界上会发生 7000 多次震级大于或等于 4 级的地震，大概 60000 次地震的震级大于或者等于 3 级。如果有化学爆炸的震级大于或者等于 4 级就非常罕见了(每年有很少，如果有的话)，每年全球有几百次化学爆炸的震级大于或者等于 3 级，并且一年有几千次的化学爆炸的震级更小，能够被足够近距离的观测站探测到区域波。[3]

这就提出了问题，我们每天区分的成千上万的信号中，可能有从同一个地震源中探测和搜集到的。在这个过程中，国际监测系统观测站的方位传感功能有助于区分假警报。

前面提到，区域波有不同的类型。主要的两类称为 P 波和 S 波[4]。P

[1] 原注：National Academy of Sciences, "Technical Issues Related to the Comprehensive Nuclear Test Ban Treaty," 39.

[2] 原注：National Academy of Sciences, "Technical Issues Related to the Comprehensive Nuclear Test Ban Treaty," 39.

[3] 原注：National Academy of Sciences, "Technical Issues Related to the Comprehensive Nuclear Test Ban Treaty," 42.

[4] 译注：P 波是一种纵波，粒子振动方向和波前进方向平行。在所有地震波中，其前进速度最快。它能在固体、液体或气体中传播。S 波是一种横波，前进速度仅次于 P 波，粒子振动方向垂直于波的前进方向。它只能在固体中传播。利用 P 波和 S 波的传播速度不同，利用两者之间的走时差，可进行简单的地震定位。

（代表压力）波是压缩波，类似于空气中的声波。S（代表剪切）波是横波，它们从一边移动到另一边，或者上下移动，就像海洋表面的波形一样。地下爆炸压缩了周围的土层，它们会高效地辐射地震P波。相反的，因为隐伏断层滑动移位和地表破裂导致的地震，产生的是S波的横向运动。爆炸将会产生强P波和弱S波，而地震会产生弱P波和强S波。我们能够确认P波，因为它们传播得更快些，也是第一个到达监测站的波。

图10–9（彩色效果见书前插页对应图片）显示了P波和S波的重要区别。图上部是1998年5月11日印度核试验的地震波特征，这个特征被巴基斯坦尼罗里的一个监视站记录下来。图底部是同一个站点所做的地震测量。由此能明显地看出P波和S波的区别。[1]

图10–9　印度核试验和地震图比较

特征库。监视过程中，一旦探测到地震波动，获得了估算中的确切位置，下一步就是进行事件的判定。[2] 这就要求周密分析地震波动的特征，

[1]　原注：Lawrence Livermore National Laboratory, “Seismic Monitoring Techniques Put to a Test,” *S&T Review* (April 1999): 18. Image used by permission.

[2]　原注：National Academy of Sciences, “Technical Issues Related to the Comprehensive Nuclear Test Ban Treaty,” 43.

并与特征库中的特征进行比较。因为地震事件太多，地震情报主要的目的是探测核试验，确定信号是否为疑似的核试验，或者与核爆炸无关，因此这项工作的第一步就是利用特征信息来筛选事件。

- 首先**根据位置**筛选事件。地震在世界上的大部分地区是非常罕见，或完全未知的事情——比如在俄罗斯境内。该地区的任何地震信号都会引起人们的关注，并需要认真地核查。
- 然后**依据深度**筛选事件。例如，我们可以确认震动是在 50 千米以下的地面发生的。但是，核试验很难在 10 千米以下的地下进行，因此可以把此类事件剔除。[1]
- 如果事件发生在一个不常发生地震的地区，并且震动源头较浅，下一步就是仔细检查信号特征，并需要与建立在以往事件基础上的特征库进行比较。在地震常见的地区（比如中国的大部分地区），监视站逐渐建立了地震特征的档案。[2] 因此，大量之前保存的地震特征，可以用来和新事件的信号进行对比。

进行特征分析依赖于比较不同地震波类型之间的强度比率。在之前的例子中，P 波和 S 波被用来区分地震和爆炸。[3]

一个不容易解决的特征问题，是区分化学爆炸和核爆炸。两者有着相同的震动特征，而单靠地震传感无法区分化学爆炸和核爆炸。爆炸（有时可以释放几千吨当量）可能发生在运河或者水坝的建设过程中。如果释放能量足够大（十几千吨以上），那么毫无疑问，发生的是核爆炸；但如果释放能量较低，必须要搜集旁证来消除判断的模糊性。[4]

---

[1] 原注：National Academy of Sciences, "Technical Issues Related to the Comprehensive Nuclear Test Ban Treaty," 43.

[2] 原注：National Academy of Sciences, "Technical Issues Related to the Comprehensive Nuclear Test Ban Treaty," 43.

[3] 原注：National Academy of Sciences, "Technical Issues Related to the Comprehensive Nuclear Test Ban Treaty," 44.

[4] 原注：James R. Shea, "Winnowing Wheat from Chaff," 20.

四、小结

技术搜集，也使用非电磁传感器来感知传感器周围环境发生的即时的化学或者物理变化。传感器可测量物体内部或者物体短距离内的现象，通常是探测声音、温度、污染物、核辐射，以及电场和磁场。非电磁传感器要么搜寻速率相对慢，要么距离相对短，或者两者兼备。

常见的短距离传感的例子，就是很多国家利用地磁异常探测器，从飞机上定位水下潜艇。只是侦察机必须在距潜艇几百米的范围内，才能探测到潜艇导致的地球磁场的变化。

所有核反应都会导致粒子和波的发射——中子、电子、离子、伽马射线或者 X 射线。地表和大气核爆炸的辐射强度最强，但核反应堆也辐射能量。了解辐射的强度和类型，能够帮助我们了解发射机的特征。通过探测产生可裂变同位素的铀－233、铀－235 和钚－239，能够确认核爆炸装置。

大部分情况下，核辐射探测器只有尽可能贴近源头，才能发挥功效。这是很多传感器普遍面临的问题：必须具备极端敏感的设备，才能探测较远的距离，然而由此引发的假警报数量也在急剧增加。

对于非电磁传感器只能进行短距离探测这一条规而言，能够探测低频声波（次声波）的传感器是个例外。依据信号源的强度，此类声波能够在几千千米之外被探测到。声波传感和次声波传感，被称为**地球物理情报**，主要涉及对环境干扰噪声的搜集、处理和利用，这些噪声主要存在于可听波段（20 赫兹以上）或次声波段（20 赫兹以下），可以穿过地球或在地面之上传播。声波传播有一定条件。如声波在水下，次声波在土壤中，搜集效果最好。在声波远距离传播的情况下进行地球物理情报搜集，效果最好。

但用于情报目的的声学传感也有短距离的。战场情报越来越多地利用短距离声波或者次声波进行情报搜集。陆地车辆和空中飞行器，比如卡车、坦克、直升机和无人机，在可听范围内通常都有连续的声学功率谱——从几百赫兹到几十赫兹。这些运输工具都会显示出独特的窄带声学特征，有助于进行运输工具识别。

水面舰船和潜艇发射高等级的水下噪声，水听器能在几千千米范围内探测和跟踪到。搜集这种无意识发射情报的专业领域被称为水声情报门类。水下声学面临的作战挑战，就是在嘈杂的海洋环境中探测舰船或者潜艇的信号特征。进行上千千米的长距离传感，需要很长的水听器基阵。

和水下声学传感密切关联的就是地震传感，即探测和测量在地球上传播的地震波。地震信号或者地震波是由地球震动产生的。人为和自然活动都能导致地球震动；震动可能是轻微的（人行走在地面上，或者飞机从地面上空飞过对地面产生的声学效应），也可能是强烈的（地震或者大型地下爆炸事件）。

远震信号，是由强烈的地壳震动引起的，能在距离源头很远的地方被仪器记录下来。爆炸和地震都会产生这种震荡波。爆炸和地震相比，有着完全不同的远震特征，因此两者能区分开。但是，仅仅依靠远震信号不能区分化学爆炸和核爆炸。化学爆炸和核爆炸的远震信号基本一致；除非爆炸释放的能量太大，才能排除化学爆炸。在远震传感和短距离地震传感的中间距离上，我们可以用仪器感知中距离地震波或者区域波，来探测和描述各类爆炸。

[第十一章]

物料和材料的搜集和利用

本章讨论技术搜集的一些特殊领域，这些情报门类不能清晰地归入上文任何一章，但是在某些领域有显著的贡献，比如监督条约的履行、军事作战和执法活动。两大首要的领域分别是：

- 材料取样（materials sampling）——需要少量的材料或者材料的某些痕迹，运用司法鉴定流程来确定其属性。
- 物料获取（materiel acquisition）——获取硬件（比如计算机、飞机、导弹或者舰船），在情报利用中确定软件的设计和性能特点。

在任何一种情况下，情报搜集或者情报获取都涉及进行某些类型的人力情报行动——情报搜集可能是最简单的部分，情报利用才是最难的阶段。在情报利用中，分析人员可能要在实验室中对材料样本进行大量的实验，或者进行广泛的场地实验来测试获得的材料。

第三个领域，是生物测定学（即生物特征识别技术）和行为感知，广泛用于执法活动中，但在情报中也有应用，特别是在支援人力情报行动的时候。

一、材料取样

材料取样包括对微量元素、微粒状物质、废水、碎片残骸的搜集和分析。通过一系列的工业处理或者军事行动，此类材料能够挥发到大气、水或者土壤中。材料搜集也包括对环境监测取样，这在情报中得到的关注度逐渐提高，因为有些政府或者工业企业尝试隐瞒它们的污染活动。

材料取样在很多有情报价值的分析领域非常重要。本章涵盖四个领域：支援军事计划和作战行动，核试验和核材料，化学战产品，疾病暴发。经济情报利用材料取样来评估工厂生产和环境问题。材料取样已经在执法活动中运用很久，最典型的例子还是小说中虚构的人物：夏洛克·福尔摩斯[1]。他曾经谦虚地承认，“扫一眼灰烬，就能分辨出任何已知的雪茄或者烟草的牌子。”[2]

支援军事计划和作战行动

军事计划和作战行动广泛使用来自材料取样所获得的情报。特别是土壤和碎片残骸样本，被世界上很多先进的情报机构用来支援军事计划，如下所述：

- 1998 年，一次引起国际争议的、美国巡航导弹袭击苏丹一家制药厂的行动[3]，依据就是土壤取样和后续分析。在邻近首都喀土穆附近的

[1] 译注：夏洛克·福尔摩斯（Sherlock Holmes），虚构的侦探人物，19 世纪末由英国侦探小说家阿瑟·柯南·道尔塑造的一个才华横溢的侦探。他善于通过观察与演绎法来解决问题。

[2] 原注：Sir Arthur Conan Doyle, “A Study in Scarlet,” *The Complete Sherlock Holmes* (New York: Doubleday, 1985), 33.

[3] 译注：此处指位于苏丹境内的希法制药厂。该厂于 1996 年由苏丹军事工业公司出资建成，美国中央情报局从它成立起就开始对其进行监视。1998 年，中央情报局称在该药厂大门 60 英尺外取得的泥土样本中发现含有一种叫安普塔的物质，它无任何商业用途，却是神经毒气 VX 的重要原料。

希法制药厂，情报人员通过秘密手段获得了一份土壤样本。样本分析表明，土壤中含有一种化学物质安普塔（EMPTA）。根据美国情报官员所说，安普塔没有任何商业应用，除非用来生产神经毒气。[1]

- 苏联克格勃和美国情报机构一样精于材料取样。冷战期间访问美国飞机制造厂的时候，一位苏联客人利用鞋子上的黏合剂得到金属样本，通过后续分析确定了美国新型战斗机所用的金属合金。[2]
- 苏联使用钛来制造潜艇的船体，就是材料取样首先提供了可靠的证据。钛结构是潜艇设计上的一项重大进展，有助于让潜艇下潜得更深。第一个线索来自照片，分别从地平面和卫星上对列宁格勒一家造船厂生产的船体部分进行了拍摄：船体部分反射光较强，不可能是钢铁，它们也没有被氧化的痕迹。依据这个线索，一位美国海军助理武官在 1969 年设法从造船厂获得了金属样本，后来检验出是钛的残余物，最终提供了苏联造船业发展的确凿证据。[3]

在作战应用中，传感器能够利用取样来跟踪舰船或者潜艇。因为这些舰船在水面运动，它们肯定会留下化学物的痕迹。第七章图 7–11 提到过这些例子。海水对舰船的腐蚀和侵蚀，导致金属碎屑不断地排放到水中。润滑油、卫生间的废水、从潜艇生命支持系统释放出的氢气都排放在舰船的航行路线上。核动力发动机的中子辐射也能在海水中产生可被探测的变化。所有这些污染物在海洋中留下的“痕迹”，能够被安放在跟踪舰船或者潜艇合适位置的传感器检测到。当然这种跟踪是近实时的，类似于作战信息，而不是情报信息。即时跟踪舰船或者潜艇有助于建立作战模式，预

[1] 原注：“U.S.: Sudan Plant Sample Contains VX Nerve Gas Precursor,” *CNN.com*, August 24, 1998, www.cnn.com/WORLD/africa/9808/24/bomb.damage/.

[2] 原注：Gus W. Weiss, “The Farewell Dossier,” CIA Center for the Studies of Intelligence, www.cia.gov/library/center-for-the-study-of-intelligence/csi-publications/csi-studies/studies/96unclass/farewell.htm.

[3] 原注：Norman Polmar and Kenneth J. Moore, *Cold War Submarines* (Dulles, Va.: Brassey’s, 2004), 143.

测未来舰船或者潜艇的活动——因此，在情报上也有价值。[1]

情报界也存在对这些痕迹进行远程“取样”的潜力。第六章讨论了利用荧光探测痕量材料。如果用激光照射海洋表面，所照射到的微量元素会发射荧光，可以探测到舰船或者潜艇排放的污染物。

另一种跟踪舰船或者潜艇的被动取样技术，要依靠受到惊扰会发光的海底微生物的存在。舰船的运动和螺旋桨会干扰微生物，致使它们发光，这种现象叫作**生物体发光**[2]。结果就是在舰船或者潜艇驶过之后，海水中发光的痕迹会存在一段时间。主要的问题是，生物体发光并不是用于情报探测的可靠的现象；能否运作还需要依靠当时在场的微生物而定。[3]

核材料取证

即使核材料已经移走，设施已经清理，任何对核材料的处理都会在环境中留下痕迹。每一次核爆炸，即使是地下爆炸，都会在环境中留下痕迹。对这种痕迹进行核材料取样，能够提供关于元素年龄[4]、来源、使用意图、制造和运输方式的线索。这种痕迹和线索通常能被由**核取证学**（nuclear forensics）提供的技术探测和分析出来，其功能类似于医学取证。

核取证学定义很宽泛，是通过搜集和分析含有核或放射性材料的样

[1] 原注：Aish Technologies, “Case Studies: Cathodic Protection,” www.aishtechnologies.com/case_ studies/aish_ casestudies4.html.

[2] 译注：生物体发光（bioluminescence），是生物体发出的光辐射，它不依赖于有机体对光的吸收，而是一种特殊类型的化学发光。生物体发光的一般机制是：由细胞合成的化学物质，在一种特殊的作用下，使化学能转化为光能。海绵、水螅、海生蠕虫、海蜘蛛和鱼类中，都有发光生物。

[3] 原注：John A. Strand, Clarence G. Pautzke, and Gordon L. Mitchell, “The Antisubmarine Warfare (ASW) Potential of Bioluminescence Imaging,” January 1, 1980, Pentagon Report A421480, www.stormingmedia.us /42 /4214/A421480.html.

[4] 译注：元素年龄，指元素合成到现在所经历的时间，一般是指重元素及长寿命放射性元素的年龄。

本，来确定材料的历史或者制造过程。核取证学最常用来应对核走私，但是也有助于落实军备控制条约或者裁军谈判框架，比如《全面禁止核试验条约》或者《裂变材料禁产条约》（*Fissile Material Cut-off Treaty*）。[1]

目前，用于情报目的的核取证学采用两类搜集方式。第一种是探测核武器试验和评估武器性能，主要依靠飞机或者地面站来搜集空中样本。第二种是探测核武器材料的制造或者运输，主要依靠搜集可疑设施中或者设施附近的材料样本。第三种搜集方式有可能出现，但庆幸的是尚未在实践中使用过：在核攻击之后获取核碎片残骸样本，以确定所使用的核装置的来源。

空中取样。在 20 世纪 40 年代末期，美国开始通过空中取样来监视大气核试验。美国在太平洋上空进行空中取样，用于探测 1949 年 8 月下旬苏联的首次核试验。空中取样在 1963 年《部分核禁试条约》签订后变得更加重要。条约禁止签约国在水下、空中和太空进行核试验。然而，条约中没有规定独立的国际监测系统，而是依靠主要大国的卫星情报搜集资产。卫星搜集被委婉地称为**国家技术手段**。卫星可用于跟踪各国政府的每一个核项目，以及核武器俱乐部新晋成员可能进行的核试验。[2] 这些空中情报搜集资产可以提供预警，但是它们也会漏掉精心隐藏的核试验（比如 1998 年印度的核试验 [3]）。卫星传感器有可能漏报核试验，或者提供一个模糊的特征，比如第四章讨论的南非或者以色列的疑似核试验。因此，空中取样，结合地下声学监听，是复核卫星侦察效能的重要手段。

地上试验会产生大量的放射性同位素（radioactive isotope，又称放射性核素，radionuclide），能够被仪器探测到。但是，地下核试验也会向大

[1] 原注：Vitaly Fedchenko, "Weapons of Mass Analysis—Advances in Nuclear Forensics," *Jane's Intelligence Review*, November 1, 2007.

[2] 原注：National Academy of Sciences, "Technical Issues Related to the Comprehensive Nuclear Test Ban Treaty" (Washington, D.C.: National Academy Press, 2002), 36.

[3] 译注：1998 年 5 月 11 日下午，印度在西部拉贾斯坦邦的伯克兰地区成功地进行了三次地下核试验。24 年前的 1974 年 5 月，印度在该地区进行了首次核试验。

气中释放放射性物质。很难抑制核爆炸中释放的气体。如果进行了核试验，放射性粒子和气体就会在实验的同时大量释放，也有的放射性气体可能会在爆炸之后从岩石裂缝渗出。以往在核试验场所的经验表明，筹划再精密的地下核爆炸也会不经意地释放出气体。根据俄罗斯媒体报道，所有在新地岛进行的苏联地下核试验，和一半在哈萨克斯坦塞米巴拉金斯克核试验场进行的地下核试验，都释放了放射性物质。[1] 很有可能的是，所有的试验都会释放放射性物质。

惰性气体——氩、氙、氪——是进行情报搜集和分析，以探测地下核试验的主要目标。这些气体，就像惰性气体氦一样，不能和其他元素产生化学反应。因此，惰性气体会在岩石中渗出而不是被岩石吸收，在大气中也不会被雨水冲刷掉。而且，这些气体有着不同的半衰期，让情报搜集工作更有挑战性，但是有助于情报利用和分析。挑战在于，必须在样本产生放射性衰变——所有的放射性元素都如此——之前搜集到这些气体。氩－37 的半衰期是 35 天。氙－133 的半衰期是 5 天，氙－135 的半衰期是 9 小时。情报搜集人员必须非常迅速地进行探测，才能成功采集到放射性元素。一旦进行了搜集，根据残留的同位素的不同数量，可以确定爆炸之后的时间跨度。[2] 例如，钚裂变中氙－135 和氙－133 产生的比率是已知的。因为氙－135 比氙－133 衰变快得多，根据它们在羽状气流中的浓度比率，就可以对处于半衰期的氙－135 的数量进行概略测算，从而确定试验开始的时间。[3] 这种浓度比率还有助于确定设备的输出当量，以及设备使用的是钚还是铀。

---

[1] 原注：National Academy of Sciences, “Technical Issues Related to the Comprehensive Nuclear Test Ban Treaty” (Washington, D.C.: National Academy Press, 2002), 45.

[2] 原注：National Academy of Sciences, “Technical Issues Related to the Comprehensive Nuclear Test Ban Treaty” (Washington, D.C.: National Academy Press, 2002), 45.

[3] 原注：Richard L. Garwin and Frank N. von Hippel, “A Technical Analysis: Deconstructing North Korea’s October 9 Nuclear Test,” *Arms Control Today* (November 2006), www.armscontrol.org/act/2006_11/tech.

有两种方式可以探测核试验中产生的放射性释放：装备了特殊设备的飞机（之前提到的）或者国际监测系统操控的地面站。[1] 第十章讨论过国际监测系统在地震和声学传感中的作用。国际监测系统的放射性核素监视网络（radionuclide monitoring network），主要是监视大气核爆炸。

前面提到，情报界对空气样本的分析，证实苏联进行了第一次原子弹试验。随后，对苏联首次氢弹试验的辐射性微尘的分析，也反映出武器设计的很多细节。在目前暂停核试验期间，情报搜集的方式改变了，由空中取样变成现场取样，目标是验证核弹头的安全性，探测核扩散的信号，打击核材料的非法交易。[2]

现场取样。核取证的样本搜集通常用到一种叫作**"擦拭与击打"**（wipe and swipe）的技术——用特意准备的棉线编织物擦拭可疑的区域来搜集微尘颗粒。在全世界的核电站，国际原子能机构的检查员每年都要使用特别准备的样品工具箱来搜集大量的此类样本，然后利用多种技术处理这些样本，包括电子显微术 [3]、X 射线衍射分析 [4] 和质谱法。

扫描材料样本的主要工具是光谱仪 [5]。我们使用一种称为**伽马光谱测定法**（gamma spectrometry）的技术来扫描样本，查找放射性同位素。伽马光谱测定法技术依据的原理，就是大部分放射性物质发射伽马射线，其发射的能量和计数率，可提供某一种物质同位素含量的信息。比如，核材料发

[1] 原注：National Radiation Laboratory of New Zealand, "CTBT International Monitoring," www.nrl.moh. govt.nz /about/ctbtinternationalmonitoringsystem.pdf.

[2] 原注：Jonathan Medalia, "Nuclear Terrorism: A Brief Review of Threats and Responses," CRS Report to Congress, February 10, 2005.

[3] 译注：电子显微术（electron microscopy），利用各种电子显微镜观察、研究和检验材料微观特征和断裂形态特征的实验技术。可分为静态式电子显微术和扫描式电子显微术。

[4] 译注：X 射线衍射分析（X-ray diffraction），是利用晶体形成的 X 射线衍射，对物质进行内部原子在空间分布状况的结构分析方法。具有不损伤样品、无污染、快捷、测量精度高、能得到有关晶体完整性的大量信息等优点。

[5] 译注：光谱仪，又称分光计。以光电倍增管等光探测器，在不同波长位置测量谱线强度的装置。分为单色仪和多色仪两种。

射出的辐射，能表明它的年龄（首次进行核材料处理的时间）。在放射性元素衰变期，它们产生了放射性同位素，进而产生了其他同位素。分光镜能够确认所有这些混合物中同位素的比率，然后利用这些比率来确定原始材料已经衰变的时间。

光谱测定法能够探测到只有一微克的铀，也能据此估算铀浓缩的等级。[1] 很多其他的光谱测定法，也用来获得关于放射性同位素的细节资料。

和其他领域的技术情报一样，核取证过程中关键的一环就是建立详细的特征库，把样本的特征，与铀矿和制造工厂中已知的特征进行对比。这需要有一个特征库，收集全世界已知源头的核材料。利用国内核材料供应商提供的样本，美国科学家已经建立起这样一个特征库（六氟化铀和氧化铀反应堆燃料）。[2]

核袭击残骸样本。导弹或者飞机发动的核袭击，多数情况下可以追溯到发动袭击的国家。追溯由恐怖分子发动的核袭击则要难得多，因为这一类袭击很可能来自秘密安放的设备。恐怖分子袭击可能会采用两类装置：

- 从某些国家核储备中获得的常规核弹，或者利用被盗的武器级别的物质 [3] 所制造的核弹；
- 一种包含常规炸药的脏弹，在爆炸时能够向广大区域散布放射性物质。

在第一类袭击中，通过核取证能够确认生产可裂变物质或者核武器的国家，确定恐怖分子是自己制造了武器还是从某一个国家的储备中获得的。[4] 在脏弹袭击中，核取证可以确认使用的放射性材料的源头。核取证之所以能确定材料源头，是因为已经对核物质或者放射性物质进行了广泛

---

[1] 原注：Jonathan Medalia, “Nuclear Terrorism: A Brief Review of Threats and Responses,” CRS Report to Congress, February 10, 2005.

[2] 原注：Lawrence Livermore National Laboratory, “Identifying the Source of Stolen Nuclear Materials,” *Science and Technology Review* (January/February 2007).

[3] 译注：武器级别的物质，意指该物质纯度非常高，足以制造武器，或者说其特性适于制造武器。

[4] 原注：Medalia, “Nuclear Terrorism.”

的“指纹”式留样取证，以防止恐怖分子非法走私或者交易这些可用于核恐怖袭击的材料。所有的案例说明，最重要的是立即对袭击的残骸进行取样，并且快速处理和利用样本。

对放射性残骸的处理和利用能够提供很多参考意见，有助于确认袭击者。在核弹爆炸的例子中，我们必须尽快回答的问题就是：武器是否由高浓缩铀或者钚制成。在几小时到几周内，调查者能够确定原始核材料的关键性细节，然后估算出炸弹的大小、重量和复杂性。如下：

- 如果武器使用高浓缩铀，科研人员能够确认浓缩程度或者炸弹中包含的铀－235。
- 如果武器使用钚，科研人员能够确定燃料在核反应堆中运行的时间，以生成适当的钚同位素，设定同位素从消耗的核燃料中分离的时间长度，识别同位素特征，这有助于提供关于核燃料制造和分离过程的关联迹象。
- 另一个重要的问题就是判断武器的复杂程度，或者通过取证来确认武器构造并不复杂。判断武器是否复杂，是科学家确认钚裂变或者铀裂变的有效性（或采用了聚变反应来增加爆炸当量）的依据。

如果从残骸中获得的同位素数据，能够和钚储存、高浓缩铀储存或者武器储存中的类似数据进行对比，就可能推断出某些可裂变物质是否来自某一个特定的军火库。在时间充足或者获得实际的武器设计的情况下，还可能推断是否使用了某一特定类型的武器。[1]

化学取样

随着全世界日益关注化学恐怖主义袭击，使用特殊用途的传感器进行

[1] 原注：William Donlop and Harold Smith, “Who Did It? Using International Forensics to Detect and Deter Nuclear Terrorism,” *Arms Control Today* (October 2006), www.armscontrol.org/act/2006_10/CVRForensics.

化学取样，变得越来越重要。多年来，化学取样一直用来支援技术情报。多数工业加工中生成和释放的化学特征，能够提供工厂内部活动的信息。如果能探测到某一个设施释放到环境中的化学成分，就能为监视条约履行或者探测武器制造活动提供有效的方法。原位传感器可以秘密地放置在一家工厂附近，也能远程发射检测结果用于进行分析。还有一种可能性，就是使用激光诱导的荧光剂能探测到这些化学物质。

由于跟踪爆炸物（特别是用在简易爆炸装置中的炸药）变得日益重要，对于情报机构、军队和执法机构来说，化学取样和分析成为更加宝贵的工具。

为了应对恐怖分子发动化学武器袭击的威胁，我们面临的挑战，就是制造一个能够迅速准确探测化学痕迹的传感器。对传感器的研发是一个变化飞速的领域，目前已有多种传感器。我们常见的例子是，使用一体化的光学传感器，在几秒钟就能探测到化学媒介的存在。一体化的光学传感器包含激光源、平面波导（实质上是光线能够穿过的一小片平整的玻璃）和监测光输出的探测器。化学物质会在玻璃波导表面产生反应，改变波导中光线的速度。信号处理软件解读传感器的搜集结果，能给出化学制剂的数量和类型等信息。[1]

另外，在技术搜集的其他领域，为了有效取样，详细的化学特征库是必备的。化学特征库，类似于登记爆炸物品的信息库，需要包含储存化学物品的详细地点的信息，分析人员据此能够确定制造化学物质的实验室或者工厂。

在实验室里可运用不同方法来确定化学制剂；质谱法[2]是一种常用的方

[1] 原注："Sensing Danger: Researchers Develop New Sensing Technologies to Improve Response to Chemical and Biological Attacks," *Research Horizons Magazine*, November 23, 2004, http://gtresearchnews. gatech.edu/newsrelease/danger.htm.

[2] 译注：质谱法（mass spectroscopy, MS），也称物质光谱学，即用电场和磁场将运动的离子（带电荷的原子、分子或分子碎片，包括分子离子、同位素离子、碎片离子、重排离子、多电荷离子、亚稳离子、负离子和离子—分子相互作用产生的离子）按它

法。在质谱法测定中，用一束电子束轰击样本，可获得足够的能量把样本分解成分子。这个过程中产生的活跃分子在真空管中通过磁场加速，并且按照它们的质荷比分离后进行检测。

生物学和医学取样

在全球面临不断增长的生物恐怖袭击威胁的时候，和化学传感器一样，生物传感器也变得越来越重要。生物传感器能够确认特殊的病原体，比如炭疽杆菌或者天花。当探测到生物媒介的时候，我们的目标就是迅速准确地跟踪它们的源头，从而确认它们是否为某一局部地区的疾病，还是有人故意引入了这些病原体。

虽然同一个传感器能够用来探测这两种攻击，但生物媒介比化学制剂更难探测到。上面提到的一体化光学传感器能够在探测化学制剂的同时探测生物媒介。为了感知到生物媒介，设备会利用在波导表面的化学物质来测量媒介的反应。

生物媒介菌株也要记录在特征库中。生物媒介的特征要包括它们的自然地理位置分布，这样情报机构才能更好地追溯生物袭击事件或者疾病的突然暴发。第一章提到，因为获得了对于炭疽杆菌特征的详细分析，2001年美国炭疽攻击事件调查把炭疽杆菌源头缩小到一个特定的源头。

医学取样类似于生物取样，但是关注点不同。诊断取样在全世界的医疗机构和兽医机构中都会进行，往往从人、动物和植物身上取得样本来确定疾病。比如，联合国世界卫生组织和美国疾病控制与预防中心[1]就在进行广泛的医疗取样调查。

们的质荷比分离后进行检测的方法。分析这些离子可获得化合物的分子量、化学结构、裂解规律和由单分子分解形成的某些离子间存在的某种相互关系等信息。

[1] 译注：美国疾病控制与预防中心（Centers for Disease Control and Prevention，CDC），是美国卫生及公共服务部所属机构，总部设在乔治亚州亚特兰大。该中心的使命是“预防与控制疾病、损伤及残障，促进健康及提高生活质素”。

用于情报目的的医学取样是由国家医学情报中心（National Center for Medical Intelligence，NCMI）进行的，该机构位于美国马里兰州迪特里克堡。其前身是武装部队医学情报中心（Armed Forces Medical Intelligence Center，AFMIC），长期以来负责评估疾病暴发的威胁性，比如 H5N1 型禽流感。医学领域的情报搜集和分析是必要的，因为有的国家不会报告传染病，直至会提供虚假信息。中国政府在 2003 年非典暴发时一度隐瞒信息。[1] 政府一旦隐瞒疾病信息，可能导致疾病在全球蔓延，因此，医学情报搜集非常重要。

取样有可能是介入式的，比如对患者进行详细的身体检查。另一方面，也可以进行简单取样或者广泛性采样。获取非典病毒最简单的取样方法，包括生物测定学技术（后面会详细描述），特别是度量人体体温。在 2003 年非典暴发的时候，日本在东京国际机场安装了红外体温计来监测乘客，并确认可能的非典感染者。[2]

案例研究：黄雨。广泛性采样的例子，就是对东南亚“黄雨”的调查，涉及生物取样和医学取样两种方式。1976 年越军对老挝的赫蒙族人，1978 年越军对柬埔寨的高棉人，1979 年苏军在阿富汗，均使用了化学武器或者毒素武器。情报分析人员收到了这样的报告。目击者对袭击的描述是，一架直升机或者飞机飞过一个村庄，喷洒彩色的云，从视觉、听觉和感觉上都像下雨。报告中提到最多的颜色是黄色，因此，三个国家受到的袭击被命名为“黄雨”袭击。

三个国家受到的袭击以及后续受害者症状的相似性，导致情报部门怀疑使用了同一种化学制剂。三个地点都和苏联有关：在阿富汗，苏联直接介入战争；在老挝和柬埔寨，他们支持巴特寮（Pathet Lao，老挝人民军）

---

[1] 原注：Ellen Bork, “China’s SARS Problem, and Ours,” *The Daily Standard*, April 4, 2003, www. weekly standard.com/Content/Public/Articles/000/000/002/504jlpnl.asp.

[2] 原注：NIC Assessment: *SARS: Down But Still a Threat*, ICA 2003–09, August 2003, www.fas.org/irp/nic /sars.pdf.

和北越的军队。

从 1979 年开始，联合国、美国以及其他国家开始调查对于使用这些化学武器和毒素武器的指控。1981 年，美国国务卿宣布美国发现了实物证据，表明苏联使用了霉菌毒素（从真菌中提取的有毒物质）生化武器，针对东南亚和阿富汗的平民和反叛分子。

美国判定苏联使用了毒素武器，主要是根据美国政府雇员的调查。他们得到了受感染地区志愿者和难民的协助，搜集了生物医学和环境样本供实验室分析，经由受害者获取医疗数据，向受害者发放生化袭击调查问卷，并寻找其他的信息，以确证或者反驳难民报告的内容。一直到 20 世纪 80 年代中期，美国政府还在进行调查，搜集和分析与袭击相关的信息。

调查认为，黄雨是使用霉菌毒素进行的化学 / 生物武器袭击，但并非所有人都赞同这一结果，因为有些国家的样本分析中没有发现霉菌毒素。联合国指出证据的不确定性，还有一种说法认为黄雨其实是自然现象，是成群的亚洲峰在飞行中排出的粪便。[1]

二、物料获取和利用

与材料取样有明显的不同，物料获取特指获得某一件设备或者设备的一个部件，比如集成电路芯片、车、导弹或者雷达。物料获取往往出于一种或者两种目的，也推动了对物料的利用。

第一个目的是对一个部件或者一个设备进行逆向工程（也就是拆解设备，分析它的结构、功能和流程），方便自己所在的组织或者国家能够复制这个部件或者设备。这是商业情报物料获取或者大部分技术窃取行动的动机，很多国家从技术更加先进的国家获取物料是为了进行逆向工程。

[1] 原注：U.S. Department of State, "Case Study: Yellow Rain," www.state.gov/t/vci/rls/prsrl/57321.htm.

第二个目的是进行性能分析，确定设备的优缺点。很多国家获取军事硬件，也是为了发展对抗措施（比如，确定能够击穿坦克装甲的武器类型）。商业公司获取竞争对手的产品进行评估，目的是改进他们自己的产品，或者支援市场和营销工作。

获取

获取军事装备，往往是人力情报行动取得成功的结果，因为获取物料通常是一种秘密行动。秘密获取更受青睐，因为情报人员通常不想让敌人知道他们成功获取了。

在苏联的全盛期，苏联人非常善于秘密获取物料。有一次，他们设法在新型 IBM 电脑上市之前获得了一台，但结果令苏联人不太满意。因为随后他们接触的 IBM 的销售人员和维护人员不知道怎样让电脑运行。[1]

商业情报中物料获取很常见。有史以来，作为销售策略计划的一部分，制造厂商往往通过获取竞争对手的样本进行评估，以效仿好的创新或者进行逆向工程。公元前 2000 年生活在小亚细亚的赫梯人，可能是历史上物料获取行动所针对的第一个目标，因为他们的铁制武器落入使用铜制品的埃及人手中；埃及人的技术远比赫梯人落后，但是他们成功进行逆向工程仿造出了铁器。[2] 今天，政府情报机构大部分的物料获取工作都是购买商品，通常都是通过隐蔽了真实目的地的中间商进行。商业世界的物料获取是非常公开的，如果有新产品面世，竞争对手会（通常都会）购买样品以进行评估。汽车制造商常常购买他们竞争对手的新车型，来进行性能和质量评估。

物料获取也可能是战斗或者特种作战的成果，如下面例子所示：

---

[1] 原注：Robert M. Clark, *Intelligence Analysis: A Target-Centric Approach*, 3rd ed.(CQ Press, 2009), 118.

[2] 原注：Ralph Linton, *The Tree of Culture* (Alfred A. Knopf, 1955), 105.

案例研究：布鲁纳瓦尔突袭。获取作战物料最出名的例子之一，就是二战期间英军发动的布鲁纳瓦尔突袭（The Bruneval Raid）。其真人谍战片的细节，在艾尔弗雷德·普莱斯《黑暗的工具》（*Instruments of Darkness*）一书里有所描述。[1]

1941 年秋天，英国科学情报官 R. V. 琼斯博士，把注意力集中在德国新型的防空火控雷达上，据说该雷达的输出功率为 570 兆赫。其中一位最为勇敢的英国侦察机飞行员带回了雷达的最新照片，显示德军雷达站位于法国的布鲁纳瓦尔附近。英国人意识到雷达站离海岸线不到 200 码，迅速组建特种部队突袭获取了雷达的详细信息。

因为布鲁纳瓦尔雷达站附近全是陡峭的悬崖，英军指挥官认为实施海军袭击太过冒险，所以组建了一支伞兵连来进行空降突袭，还组织了轻型海军部队用于撤离。与此同时，琼斯博士确认了德国雷达的代号名为“维尔茨堡”，只是他还没有确定雷达就是 570 兆赫信号的源头。

琼斯明确了他需要突袭小组带回来的部件，小组成员包括皇家工程师部队的成员和雷达技师。琼斯给了下述指示。他特别感兴趣的就是雷达天线的馈源[2]，因其能够推断出雷达的作战频率。雷达的接收机和显示器设备，能够显示是否存在任何抗干扰线路。雷达的发射机，能确认德国是否具备产生 570 兆赫信号的技术。可能的话，最好劫来两名雷达操作员，向他们调查关于雷达操作的问题。最后，如果无法移动设备，突袭小组最好对雷达上的文字标签和检查戳记拍照，因为它们能提供有价值的背景信息。

1942 年 2 月 27 日晚，突袭开始实施，任务代号是“咬痛行动”（Operation BITING）。由于任务本身的冒险性，出现了某些失误，导致部

---

[1] 原注：Alfred Price, *Instruments of Darkness: The History of Electronic Warfare, 1939–1945* (London: William Kimber, 1967)，80–87.

[2] 译注：馈源（feeding），是天线的初级辐射器，对天线系统起着至关重要的作用，因而被看成天线的心脏。

分任务未完成，但总体而言突袭取得了绝对的胜利。突袭部队带回了琼斯需要的东西，虽然只劫获了一名雷达操作员。[1]

布鲁纳瓦尔突袭的成功，在于英国人了解他们需要得到的东西。物料获取小组行动的每一步都有一名技术专家指导。从那时起，物料获取上的多数成功案例，都是因为情报人员明确了任务的关注点，并且和分析人员密切合作。大部分情报活动的失败，都是因为搜集者无法接触分析人员，不知道他们究竟需要获取什么物品，或者不明确获取物品的缘由。

维尔茨堡雷达的例子告诉人们，通过战斗或者特种作战获取情报的一大缺点是：敌方也会知晓情报作战的成功，从而采取反制措施来降低所获信息的价值。在下面两个物料搜集的例子中，搜集者就耗费了大量精力，来为行动的成功保密。

案例研究：格洛玛探测者号（Glomar Explorer）。美国实施的最昂贵的获取单件物料的行动，就是打捞苏联沉没的潜艇。

1968 年 3 月，苏联一艘 G 级（北约代号：高尔夫级）潜艇在巡航到夏威夷西北部的时候，由于爆炸沉没在 17000 英尺深的海底，船上共有 90 人。苏联救援船无法确定潜艇沉没的地点，而美国海军随后使用更加复杂的搜寻设备精确定位了潜艇的位置。随后，中央情报局提议打捞潜艇。这就是项目的开始，后来报道中的代号是“詹妮弗项目”（Project Jennifer）。

为了完成这个任务，霍华德 · 休斯公司建造了 620 英尺长的深海打捞船，称为格洛玛探测者号。打捞船装备了巨大的起重机，还有一个配套的驳船，以掩护打捞起来的潜艇。格洛玛探测者号对外的掩护是深海勘探，在 1973 年出厂远航，耗资 2 亿美元。

1974 年七八月份，格洛玛探测者号定位了潜艇，开始打捞工作。缆绳在潜艇周围绕圈，绞盘开始缓慢地拖着潜艇移向驳船。在打捞中途，船体裂成两半，三分之二的潜艇机体落入海底。剩下三分之一的潜艇机体得到

[1] 原注：Alfred Price, *Instruments of Darkness: The History of Electronic Warfare, 1939–1945* (London: William Kimber, 1967)，80–87.

复原，提供了宝贵的情报。但是，情报部门期待搜寻工作能带来的最高回报——密码本和核弹头——据报道称遗失了。[1]

詹妮弗项目虽然没有获得完全成功，但是它为情报搜集取得成功提供了宝贵经验：大胆创新，出其不意，攻其不备。这是美国情报搜集工作所传承的宝贵财富，也是和其他情报搜集机构相比最大的优势——美国的情报搜集人员非常有创造力，能进行常人无法想象的情报活动。在物料获取中，特别是在人力情报行动中，美国情报人员的作为，其他情报机构完全预想不到，或者说他们过于保守而不敢尝试。当然，美国情报搜集机构面临的风险更大，后续的麻烦也更多。

利用

前两个案例研究集中在物料获取上，而获取物料后，就要利用好其情报价值。下面两个例子关注情报的利用阶段。第一个是利用人力情报辅助技术搜集的典型案例。两个案例都表明，对情报进行利用不一定要获取物料，“借”可能就足够了。

案例研究：“绑架”月球探测器（Kidnapping of the Lunik）。[2] 在 20 世纪 60 年代，苏联进行了工业和经济成果巡回展览。在展览的某一站，从莫斯科运来了一件意想不到的展览品——月球探测器最新研发阶段的产品。月球探测器放置在一个基座上，外部没有包装。

月球探测器的出现，引发了美国情报人员的讨论。苏联人可能会冒险把制造的卫星成品放在商业展览上吗，或者，月球探测器仅仅是一个特制的仿造品？成品可能有很高的潜在情报价值，但仿造品却没什么价值。后来，情报人员决定赌一赌月球探测器不是仿造品的概率。

[1] 原注：*Newsday*, April 11, 1989, 2.

[2] 原注：From Sydney Wesley Finer, “The Kidnapping of the Lunik,” www.cia.gov/library/center-for-the-study-of-intelligence/kent-csi/docs/v11i1a04p_0001.htm.

在第一个站点展览结束之后，几个专家得以秘密接触月球探测器，时间长达 24 小时左右。他们认定月球探测器是实物，不过发动机和大部分电子部件已经被拆掉了。他们对探测器进行了仔细检查和测量，确定内部结构特征和线路模型，估算发动机的大小，了解其可能具备的性能。随后，行动小组建议进行更加详细的探查。

展览活动从一个城市转往另一个城市。情报人员截获的船运清单中，有一个物品名称是“航天设备模型”，其集装箱大小正好能容纳月球探测器的基座。这个信息传到了距离目的地最近的中央情报局工作站，被要求在卫星出现时设法安排安全的接触途径。

月球探测器基座很快到达目的地，被送往展览区域。为了进行更进一步的情报利用，中央情报局行动小组招募了来自产品标记行业的专家，他们善于对工厂产品进行利用，辨认其制造来源。根据专家对贸易展和其他展会的经验，中央情报局建议：展览开始前在展厅中检测月球探测器，或者把行动放在展品前往下一个目的地之前。但场地条件排除了在展览开始之前检验展品的可能性。在展览期间，苏联对展品展开了 24 小时安保守卫警戒，也没有机会进行秘密的夜间行动。

那就只有一种行动的可能性，在月球探测器离开展区之后，在某一个地点截获它。在展览之后，展品将会通过卡车从展览场地运送到一个铁道站点，然后装载入货车，前往下一个展览地点。

月球探测器被装置在当天离开展区的最后一辆卡车上。离开展区后，中央情报局派两辆车在卡车一前一后行驶，以确认苏联人是否会护送卡车到达铁道站点。在判明苏联人不在附近的时候，卡车在行进路线最后一个可能拐弯的岔道停下来，卫星基座上支起帐篷以进行掩护勘察，另有一位新司机接手卡车；真正的司机被护送到宾馆房间，通宵监护。

行动小组一半的成员带着一套照相器材和一盏吊灯，爬上月球探测器的前鼻锥。他们移走鼻锥部分的 扇观察窗，脱鞋进入，以免在金属表面留下泄露痕迹的擦痕。然后，他们拍照和手工绘制所有的标记或者部件。

另一半小组成员进入尾部的引擎舱，也进行了同样的工作。

在凌晨 5 点，一位司机来到搜集地点，并驾驶卡车到预先安排的地点。在这里，帐篷被移走，原来的司机接手卡车，行驶到铁道站点。负责检查项目的苏联人已经在前一天到达目的地，他们在 7 点到达交货地点，交接了装载月球探测器的卡车。苏联官员没有觉得意外，他检查了卫星基座，并看着它被装上了一辆平板货车。

后续的情报分析确认了月球探测器的制造者和电子元件制造商，也评估了该阶段所达到技术水平。

案例研究：对“狐蝠”的利用（Foxbat Exploitation）。有些政治移民或者叛逃者随身携带了一些物品，物料利用项目因此得以开展。最典型的例子，是有叛逃者驾驶飞机离开了某国。1976 年，这种叛变为美国情报界提供了密切观察苏联最热门的喷气战斗机米格 – 25（狐蝠）的机会。

1960 年 7 月 31 日，美国国会通过决议，决定研发北美 XB–70“瓦尔基里”飞机。苏联意识到他们缺乏一种空中拦截机，能以 3 马赫速度在 70000—80000 英尺的高空飞行。米格 – 25 的最初设计是为了应对美国战斗机未来的威胁，预计飞行速度最高可达 3.2 马赫，高度 80000 英尺。米格 – 25 原型机在 1965 年 4 月首次试飞。米格 – 25A 战斗机的制造始于 1969 年，最终在 1973 年开始服役。美国情报界最早的评估认为，米格 – 25 在技术上非常先进，速度非常快，能够媲美任何同类性能的美国战斗机。

1976 年 9 月 6 日，苏联中尉维克多 · 别连科（Victor Belenko）驾驶米格 – 25A 叛逃到日本的函馆机场。当得知日本方面惊获意料之外的物料后，五角大楼希望能把飞机带回美国，测试、驾驶并且保留它。但由于政治因素，这是不可能的。飞机是苏联的财产，日本必须归还。因此，问题就产生了：工程师和技术人员在地面上拆卸和研究飞机，得出最有价值的情报需要多长时间？美国专家认为 30 天可能就足够了。日本人同意按照美国人的要求至少把米格 – 25 保留那么久，条件就是美国专家穿上便装，作为顾问在日本人的监督下工作。[1]

美国专家知道日本方面最终要归还飞机。他们把飞机化整为零，引擎、雷达、计算机、自动导航、火力控制、电子对抗、水压、通信和其他系统被分类存放，用于进行机械、电子、冶金和图像方面的分析。

对米格－25 的利用解答了一系列的谜团。简言之，米格－25 飞机实质上并不如情报评估中预计的那样，也就是说苏联的航空成就并不杰出。作为拦截轰炸机的截击机，米格－25 性能出色；但与美国的战斗机相比，其性能显得拙劣。它耗油甚巨，携带的航空电子设备比较简陋。实际上，米格－25 是基于一项特殊任务而制造的，那就是拦截（从未正式投产的）B–70 战略轰炸机[2]。米格－25 有如下缺陷：

- 巨大的涡轮喷气引擎能够将飞机速度增至 3 马赫，但是飞机很少能以这个速度进行机动飞行；
- 导航的可视性受到严重的限制：导航仅仅能让飞行员看到位于正前方的场景；
- 航空电子设备使用真空管，此时美国战斗机已经使用固体电子设备；
- 从西方标准来看，制造工艺过于粗糙（比如，铆钉接头遍布机身，焊接质量也很差）；
- 先进的材料（比如钛）很少使用，只有在必须使用的地方——尽可能使用铝[3]。

维克多 · 别连科中尉的供述进一步验证了物料利用的结果。他报告了下面的事项：

- 飞机的作战半径大约是 300 千米（186 英里）——根据西方的标准，这是难以置信的短距离。

[1] 原注：“MiG-25 Foxbat,” www.spyflight.co.uk/foxb.htm.

[2] 译注：B–70 战略轰炸机，是北美航空公司为美空军研制的超音速战略轰炸机。最初设计指标是：最大速度 3 马赫，最大航程 12230 千米，可携带多种核武器和常规武器。后因战略思想的变化，未投产，2 架原型机作为超音速研究机使用。

[3] 原注：“MiG-25 Foxbat,” www.spyflight.co.uk/foxb.htm.

- 在机动飞行中，飞机加满油之后速度不能超过 2.2 Gs（最大 G 承受）——如果超过太多，就会导致机翼脱落。即使机箱储油几乎为空，5 Gs 也是最大 G 承受的临界点。米格 – 25 的设计初衷不是用来进行空中缠斗的，其转弯角度也赶不上老式的美国 F– 4 “鬼怪”战斗机[1]。
- 飞机的最快飞行速度是 2.8 马赫，非常快，但是空军禁止飞行速度超过 2.5 马赫。在高速飞行时，发动机加速可能导致失控；在高于 2.8 马赫时，发动机会发热过度乃至烧坏。只要飞行速度接近 2.8 马赫，发动机就会毁掉，必须更换。

综合别连科的供述信息和物料利用结果，美国就该型飞机的设计和性能，得出一幅更加完整的画面。

美国人和日本人有条不紊地把米格 – 25 拆开，继续询问别连科来发掘情报。苏联人要求立即归还飞机和飞行员。日本人回答说，飞机侵犯了其领空，因此问题变复杂了。国际上有返还飞机的先例，也有保留飞机的先例。为了调查飞机是否有意侵犯领空，日本人需要保留飞机作为“证据”。[2] 如果要对侵犯领空的罪证展开调查，就需要对证物进行最精细的检查，可能需要来自几个国家的专家的协作。毕竟飞行员可能会把违禁品带入这个国家，因此日方需要详细地搜查飞机。苏联要求将飞机驶离日本时，日本人回答说这是不可能的。飞机入侵日本领空就是犯罪行为。日本政府不允许飞机飞离，因为这意味着飞机再次违反规定。米格 –25 可以安放在基座上，由舰船运往苏联。

苏联将外交抗议升级，威胁说会有所行动。苏联海军舰艇开始追捕日本渔船，监禁船员。这些行动和其他威胁行动，以及苏联高傲的态度，并

---

[1] 译注：F–4 “鬼怪”（Phantom）战斗机，是美国海军的双座远程舰载战斗机，后来空军也大量采用，成为其海、空军在 20 世纪六七十年代使用的主力战斗机。

[2] 原注：John Barron, *MIG Pilot: The Final Escape of Lt. Belenko* (New York: McGraw-Hill, 1980).

未实现苏联人的意图，反而激怒了日本公众，推动日本政府采取一种挑战的姿态。在一份正式的外交照会中，日本政府拒绝了苏联的抗议和指控，对苏联不就侵犯日本领空一事道歉表示惊讶。对于苏联要求返还米格－25飞机，一位外交部官员说，“苏联必须首先解释它对该事件的看法。这如同有人把东西扔到邻居的院子里，即使是无意的，也不能捡回来。”[1]

1976 年 11 月 12 日，别连科将米格－25 飞机降落在日本两个多月之后，苏联人得到了米格飞机的零部件。八辆日本卡车将安放在基座上的零件运输到日本港口，一艘苏联货船连同一群技术人员和克格勃官员等候在那里。直到苏联人把所有的飞机零部件全部清点完毕，苏联货船才离开港口。[2]

三、生物测定学

生物测定学是独立的学科，用于获取和分析人的特征。生物测定学和材料取样有密切的联系，为行文方便，在本章一并阐述。

基于个人的物理或者行为特征，生物测定学使用自动化方法来认知个体。生物测定学能够感知到的普通物理特征，包括指纹、面部特征、虹膜样本、手形、声音特征和击键方式。再好的生物测定学传感器，也会因应用不同而产生很大差别。

在最简单的层面，生物测定学系统分三步运作。第一，传感器必须先观测。生物测定学方法不同，传感器类型和观测效果也不同。进行面部识别的时候，传感器通常是一个照相机，观测结果就是一张人脸的照片。第二，生物测定学系统用数学方法来描述观察结果，即生物测定学特征。同

[1] 原注：John Barron, *MIG Pilot: The Final Escape of Lt. Belenko* (New York: McGraw-Hill, 1980).

[2] 原注：John Barron, *MIG Pilot: The Final Escape of Lt. Belenko* (New York: McGraw-Hill, 1980).

样，方法将随着不同的生物特征类型而变化。第三，计算机系统反馈生物测定学特征，运用比较算法，与之前储存在特征库内的一个或者多个生物测定学特征进行比较。

生物测定学概念——使用指纹、手形、眼睛构造、声音模式，或者另一个物理特征作为识别标记——已经使用多年了。生物测定学广受欢迎，但将指纹和声纹数字化，用于识别不同个体，这些做法已有多年，且应用范围还在不断扩大。

指纹（fingerprint）识别技术长期以来一直是领先的生物测定学技术。自从科学家确定没有两个指纹是完全相同的，指纹识别就开始兴起了。指纹识别器既不昂贵，也能在各领域广泛使用。

声音生物测定学或者**“声纹”**（voice biometric or voice print），与指纹或者掌纹一样，是个人独一无二的特征。一个模仿的声音，在人耳听起来完全一样，实际上会有一个明显不同的声纹。声腔的形状和嘴唇在讲话时运动的方式，决定了一个人的声音是独特的。为了登录进入声纹系统，一个人要么说出系统所要求听到的确切的单词或者短语，要么讲一段话，无论说的是什么内容，计算机都能确认个人信息。用在声纹中的特征称为**语图**（sound spectrogram or sonogram）。语图实际上是一个表示声音的图，纵轴是声音频率，横轴是时间。不同的言语声在图中构成了不同的形状。

使用声纹的一个问题就是，虽然特征是独一无二的，但如果一个人疲倦或者感冒，声音也会有所改变。用来发射或者记录声音的媒介，可能也会影响情报利用中的特征。

众所周知，脱氧核糖核酸（DNA）是存在于个体细胞中的双螺旋结构。DNA 取样可以分析和确认 DNA 指纹或者 DNA 基因图谱。DNA 识别不是自动化过程，目前无法用于生物测定学监视，而且创建一个 DNA 指纹也需要几个小时。不过，DNA 存在六十亿分之一的相似概率，有两个人会有同样的 DNA 基因图谱，DNA 测试也不能分辨同卵双胞胎。

视网膜扫描（retinal scanning）可用于分析眼底的血管形态。扫描需要使用低强度光源和光学传感器，以极高的准确度解读血管形态。识别人员要摘下眼镜，用一只眼凑近设备，集中看一个点。视网膜扫描实际上是一个比较古老的生物测定学理念。1935 年《纽约州医学杂志》中一篇文章曾经指出，可以用视网膜的血管形态来识别个人身份。[1]

虹膜扫描（iris scan）用于分析存在于瞳孔周围的有色组织的特征。虹膜是独一无二的，在全世界，没有两个人的虹膜是一样的，哪怕是外貌完全一样的双胞胎。仅仅在虹膜中，就有 400 个典型特征能够被定量分析，用来确定个体。目前，仪器能捕捉到约 260 个特征，用于虹膜识别。

视网膜和虹膜扫描，能在一米之内捕捉到人体的特征。视网膜和虹膜扫描在检查站点非常实用，但是不能用于区域监视。

生物测定学面部识别（biometric facial recognition）可能是生物测定学发展中最为迅速的领域。该技术潜在的优势是，能够不引人注目地在一定距离内完成识别。面部识别系统利用照相机拍下的图像，测量脸上各点的距离和角度——唇线、鼻孔、眼角——创造出在一群人中用仪器扫描能够识别出来的“面纹”。生物测定学面部识别，目前用于控制他人接触某些特定设施，如计算机、赌博机，以及全世界的边境检查站点。[2]

手形（hand geometry）识别，即利用手部的几何形状来证实使用者的身份。和指纹不一样，人的手形不是独一无二的，除非在观测中能够记录完好的细节。我们能够利用手指的长度、厚度和弯曲度来进行身份验证（确认这个人是不是他要找的），但是手形不适合进行识别（因为我们不可能在数据库中搜索到一个可靠的手纹，有太多类似的匹配了）。

击键方式（keystroke dynamic）识别，常依赖于测量一个人利用键盘输入信息的独特方式。作为一种生物测定学识别技术，击键方式在一个世

---

[1] 原注：Tiffany L. Vogel, “Security: Biometric Style,” published on the International Federation for Protection Officers Web site, April 25, 2003, www.ifpo.org/articlebank/biometrics.html.

[2] 原注：John D. Woodward Jr., “Super Bowl Surveillance: Facing Up to Biometrics,” in *Intelligencer: Journal of U.S. Intelligence Studies* (Summer 2001): 37.

纪之前就有先例。正如第八章提到的，摩尔斯密码操作者长久以来就是依据操作员敲击电键的方式来识别他们，即他们的“手法”。

气味识别（scent identification），主要根据气味确立独一无二的特征，类似于犬类识别特定的人或者其他犬只的方式。气味识别依靠一种叫作**色谱法**（chromatography）的技术，也就是测量化学元素在气体中的相对比例。科研人员也在研究怎样利用人体气味来鉴别身份冒充者。[1]

随着各国对安全问题越来越重视，生物测定学识别技术在全世界越来越受欢迎，成功见效的生物测定学系统的价格越来越便宜，更加便于使用。这有助于情报和执法机构跟踪在各国之间流窜的恐怖分子和罪犯。但其也给人力情报特工出了一个难题，因为他们有时必须以假身份跨越国境。

四、行为特征

行为感知和评估的科学与生物测定学密切相关，往往和生物感知一起运用。行为感知是一个飞速发展的领域，能够应用在执法和情报活动中。行为感知不是用来辨认特定的个人，而是用来确认潜在的犯罪者。它不仅仅是一种特征，而是对行为模式的研究。

在执法中，可疑行为模式是众所周知的。人们坐在公园的长椅上无所事事，这种行为是正常的。但是，如果有人把车停在安全设施附近，坐在车里无所事事，他们的意图就可疑了。

越来越多的行为特征被用于确认可疑的恐怖分子，以绘制出他们的侧面

[1] 原注：Shaun Waterman, “DHS Wants to Use Human Body Odor as Biometric Identifier, Clue to Deception,” UPI.com, March 9, 2009,www.upi.com/Emerging_Threats/2009/03/09/DHS_wants_ to_ use_ human_ body_odor_as_biometric_identifier_clue_to_deception/UPI-20121236627329/.

轮廓（profiling）。行为感知研究的主要目的，就是研发自动化系统，利用经过科学测试的行为指示器跟踪面部、声音、身体和其他生物测定学特征，判断个人进行恐怖活动的可能性，在犯罪嫌疑人发动攻击之前将其认出。[1]

恐怖分子接受过隐藏情感的训练，但人体的某些反应是无法随意控制的。皮肤温度、血液流动模式、出汗、心跳和呼吸频率都很难控制，也不可能控制，新技术正在研发，以便在一定距离内感知这些特征。有报道说，美国国土安全部研发了一个自动传感系统，能够探测恶意情绪；系统可能是依赖传感器阵列，在大概 2 米的距离内测量这些行为特征。[2]

行为特征中另一个有前景的领域就是**微表情**（micro-expression）。这些是瞬间的面部表情，通常持续不到十分之一秒，涉及人类面部的很小一部分。大量微表情都是无意识的。现在有 40 种微表情已经为人所知。某些微表情的出现，意味着受测试者在说谎。虽说最专业的扑克玩家是阅读微表情的专家，但微表情很容易被人眼忽略，不过可以被仪器自动探测和区分出来。微表情是跨文化的普遍存在，成为情报和执法部门感兴趣的特征。[3]

五、小结

材料取样和物料获取似乎一致，但其实不同。材料取样需要少量的某种材料或者材料的某些痕迹，运用法证流程来确定其属性和来源。物料获取，正相反，涉及获取硬件（比如计算机、飞机、导弹或者舰船），在情

[1] 原注："Technology Would Help Detect Terrorists Before They Strike," *Science Daily*, October 10, 2007, www.sciencedaily.com/releases/2007/10/071005185129.htm.

[2] 原注："If Looks Could Kill," *Economist.com*, October 23, 2008, www.economist.com/science /display Story.cfm?source=hptextfeature&story_id=12465303.

[3] 原注："If Looks Could Kill," *Economist.com*, October 23, 2008, www.economist.com/science /display Story.cfm?source=hptextfeature&story_id=12465303.

报利用中用来确定软件的设计和性能特征。两者的共同点就是情报搜集或者获取过程往往涉及某种类型的人力情报行动。

材料取样包括对微量元素、微粒状物质、废水、碎片残骸的搜集和分析。通过一系列工业过程处理或者军事行动，此类材料能够挥发到大气、水或者土壤中。比如，作战中能利用材料取样来跟踪舰船或者潜艇。这些舰船在水中航行的时候，会留下化学物痕迹。

即使核材料已经移走，设施已经清理，任何对核材料的处理都会在环境中留下痕迹。每一次核爆炸，即使是地下爆炸，都会在环境中留下痕迹。对这种痕迹进行核材料取样，能够提供关于元素年龄、来源、使用意图、制造和运输方式的线索。这种痕迹和线索通常能被由核取证学提供的技术探测和分析出来，功能类似于医学取证，主要有三大主要的情报目的：

- 探测核武器试验和评估武器性能，主要依靠飞机或者地面站来搜集空中样本；
- 探测核武器材料的制造或者运输，主要依靠搜集可疑设施中或者设施附近的材料样本；
- 在一次核攻击之后获取碎片残骸样本，以确定核装置的来源。

由于全世界面临不断增长的生物和化学恐怖主义的威胁，两类材料传感器——生物传感器和化学传感器——的作用越来越显著。在这两类中，化学传感器更容易被研发和使用，它们更加广泛地用在情报搜集中。生物传感器能够确认特殊的病原体，比如炭疽杆菌或者天花。当探测到生物媒介的时候，我们的目标就是迅速准确地跟踪它们的源头，以确认它们是某种地方病，还是有人故意携带了这些病原体。

医学取样类似于生物取样，但是关注点不同。诊断取样在全世界的医疗机构和兽医机构中都在进行，往往从人、动物和植物身上取得样本来发现疾病。

材料取样也用来确认工厂的生产过程和产品。生产过程中产生和释放的化学特征可以提供相关信息，有助于判断工厂正在进行的活动。

物料获取不同于材料取样，特指获得某一件设备或者设备的一个部件，比如集成电路芯片、车、导弹或者雷达。获取往往出于一种或者两种目的。第一个目的就是对一个部件或者一个设备进行逆向工程。第二个目的是进行性能分析，确定设备的优缺点。

获取军事装备，往往是人力情报行动取得成功的结果，因为获取物料通常是一种秘密行动。秘密获取更受青睐，因为情报人员通常不想让敌人知道他们成功获取了。不过，通过战斗或者叛逃者也能获取军事装备。一旦获得了物料，就必须进行情报利用，发掘其情报价值。

生物测定学是独立的学科，可用于获得和分析人的特征。生物测定学使用自动化系统来认知个人，基于对个人的物理或者行为特征的识别。普通物理特征能够被生物测定学感知到，包括指纹、面部特征、虹膜或视网膜样本、手形、声音特征和击键方式。

行为感知和评估的科学与生物测定学密切相关，往往和生物感知一起运用。行为感知不仅仅是一种特征，而是对行为模式的研究。行为感知不是用来辨认特定的个人，而是用来确认潜在的犯罪者。

[第十二章]

管理技术搜集工作

本章探讨一些管理技术搜集的方法。美国情报界可能拥有世界上最昂贵，也是最有效的一套技术搜集资产。本章主要关注技术搜集的管理工作，它可以应用在情报搜集的所有子范畴中。

技术搜集面临的主要挑战，对于所有的技术搜集手段来说都是常见的。有的管理工作面临的挑战，是技术搜集或某些特定的子门类所独有的。即使在技术搜集中，管理结构和流程也各不相同。例如，空中成像或者是电子情报搜集，类似于大容量的自动化生产线，必须快速响应不断变化的用户需求。相反，物料搜集和利用，类似于流行服饰精品店，提供专门化服务或者是独一无二的产品。

本章首先要告诫读者一个问题。我们常常引用德国宰相奥托·冯·俾斯麦[1]的格言："法律就像香肠，最好还是别看它们的制作过程。"情报搜集的管理过程也是一样，特别是技术搜集。即便如此，本章也不打算解释如何管理技术搜集。这不是一个可以轻松解释的话题，因为管理结构越来越复杂，导致管理工作越来越困难。美国情报界机构重叠，竞争激烈，建立可兼容系统显得尤为必要。此外，技术搜集领域在不断变化，现有项目

[1] 译注：奥托·冯·俾斯麦（1815—1898），普鲁士宰相，上任时提出"铁血政策"，被称为"德国的建筑师""德国的领航员"。

在不断命名，似乎任何解释都会很快落伍。[1]

为了帮助读者理清概念，本章首先从定义理想的技术搜集管理系统开始（情报处理流程和情报产品输出两方面）。

一、技术搜集管理的理想状态

理想化的情报搜集管理系统，应当随时了解用户的信息需求、存在的知识空白，提出协调合理的情报需求，根据合适的目标分配搜集资产，最大限度地利用搜集到的情报价值。所有的搜集人员都应该了解他人正在进行的工作，以便预测进行情报搜集的契机。理想化的系统能在各种密级层面有效运作。情报搜集资产应该能够增效使用，使整体效应大于局部之和。该系统应该迅速准确地处理、利用和分析情报搜集产品。情报产品应当立即传递给用户以备所需。

在美国这样的大型情报界，要实现理想化的管理结构障碍重重。国防部、各军种机构、中央情报局、联邦调查局和其他机构，都各自建立了独立的技术搜集系统，以支持这些机构的特定用户。机构林立导致情报搜集相互隔离（compartmentation），机构间壁垒森严，大家都竭力维持现有的预算，致使革新非常困难。情报界的重复搜集太多，遗漏了很多搜集机会，搜集到的材料从未经过处理或者分析，搜集产品到达用户手中太迟而无法使用，这些情况时常出现。

在处理广泛的情报议题时，技术搜集有着远大的前景。它提供了多种方式来攻击某一情报目标。但是，技术搜集系统的潜能仅仅发挥了很小的一小部分，原因在于分配情报搜集任务、进行情报行动、处理所搜集的情报时，各机构都是各自为政，而不是协同作战。最近 10 年，美国情报界

[1] 原注：“Report of the Commission on the Intelligence Capabilities of the United States Regarding Weapons of Mass Destruction,” March 31, 2005, 353.

已经取得了显著的成就，但与真正一体化的情报搜集系统这种理想的状态还有一定距离。为了更接近理想，就要直面本章提出的挑战。

- 将情报需求与情报搜集的优先次序匹配，将其转换为情报搜集战略；
- 客观评价情报搜集的效能；
- 跨越机构和国家界限来管理整个情报流程，特别要处理“烟囱问题”（stovepipe problem）；
- 管理用户的预期诉求，特别是应对及时性方面的压力；
- （计算机的）联机在线带来新的技术和能力。

二、管理前端

“前端”（front end）是情报搜集中的一个术语，主要涉及情报搜集计划的过程，特别是情报需求的确立，情报搜集优先次序和情报搜集策略的制定，以及向情报搜集人员分配任务。这里产生了一个术语学上的问题。我们有很多描述前端流程的术语，它们可能重叠、混淆，或者多词指代同一个意思。区分情报优先次序（priority）、需求（requirement）和需要（need），是格外重要的问题。

国家层面或者决策层面的情报搜集优先事项，一般由情报界以外的用户提出。传统上这些用户来自最高级行政机构，当然美国国会正越来越成为国家事项的优先需求用户。

需求（或者需要）通常是由情报界内部的用户提出的，但特别熟悉情报事务的军队用户也使用需求这个词。需求和需要实际上表达了相同的意思，但是不同的情报部门偏爱用不同的术语。因为需求听起来有点强制性的意味，搜集人员通常更喜欢需要这个词。

美国的利益遍布全球，其情报界有很多搜集资产和情报目标，因此，它庞大的情报机构，也面临着令人却步的管理上的挑战。信息获取管理是大型情报界最主要的努力方向。大容量的情报搜集，需要在情报需求、需要、优先次序、信息空白的确立方面有一个规范化的流程。几十年来，美国情报界试图创建各种体系，能够一致地处理情报搜集前端，但是现在它至少有 13 个独立的流程和系统用于管理情报搜集（这还只是指大型系统，不包括特殊接触项目）[1]。

其结果是，美国情报搜集管理体系遭受到大量的批评，几十年来重复地尝试定义这样一种管理结构，说明情报搜集管理工作从概念上或实施上可能压根儿就是错误的。近年来，有人对情报搜集管理流程提出这么一种批评：

> 分析人员总会感到，情报界动用了太多的雇员，采取了太多的行动，仅仅是为了生成“情报需求”；根据现有可利用的数据，意识到存在哪些情报空白，少数有经验的人可能会把工作完成得更好。情报需求不过是重复研究和重新编组的目标罢了。[2]

情报界经常提到的需求，实际上是一个多阶段管理流程的组成要素，包括定义情报优先次序和需求，确定情报搜集优先次序，制定情报搜集策略，最后以向情报资产分配搜集任务而告终。下面会详细讨论前端流程的各个步骤，需要注意的是其间有很多的重复。

情报优先次序

情报优先次序，和上文提到的国家安全政策的优先次序，并不完全一致。国家利益是国家至关重要的事务，而政策优先次序显然会考虑到国家

[1] 原注：Robert M. Clark, *Intelligence Analysis: A Target-Centric Approach*, 3rd ed. (Washington, D.C.: CQ Press, 2009): 151.

[2] 原注：John Prados, The Soviet Estimate (Princeton: Princeton University Press, 1987), 181.

利益固有的重要性。它们也应当反映出现存的或者预期的威胁或者机遇，以及政治、经济和军事等方面的制约因素。情报优先次序来源于这些国家优先次序。

当我们指派情报搜集资产搜集非常庞大的目标群，并且必须在目标集合中选择子集合来确定目标的时候，确立情报搜集优先次序就显得非常重要了。大部分的技术搜集都符合对情报搜集优先次序定义的描述。几乎地球上所有的地理位置都能被视为目标，通过可见光成像或者光谱成像进行情报搜集，但是把地球上所有的一草一木作为目标，显然会让搜集能力饱和，系统也无法对全世界的搜集结果进行处理和利用。电子情报搜集也有类似的局限性，其本身的限制就是，现有的电子情报资产不可能覆盖全世界所有的射频波谱。要对搜集内容划定范围，情报优先次序有助于解决这个问题。

自从 1947 年美国通过《国家安全法》[1] 之后，其政府多次尝试将情报优先次序规范化，下面列举了近期的一些成果：

- 20 世纪 70 年代早期，美国情报界提出了一系列“关键情报问题”（key intelligence question，KIQ）来定义情报优先次序。[2] 虽然情报界早早就放弃了“关键情报问题”这个提法，但有趣的是，商业情报（或者竞争情报）界仍旧接受这个概念，还用它来处理情报事项。
- 在 20 世纪 70 年代，情报部门建立了“对外情报需求、类别和优先次序”（Foreign Intelligence Requirements, Categories, and Priorities，FIRCAP）系统，并一直沿用到 20 世纪 90 年代。[3]

---

[1] 译注：1947 年 7 月 26 日，美国总统杜鲁门签署了《国家安全法》，这是美国针对国家安全问题制定的一部法律。该法创建了国防部、国家安全委员会、中央情报局等机构，为二战后美国军事与情报系统的重组和外交政策的调整奠定了基础。从 1987 年起，总统每年向国会提交一份《国家安全战略报告》。总统与国会之间围绕《报告》就国家安全战略问题进行交流，进而达成共识，推动了美国国家安全战略的实施。

[2] 原注：Center of the Study of Intelligence, Intelligence Monograph, “Critique of the Codeword Compartment in the CIA,” March 1977, www.fas.org/sgp/othergov/codeword.html.

[3] 原注：Douglas Gartoff, *Directors of Central Intelligence as Leaders of the U.S. Intelligence Community*, Center for the Study of Intelligence, March 16, 2007, ch. 12, www.cia.gov/

- 1992 年，中央情报主任[1]用“国家情报需求流程”（national intelligence needs process）取代“对外情报需求、类别和优先次序系统”。“国家情报需求流程”是一个分等级定义情报优先次序的系统。在系统的顶层有很多宽泛的概念，涉及政治稳定或者大规模杀伤性武器；而在该系统的最底层，都是具体且可衡量的情报议题，比如选举的透明度和合法性问题。[2]
- 在冷战末期，美国根据新的现实状况，重新定义了情报优先次序。最初的成果就是《总统第 35 号行政令》（*Presidential Decision Directive 35*，*PDD–35*），定义了政策目标和情报需求。《总统第 35 号行政令》把情报需求宽泛地分成两类，即所谓的硬目标（比如利比亚、古巴、伊拉克、伊朗和朝鲜）和跨国事务（比如国际犯罪、恐怖主义和武器扩散）。《总统第 35 号行政令》使用了多层构架（tier structure），越是上层构架关注的国家，就具有越高的情报搜集优先级别。[3]

《国家情报优先框架》（*National Intelligence Priorities Framework*，*NIPF*），是目前美国国家情报总监向情报界发布的有关国家情报搜集优先次序的指南。该框架经过国家安全委员会审议，之后由总统批准。《国家情报优先框架》负责指导确立美国情报分析和搜集的运作、规划及立项过程中的优先事项，每半年升级一次。它以矩阵的形式体现出来，矩阵的一

---

library/center-for-the-study-of-intelligence/csi-publications/books-and-monographs/directors-of-central-intelligence-as-leaders-of-the-u-sintelligence-community/chapter_12.htm.

[1] 编注：中央情报主任（Director of Central Intelligence），亦译作中央情报总监，在 2005 年 4 月前是情报界的总管，此后为国家情报总监（DNI）取代。

[2] 原注：Douglas Gartoff, *Directors of Central Intelligence as Leaders of the U.S. Intelligence Community*, Center for the Study of Intelligence, March 16, 2007, ch. 12, www.cia.gov/library/center-for-the-study-of-intelligence/csi-publications/books-and-monographs/directors-of-central-intelligence-as-leaders-of-the-u-sintelligence-community/chapter_12.htm.

[3] 原注：Thomas C. Bruneau and Steven C. Boraz, *Reforming Intelligence: Obstacles to Democratic Control and Effectiveness* (Austin: University of Texas Press, 2007), 41–45.

边是对美国而言具有情报利益的国家和非国家行为体，另一边是一系列的情报主题。它可以用来指导情报的搜集和分析。[1]

情报优先次序系统不断演变，也能反映出本书之前提出的观点，即情报搜集管理工作的概念或执行有根本性的错误。确立优先次序的系统具有其他组织常见的缺陷：

- 在任何情报优先次序系统内，搜集人员或者分析人员都倾向于关注顶层事务，而避免搜集任何优先级较低的情报事务；[2]
- 为了组织的生存，情报机构的搜集或分析努力总是针对最迫切的问题——归根结底，资源和预算攸关大局。

情报需要或者情报需求

正如前面章节所言，情报优先次序、情报需要或者情报需求总是混合在一起，我们应当从不同角度进行思考。首先，要明确经常使用的情报需求的类型。搜集管理系统要有灵活性，以适应飞速变化的态势。因此，在情报机构根据新的情报征集临时情报需求和极强时效性需求的时候，或者要围绕某一情报需求解释特定情况的时候，搜集管理系统要给出一些相应的规定。图像情报界通常把对情报需求的相应规定称为**情报需求平台**(requirements decks)。不过在大多数技术搜集工作中，这些规定实际上也是对情报需求的详细划分：

- **常规性需求**（standing requirement）：长期连续的情报搜集，通常用于图像目标或者电子情报目标的重复搜集。
- **具有极强时效性的需求**（time-sensitive requirement）：必须立刻进

[1] 原注：ISC Document #001, “Concept of Operations for the Information Sharing Environment,” February 23, 2006, Appendix B—National Intelligence Priorities Framework, 34, www.ise.gov/docs/eds/edspo-conops.pdf.

[2] 原注：IC21, Section III: Intelligence Requirements Process.

行的情报搜集行动，搜集时要依靠搜集资产，少则几分钟，多达几天。针对即将进行的导弹试验或者核武器试验，就会产生这种情报需求。

- **特别需求**（ad hoc requirement）：在没有常规性需求的时候，特别需求往往是全新的情报需求。特别需求通常都是短期的，搜集时间从几天到几周。大部分物料搜集都是特别需求。
- 对搜集方式进行条件限定（比如在每天的特定时间段，或者是搜集人员针对特定目标采取的搜集方式），称为**情报需求的扩大**。其中最好的一个例子，就是第十一章提到的布鲁纳瓦尔突击。

情报搜集需求形成了一个层次（hierarchy）体系。这种层次体系的形成，源于对从战略到任务的问题分解（a strategies-to-task problem breakdown）。[1] 在情报需求等级中，较低层面的情报要素更加专门化；在设计非常精巧的情报需求层次中，低层要素能通过某些措施和高层要素关联，从而显示出它在整体情报规划中的相对价值。特定的较低层次的情报目标的数量，在一个小公司中就是几十个，在一个小国家或者公司财团中就是几百个，而在某一个非法的网络组织，比如国际贩毒组织中，情报搜集目标就是几千个。较低等级情报需求的典型解读可能是"定位战场上所有的装甲车辆"。

在处理大容量的卫星图像情报、电子情报以及开源物料的时候，因为存在大量的潜在目标，大批用户争夺情报优先次序，下达的情报搜集任务有可能超过国家整体预算，所以必须确立正式的情报需求构架来处理这些问题。不过，在处理顶层以下的情报优先次序的时候，这种需求架构就存在问题了。[2]

《国家情报优先框架》确立了顶层问题的情报优先次序，但是很难沿

---

[1] 原注：Clark, *Intelligence Analysis: A Target-Centric Approach.*（参照第二章有关战略—任务的讨论。）

[2] 原注：Clark, *Intelligence Analysis: A Target-Centric Approach*,152.

着情报需求层次执行这种优先次序。定位哥伦比亚的可卡因田，是否比定位阿富汗的罂粟田的情报需求更加重要？这一需求与定位一支俄罗斯机动导弹部队的情报需求相比，哪一个更重要？在分配较低层面情报优先次序的时候，美国高级情报官员注意到，不止一次，每个人都给情报系统下达了任务，但是没有人能明确应优先获得哪些情报。情报官员会不情愿地告诉用户说："我们不是非常迫切需求这些情报，不值得在上面花费资源。"[1]

如果某一情报事务迫在眉睫，优先级足够高，很容易导致情报资源泛滥。情报搜集系统必须快速响应——有时甚至要夺走较低优先级目标的情报搜集资源。如果情报搜集任务，要求在广阔的区域内运用高分辨率光学成像系统搜索定位一个飞机场，那就是浪费资源。要快速、廉价地定位一个飞机场，可以先运用较低品质的成像系统（满足美国《国家图像判读度分级标准》2 级即可），再利用高品质成像系统来获得所需情报的细节信息。设计欠佳的需求系统经常会产生此类无法令人满意的资源分配。

情报搜集优先次序

情报搜集优先次序，和情报优先次序或情报需求不是同一个概念。情报搜集优先次序来源于情报优先次序和情报需求，它必须反映国家利益和广泛的政策优先次序。搜集优先次序还要涵盖其他的考虑因素。从《国家情报优先框架》（或者其他定义情报优先次序的系统）到情报搜集优先次序的转变，是一个挑战，原因如下：

首先，因替代性资源不足，肯定存在情报搜集上的差距。除非在特殊情况下，情报界不应当使用搜集资产来获得业已获得的信息。必须强调，如果能从公开渠道获得信息，就没有必要动用情报搜集资产，除非必须要对某些情况进行交叉检验——比如应对可能出现的情报欺骗。有些情报搜

[1] 原注：Roy Godson, *Intelligence Requirements for the 1990s* (Lanham, Md.: Lexington Books, 1989), 68.

集以前是由国家情报资产进行的，现在可以由商业资源——商业成像卫星来进行搜集，而且成本要低得多。

从情报优先次序或者情报需求向情报搜集优先次序转变的关键，就是从所有的空白中确认和归类由情报搜集引起的差距。我们可能已经搜集到素材，只是没有进行处理或者利用。或是我们已经处理和利用了素材，但是还没有进行分析。后一种情况，就是处理、利用或者分析方面存在的空白，而不是搜集方面的空白了。

其次，存在收益的可能性。情报搜集资产必须配置在能创造出具体收益的地方，或者应决策者或者用户要求而配置。情报搜集优先次序要能够反映情报优先次序，也包括情报界成功获得的某些信息。[1] 即使成功搜集的可能性为零，情报优先级高的用户也会要求动用情报资产来进行搜集——即便不是滥用，这也是对有限情报资产的误用。

在冷战期间，情报搜集优先次序更容易抉择。苏联往往是最优先目标，位居情报搜集第一位的，就是苏联的核力量和常规军事力量。[2] 此外，苏联是一个可预测的搜集目标。它的军事基地和导弹试验靶场的位置，众人皆知。美国和苏联有很多共同利益，并理解对方的行为范式，从而限制了偶尔出现的情报误判所造成的后果。

此后，确定情报搜集优先次序就比较困难了。在反恐战争中，对手难以预测。他们的基地位置和攻击能力不易得知，且变化迅速。此外，还有数量相当可观的“失败国家”，他们随时可能在没有任何预兆的情况下，就对美国利益造成威胁。因此，情报搜集的优先次序必须是动态化的。

如果我们没有认真审慎地考虑过情报搜集优先次序，就会搜集到成堆不相关的原始数据。例如，最新拍摄的空中图像会包含很多已知的信息：自然地貌特征和固定建筑物很少改变，即使有变更，也是以年为期限；而

---

[1] 原注：Council on Foreign Relations, “Making Intelligence Smarter,” January 1996, www.cfr.org/content/publications/attachments/Making_Intelligence_Smarter.pdf.

[2] 原注：Council on Foreign Relations, “Making Intelligence Smarter.”

每一年，情报搜集系统都会对它们进行多次拍照。

但是，我们必须对所有搜集的数据进行一定程度的处理，大量不必要的数据妨碍了情报处理和利用系统的运作，最终也会阻碍分析过程。有效且快速响应的情报需求层次结构，是情报界的基本要素，也是美国情报界面临的持续挑战。

情报搜集策略[1]

情报搜集策略是一个系统性的规划，根据情报要求优化流程，有效可行地向所有能用的、可用的和适当的情报搜集资产及资源分配任务，包括：

- 有效性，就是分析针对特定目标进行情报资产和资源搜集的能力和实用性；
- 可行性，是指在给定条件下，比较所有可用的和能用的资产用于搜集特定目标的适宜程度。[2]

例如，按照美国国家图像判读度分级标准，情报成像卫星在搜集特定目标时，提供的图像品质可能比要求的图像品质清晰得多。在这种情况下，商业成像卫星拍摄的照片，可能正好符合美国国家图像判读度分级标准，比起成像能力更高的情报成像卫星，它是更合适的替代侦察资源，而情报成像卫星的效用可以发挥在别处。在分配稀缺的情报资源时，情报搜集策略的关键是把握所有重要的情报需求、情报需求之间相对的优先次序，以及当时的态势。

有一些情报搜集问题很简单。例如检测导弹发射井，观测其是否仍在运作。可以使用空中光学成像设备对发射井进行拍摄，然后处理和利用图像。完成这一任务几乎不需要考虑合作问题，也没有多少需要合作的内容。

[1] 原注：Clark, Chapter 8: “Collection Strategies,” and in IC21, Section IV: Collection Synergy.

[2] 原注：DoD Joint Publication 2-01, “Joint and National Intelligence Support to MilitaryOperations,” 7 October 2004, p. III-21, www.iwar.org.uk/sigint/resources/joint-pub/JP-2-01.pdf.

今天的情报搜集目标更加复杂。如果要侦察的目标是一枚移动的导弹而不是固定的发射井，就应当首先定位导弹。那么迫切的问题是：应当采用哪种情报搜集资产来定位导弹呢？要拍摄导弹可能所处的位置，有好几种选择，可见光成像和合成孔径雷达成像就是其中的两种选择。这些选择各有优势，由导弹位置、伪装和成像区域的大小决定。电子情报或者通信拦截也能定位导弹。人力情报搜集也是可能的，或者综合运用多种情报搜集手段。

考虑到复杂的目标会有多种情报搜集方案，有必要在向情报搜集资产分配任务之前制定搜集策略。该策略要考虑到所有情报搜集人员可能发挥的效用，并且在不同的组织之间协调使用这些人员。

由此可见，情报搜集策略要整合向各种情报搜集资产分配任务和情报搜集的过程，以便从情报搜集中获取最大的价值。我们的理念是，平衡利用各个情报搜集资产的特殊能力，协调管理配置资源，以期产生更大价值，这是单独制定的情报搜集策略无法做到的。这一类合作性情报搜集策略通常有三种[1]：

- **聚敛搜集**（convergent collection）：在通信情报和人力情报搜集的同时，使用不同的技术搜集资产对同一个目标同步进行情报搜集，或者近乎同时地使用这些资产。
- **顺序搜集**（sequential collection）：通过其他技术情报、通信情报或者人力情报搜集资产获得的信息，启动某一情报资产的技术搜集。顺序搜集也包含错开搜集工作的时间来获得效益，比如持久的覆盖范围。
- **隔离搜集**（separate collection）：对有些目标，要减少重复分配搜集资产，因为重复赋予任务没有益处。

上述合作性方法常常用在情报搜集中，推动了搜集策略的有效进展。为此，美国情报界某些部门正在发起一项提议，称为合作搜集策略（collaborative collection strategies，CCS），推动情报搜集合作进程的规范

[1] 原注：IC21, Section IV: Collection Synergy.

化。合作搜集策略是传统多渠道情报搜集过程的新名称，致力于让情报搜集人员和分析人员在情报圈内正式地合作，来支援跨门类的情报搜集和分析活动——从确定情报搜集问题，直到推动和执行特定的情报搜集策略。合作搜集策略已经应用在信号情报—图像情报合作领域，正在尝试囊括情报界的其他门类。[1] 比如，人力情报对很多技术搜集活动有推动作用，技术搜集活动也能推动人力情报的进展，例如：

- 我们从图像中观察到目标建造一个新的地下设施，可以此为基础要求进行人力情报搜集。相反的过程也可行——通过人力情报得知地下设施的兴建，然后向图像搜集部门分配任务——但是，及时性问题有时会干扰情报搜集。人力情报搜集行动需要花费时间才能进入系统，如果地下设施被土层覆盖或者挖掘的土渣已经被运走，那么拍摄地下设施的照片就没有太大价值了。
- 人力情报报告说，可疑的飞机仅夜间在某个机场着陆或者起飞，我们可以据此要求在机场附近配置声学传感器来确认飞机的相关信息。
- 某位人力情报线人可能使用手持摄像机获得新型雷达天线的画面。测量天线之后，分析人员可以估算雷达的工作频率供电子情报目标使用。

情报搜集人员这种交叉提示情报线索的行为能够实时或近实时完成，这在情报业中叫作“内幕透露”（tip-off）。在很多情况下，能对目标进行技术搜集的时间转瞬即逝。因此，规划好“内幕透露”，是搜集策略重要的一环。实际上，“内幕透露”在任务分配阶段就完成了，但必须在制定搜集策略阶段就规划好。为了解决情报难题，在众多传感器平台之间协调分配技术搜集任务至关重要。有时，只有在特定事件发生时才需要搜集情报。这也是透露内幕的目的。假如雷达发现不明飞机，可把这一消息传给电子情报搜集系统，让后者搜索飞机的雷达来协助确认飞机。

---

[1] 原注：Scott C. Poole, “Integrated Collection Management Accelerates Interagency Cooperation,” *NGA Pathfinder*, 6, no. 3(May/June 2008): 8, www.nga.mil/NGASite Content/StaticFiles/OCR/mayjune08.pdf.

下面几种创新性搜集策略，就是在处理较困难搜集任务时采取的。

蜂群、巨浪或者闪电策略（Swarm, Surge, or Blitz Strategy）。执行侦察任务的困难在于，如果对手能够确定我方的侦察方式，仔细筹划活动时间，避开我方搜集系统运作的时间段，我方就无法进行侦察。这是空中电子情报和图像情报搜集面临的固有问题。如果我方缺乏足够的情报资产来进行监视，就得在短时间内动用所有的方法，实现对特定目标的密集覆盖。这种技术在情报界有很多称呼，比如闪电、巨浪或者蜂群式搜集。

获得此类搜集结果的用户——这里是指情报分析人员——必须意识到，搜集到的材料是巨浪式或闪电式的。要是不明白这一点，分析就会有误差。典型的例子是，美国情报机构针对伊拉克大规模杀伤性武器问题所做的《国家情报评估》。分析人员给出的结论是，伊拉克化工厂的可疑活动有所增加。但是，“大规模杀伤性武器委员会”的报告指出，所谓可疑活动的明显增加，仅仅是由于拍摄这些设施的次数增加了。[1]

刺探策略（Probing Strategy）。对实施了拒止与欺骗（D&D）措施以进行防护的目标而言，采取挑衅性的刺探活动可能更有成效。20 世纪 50 年代，美国空军的空中侦察项目就运用刺探策略战胜了苏联的发射控制手段。发射控制，就是系统关闭所有不必要的信号，直到敌人的信号情报搜集系统离开该区域。针对苏联的发射控制，美国派遣一架飞机前往苏联边境进行渗透飞行，却在最后一分钟折返，而那时苏联已经开启了全部的空中防御网络来应对威胁。刺探敌人的系统并观测敌人的反应，是增加对系统了解的有效战术。不过，刺探可能会导致一系列未可预料的结果：苏联方面有时候可能会追捕或者击落侦察飞机，以阻止刺探活动的进行。

像美国这样庞大且官僚式的情报搜集网络都能随时进行灵敏的反应，情报分析人员更应当在推动情报机构积极响应方面起到重要的作用。“大

[1] 原注：“Report of the Commission on the Intelligence Capabilities of the United States Regarding Weapons of Mass Destruction,” March 31, 2005, p. 125; http://govinfo. library.unt.edu/wmd/about.html.

规模杀伤性武器委员会”严厉批评了情报界在制定情报搜集策略时的效率问题。该委员会特别指出：

> 你不能分析你没有掌握的情报。……情报界没有提出长期的协作性搜集策略。为渗透现今的情报目标，这种搜集策略是必需的。[1]
>
> 情报界很少采用一体化的策略，以渗透具有高优先级的目标。[2]

然而，委员会也意识到情报分析人员起到了重要的作用：

> 分析人员必须愿意承认他们所不了解的事务，以便聚力于未来的情报搜集。[3]

“大规模杀伤性武器委员会”的报告所传递的信息非常清晰：分析人员——情报搜集的用户——应当在制定情报搜集策略中起到作用。假设上面描述的协作搜集策略目标得以实现，分析人员在情报处理流程中，对目标将具备独特的专业知识和理解力。但协助进行情报搜集也可能给分析人员带来巨大的负担。当然，分析人员得到的回报会很高，而且有一种减轻负担的方法。分析人员的日常工作之一，就是创建问题分解模型和目标模型。[4]分析人员和搜集人员分享这些模型，搜集人员就能发现情报空白，

---

[1] 原注："Report of the Commission on the Intelligence Capabilities of the United States Regarding Weapons of Mass Destruction," March 31, 2005, p. 12; http://govinfo. library.unt.edu/wmd/about.html.

[2] 原注："Report of the Commission on the Intelligence Capabilities of the United States Regarding Weapons of Mass Destruction," March 31, 2005, p. 17; http://govinfo. library.unt.edu/wmd/about.html.

[3] 原注："Report of the Commission on the Intelligence Capabilities of the United States Regarding Weapons of Mass Destruction," March 31, 2005, p. 12; http://govinfo. library.unt.edu/wmd/about.html.

[4] 原注：Clark, *Intelligence Analysis: A Target-Centric Approach*, ch. 2.

而分析人员能够更加有效地弥补情报空白。协作搜集策略倡导使用一个通用系统。这个系统要便于情报人员跟踪情报搜集要求的状态，发现是否有人正在寻求同样的信息（因而，该信息是整个情报界共同感兴趣的话题），获得其他人的研究结果。

最近 20 年来，一些情报组织界定了一个专门的职业领域，称为“**目标分析人员**”（targeting analyst），来满足这种需求。在这个术语中，“目标”通常是指掌握具有情报价值信息的个人，也可指网络、组织、通信系统或者设施。目标分析人员的工作，就是把情报需求转化为潜在的目标，定义情报空白，确定针对目标所使用的情报搜集资产，制订情报搜集计划。实际上，一个分析人员就能处理完所有的这些步骤。目标分析人员显然不能规划例行的搜集，例如自动化系统就能很好地完成图像或者电子情报搜集。分析人员会更关注单一的具有极高情报价值的目标。

任何系统如果需要分析人员更多地参与搜集过程，都会耗费宝贵的分析时间，但是愿意付出时间的分析人员将会获得极高的回报。正式且复杂的情报需求系统响应速度并不快。因为它在细节上无法确定优先次序，加上系统要处理的情报需求总比情报搜集资产多，很多情报需求都无法满足。不过分析人员参与搜集过程，就会改变这种情况，因为他们愿意花费时间来提供背景分析、选择理由，进行细节指导和后续评估，系统会非常及时地响应。如果有人愿意花时间培训搜集人员并派专人进行接触，情报搜集系统的回报也是丰厚的。

分配情报任务

情报前端过程的最后一步，就是向搜集资产分配情报任务。指派情报任务，就是向特定搜集者下达特定的指令。情报需求可能会需要“马尼拉港口的图像，其品质要清晰到能够辨认该港口的货船”。为了支援该情报需求，我们下达的任务中可以明确指出，“U–2 侦察机第 1037 号任务：2010 年 7

月 27 日，国际协调时间[1]01 时 44 分，以北纬 14° 35′ 和东经 120° 58′ 为中心，2×2 纳米框架，搜集美国国家图像判读度分级标准 6.5 级的可视图像。”

外国仪器信号情报的搜集任务更是面向正在发生的事件。电子情报搜集分配的任务介于自动搜集和以事件为导向之间。没人知道特别重要的信号何时会突然出现。

我们可以用软件控制的方式向自动拍摄图像系统分配任务，比如说，地球气象观测系统向安装在美国国家航空航天局地球观测 1 号卫星（EO–1）上的高光谱成像仪分配情报搜集任务。地球气象观测系统的软件储存了美国空军气象局的云数据，利用这些数据向地球观测 1 号卫星的高光谱成像仪分配情报搜集任务。该软件也能用来快速优化特别情报需求的规划过程，进行多情报搜集任务的分派。该软件主要的设计用途，就是确定目前可用的情报搜集资源，合理分配资源和时间，来增强情报搜集的性能：及时性、定位精度和图像分辨率。[2]

任务分配不仅要非常具体（比如上文向 U–2 侦察机下达的任务），还要为搜集人员准备背景信息。很多情报需求必须予以扩充或者阐释，但是正式的情报需求系统往往无法对情报需求进行必要扩充，以阐述情报需求所具有的细微差别和琐碎条件。前面提到过，物料搜集通常需要非常具体的指导。只有在情报搜集人员完全了解何事、何时、何地和为何的时候，大部分物料搜集才能成功。第十一章也列举了物料搜集的例子，即英国情报官琼斯针对二战期间维尔茨堡雷达下达的搜集任务。任务指南高度细化，具体到要带回哪些零件。有时候，我们甚至要教搜集人员怎样进行搜集。例如，搜集工业废水或者某个生物样本，可能要在特殊条件下进行，而且样本必须以特定的方式处理、储存或者运输。

---

[1] 译注：国际协调时间，是以原子时秒长为基础，在时刻上尽量接近世界时的一种时间计量系统。

[2] 原注：Mark Abramson, David Carter, Brian Collins, Stephan Kolitz, John Miller, Peter Scheidler, Charles Strauss, “Operational Use of EPOS to Increase the Science Value of EO-1 Observation Data,” http://esto.nasa.gov/conferences /ESTC2006/papers/a3p1.pdf.

情报搜集管理工具

前几节讨论了前端管理的复杂性。美国情报界已经研发了很多自动化的情报搜集管理工具，尝试用这些工具来管理复杂的前端流程——该流程适用于拥有大量用户的大型情报搜集系统。有时候，这些工具也能用来管理后端流程，这就是下一节要讨论的内容。多年以来，情报界一直致力于情报搜集管理工具的转型，从大量的个性化工具，发展到一系列情报界内部广泛运用的情报搜集管理工具。这些工具将会整合情报搜集管理流程。

1994 年，美国国防部开始研发联合搜集管理工具（joint collection management tools，JCMT），打算由国防部系统负责全源情报搜集管理（all-source collection management），同时包括向图像情报、信号情报、测量与特征情报及人力情报分配任务。这个系统的软件包，能够用来支援搜集、筹划和追踪所有情报门类的搜集需求。联合搜集管理工具取代了大部分现存的情报搜集管理系统，包括：

- 陆军的情报搜集管理支持工具（Collection Management Support Tools）；
- 国防情报局的情报搜集需求管理应用程序（Collection Requirements Management Application）；
- 作战支援办公室的国家演习支援终端（National Exercise Support Terminal）；
- 美国南方司令部的情报支援处理工具（Intelligence Support Processing Tool）；
- 美国空军国家空中情报中心[1]的情报搜集需求管理系统（Collection

[1] 译注：美国空军国家空中情报中心（USAF National Air Intelligence Center），成立于 1993 年 10 月 1 日，位于俄亥俄州莱特—帕特森空军基地，隶属于美国空军情报局（Air Intelligence Agency）。它的任务是：获取、搜集、分析、生产、分发航空航天情报，向作战人员、相关团体和国家决策者提供支援。

Requirements Management System）[1]。

复杂的人机交互界面，艰难的信息解析，沉重的数据库维护需求，导致2000年联合搜集管理工具项目的终结。它被整合成情报界多情报获取项目（Intelligence Community Multi-intelligence Acquisition Program，IC-MAP），后来改名为情报界分析和需求系统（Intelligence Community Analysis and Requirements System，ICARS）。[2]

有报道称，情报界分析和需求系统已于2009年终结。[3]但是，它解释了一体化情报搜集管理系统是如何运行的：建立一个基于网络的情报搜集需求管理环境，为分析人员进行情报搜集提供单一的准入点；该系统会尝试关联情报界所有的情报搜集需求管理系统，让分析人员更容易提交他们的情报搜集需求，或者描述情报空白；分析人员也能够寻找和浏览满足他们要求的现存的情报需求。情报界分析和需求系统主要是培养跨越机构界限的合作方式，让分析人员能够获取彼此的情报需求，和情报搜集人员一起工作，从而制定最佳的情报搜集策略。[4]

另一个跨机构情报需求系统的例子，就是美国国家地理空间情报局（National Geospatial-Intelligence Agency，NGA）和美国国家安全局联合实施的**一体化情报搜集管理系统**（Integrated Collection Management，ICM）。一体化情报搜集管理系统试图使这两个机构在情报周期所有阶段——任务分配、搜集、生产、利用和分发——的情报搜集和利用实现同步，并企图把这种同步努力扩大到所有情报搜集门类。[5]

---

[1] 原注："Joint Collection Management Tools," www.globalsecurity.org/intell/systems/jcmt.htm.

[2] 原注："Joint Collection Management Tools," www.globalsecurity.org/intell/systems/jcmt.htm.

[3] 原注：AFCEA Intelligence White Paper, "Congress and the Intelligence Community: Rebuilding Trust," May 1, 2009, www.afcea.org/signal/articles/templates/intel_ whitepapers_ template.asp?articleid=1925&zoneid = 216.

[4] 原注：DoD Joint Publication 2-01, "Joint and National Intelligence Support to Military Operations," October 7, 2004, GL-21, www.iwar.org.uk/sigint/resources/jointpub/JP-2-01.pdf.

[5] 原注：Poole, "Integrated Collection Management Accelerates Interagency Cooperation," 8.

此书撰写之际，美国国家层面存在多种门类—特定需求情报搜集管理系统，国防部内部也存在很多平行的系统：

- 情报需求管理系统（Requirements Management System，RMS）用于管理和指导图像的搜集、利用和生产。由国家地理空间情报局管理。[1]
- 测量与特征情报需求系统（MASINT requirements system，MRS）在测量与特征情报方面执行同样的功能。[2]
- 国家信号情报需求处理流程（National SIGINT Requirements Process，NSRP）是一个对信号情报（包括电子情报和外国仪器信号情报）进行搜集和处理的系统。它会评估情报需求并区分优先次序。[3]
- 开源情报需求管理系统（Open Source Requirements Management System，OSRMS）由美国国家情报总监下属机构开源中心[4]负责管理（开源中心在体制上属于中央情报局）。该系统的用户可以研究现存的开源情报需求，提交新的需求，跟踪需求的处理状态。[5]

上述情报机构的努力展现出一幅画卷：这些项目有可能互为补充，有可能互相重复，或者互相竞争，然而最终目标就是达成本章开头描述的理想化的情报搜集管理系统。想要断言哪一种管理工具将会从这些项目中脱颖而出，或者它最终的形态，仍旧是一个有待讨论的话题。

---

[1] 原注：NGA Publication 1.0, "National System For Geospatial Intelligence: Geospatial Intelligence (GEOINT) Basic Doctrine," www.fas.org/irp/agency/nga/doctrine.pdf.

[2] 原注：DoD Joint Publication 2-01, "Joint and National Intelligence Support to MilitaryOperations."

[3] 原注：U.S. Commission on National Security/21st Century, Road Map for National Security: Addendum on Structure and Process Analyses, vol. VI, "Intelligence Community," April 15, 2001, National Security Agency/Central Security Service, p.12, http://govinfo.library.unt.edu/nssg/addedum/Vol_VI_Intel.pdf.

[4] 译注：美国国家情报总监下属开源中心成立于 2005 年，专注于公开信息的搜集、共享和分析，以获取有关国家军事、国防、政府、社会和经济方面大量有价值的情报。

[5] 原注：Bonnie Klein, "Open Source Enterprise," April 4, 2006, www.dtic.mil/dtic/annualconf/Tuesday /1100.ppt.

三、管理后端

技术搜集中关键的一个阶段，就是对搜集到的原始情报进行处理和利用。在搜集系统运行之前，就应当规划好处理和利用流程，并且分配相应的资源。然而，在整个情报搜集的努力中，如何规划这一部分是最难得知的。我们很容易创建起情报搜集系统，事先也能很好地理解它能做什么。但是，情报处理和利用流程所带来的附加价值，往往不为人所了解。对文字情报信息（literal intelligence information）的处理（通常这些信息来自开源情报、人力情报和通信情报）相当直接简单，通常就是对文本的翻译。相反，非文字信息需要技术专家持续进行处理，并且要研发和维护大型软件程序包。处理和利用高光谱图像和合成孔径雷达图像信息的成本非常高昂。如果目标发生改变，情报处理和利用系统就要进行额外的调整。比如，某国采用了新式的雷达，我方的电子情报处理和利用系统就必须升级，以处理这些新的目标信息——鉴于形势，快速的升级往往意味着巨大的开销。

此外，随着新的情报搜集类型的出现，规划者们事先可能无法知道怎样才能设计出最佳的处理和利用流程。在情报搜集系统运行一段时间之后，他们才会发现技术搜集的新方法。这些因素都会让后端（back end）研发落后于整个搜集系统本身。

对技术搜集所获取的信息进行利用，需要把某一个特征和特征数据库相关联，以确认这一特征。贯穿本书始终的观点，就是情报界需要一个特征库，该数据库储存了大量经过处理、利用的材料，便于使用，能够进行针对目标的监视活动，或者探测特征或模式上的巨大变化。因此，完整的、可实时更新的特征库，就是后端（情报处理和利用）的关键性要素。本书反复强调了特征库的重要性。我们需要大量的特征库，包括基本的图像情报库、电子情报库和外国仪器信号情报库、高光谱特征库和声学特征库。

管理特征库是一个持久的挑战。特征库必须不断更新，面向所有潜在用户开放。这种工作上的挑战，有些类似于管理联邦调查局的指纹库；指纹库必须不断升级，面向很多执法机构开放。通过不断的努力，对特征进行协作共享和利用，会产出更好的情报。执法界已经认识到共享指纹库的价值。相反的是，情报搜集机构过去倾向于保护他们的数据库，与外界隔绝。情报界对数据的保护避免了资源的损失，也制约了数据库发挥潜在的价值，不利于更好地使用它们提供的情报。[1]

四、评估情报搜集

任何情报机构的大部分预算，都花费在情报搜集，特别是技术搜集上。这些机构想要知道投资是否妥当，可以从预期和回溯两方面来评估情报搜集的效能。

预期评估往往使用仿真模型；模型通常用在情报搜集系统研发之前；特别是评估空中情报搜集系统效能时，会使用预期评估。因为情报搜集系统本身非常昂贵，投资仿真模型来确定其运行的性能是划算的。一旦搜集系统投入使用，有三种方法可用以评估情报搜集的产品：

- 对分析人员进行调查，让他们评估成品情报中使用的情报搜集报告（这会占用分析人员宝贵的时间）。
- 对搜集数据库的访问情况进行评估。同一个人在某一规定的时间段内多次访问数据库，表明相关报告很有价值。这个方法存在统计上的问题，因为最有价值的报告往往在获得之后就打印出来了，因此也需要了解报告是什么时候打印的。
- 进行引证分析，也就是说，在成品情报中，计算一篇情报报告被引用的次数。但是，最有用的报告往往不是必须引用的，与外界高度

[1] 原注：Mark M. Lowenthal, *Intelligence: From Secrets to Policy*, 4th ed.(Washington,D.C.: CQ Press, 2009): 76。中文版《情报：从秘密到政策》由金城出版社于2015年1月出版。

隔绝的报告通常只是用作背景资料。因为根据规定，不允许在低密级的报告中使用这些资料。

要评估情报搜集，肯定需要某些衡量标准——把产品编上号码，这些编号能表明情报的相对价值。在可能的情况下，可以用这些衡量标准来评估情报搜集。我们似乎有一种事事定量分析的强迫症，哪怕是针对不能进行定量分析的事物。因此，评估者必须知道去衡量什么，怎样衡量。用户的衡量标准，也即某种类型的用户满意度衡量。

在情报搜集之后进行用户满意度调查，可评估情报处理是否按照情报需求进行，或是否弥补了用户和搜集人员之间的知识空白。换一种表达方式，即定量分析某一特定的情报需求或者条件是否得到了满足。有效的用户满意度应当能回答下面的问题：

- 伊朗移动导弹占导弹总数的百分比？
- 石油工业预计的石油开采地区在哪里？
- 2002 年，巴基斯坦、老挝、墨西哥、泰国、阿富汗和缅甸这几个国家，预计种植的鸦片田规模是多大？这些国家的鸦片加工中心在什么地方，它们能产出多少鸦片？
- 叙利亚隐蔽的大规模杀伤性武器制造中心在哪里？

这些问题都需要有分析性的结论，但是所有的问题都会对用户满意度测评给出更加具体的定义。

关于用户满意度测评不妥当的例子是：图像分辨率已定，目标区域有多少面积被搜寻过了？有可能扫描过百分之百的目标区域，却没有产生一项有效的情报。搜集人员喜欢进行量化分析，因为它可以提供坚实的、能够计算的测量结果，这导致大多数情报搜集机构在情报搜集的质和量上过于迷恋数字，却对内容考虑不足。[1] 比如说：

- 衡量搜集人员的表现，往往依据他们提交报告的数量，这就会鼓励搜集人员提交很多短篇报告，而不是少量的综合性报告。

[1] 原注：Clark, *Intelligence Analysis: A Target-Centric Approach*: 165.

- 某国进行导弹试验，外国仪器信号情报搜集装置持续复制了此次导弹试验的全过程，但该国对传输的信号进行了可靠加密，根本不可能被破译。尽管没有提供任何情报，但外国仪器信号情报机构依然获得了赞誉。
- 图像情报搜集装置拍摄了某一重要建筑物的 100 张照片，其中的 99 张照片都没有提供新内容，然而在情报效能等级评定中，每一张照片都能得到分数。

上面的第一个例子，显示了以度量为基准的评估系统的一个通病：系统可能“被游戏化”(gamed)，也就是说，在度量标准上，我们可以把情报搜集和报告塑造得非常好看，但实际上没能提供更好的情报。如果使用度量标准来决定预算，问题就会特别严重。为了分配情报搜集任务，任何度量标准都可以被游戏化。

总之，情报搜集的度量标准，往往更关注量化，而不是其重要性。然而内容，而非数量，应当是最重要的衡量标准，但正式的情报需求结构也不能很好地对内容进行评估。分析人员和用户需要评估内容，以衡量情报搜集的价值。如果工作得当，这些评估能够有效地控制上述问题的发生。

五、跨界管理

技术搜集跨越组织界限和国别界限，也涉及将情报项目隔离以确保安全的做法。前面描述过理想化的情报搜集系统，目标就是实现协同增效。技术搜集团队，有必要与通信情报、人力情报和开源情报的搜集团队，进行实时的跨情报门类（cross-INT）的协作。但是机构之间的界限，会阻碍我们把情报需求有效地分配给情报搜集资产，也会妨碍部门之间的协作，无法实现增效作用。这个问题非常普遍，以至于这些妨碍合作的障碍在情报界有一个特殊的名字：“烟囱”。

长期以来，这些烟囱对情报工作造成了不利影响，领导层也认为这个问题非常棘手。情报界持续已久的烟囱问题，妨碍了跨情报门类的革新，阻碍了新方法的采用。跨情报门类事务流程（管理多情报门类环境）其实并不完整，现存的大多是随机安排的。成功的情报合作案例，往往是系统之外的非正式接触的成果，而不是系统本身的成就。

情报界的这些烟囱有时会被误认为是情报搜集烟囱——换句话说，是由于情报搜集门类的不同造成了合作上的界限。[1] 这样的烟囱确实存在，但它们不应仅仅被视作人力情报烟囱或通信情报烟囱。实际上，一共有四类烟囱：组织型、隔离型、技术型和国际型。这四类烟囱的存在都有切实的原因。烟囱是不会消失的，我们面临的挑战就是让情报搜集系统有效地运转。

组织型烟囱

组织之间的隔离创建了美国情报界中占主导地位的烟囱。技术搜集的权责分散在不同的组织里。大量的情报机构在进行技术搜集。中央情报局、国防情报局、国家地理空间情报局、国家侦查办公室、国家安全局和各军种机构占有主要的情报资产。不像传统的人力情报和通信情报，技术搜集[2] 没有一个主导的机构（但有些技术搜集门类，如图像情报搜集和电子情报搜集，就有一个主导机构）。技术搜集不存在全国性的情报处理和利用中心，没有高级的权威机构，也没有明确的管理归属。这些情报机构各自有很大的动力，来维持他们自身的烟囱。

- 国防部各级机构和作战部门格外偏好自己的情报搜集和分析单位。长期以来，部队指挥官的原则就是，“如果我不控制它，那就没法

[1] 原注：Gregory F. Treverton, “Toward a Theory of Intelligence,” RAND, 2006, 24, http://rand.org /pubs /conf_proceedings/CF219/.

[2] 译注：通信情报当然也是一种技术搜集手段，但如作者所言，本书讨论的技术搜集手段，主要是测量与特征情报。

依靠它”。

- 所有的组织都希望他们的情报成就获得认可，强烈憎恨其他组织得到哪怕是部分的功劳。情报界管理人员自然倾向于强调他们的成绩，贬低其他情报组织的贡献。大家普遍不愿意分享成功的果实，这会对潜在的合作意向造成损害。
- 对资金的竞争是一个密切相关的动机。资金预算取决于提供资金的组织对情报成就的认可程度——一般拨款来自美国国会。国会认定哪一个组织提供了价值高的情报，就会拨给资金；贡献不明显的单位，资金就会被砍掉。

结果导致，官僚机构内部斗争或者争夺情报资产所有权的持续的焦点，就是技术搜集。[1] 本章开头阐述的理想化情报管理系统，就是跨越所有技术搜集领域，协同对付一个目标，处理好之前讨论过的情报优先次序，让已经拥有的情报资产能相互补充。这种协作需要建立共同的目标，协调各情报部门的政策，使用兼容的系统等。近几年，搜集人员之间的情报共享局面有所改进，但还有漫长的道路要走。政策和文化动机阻碍了协同合作。情报界的管理人员总是试图掌控全局，依然关注谁会从情报成功中获益，谁会获得资金。

国家情报总监创立了美国国家情报协调中心（National Intelligence Coordination Center，NICC）[2]，来监督对情报界所有搜集资产的使用，便于情报搜集组织之间的合作。国家情报协调中心颇具雄心的规划，包括前端管理、协同合作和情报搜集评估。中心似乎在努力实现本章最初提出的理想化情报管理系统的目标。假设组织型烟囱顽强存在的话，中心能否取得成功还是未知数。情报界有强大的动机来维持组织型烟囱。如果能应对情

---

[1] 原注：Pamela Hess, “Intelligence Agencies in Turf War,” Associated Press Report, May 28, 2008, http: //ap. google.com/article/ALeqM5gcFEMjMTQs1VX2BzaaZr4tkZ9rmwD90UTK803.

[2] 译注：美国国家情报协调中心，成立于 2007 年 10 月 1 日，隶属于美国国家情报总监办公室。该中心的目的是，让国家情报总监根据常见的和突发的战略情报优先事项，更有效地指导和整合所有国家、国防和国内情报机构的情报资产与情报活动。

报组织这些保持界限的动机，就不必依靠国家情报协调中心这样的组织来取得成功了。只要人们跨越情报组织的界限，尊重合作伙伴的敏感性，理解他们的文化习俗，就能在情报协作上取得更大的成功。

隔离型烟囱

美国情报部门和国防部门有大量的专用存取程序（special access program，SAP），通常称为**黑色程序**（黑色绝密程序，black program）。这些程序也称为隔离程序，因为它们受到特定的安全方面的隔离，其访问途径受到严格限制。隔离有着显而易见的好处：只有对手不知道程序的存在，或者程序的作用，它才能取得成功。情报资产逐渐流失，也有力地支持了那些呼吁进行更多安全隔离的人们的观点。实际上，隔离程序越来越多，但是隔离型烟囱也有它们的弊端：

- 情报隔离导致情报无法到达需求者手中——搜集人员、分析人员和用户。隔离情报项目的所有者需要不断地权衡，在保护他们的资源和让情报产品为大家所用之间形成折中方案。他们必须平衡安全和效率。[1]
- 情报隔离意味着在整体的安全系统中存在着不同的安全级别。信息网络中多层次的安全级别，让协作变得更加困难。[2]
- 情报隔离保护烟囱免受外界压力而发生变化，情报部门对资金的竞争，也是保持隔离型烟囱并使其强大的动力。情报界管理人员也有自身特别关注的部门，这导致情报界的运作不那么灵活。

当情报界要支援执法机构和国土安全部门的时候，情报隔离就有了更

[1] 原注："Report of the Commission on the Intelligence Capabilities of the United States Regarding weapons of Mass Destruction," March 31, 2005: 444.

[2] 原注："Report of the Commission on the Intelligence Capabilities of the United States Regarding weapons of Mass Destruction," March 31, 2005: 439.

多的应用领域。这些组织里只有极少数人通过了安全背景审查，因此，情报产品需要“净化”才能供外界使用，这伴随着并不容易解决的政治挑战、安全问题和监督问题。[1]

技术型烟囱

技术型烟囱之所以存在，是因为某一技术搜集领域的专家，通常不具备其他领域的深入知识，因此意识不到合作的机会。这些技术情报领域需要广泛多样的技能，但是各技术搜集手段的下属门类的从业者很少有共同点。技术搜集的特色是：涉及广泛的文化领域；涉及不同的语言，要跨越技术门类进行交流十分困难，这是全世界的基础研究和应用研究都存在的问题。此外，很少有人能理解大多数技术搜集资产的效用。因为这些资产太多，使用者也没有完全发挥它们的潜能。情报部门很难分配任务，也很难利用通过任务获取的结果。

在烟囱界，特征库可能是最具备“烟囱”特色的部分。每一个特征库都为支援它所对应的下属门类而设计，由此造成跨库检索、协作分析非常困难；在一个特征库中使用的分析软件不能被其他特征库使用。

技术型烟囱虽然会产生很多问题，但是也满足了一个重要的需求。任何技术的进步都需要该领域大量的专业人才，技术型烟囱能为此提供服务。

国际型烟囱

技术搜集管理的一个重要部分，就是跨越国家界限管理情报搜集，进行产品共享。

在平衡国际合作伙伴的资产、能力和领域方面，美国情报界取得了卓越的成就。合作伙伴关系可能是美国情报机构唯一比对手有利的优势了。当然，

[1] 原注：Clark, *Intelligence Analysis: A Target-Centric Approach*: 298.

共享情报产品也让这些合作伙伴获得了利益。苏联和东欧的卫星情报机构也有联络关系，但克格勃往往在关系中占主宰地位，攫取了绝大部分利益。[1]

美国不断加大力度，与国际伙伴共享技术搜集；相应的，它也依赖这些伙伴进行情报搜集。对电子情报和外国仪器信号情报而言，这种做法并不新颖。美国曾经与英国、澳大利亚、加拿大、新西兰等国在这些领域合作多年。有些技术传感器必须部署在这些盟国境内。这些传感器通常根据美国和外国军队或者情报机构的合作运行来部署。第六章提到的 FPS–95 超视距雷达就部署在英国。第十章提到的美国一体化水下监视系统，是和加拿大、英国、爱尔兰合作部署的。[2] 第六章讨论的 X 波段雷达部署在日本。[3] 美国和日本合作利用关于米格 – 25 飞机的情报。上述情况表明，美国在这些关系中都有获利。分享情报搜集资产，有利于进行大量的情报规划和协作。

此外，多国联合作战频率的增加，也迫使美国和广泛的联盟伙伴共享情报。共同监视条约的执行通常需要国际合作，一个例子就是第十章讨论过的用于监视核试验的国际监测系统。美国越来越依赖多国搜集、处理和利用网络，以共同承受负担。这种合作网络能带来很多益处，但也提出了一些值得关注的问题：

- 能够鼓励外国合作伙伴执行某些任务，但是不能命令他们这么去做。
- 随着时间的推移，这些合作伙伴认识了美国的技术搜集资产，了解到美国的技术搜集能力。但有些伙伴本身就是潜在的泄密源，这会降低资产的有效性。
- 和联盟伙伴共享情报变得越来越重要，但缺乏连续的政策支持。美国很多情报机构与很多国家的情报同行有着直接联络，就像美国政府

[1] 原注："Intelligence and Counterintelligence," www.globalsecurity.org/intell/world/russia/kgb-su0522.htm.

[2] 原注："History of IUSS," www.cus.navy.mil/timeline.htm.

[3] 原注："Forward-Based X-Band Radar-Transportable," Missilethreat.com, www.missilethreat.com/missile defense systems /id.19/ system_detail.asp.

的任何一个部门都可以绕过国务院，和其他国家对应的职能部门直接交涉。

六、管理用户预期

某一个技术搜集系统或者资产运作很多年以后，就会发展出通晓系统工作的用户群。用户群已经将这种技术搜集能力整合到自身的情报规划中。用户依赖这种技术搜集能力的持续存在——这既是一种资产，也是一种债务，会导致情报界的“遗产体系”（legacy system）问题。某些技术搜集手段的总体情报价值已经下降，但由于用户已经对这种搜集方式产生了依赖，因此情报机构很难放弃这种搜集手段。

新的技术搜集资产面临截然不同的问题。使用者不理解新系统的工作流程，也不懂得搜集信息的价值。所以，他们既不会要求使用新系统来搜集情报，也不会利用新系统搜集到的产品。用户需要学会理解新型技术搜集的功能和局限性。因此，美国情报界面临着不断的挑战：培养用户理解新型情报搜集资产的能力。这也是本书写作的主要目的。

了解搜集价值

情报用户包含两类，即全源分析人员，以及来自军事、执法和国家政策界的人员，前者必须使用技术搜集产品进行分析，后者必须接受情报机构提供的分析结果。这两类用户都不愿意使用他们无法理解的系统。然而，大多数技术搜集系统都没有得到正确理解。分析人员的专长不同，他们对技术搜集的理解也有不同：

- 科研系统、技术系统和武器系统的分析人员对技术搜集手段了解最多。他们依赖情报搜集产品来评估外国武器系统和武器扩散问题。

- 军事分析人员也能较好地理解情报搜集产品。比如说，多年来他们都依赖“物料利用”这一情报手段。在应对敌人的拒止与欺骗时，技术搜集具有特殊的价值，因为一个典型的目标有多重特征，这些特征很难全部隐藏或被完全模拟。外国情报机构很难透彻了解这些技术搜集手段，这反而有助于技术搜集活动的开展。[1]
- 相比起来，政治、经济分析人员往往较少依赖技术搜集，很少明白它在帮助解决问题方面的潜在价值。

即使情报用户也很难完全理解技术情报，部分是因为其高度专业化，部分是因为其覆盖了广阔的情报门类，用户群体过于分散。在情报从业者（搜集人员和处理人员）和产品使用者之间存在着巨大的专业差距。搜集人员太过于依赖技术术语，结果使得技术搜集不如文字部分那样有说服力。通常，情报终端用户看不懂技术搜集产品，需要找分析人员来解释。哪怕是大部分用户能够理解的、直观的图像情报，也需要对涉及的特征进行分析。

因为技术情报产品难以理解，终端用户意识不到它的价值，对产品缺乏信心，所以需要很长时间才能接受它。技术情报得不到相应的尊重，失去了强大的用户支持基础。有的终端用户甚至把他们认为过于神秘化的技术情报产品称为“巫术”（witchcraft）或者“巫毒情报”（voodoo-INT）。随着时间的推移，情报界更加熟悉技术情报产品，也开始慢慢接受某些既定的技术搜集能力。但是，在很多搜集领域，技术飞速发展，这意味着当新的能力进入情报搜集目录中时，理解问题还会持续。

因为分析人员对很多技术搜集能力的了解不足，情报搜集管理人员需要接触这些用户并持续地给他们上课。分析人员和搜集人员之间的关系有待加强。对技术搜集缺乏了解，这一问题在本书讨论到的高科技领域特别严重，但是，在各个具体领域，欠缺程度也有很大的变化。比如说，用户很容易看懂可见光成像图，但是很难理解雷达情报、声学情报和物料特征的搜集与分析。

---

[1] 原注：Clark, *Intelligence Analysis: A Target-Centric Approach*: 177–179.

应对时限压力

情报用户一直要求更加及时地获得情报，有几个原因：

- 政治决策者倾向于**立刻**获得情报，他们通常要应对当前的事态，也就意味着他们的需求是不可预测的。例如，今天的情报需求是关于斯里兰卡的，明天是瓦努阿图（南太平洋岛国）的，下周就是塞舌尔的。
- 越来越多的作战单位成为情报用户，他们依赖国家情报搜集资产来定位目标。和决策者一样，这些顾客有时效上的要求，但是他们的需求可以预测。因此，相关情报更加贴近作战需求，甚至成为某些军事斗争的导火索（例如，中央情报局用装配了地狱火导弹的“捕食者”无人机[1]来攻击恐怖分子）。
- 执法情报快速发展，使执法界更加依靠情报。一个小时的情报延误，会导致难以估量的后果。

情报分析人员最贴近用户，他们受到的时效性需求压力是最大的。当然，情报搜集人员也会感到压力。很多文字情报的来源很难适应时效性要求，因为翻译工作需要花费时间。

技术搜集能够向作战单位和决策者提供实时或者近实时的情报产品。现今的电子情报资源和图像资源就是这样常规运作的。新出现的技术搜集能力依赖实验和技术，但技术不成熟，所以需要进行大量的处理才能获得特征。而相应的处理过程是技术密集型的，依赖于专业的技能，因而进展十分缓慢。随着技术的成熟，目前的趋势就是能够近实时地对信息进行自动处理和分发。

---

[1] 译注：MQ–1 捕食者(predator)，一种“中海拔、长时程”的无人机系统，机长 8.27 米，翼展 14.87 米，最大活动半径 3700 千米，最大飞行时速 240 千米，在目标上空留空时间 24 小时，最大续航时间 60 小时。该机装有光电 / 红外侦察设备、GPS 导航设备和具有全天候侦察能力的合成孔径雷达，在 4000 米高处分辨率为 0.3 米，对目标定位精度为 0.25 米。

七、联机在线带来新的情报搜集能力

技术搜集振奋人心的一面，就是它对新技术的依赖。技术的进步对技术搜集的积极影响表现在两方面：

- 在全世界传播新技术，意味着有更多情报搜集的机会；随着时间的推移，目标会不断地暴露出新缺陷。随着雷达和电子记事簿之类的电子系统的推广，更多的特征涌现出来。这就表明：如果情报搜集目标是一个遵守旧团契的阿米什[1]教派（当然我们得承认，他们几乎不可能成为情报目标），你别无选择，只能使用人力情报手段和开源手段来搜集情报。时至今日，典型的人、物、组织或者设施提供了丰富的潜在特征，可用于技术搜集和利用。
- 运用新技术能够更好地搜集现存的特征，或搜集新的特征。在冷战期间，还没有出现射频识别标签、高光谱和超光谱成像、雷达和光学测偏振术，以及很多用于传感技术的材料。

要把握这些机会，一个情报机构至少要做以下三件事：保持技术优势；缩短研发、测试和评估（RDT&E）的周期，让搜集处理和利用系统更快地投入使用；有效地管理从研发阶段到应用系统的艰难的转变。

保持技术优势

情报搜集资产的使用周期有限，有时寿命很短。特别是在美国，这种损耗降低了技术搜集资产的价值。没有任何国家像美国的情报资产那样损耗得那么快，这对于技术搜集的影响是相当严重的。不过相应的，新技术

[1] 译注：阿米什人（Amish），是美国和加拿大安大略省的一群基督新教再洗礼派门诺会信徒，以拒绝使用汽车及电力等现代设施，过着简朴的生活而闻名。阿米什社区分成若干个团契，新教条团契使用汽车和电话，但也自认是阿米什人。

会持续地研发和应用，这推动了技术研发的蓬勃发展。当然，在保持技术优势方面，也有很多挑战。

首先，情报组织常见的失误，就是过于依赖已知的资源、技术和目标，而不是开发新资源。搜集人员很容易依赖传统资源和传统业务方式。比如说，在电子情报中，不太鼓励搜集人员寻找新的雷达信号；所有的资产都被现存的信号消耗殆尽，要求对已知目标实现完全覆盖，这让电子情报系统很难寻找新目标。分析人员也助长了这种趋势，他们总是需求更多的同类产品。总之，这些遗留的资源抑制了新的搜集能力的发展。一旦电子情报或者图像情报目标有了成形的用户，就很难终止情报的供应。用户也常常习惯于接收这些信息。比如，如果军事上的精确目标定位系统依靠对目标进行一定精度级别的多光谱成像，那么终止此类图像搜集就会妨碍某一重要军事能力的效能。

其次，如果要研发新的搜集系统，就要培训劳动力来使用这些系统。情报界面临的持久问题，就是如何训练员工使用新技术，以及运用新型情报资产的新功能。

最后，美国情报界必须摆脱长期以来“非我发明综合征”（not-invented-here, NIH）[1] 的影响。大部分情报部门很不情愿采用商业技术，也不乐意使用美国政府机构研发的其他技术。很多年来都是这种形势；情报界曾经在研发、应用新技术方面立于商业世界之首。但是，现今商业实体主导着很多技术搜集领域。拉斯维加斯的赌场可以说是人脸识别应用方面的先驱。微软和其他公司在研发、应用信息技术方面走在前列。谷歌地球[2] 已经在空间地理领域遥遥领先。原来习惯作为领军人物的大型情报机

---

[1] 译注：运用他人的知识产权，首先必须要克服“非我发明综合征”。“非我发明”表现为，企业不愿意利用外部创意来改善企业的业务流程，对他人的知识产权持怀疑态度，不愿意利用外部的知识产权进行开放式创新。

[2] 译注：谷歌地球（Google Earth，GE），Google 公司开发的一款虚拟地球仪软件。它把卫星照片、航空照片和 GIS（地理信息系统）布置在一个地球的三维模型上，用户通过一个可下载到自己电脑上的用户端软件，能够免费浏览全球各地的高清晰度卫星图片。

构，很难调整自身状态成为技术的追随者。

加速研发、测试和评估周期

和保持技术优势密切相关的，就是加速研发、测试和评估周期。新系统必须经历很长的研发、测试和评估周期。卫星、舰船和飞机的研发周期可以用年来测量。第三章提到的毛伊岛空间监视站的研发周期以十年计，大型系统的时间周期就更长了。部分原因可能是系统的复杂性不断增加，另一方面就是花费在审核和批准项目上的时间更长了。

使用研发加速流程，可以缩短研发的时间期限。从 20 世纪 50 年代后期开始，美国空军就把这个审批流程称为**快速反应能力**（quick reaction capability，QRC）**流程**。该流程今天还在使用，只是有时换了其他名称。快速反应能力的概念，就是把正式的获取和系统工程的流程化整为零分配下来，让某一件设备迅速投入使用领域。对于像传感器这样的小项目，快速反应能力流程也可以运行，让项目比正常的研发周期耗时更少。但是，快速反应能力流程在大型复杂项目中运行不佳，原因是后者需要处理大量的系统工程。

加速研发、测试和评估周期的提议颇有吸引力，但是也有风险。有些最先进的技术情报传感器，基本上就是试验原型机。它们在技术上并不成熟，也不能马上部署或者应用到实践中。这种“完善之前就部署”的方法有助于美国保持研发的前沿位置，但是支持研发的经费非常昂贵。

向实用搜集系统转型时的管理问题

多年来，我们一直在使用某些技术搜集系统。电子情报和光学图像早在 20 世纪 40 年代就被研发出来且稳步改进。对于这样有历史传承的系统，改进其工作状态没有很大的问题。整个情报组织已经熟悉了它的搜集系统和功效。人们已经接受了系统的不断改进，甚至主动要求完善系统功能。比如说，情报分析人员需要更多的同类光学图像，而依据美国国家图像判读度分级标准拍摄的照片，其品质更好，通常他们也希望光学图像能覆盖更大的范围。这种根据用户需求实行的改进，能使系统转型的过程相对顺畅。

新型情报搜集系统面临着不同的、往往非常艰难的流程。科技含量高的新型技术搜集资产的正常运转面临很多壁垒。基于以下原因，要把复杂的技术传感器从研发阶段转为实用阶段，就很困难[1]：

- 用户通常不能理解新系统提供的情报，不知怎样使用系统，因此没有用户需求。
- 之前提到过，用户对现存的情报搜集能力有持续需求，他们不愿意放弃现存的项目。这些“遗产项目”已经被注入资金，由此剥夺了新情报项目的资金。无论情报搜集系统预算有多高，最终也会被遗产项目所吞噬；除非形势所迫，否则很少会有新的系统被应用。
- 情报处理和利用都要从搜集情报产品开始。大部分新型情报搜集手段，需要大量的处理和利用，需要大量技术专家，而这种需求很难得到满足。
- 最后，新系统面临着系统改进不可回避的障碍，从它得名“死亡谷”（valley of death）就能看出困难重重。

死亡谷这个术语从商业世界来到情报界。从基础研究发展到商业产品，道路漫长，障碍重重。创新人员把死亡谷描述为资金落差，这一落差存在于研发过程的中级阶段（即基础研究和新产品商业化之间的过程）。在这一创新过程的中级阶段，技术项目资金匮乏，项目不再被视为基础研究，目前也无人完全意识到项目的商业利益。正如某消息来源所描述的，死亡谷是“实验室成果的赴死之地，因为它们缺乏必要的资金支持来使产

---

[1] 原注：Lowenthal, *Intelligence: From Secrets to Policy*: 107.

品商业化”[1]。

这样的死亡谷也出现在情报界的研发、测试和评估过程中。技术研发阶段很容易得到资金，但要把项目转化到采购阶段，就很难得到资金支持，这是一个不可避免的结果。

八、结论

本章讨论了技术管理面临的挑战，这种挑战部分源于美国在情报资产研发过程中取得的成功及美国国家利益的广泛性。情报著作往往批评美国情报搜集缺乏效率，尾大不掉，这种论断有一定的道理。有些小型的政府情报机构，比如以色列的摩萨德[2]，还有很多跨国公司，在他们专注的情报实践领域获得了成功。他们的优势就是有一个小型的严密组织。不过，美国政府的技术搜集能力仍然是世界上最优秀的。美国情报界有最多的资源，能做出最好的系统规划。美国情报机构不断创新，勇于尝试其他情报机构所不敢想的事物。从情报覆盖面的宽度和深度来说，美国在全球都是参照的样板。

九、小结

理想化的情报搜集管理系统，应当随时了解用户对信息的需求、存在的知识空白。该系统应当协调情报需求，分配搜集资产，最大限度地发挥

[1] 原注：J. Heller and C. Peterson, “Valley of Death” in Nanotechnology Investing, Foresight Nanotech Institute, www.foresight.org/policy/brief8.html.

[2] 译注：摩萨德（Mossad），全称为以色列情报和特殊使命局（Institute for Intelligence and Special Operations），1948 年建立，与美国中央情报局、苏联克格勃一起，并称为“世界三大情报组织”。

所搜集情报的价值。所有的情报搜集人员都应当了解他人的工作，这样情报搜集资产才能协同运作。理想化的情报搜集管理系统，应当能够在不同密级层面有效地运作，对情报产品的处理、利用和分析要迅速准确，得到的结果能供用户及时使用。

所有的国家情报机构都会发现理想之路漫长。要接近理想状态，就需要应对下面的挑战：

- 情报搜集的优先次序与情报需求匹配，然后将其转变为情报搜集战略；
- 客观地评价情报搜集的效能；
- 跨越组织型、隔离型、技术型及国际型“烟囱”，管理整个流程；
- 管理用户预期诉求，特别是应对时限方面的压力；
- 联机在线带来新的技术和能力。

情报搜集管理工作从“前端”开始——这部分涉及情报搜集的规划。国家的优先次序要转化为情报优先次序，然后转化为具体的情报需要或者情报需求。根据上述情报需要或需求制定情报搜集策略，向被赋予任务的特定情报搜集者提供所需的信息。

第一步是建立国家情报优先次序。在过去几年中，有过很多次建立情报优先次序的尝试。目前，美国正在使用的系统叫作《国家情报优先框架》。和之前的体系一样，在该框架的指导下，搜集人员还是倾向于搜集位于顶层的优先事务，往往以忽视较低层级的事务为代价。

源自国家情报优先次序的情报需求形成了层级结构。在处理大容量的卫星图像情报、电子情报以及开源物料时，必须确立正式的情报需求构架。情报需求分为好几类。常规性需求是长期的，涉及连续性或者重复性的情报搜集；具有极强时效性的需求要求立刻采取情报搜集行动，这类需求通常关注单一的事件。特别需求则关注刚出现的情报事件（可能也是有时效性的）。

从情报优先次序或情报需求向情报搜集优先次序转变的关键，就是从情报周期其他阶段的空白中确认和归类情报搜集空白。完毕之后，在继续启动搜集策略之前，应当对搜集成功的可能性进行评估。

搜集策略是一个系统性的规划，即根据情报要求优化流程，有效可行地向所有能用的、可用的和适当的情报搜集资产以及资源分配任务。考虑到复杂的目标会有多种情报搜集方法，有必要在向情报搜集资产分配任务之前制定搜集策略。因此，情报搜集策略要整合跨门类情报搜集资产的任务分配和情报搜集，以便从情报搜集过程中获取最大价值。过去取得成功的搜集策略包括蜂群、巨浪、闪电和刺探策略。

前端流程的最后一步是向情报搜集资产分配任务。要分配任务，就要向特定的搜集人员提供具体指导。分配任务必须有针对性，而且通常要包含供搜集人员使用的背景资料。很多情报需求都要进行扩充或者阐释。

美国情报界已经研发了很多自动化的情报搜集管理工具，尝试用这些工具来管理拥有大型情报搜集系统、大量用户的复杂的前端处理流程。有时这些工具也能用来管理后端流程。多年以来，情报界一直致力于情报搜集管理工具的转型，从大量的个人化工具，发展到情报界内广泛运用的一系列情报搜集管理工具，这些工具将会整合情报搜集管理流程。

技术搜集另一个重要的阶段是后端，即对搜集到的原始情报进行处理和利用。在情报搜集系统运行之前，就应当规划好处理和利用流程，并且分配相应的资源。在整个情报搜集努力中，这一部分通常没法事先计划好。随着新的情报搜集类型的出现，规划者们也不可能预知怎样才能设计出最佳的处理和利用流程。在情报搜集系统运行一段时间之后，又会发现关于技术搜集的新方法。

我们可以从预期和回溯两方面来评估情报搜集系统的效能。预期评估往往使用仿真模型，模拟昂贵系统的性能。回溯评估采用基于内容的用户满意度测评，但进行评估的应当是全源分析人员和用户，而不是情报搜集人员。

技术搜集会跨越组织界限、国别界限和部门的安全隔离。这些界限会妨碍将情报需求有效地分配给情报搜集资产，也妨碍了部门之间的协作。这些障碍非常普遍，以至于在情报界得到一个特殊的名字：烟囱。实际上，一共有四类烟囱：组织型、隔离型、技术型和国际型。这四类烟囱的存在都有恰当的理由。烟囱不会消失，我们面临的挑战就是让情报搜集系统有效地运转。

某一个技术搜集系统或者资产运作很多年以后，就会形成通晓系统工作的用户群。新的技术搜集资产却要面临截然不同的问题。使用者不理解新系统的工作流程，也不懂得这种搜集系统的价值。用户需要了解新型技术搜集资产的功能和局限性。为了支援政治决策和满足快速反应的战场需求，情报用户不断要求更加及时地获得情报。

技术搜集严重依赖新技术。技术的进步会对技术搜集产生积极的影响，如提供对其他国家进行情报搜集的新目标，提供新的传感器类型。情报搜集资产使用周期有限，因此必须保持技术优势。这就意味着要尽量缩短研发、测试和评估周期，将新设备迅速投入实践，找到把有前景的研究转化成实用搜集系统的途径。

致 谢

美国情报界的许多人士为本书的撰写贡献了其宝贵的智慧和灵感。虽然无法一一提及他们的姓名，但我十分感谢他们提供的帮助。

我特别感激美国情报界的审稿人花费时间修改书稿。他们是中央情报局科技分局前副局长助理加里 · 古德里奇 (Gary W. Goodrich)，美国国防情报学院陆军系的蒂莫西 · 格林 (Timothy T. Green) 中校，洛克希德 · 马丁安全分析中心的高级项目经理艾瑞克 · 克莱恩斯密斯（Erik A. Kleinsmith)，美国情报与安全学院的资深教授鲍勃 · 米拉贝罗（Bob Mirabello)，约翰 · 霍普金斯大学的埃德温 · 尤瑞（Edwin Urie)，以及其他两位匿名审稿人。

另外，我要特别感谢我的妻子阿贝盖耶（Abigail)。在她的帮助下，本书更具可读性，更易于理解。

我还想感谢国会季刊出版社的策划编辑埃莉丝 · 弗雷泽（Elise Frasier）和高级制作编辑琼 · 格赛特（Joan Gosset）对整个写作过程所给予的帮助，以及凯瑞 · 科恩（Kerry Kern）对本书的最终定稿所付出的心血。

罗伯特 · M. 克拉克

于弗吉尼亚州雷斯顿市

参考书目和报告单

很多书籍和报告可以为书中涉及的系统提供更多细节。如果读者想深入阅读某些特定主题，作者推荐以下书单。

Final Report, “Assessment of Signals Intelligence (SIGINT)/Electronic Warfare (EW) Requirements to Support USMC Expeditionary Maneuver Warfare,” Vol. V: Surveillance, prepared by the Applied Research Laboratory at Penn State University for the U.S. Marine Corps Research University, October 1, 2002.（除了有信号情报这个标题之外，本卷提供了图像情报技术和图像情报系统设计和功能的细节，包括光电、红外和高光谱系统，还有合成孔径雷达的介绍。）

Congressional Budget Office Study, “Alternatives for Military Space Radar,” publication no. 1609, January 2007, www.cbo.gov/doc.cfm?index=7691.（本报告讨论了合成孔径雷达的性能和设计上的折中考虑，供政府选择用于监视的太空雷达，还详细讨论了 GMTI 天基雷达的工作方式。）

David Adamy, *EW 101: A First Course in Electronic Warfare* (Norwood, Mass.: Artech House, 2001).（本书是关于天线、接收机、电子情报搜索、发射机定位和低截获概率信号的卓越指南。）

David Adamy, *EW 102: A Second Course in Electronic Warfare* (Boston, Mass.: Horizon House, 2004).（本书是作者上本书的续编，讨论雷达、光电感应、红外感应和更先进的定位技术。）

Jon C. Leachtenauer and Ronald G. Driggers, *Surveillance and Reconnaissance Imaging Systems: Modeling and Performance Prediction* (Norwood, Mass.: Artech House, 2001).（本书是对光电、红外和合成孔径雷达系统更加技术性的讨论，涉及对系统流程的研讨。）

Robert Wallace and H. Keith Melton, *Spycraft: The Secret History of the CIA's Spytechs, from Communism to al-Qaeda* (New York: Penguin Group USA, 2008).（本书深入探究了截然不同的技术搜集的类型，特别是使用技术手段支援人力情报行动。）

Jonathan Medalia, "Detection of Nuclear Weapons and Materials: Science, Technologies, Observations," Congressional Research Service report, November 6, 2008.（本报告评估了探测和跟踪研制核武器材料的先进技术的飞速进展，集中在特定类型的铀和钚上。）

Jayant Sharma, Grant H. Stokes, Curt von Braun, George Zollinger, and Andrew J. Wiseman, "Toward Operational Space-Based Space Surveillance," Lincoln Laboratory Journal, 13, no. 2 (2002).（本报告概括了从太空探测到跟踪卫星所面临的挑战和实用技术。）

Nicholas L. Johnson, "U.S. Space Surveillance," paper presented at World Space Congress, Washington, D.C., September 1, 1992.（虽然有些过时，但本报告还是很好地概括了美国用于太空监视的地基系统。）

术语表

absolute geolocation accuracy	绝对地理定位精度。一个传感器参照地面坐标对某一个点或者特征的定位，与该点或者特征的真实定位之间进行比较的相似度，往往是以圆形误差或者线性误差的形式表现出来。
absolute radiometric accuracy	绝对辐射精度。传感器测量的辐射度和源头真实辐射度的区别。对比能够追溯到辐射标准的校准源头，可以确定辐射精度。
absorption	吸收。波在媒质中传播时强度的减少。
accuracy	准确度。描述一个测量结果是如何近似于被测量对象的真实值。
acoustic intelligence	声学情报。搜集和处理声学现象所得到的情报，简称ACOUSTINT。
adaptive optics	自适应光学。一种光学技术，能够抵消由大气湍流造成的物体图像扭曲。自适应光学仪器使用可移动的拼接镜面或者可变形的连续镜面能够弥补图像的退化。
along-track	顺轨，沿迹，飞行轨道方向。平行于车辆路径的维度空间；对于侧视雷达而言，有时称为横向航程或方位向。
amplitude	振幅。测量一个信号的强度，特别是一个电磁波的强度或者“高度”，以电压为单位计量。
angular resolution	角度分辨率。传感器观测到的不同物体之间最小的角间距。
antenna	天线。辐射或者接收射频能量的设备。
apogee	远地点。物体——通常是卫星或者其他天体——环绕地球旋转的轨道上距离地球最远的一点。
ascending passes	上升弧段。卫星在地球的一侧向北运行。
aspect angle	扫描角。对场景中物体在水平平面上作几何定向的描述。
atmospheric windows	大气窗口。毫米波的波长或者频谱的光学部分，这一部分大气透明或接近透明。

attenuation	衰减。电磁信号强度上的减弱。
azimuth	方位向，方位角。水平面上物体和视域之间的相对位置，通常是从正北方向开始测量的。
azimuth compression	方位角压缩。沿着方位角进行处理的过程，以便聚焦合成孔径雷达。
azimuth resolution	方位向分辨率，方位角分辨率。传感器观察到的不同物体之间方位偏差的最小值。
backscatter	反向散射，背向散射。被照明场景的要素在传感器方向上反射回来的信号。
ballistic coefficient	弹道系数。弹道导弹再入飞行器基于飞行器的重量、拖拽和横截面的性能。具有较高弹道导弹系数的飞行器可以更快进入大气层。也称为 beta。
bandwidth	带宽。对信号频带宽度的测量。传感器可以收集到带宽。
beamwidth	束宽，波束宽度。对天线辐射方向宽度的测量。
beta	用来描述再入飞行器弹道系数的术语。
bhangmeter	闪光强度计。部署在卫星上的光学传感器，能够探测到大气核爆炸中的双闪。
biometrics	生物测定学。测量和分析生物学数据的科学和技术。
biometric signature	生物测定学特征（生物特征识别）。从生物学角度识别的特征，通常用来对个人进行参照对比。
bistatic radar	双基地雷达。发射机和接收机分开放置的雷达，以获得和单基地雷达不同的特征，或者避免雷达干扰。
black body	黑体。一种能吸收所有入射的电磁能量的物体，并且随后能够进行完美辐射。这种物体有可能是全黑色的，不反射任何能量。
black program	黑色程序。受到严密隔绝或者必须经特殊审批方可访问的程序。
blitz	闪电战。一种分配情报搜集资产的技巧，能够使情报搜集资产对特定目标进行短促而密集的覆盖。
C band	C 频段。在 5250—5925 兆赫之间的微波雷达频段。
calibration	校准。从数量上定义系统对已知的、受控的信号输入数据响应的过程。

change detection	变化探测。任何观察到一个图像随时间变化的技术。
charge-coupled devices (CCDs)	电荷耦合器件。任何固态装置的相控阵设备，能够探测到图像传感器中输入的光子。
chirp	啁啾，线性调频。应用在雷达脉冲上的调频，以获得长脉冲高距离分辨率，通常称为线性调频（LFM）。
coherent	相干。信号的一种特征，其相位可以测量（比如，在一个雷达的很多脉冲之中）。
coherent change detection (CCD)	相干变化探测。使用合成孔径雷达有效地叠加两个雷达图像，测量和存储每一个图像像素的强度和相位（相位历史数据），产生一张图片，以确定两个图像拍摄间隔发生的变化。
communications intelligence (COMINT)	通信情报。非预定接收者通过拦截通信获得的情报信息。
contrast	对比。同一幅图像中两个相邻区域色调的差异。
contrast enhancement	对比度增强。一种处理技术，增强同一场景中不同特征的色调区分。
corner reflector	角形反射器。两个以上交叉平面，能够增强雷达从一个方向反射出来的信号。
cross-track scanner	交叉扫描仪。又称光机扫描仪或者摆扫扫描仪。使用一个扫描镜，将表面分辨元素的图像投射到单个探测器内。
data cube	数据立方体。对一个高光谱图像进行三维展示。
decibel (dB)	分贝。对于信号功率的对数测量。两倍的功率等于 3 分贝，一半的功率等于 –3 分贝。
depression angle	俯角，低降角。通常指从传感器到目标物体的视线，从传感器所在的平面位置开始测量。
descending pass	下降弧段。卫星向南移动的一部分轨道。
detection threshold	探测阈。传感器所能探测到的信号强度的最小值。
diffuse	漫反射。通常由多个各具随机相位的能量反射构成，比如源于自然的树冠或农田的反射。这个术语也可用来描述一个按照这种方式反射电磁波照度的平面。与此相对的是镜反射。

digital image	数字图像。放在数字化文件内的图像，画面要素（像素）的明亮值代表了原先场景中特定位置的亮度。
direction-finding (DF)	测向定位。对信号到达方向的测量。
distributed scatterers	分布散射。一个场景的元素，包括很多任意位置的反射点、相位和每一个反射单元的反射率。(参见漫反射)
Doppler	多普勒。在传感器和目标的视线之间相对运动导致的频率改变。
Doppler effect (Doppler shift)	多普勒效应，多普勒频移。物体和观察者处于相对运动的时候，从物体发射或反射出的声学或电磁信号中观察到的频率的改变。
double bounce	双反弹。电磁能返回传感器之前，在两个平面进行反射后多重弹跳的简单的形式。
dwell time	停留时间。传感器对目标保持接触的时间长度。
dynamic range	动态范围。可观察到信号的最大值和最小值的比率。最大值就是系统满载时的信号，而最小值信号通常被定义为噪声基准或者本底噪声。
edge enhancement	边缘增强。一种出于情报目的的图像增强技术，主要特点是强化目标对象的边缘轮廓。
electromagnetic (EM) wave	电磁波。描述电场、磁场变化的一种波，如光波、无线电波、微波。这种波能在自由空间里以光速传播。
electromagnetic interference (EMI)	电磁干扰。频率处于传感器带宽之内的干扰信号，其出现降低了有用信号（理想信号）的质量。
electronic intelligence (ELINT)	电子情报。通过拦截有意电磁辐射（通常是雷达）得到的情报，但不属于通信情报或者外国仪器信号情报的范畴。
electro-optical (EO) imager	光电成像仪。一种成像传感器，把输入的光能转化为电子信号，用于发射和储存。
elevation displacement	高程位移。对合成孔径雷达成像的图像的扭曲变形，由场景内在平面地球参照物上方或者下方的区域特征所致，因此导致目标比预计的方位距离雷达更近或者更远。
ellipsometry	椭圆偏振测量术。光学偏振测量的又称。

emissive band	发射波段。从中波红外到长波红外，再到远红外波段。
emittance	发射度。在相同温度下，目标的辐射与从理想黑体中发出的辐射之比。
estimates of likelihood	可能性评估。在完成的情报报告中，用来描述情报分析判断表达的准确性。
f number	光圈数。在光学中，焦距与孔径直径之比。
false alarm	虚假警报。噪声或被误以为有用的干扰信号。
false color	假色。描述物体的图像不使用全彩色照片使用的颜色，而是赋予每一个像素的颜色更长的光波波长。
false negative	虚假无源。有用信号被看成干扰或者噪声因而被抛弃。
false positive	虚假有源。虚假警报的另一种说法。
field of regard	能视域。一个情报搜集平台能够看到的全部区域。
field of view	视场，视野，视界。传感器在任何时刻都能看到的空间大小。
focal length	焦距。在光学系统中，入射孔径和焦平面之间的距离。
focal plane	焦平面。光学成像聚焦的平面。
foreign instrumentation signals intelligence (FISINT)	外国仪器信号情报。由非预定接收者截收外国仪器信号得到的情报。外国仪器信号包括但不限于遥测、跟踪、融合、武器、火力控制系统的信息，以及视频数据链的信号。
foreshortening	透视收缩。地形坡度在面对合成孔径雷达照射的地方造成的空间扭曲最终在距离上被压缩。透视收缩是高程移位的一个特例。
forward-looking infrared (FLIR)	前视红外。主要在夜间工作的红外成像系统，通常安装在飞机或者运输工具上，用来探测前进的方向，因而得名前视。
framing camera	分幅式照相机。使用传统光学仪器的相机，在照相机的焦平面上有一个平面探测器阵列。
frequency	频率。波振动的速率，以赫兹（每秒的振动）为测量单位。

frequency difference of arrival (FDOA)	到达频率差。通过测量和比较不同接收机收到的多普勒频移来定位一个发射机，前提是发射机和接收机之间存在相对运动。
frequency division multiplexing	频分多路复用。给每束通信流分配不同射频波谱的技术。
frequency hopping	跳频。一种雷达技术，指信号周期性地跳到一个不同的频率（在每一次输送脉冲的时候）。
frequency independent antenna	非频变天线。在非常宽的频带（频率宽度上限数倍于下限）上保持几乎恒定的波束宽度的天线。
front end	前端。涉及情报计划的流程，特别是提出情报需求、确定情报搜集优先次序、制定情报搜集策略、分配情报搜集任务。
fully polarimetric	全偏振。同时发射和接收两种偏振类型，通常指一种合成孔径雷达。
gain	增益。信号等级的改变。在处理过程中某些功能提升了信号的等级。
geolocation	定位。在地面或太空中精确定位物体位置的过程。
geolocation accuracy	定位精度。测量物体在地面或太空中位置的精度。
geophone	地震检波器。一种测量地震波干扰的扩音器。
geospatial intelligence (GEOINT)	地理空间情报。对图像和地理空间信息的全源分析，用以描述、评估并形象地描绘地球上的实际地貌特征和有地理位置的种种活动。
geostationary orbit (GEO)	地球同步轨道。位于距离地球赤道海拔 35800 千米的轨道，轨道周期是 24 小时，等同于地球自转时间。
glint	（雷达）回波起伏。简短的强雷达回波，由目标的雷达散射截面突然变得很大而引起。
ground sample distance (GSD)	地面采样距离。传感器图像中相邻的像素中心之间的距离。

Hertz	赫兹。频率的标准单位，相当于一秒钟一周期。
highly elliptical orbit (HEO)	高椭圆轨道。一个拉得极长的轨道，特点就是相对低海拔的近地点和相对高海拔的远地点。这些轨道的优势是，在接近或者远离远地点的时候有相对长的停留时间。
human intelligence (HUMINT)	人力情报。使用人力获取的情报信息，情报来源和情报搜集者是人，人力是最主要的搜集工具。
hydrophone	水听器。用来记录和听取水下声音的扩音器。
hyperspectral imagery	高光谱图像。使用数以百计光谱波段的光学成像。
image	图像。把一个场景的雷达反射或光学反射制成图。
image enhancement	图像增强。一种处理技术，以改进图像的质量，协助进行光学判读和分析。
imagery intelligence (IMINT)	图像情报。从光学摄影、红外传感器、激光、光电设备和雷达传感器，如合成孔径雷达中得到的情报信息，物体的图像通过光电技术复制在胶片、电子显示设备或者其他媒介上。
imaging radiometer	成像辐射计。一种测量电磁辐射强度的传感器，也能同时获得目标的图像。它实际上创建了“辐射度地图”。
imaging spectrometer	成像光谱仪。一种获得目标图像的传感器，测量图像中每一个物体的光谱特征。
incidence angle	入射角。传感器到目标之间的光线（入射光线），与从目标表面开始测量的法线之间的夹角。
inclination	（卫星轨道）倾角。在太空系统术语中，指从地球赤道平面逆时针方向测量的卫星轨道的角度。
incoherent (or noncoherent)	非相干。信号的品质特征，组成相位的要素既没有统计学上的关联，也没有系统上的关联。
infrared intelligence (IRINT)	红外情报。从监视电磁红外波谱得到的伴随着能量发射或者反射的情报信息。

instantaneous field of view (IFOV)	瞬时视场，又称瞬时视场角。传感器的一个像素对电磁辐射敏感时的角孔径，以度为测量单位。
intensity accuracy	强度准确度。传感器能够在强度上分辨差异的程度。
intensity coverage	强度覆盖范围。传感器能够线性接收和处理的信号强度的范围。参照动态范围，两者有同样的含义。
intensity resolution	强度分辨率。对传感器所能探测和记录的信号强度差异进行的测量，也称辐射度分辨率。
interferometer	干涉仪。一种传感器，通过两种以上不同路径接收电磁能量，并从接收到信号的相干干涉中得出信息。
interpretability	判读度，可判读性。在图像中识别和区分物体、特征、模式和纹理的能力，以确定它们的重要性。
inverse synthetic aperture radar (ISAR)	逆合成孔径雷达。从固定的雷达位置，随着一个物体移动处理相干回声的过程，进而生成一个移动物体的二维图像的技术。
L band	L 频段。从 1215 到 1400 兆赫的微波雷达频段。
layover	掩叠。高程位移或者透视收缩的极端形式，反射物体的顶端（比如山峰），（在斜距上）比物体的其他部分更接近雷达。具有这种特征的图像似乎朝向雷达倾斜。
linear frequency modulation (LFM)	线性调频。一段时间内，对信号的调制导致其在频率上线性地增加或者减少，也称啁啾。
literal information	文字信息。人类用来交流的信息的形式。
local sun time	当地日照时间。在地球特定点上参照太阳位置测量的时间，可能会和一个时区的官方时间有分钟乃至小时上的差异。
low earth orbit (LEO)	低地球轨道。在地球表面之上 200 千米至 1500 千米的卫星轨道。
magnetic anomaly detector (MAD)	地磁异常探测器。观察对正常地球磁场造成干扰的仪器，军队用地磁异常探测器来探测潜艇，地理学上用来搜寻矿藏。

magnetometer	磁强计。能够感知地球磁场微弱变化的设备。
measurements and signatures intelligence (MASINT)	测量与特征情报。对从特定技术传感器中获取的数据进行定性和定量分析后获得的情报信息，以辨识伴随着来源、辐射源、发射机的独特特征，以便对同一类型的发射源进行后续识别或测量。
medium earth orbit (MEO)	中地球轨道。通常在 10000 到 20000 千米高度的卫星轨道。
microwave	微波。在 1—300 吉赫之间的电磁频率。
motion compensation	运动补偿。对雷达系统或者记录的数据进行调试，以消除雷达平台运动的影响，包括以纵向速度运行的转动、平动和各种变化。
multibounce	多反弹。一种散射机制，电磁波返回传感器之前在多点反射。最简单的例子就是双重弹跳散射。
multifunction	多功能。在雷达应用中，雷达具备搜索、跟踪、成像和目标测量等四种功能的一种以上。
multilateration	多点定位，也称双曲线定位。通过计算一个信号到达不同接收机的时间差来定位一个物体的过程。
multipath	多径。多反弹的又称，通常指一个雷达信号返回雷达之前在多个平面弹跳。
multiplexing	多路复用。把独立的通信流合并入一个发射的过程，通常用来发射遥感信号。
multispectral imagery	多光谱图像。单一传感器在电磁波谱的多个区域（波段）搜集到的图像。通常是指低于 100 个波段的搜集，以区分于超光谱图像。
multispectral scanner	多光谱扫描仪。一个成像传感器，能同步扫描很多光谱波段以形成某一场景的多重图像。
nadir	天底点。地球表面上位于卫星正下方的那个点。
National Image Interpretability Rating Scale (NIIRS)	（美国）国家图像判读度分级标准。共分 10 级，用以描述图像中的某些特征或者目标。美国国家图像判读度分级标准定义和测量了图像的品质，也是对成像系统性能的衡量。

national technical means (NTM)	国家技术手段，卫星情报搜集资产的委婉说法。1963 年《全面禁止核试验条约》里使用的术语。
near real time	近实时。在事件发生的时刻和在其他位置接收数据的时刻之间，由自动处理和显示信号所引起的简短的时间延迟。这个术语可以描述从几秒到几分钟的延迟。
near-polar orbit	近极地轨道。接近南极和北极的卫星轨道。
noise	噪声。任何冗余的或者已被污染的信号，它们与有用信号产生竞争。噪声可能产生于传感器内部，也可能从外界进入。
noise figure	噪声系数。以一个理论上完美的接收机为参照，描述一个接收机接收噪声的等级。噪声系数通常大于 1，一般是 2 以上，常常以分贝来表示。
nonliteral	非文字。信息的格式不是人类交流通常使用的。
nuclear intelligence (NUCINT)	核情报。搜集和分析放射源的辐射和其他效应得出的情报信息。
nuclear forensics	核取证学。搜集和分析包含核材料或者放射性材料的样本，以确定材料的元素衰变历史或者制造过程。
operational ELINT(OPELINT)	作战电子情报。主要用来直接支援正在进行的军事活动或执法行动的电子情报。
optical intelligence (OPINT)	光学情报。从辐射测量和分光镜测量光学能源（紫外线、可见光和近红外线）的利用中，测量目标的空间、温度或光谱特征，从而得出的情报信息。
orbit cycle	轨道周期。卫星重新折回原来路径，第二次通过地球上在卫星正下方的同一个点（天底点）的时间周期。
overhead collection	空中（情报）搜集。从卫星上搜集情报。情报文献中常用。
overhead nonimaging infrared (ONIR)	空中非成像红外线。参见空中持久红外线。
overhead persistent infrared (OPIR)	空中持久红外线。该术语用于描述空载传感器探测和跟踪地球上一大片区域的红外能量的强烈辐射。取代空中非成像红外线这一术语。

P band	P 频段。在 420—450 兆赫的雷达频段。
panchromatic imagery	全色图像。覆盖电磁波谱某个区域的黑白图像，特别是可见光区域。
parallax	视差。由于观察视角发生了实际变化，物体位置产生的明显变化。视差可用于生成立体图像。
pattern	模式。分析（通常是对特征进行分析）的产品。
perigee	近地点。卫星或者其他天体环绕地球轨道运行时距离地面最近的一点。
period	周期。一个波或一个模式定期重复出现的持续时间。周期是频率的倒数。
phase coding	相位编码。对雷达脉冲的调制，通过周期性地改变发射信号的相位来提高距离分辨率。
phase history data (PHD)	相位历史数据。在距离和方位压缩之前，合成孔径雷达系统搜集到的原始数据。为生成相位历史数据，要记录轻微的频率差别或相位差，或者记录信号强度和相位差。
phased array	相控阵。一系列天线要素，其中每一个天线馈源单元的相对相位都在变化，阵列的主要波束都被预期的方向所控制。
photographic intelligence (PHOTINT)	照相情报。为照片判读、分类和评估而搜集的产品，供情报使用。
photometry	光度测定。对物体发射或反射的光线的强度进行测量。
pitch	俯仰。一个传感器平台以“鼻锥上下运动”形式进行的垂直旋转。
pixel	像素。图像元素，数字成像最小的元素。
polar orbit	极轨道。倾角 90 度的轨道，从南到北运行正好穿过赤道，直接穿过两极。
polarimetry	测偏振术。对横波（尤其是无线电波和光波之类的电磁波）偏振现象的测量和解析。
polarization	偏振。电磁波中电场矢量的取向。在射频波段中，偏振由天线确定，会因发射或接收的不同而调制。

post-processing	后处理流程。在图像情报中，用于数字化图像档案的步骤，校正一张照片所选的属性，比如几何精度或者辐射校正，包括散斑抑制和对比度增强。
precision	精度。对某一个量的细节的量度。
preprocessing	预处理。在图像情报中，在进行主要数据分析和提炼情报之前，进行辐射校正或者几何校正。
propagation	传播，扩散。以波的形式在太空或者其他媒质中进行的能量运动。
pulse	脉冲。受到短时间间隔限制的一组波的分布。这一类分布特征可以通过持续时间和振幅（或者波幅）来描述。
pulse compression	脉冲压缩。用在雷达和声呐上的技术，通过调制发射的脉冲来增强距离分辨率和传感器的信噪比。
pulse repetition frequency (PRF)	脉冲重复频率。雷达发射脉冲的重复率。
pulse repetition interval (PRI)	脉冲重复间隔。雷达发射相继脉冲的时间间隔。
pushbroom imager	推扫成像仪。利用地面探测器阵列的运动来成像，成像效果类似于一把在地板上推进的扫帚。
quantization	量化。把信息的连续值转化成有限数量的离散值（不连续值）的过程。用比特（bits）来表示。10 比特的量化意味着测量的信号能以 1024 种数值来表示，从 0 到 1023。
quick reaction capability (QRC)	快速反应能力。美国空军项目，为让武器系统或者子系统迅速投入实战，终止正常的合同流程。
radar	雷达。电磁传感器，特征是发射信号，并从目标处接收反射信号。是“无线电探测和测距”的首字母缩写。
radar cross-section (RCS)	雷达散射截面。对雷达反射率的测量，用假设完美球体的实际尺寸来表达，该球体将产生与从样本目标处所观测到的同样的反射水平。
radar intelligence (RADINT)	雷达情报。雷达搜集数据得到的情报。
radar resolution cell	雷达分辨单元。由距离和角度分辨率定义的雷达的容量。

radiance	辐射，发射。从给定区域发射出的光能的量的量度。
radiant flux	辐射通量。给定光束的功率总和，以“瓦”为单位。
radiation	辐射。释放电磁能的行为。
radiometer	辐射计。一种无源传感器，接收和记录物体自然发出的电磁能。
radiometric resolution	辐射分辨率。传感器区分信号强度等级的能力。
range	距离。通常是传感器和目标之间视线的距离。
range ambiguities	距离模糊。从雷达有意识覆盖范围以外落入雷达图像中的无用回波。
range resolution	距离分辨率。在雷达中，这是距离（range dimension）分辨率的典型特征。距离分辨率基本上是由雷达带宽决定的。
real time	实时。没有时间延迟，除了电磁能发射需要的时间，从事件发生时刻或者数据发射时刻，至意识到事件发生的时刻或者在其他位置接收数据的时刻之间，没有时间的延迟。和近实时这一概念相对，近实时有额外的延迟。
reconnaissance	侦察。对目标区域的周期性观测，和监视相对。
reference emitter	参考发射机。从已知位置发出的电磁信号，作为参考物使用，以减少对预期目标信号的定位误差。
reflected infrared	红外反射。从地球表面反射的太阳辐射中主要的红外部分。
reflective band	反射谱带。包括紫外、可见光、近红外和短波红外谱带。
reflectivity	反射性。被照射物体再次辐射出一部分入射能的性质。
regional wave	区域波。被感知到的地震波，相对接近源头。和远震波相对。远震波是从远距离感知到的。
remote sensing	远程感知（遥感）。对电磁波谱的感知，通常从远距离进行（几十万千米以外）。
resolution	分辨率。一个系统能够区分两个特征的能力——间隔尺寸的单位。
resolution cell	分辨率单元。环绕着场景中每一个点的三维容积，分布在同一分辨单元的两个独立目标不能被区分开来。

retrograde orbit	逆行轨道。倾角超过 90 度的卫星轨道。卫星按照与地球自转相反的方向运动。
retroreflector	反光镜。能够将能量（比如激光脉冲）反射回源头的设备。
revisit time	再访问时间。搜集资产两次感知目标之间流逝的时间。也称再访问周期。
roll	滚进。传感器平台环绕着飞行矢量滚动，因此是“上下摆动”的方向。
roughness	粗糙度。成像过程中，在成像分辨率单元中表面高度的变化。当高度变化比一部分电磁波长更明显时，受到照射时表面就显得“粗糙”。
S band	S 频段。在 2300—2500 兆赫之间，2700—3700 兆赫之间的两个微波雷达频段。
scanner	扫描仪。具有窄视域的传感器，扫描过后能建立和产生关于表面的二维图像。
scattering matrix	散射矩阵。四个复数阵列，描述波入射到目标上的偏振与背向散射波的偏振之间的关系。
scene	场景。传感器观测到的地面区域。
seismic waves	地震波。穿越地球的波（例如，地震或者爆炸导致的结果）。
shadow	阴影现象。在场景中隐藏在上升形貌特征后面的区域，在合成孔径雷达成像中表现为黑色。该区域不能被雷达能量照亮，因此在最终雷达成像中不可见。
sidelobes	旁瓣。除主瓣之外，天线在任何区域的辐射模式。
signals intelligence (SIGINT)	信号情报。包含了通信情报、电子情报和外国仪器信号情报。
signal-to-noise ratio (SNR)	信噪比。把有用信号的相对水准与无用信号（比如噪声）进行对比的量化基础。信噪比也可以定义为有用信号和信号缺失时产生的无用噪声之间的功率比。
signature	特征。在空间、时间和（或）频率内某些物理量的强度或者状态的量度。

signature library	特征库。与特定人或者目标种类相伴随出现的特征的数据库。一旦确定某种特征后，就可以将其对应于数据库中的某一特定的人、现象、目标或一类目标。
smearing	拖尾效应。使用合成孔径雷达时，目标向雷达或者远离雷达的方向加速所导致的图像扭曲。
space object identification (SOI)	太空目标识别。获得有关卫星、再入飞行器和太空垃圾更多信息的一系列技术。
spatial accuracy	空间准确度。传感器对位于地球或者太空的目标进行定位的准确度。
spatial coverage	空间覆盖范围。在给定时间内，传感器对于地球表面面积或者空间体积的量度。
spatial filtering	空间过滤。提高（或者压缩）图像中特定空间模式的一种处理技术。
spatial resolution	空间分辨率。传感器能够从空间上分辨或者隔开两个目标的能力，通常用于测量地面距离。
special access program (SAP)	专用存取程序，接触机密的特别计划。国防部和情报界用来称呼高度保密项目的术语，这些项目受到特定隔离程序的保护。也叫黑色项目。
speckle	散斑。场景图像中一个像素亮度的涨落，通常与合成孔径雷达图像或者激光照明有关。
spectral accuracy	光谱准确度。传感器能够确认信号的频率或者波长的准确度的量度。
spectral coverage	光谱覆盖范围。对传感器所能观测到电磁波谱量的量度。
spectral resolution	光谱分辨率。目标发射或者反射出的不同波长的能量，传感器对此进行识别的能力。
spectral response	光谱响应，光谱灵敏度。传感器区分电磁辐射不同波长的灵敏度的量度。
spectral signature	光谱特征。目标以特定波长发射或反射电磁能所产生的特征。
spectrometer	光谱仪。测量光强度和波长的仪器。
spectroscope	分光镜。根据波长不同来分离入射光线的光学仪器。
spectrum analyzer	频谱分析仪。分析电波频谱成分的设备，在射频上相当于光谱仪。

specular reflection	镜反射。从垂直于平面的某一光滑水平面上，以与入射角相对的角度发出的相干反射。镜子就是一种镜面反射器。
spotlight	聚光灯（模式）。合成孔径雷达的一种工作模式，在飞行过程，雷达天线针对某个目标区域不断旋转，来增加合成时间，最终提高方位角分辨率。
spread spectrum	扩频。一种信号传播方式，故意使用比所需更多的频率带宽，以避免探测、防止干扰，获得更有利的信号接收条件。
squint	偏斜角。在合成孔径雷达中，测量到的垂直方向（宽边方向）与飞行方向（称为零度偏斜的宽边方向）之间的角度。宽边方向的前沿部分（沿飞行方向）叫作主动偏斜，宽边方向的尾部叫作被动偏斜。
stereograph	立体照片。从略微不同角度拍摄的同一场景的两幅照片的合成，以提供对场景的 3D 视野。
stereoscope	立体镜。一种设备，能够同步地将左边的照片呈现给观察者的左眼，右边的照片呈现给观察者的右眼，来实现观看 3D 图像的目的。
stovepipe	烟囱。由于组织、安全隔离或者技术等因素对情报进行单独搜集或者分析的过程。
strip map	带状地形图。一种合成孔径雷达成像技术，天线的点指向固定的方向（通常和飞机或者卫星运动的方向垂直）。
sun-synchronous orbit	太阳同步轨道。一种卫星运行的轨道，卫星在每天大约同一时间通过地球上空某一个给定的点。
surface-wave radar	地波雷达。一种超视距雷达，依靠在海面上“弯曲”的电磁波的扩散而不是视线的传播来进行探测。
surveillance	监视。对目标或者目标区域采用视觉、听觉、电子、摄影或者其他手段进行连续观察。与侦察相对。
synoptic coverage	概要遥测覆盖。几乎同步地让传感器覆盖一大片地区。
synthetic aperture radar (SAR)	合成孔径雷达。能实现高方位角分辨率的雷达，可以获得一系列相干记录信号。该雷达作业时，如同它有非常巨大的天线孔径。
target	目标。情报搜集针对的一个实体（国家、地区、对象、设施、机构或者人员）。

targeting	确定目标。选择情报搜集目标，根据情报需求和能力，向目标分配恰当搜集资源的过程。
technical ELINT	技术电子情报。射频情报搜集和分析，主要用来评估电子系统（通常是雷达）的能力和性能。
telemetry externals	遥测外部信息。飞行器飞行剖面图所致遥测信号的变化。
telemetry internals	遥测内部信息。飞行仪器生成的测量值。
teleseismic wave	远震波。从远离源头的位置被记录的地震波。
temporal accuracy	时间准确度。信号到达传感器时间的准确程度的测量。
temporal coverage	时间覆盖。传感器覆盖的持续时间。
temporal resolution	时间分辨率。针对目标进行连续情报搜集的时间跨度。既可以指一个情报搜集资产在第二次感知目标之前流逝的时间，也可以指分辨同一特征中两个相邻空间发生事件的能力。
terminator condition	明暗界限状态。卫星的观测位置，地面站点处于黑暗状态下，而太阳照射到了目标。
thermal imaging	热成像。基于发射辐射（不依靠照明设备）的红外波谱成像。
thermal infrared bands	热红外谱带。中波红外和长波红外所在的红外谱带。
thermogram	温谱图。有关相对辐射温度的图像。
time difference of arrival (TDOA)	到达时间差。对一个信号到达不同地理坐标点相对时间的测量结果，用来定位信号。
time division multiplexing	时分多路复用。发射多重通信流，每一个流周期性地在很短的时间间隔内使用发射机的整个频率带宽。
tip-off	内幕透露。使用某一个情报搜集来源得到的情报，来提示另一个情报搜集源的工作。
two-color multiview	双色多视点技术。一种成像技术，物体出现在第一张图片中，背景呈现在第二张图片中，用同一种颜色表示。第一张图片拍摄后，背景中的物体以第二种颜色表示。
ultraspectral	超光谱。对上千光谱波段的测量。

unintentional radiation intelligence (RINT)	无意辐射情报。搜集、分析射频能量所得到的情报，这些能量是设备、仪器和系统无意识释放出来的。
unmanned aeronautical vehicle (UAV)	无人航空器，无人机。有动力来源的飞行器，不载人但能够自动飞行或者被远程操控。弹道导弹、巡航导弹和炮弹不是无人航空器。
valley of death	死亡谷。描述研发和制造出产品这一间隔的术语，大部分研究成果在该阶段夭折。
Van Allen radiation belt	范艾伦辐射带。分布在地球周围、激发了能量的粒子构成的环面，被地球磁场固定和吸引。内环带距地球 700 千米至 10000 千米，较弱的外环带范围为地球辐射带延伸 3 到 10 个地球半径。
visual magnitude (m_v)	目视星等。天体相对亮度的量度。一等星，也就是天空中最亮的星，比六等星亮 100 倍。
volume scattering	体积散射。电磁波通过某一媒质，比如森林树荫，进行的多重散射。
wave	波。能量场周期性位移的传播。在任何时刻，都可以用“高度”（振幅）和“长度”（波长）来描述。
wavelength	波长。一个循环性特征在一个周期内两次出现的事件之间的距离最小值，比如波的波峰。
whiskbroom scanner	摆扫扫描仪。使用扫描镜面和一个探测仪来创建图像的成像传感器。也称为交叉扫描仪或光机扫描仪。
Wullenweber	乌兰韦伯天线系统。军队使用的大型环形天线阵列，对高频无线电信号（3—30 兆赫）进行三角测量，也称为环形配置天线阵。
X band	X 频段。8500—10680 兆赫的微波雷达频段。
yaw	偏航。传感器平台在水平面的旋转，也就是沿“鼻翼左右侧”的方向运动。
zero squint	零度偏斜角。合成孔径雷达正好位于飞行方向宽边时的情况。

缩略语表

ACINT	水声情报，搜集水下声波得到的情报
ACOUSTINT	声学情报，搜集空气声波得到的情报
AEOS	高级光电系统
AFMIC	武装部队医学情报中心（现为国家医学情报中心[1]）
AGI	高级地理空间情报
ALCOR	ARPA 林肯 C 波段观测雷达
ALTAIR	ARPA 远程跟踪和识别雷达
ARL	陆军研究实验室
ARM2000	自动情报需求管理 2000
BMD	弹道导弹防御
BW	生物战
CBW	化学生物战
CCD	电荷耦合器件；相干变化探测
CCS	合作搜集策略
CDAA	环形配置天线阵
CIA	中央情报局
COMINT	通信情报
CW	化学战；连续波
D&D	拒止与欺骗
DARPA	国防高级研究项目局
dB	分贝
dBW	瓦分贝，以 1 瓦为零电平的分贝
DCI	中央情报主任

[1] 译注：原文为“国家军事情报中心”，很明显是笔误。

DF	测向定位
DHS	国土安全部
DNA	脱氧核糖核酸
DNI	国家情报总监
DOD	国防部
DSP	国防支援计划
ECM	电子对抗措施
ELINT	电子情报
EM	电磁
EMP	电磁脉冲
EMR	电磁辐射
EO	光电的
ERS–1	欧洲遥感卫星 1 号
FDOA	到达频率差
FIRCAP	对外情报需求、类别和优先次序
FISINT	外国仪器信号情报
FLIR	前视红外
FM	调频
FOV	视场，视域
GEO	对地静止地球轨道，地球同步轨道
GEODSS	陆基远太空光电监视系统
GEOINT	地理空间情报
GMTI	地面移动目标显示器
GPS	全球定位系统
GRAB	“银河辐射及背景”实验卫星
GRD	地面分辨距离
GSD	地面采样距离
GSM	全球移动通信系统
HEO	高椭圆轨道

HF	高频
HPM	高功率微波
HIS	高光谱成像
HUMINT	人力情报
IC	情报界
IC-MAP	情报界多情报获取项目
ICARS	情报界分析和需求系统
ICBM	洲际弹道导弹
ICM	一体化情报搜集管理系统
IED	简易爆炸装置
IEEE	（美国）电气和电子工程师协会
IFOV	瞬时视场
IIR	中波红外线
IMINT	图像情报
IMS	国际监测系统
IR	红外线
ISAR	逆合成孔径雷达
ITU	国际电信联盟
IUSS	一体化水下监视系统
JCMT	联合搜集管理工具
JSTARS	联合监视与目标攻击雷达系统
KGB	克格勃（苏联国家安全委员会）
KIQ	关键情报问题
LEO	低地球轨道
LFM	线性调频
LPI	低截获概率
LWIR	长波红外线
MAD	地磁异常探测器
MANPADS	便携式防空系统

MASINT	测量与特征情报
MATTS	海上资产标记跟踪系统
MEO	中地球轨道
MHz	兆赫
MRS	测量与特征情报需求系统
MSI	多光谱成像
MTI	移动目标显示器
Mv	目视星等
MWIR	中波红外线
NASA	国家航空航天局
NCMI	国家医学情报中心
NGA	国家地理空间情报局
NICC	国家情报协调中心
NIE	《国家情报评估》
NIH	“非我发明综合征”
NIIRS	国家图像判读度分级标准
NIPF	《国家情报优先框架》
NIR	近红外区域
NOAA	国家海洋和大气管理局
NORAD	北美防空司令部
NRO	国家侦察办公室
NSA	国家安全局
NSRP	国家信号情报需求处理流程
NTM	国家技术手段
NUCINT	核情报，搜集核碎片和核辐射
ONIR	空中非成像红外线
OPIR	空中持久红外线
OPTINT	光学情报，搜集非成像光学情报
OSRMS	开源情报需求管理系统

OTH	超视距
PDD–35	《总统第 35 号行政令》
PHD	相位历史数据
PRF	脉冲重复频率
PRI	脉冲重复间隔
QRC	快速反应能力
RADINT	雷达情报
RCS	雷达散射截面
RDT&E	研发、测试和评估
RF	射频
RFI	射频干扰
RFID	射频识别
RMS	情报需求管理系统
R/V or RV	再入飞行器
SAM	地对空导弹
SAP	专用存取程序
SAR	合成孔径雷达
SARS	严重急性呼吸综合征，又称非典型肺炎
SBIRS	天基红外系统
SECAR	地波扩展海岸区域雷达
SIGINT	信号情报
SIR-C	装在航天飞机上的合成孔径雷达
SLBM	潜艇弹道导弹
SNR	信噪比
SOI	太空目标识别
SOSUS	声波监听系统
SPOT	法国地球观测成像卫星
SWIR	短波红外线
TDOA	时间到达差

TEMPEST	瞬时电磁脉冲发射标准，一种屏蔽电子设备以抑制发射的过程
TIRA	跟踪和成像雷达
TRADEX	目标分辨和识别实验雷达
TT&C	遥测、跟踪和指令
UAV	无人机
UHF	特高频
USI	超光谱成像
UV	紫外线
VHF	甚高频
VLWIR	超长波红外线
WMD	大规模杀伤性武器

译后记

在情报流程中，情报搜集是重要一环。它是了解对手实力、洞察对手意图的主要工具之一，也是情报分析的主要依据。离开了可靠的情报材料，情报分析就成了无源之水或无本之木。因此，在情报工作中，情报搜集被放在最重要的位置。

根据活动方式，情报搜集可以分成公开情报搜集和秘密情报搜集；根据对技术的依赖程度，情报搜集可以分为人力搜集和技术搜集。本书介绍的是美国情报界的分类方法。美国情报界从专业化和控制资源（“地盘”）考虑出发，将情报手段分成若干情报门类，如人力情报、开源情报、信号情报、图像情报、测量与特征情报[1]，而美军联合出版物《联合情报》(*JP2–0*）则加上了技术情报（TECHINT）与反情报（CI），并用地理空间情报替代了图像情报。从分类学的角度来说，《联合情报》的分类显然不太合理。作者罗伯特·克拉克认为，传统的通信情报、人力情报和开源情报主要获取的是文字信息，这些信息通常无须进行特别处理。非文字信息常常需要经过特殊处理后方可利用。[2] 因此，他把所有的情报资料分成文字信息与非文字信息两类。

本书名为《情报搜集技术》，从字面意义看应该讨论搜集技术的方方面面，但实际上，本书讨论的是测量与特征情报（MASINT）这一古老而

[1] 译注：应该指出的是，中英文表达有所差异。在英文中，这些情报门类均有“情报”(INT）后缀，但实际上它们并不是情报的最终成果，而是获取信息的“手段”。因此，英文中的“人力情报”实际上是指“人力情报搜集”，而英文中的“信号情报”实际上是指“无线电技术侦察”，其他情报手段也存在类似的问题。

[2] 译注：Robert M.Clark, *Intelligence Analysis:A Target-Centric Approach*, pp.90-91.

发展迅速的技术搜集手段。

测量与特征情报是美国情报界对除图像情报和信号情报以外其他技术搜集手段的统称。测量，是对某一目标做出量化的描述；特征，通常是一段时间内在环境不断变化的情况下所搜集到的多类测量的产品，反映了某一目标或某类活动的动态变化。测量与特征情报是以识别特征和建立特征库为目的，通过对特定的技术传感器获得的数据（距离、角度、空间、波长、时间依赖性、调制、等离子体和磁流体动力）进行定量和定性分析而获得的情报。测量与特征情报搜集系统包括但不限于雷达、光电、射频、声、核爆炸探测及地震传感器，还包括用于搜集化学、生物、放射、核和爆炸特征的材料取样等技术。测量与特征情报是一门综合性的情报门类，其情报搜集工作并非由某一情报机构单独完成，而是需要很多独立甚至互不相关的军事及民用机构同时进行。

虽然测量与特征情报历史悠久，但在美国情报界，它成为一个专门的技术搜集门类的时间并不长。1986 年，美国中央情报主任正式将测量与特征情报划为一个情报门类，同时成立测量与特征情报委员会。为了加强对测量与特征情报的管理，中央情报主任和国防部长于 1992 年在国防情报局设立中央测量与特征情报办公室（Central MASINT Office，CMO），监督国家及国防测量与特征情报活动。1998 年，中央测量与特征情报办公室更名为中央测量与特征情报机构（Central MASINT Organization, CMO）。虽然这一机构隶属于国防情报局，但“9 · 11”事件发生之后，随着其人员的增加和技术手段的加强，它的地位不断上升。

由于测量与特征情报涵盖范围广泛、不断吸纳新技术，学者、研究机构和政府对其认识也有所不同，因而在对其进行分类时，方法多样，很难统一。

美国国防情报局按照情报需求的不同，将测量与特征情报划分为核、化学和生物特征探测，放射能（如核、热、电磁）探测，反射（辐射）能（如射频、光和声）探测，机械声（如发动机、推进器或机器噪音）探测，磁特性（如磁通量和异常现象）探测，动态（如飞行、震动和移动）探测及物料成分分析六大类别。[1]

美国空军技术学院（ Air Force Institute of Technology）的测量与特征情报研究中心将测量与特征情报划分为六个类别，即光电情报、地球物理情报、材料情报、核情报、雷达情报和射频情报。美国陆军《情报》条令（*FM2–0*）采纳了这一划分方法。

本书作者按照情报来源的不同，将测量与特征情报划分为声学情报、红外情报、激光情报、核情报、光学情报和雷达情报等。本书首先讨论了特征的基本概念，然后讨论为实现情报目的而进行特征搜集的传感器和搜集平台。特征的技术搜集涉及雷达、射频接收器、激光器、被动型电子光学设备、核辐射探测器及地震或声学传感器的使用，但也有一类传感器与电磁波谱无关。它们通常在短距离范围内感应声学、磁或核特征。这些传感器被称为非射频传感器。还有一些技术搜集完全不使用传感器。它们是通过搜集实物和设备（通常视为物料）或实物样本（通常归类为材料）来获取特征。本书最后一章讨论了技术搜集的管理问题，也就是技术搜集在管理上所面临的挑战。作者指出，情报搜集管理工作从情报搜集的规划开始，首先应该建立国家情报优先次序，评估情报搜集空白，提出情报搜集策略，分配情报搜集资产，最大限度地发挥所搜集情报的价值。

作为一种新的技术搜集手段，测量与特征情报融合了各种高精尖技术，在战略情报、战场监控、应对非传统安全威胁方面作用巨大。

首先，测量与特征情报是一种重要的战略情报手段。它可用于识别和跟踪核武器、化学武器、生化武器以及先进的常规武器系统，以实现导弹监视、防武器扩散、军备控制，以及对条约遵守情况进行监督等目的。例如，美国通过放射性尘埃，发现苏联爆炸了第一颗原子弹。利用监测地震的传感器，美国建立了次声波探测系统，以监测地下核爆炸。此外，它可

[1] 译注：Russell A Rau，*Evaluation Report on Measurement and Signature Intelligence* (Defense Intelligence Agency, June 30, 1997). http://fas.org/irp/program/masint_evaluation_rep.htm.

以监测外国重要武器技术的发展动向，判断外军武器性能，从而为制定反制措施提供情报依据。

其次，测量与特征情报也是战场监控的重要手段。战场是充满不确定性的领域，对手的拒止与欺骗措施使战场局势更为混沌。情报工作的根本目的，就是消除战争迷雾，减少战争中的不确定性。受技术能力的局限，传统的情报手段很难实现这一目的。但测量与特征情报技术可以提供实时的态势感知和目标设定，笼罩在战场上空的战争迷雾将可能消失，战场环境可能会趋向透明。例如，雷达侦察使情报机构可以提前确认来袭敌机的距离、方位和到达时间，从而使空中战场透明；声呐侦察则使潜艇可以在远距离探测敌舰的方位、距离，从而使海上战场透明；各种传感器和生物取样技术可以监测敌军的移动，确定敌军的方位，从而使陆地战场透明。所以，美国情报界认为，未来侦察目标的复杂程度将不断增加，它国运用拒止和欺骗的能力也将增强，而应对这些挑战的有效手段之一将是测量与特征情报。[1]

再次，测量与特征情报是遏制非传统安全威胁的重要手段。在全球面临生物恐怖袭击威胁的时候，测量与特征情报成为遏制非传统安全威胁的一个重要手段。美国情报界在苏丹喀土穆希法制药厂附近搜集的土壤样本里含有微量的安普塔，这是一种叫作 VX 的神经毒气剂的生产原料，说明这家工厂在为本 · 拉登的组织生产化学武器。[2] 因为获得了对于炭疽杆菌特征的详细分析，2001 年美国炭疽事件调查把炭疽杆菌源头缩小到一个特定的来源。通过指纹、手形、眼睛构造和声音模式等，情报和执法机构可以跟踪在各国之间流窜的恐怖分子和罪犯。在环境监测、预报重大自然灾难和环境污染方面，测量与特征情报也有非常重要的作用。

---

[1] 译注：U.S. House of Representatives, Permanent Select Committee on Intelligence, *IC21: Intelligence Community in the 21st Century* (Washington, D.C.: Government Printing Office, 1996).

[2] 译注：王剑锋，王永虎，徐晓梅．“美军开展测量与特征情报侦察情况分析”，《外国军事学术》. 2007 年第三期。

本书作者罗伯特·克拉克是麻省理工学院的学士、伊利诺州立大学的电了工程学博士，担任过美国空军电子战军官和情报官，中情局分析员和情报分析支持小组负责人；曾在美国国家情报总监办公室参与“情报官课程”的开发和教学，后来还担任“情报界入门课程”的课程主管。目前，他为美国情报界提供太空威胁分析，还在一所大学的情报与安全学院担任教职。他的学术背景使他可以轻松驾驭本书的写作，但大量的专业技术知识使译者面临很大的挑战。尽管我们查阅了众多的文献，但对相关术语的表达，仍有力不从心之感。好在我们对相关术语均标注了英文原文，方便读者准确理解相关内容。此外，在翻译的过程中，我们得到了薛洲堂教授、金城出版社潘涛总编的帮助，谨致谢忱。

高金虎

2015 年 5 月于南京

金城出版社
国家安全与保密参考书目

《情报：从秘密到政策》

世界知名高校必修课　情报学基础普及读本

[美]马克·洛文塔尔 著　杜效坤 译

ISBN 978-7-5155-1003-3　定价：98.00 元

简介：本书详细阐述情报的概念、历史、流程、搜集、分析、反情报、隐蔽行动等问题，重点讨论情报在美国国家安全决策中的重要作用。书中还介绍了美国情报工作的发展，勾勒出美国情报界的内部机制，探讨了情报工作的伦理与道德问题，简要概述了世界主要大国的情报机构情况。本作品享有极高声誉，多次再版修订，已成为全美外交、国关、国安、情报等诸多学科的权威教材，长期被哥伦比亚、斯坦福、麻省理工等知名院校选用和推荐。

《情报分析心理学》

中情局情报分析"圣经"　美国官员经典培训教材

[美]小理查兹·J. 霍耶尔 著　张魁　朱里克 译

ISBN 978-7-5155-0990-7　定价：50.00 元

简介：本书主要探讨了人类在判断不完整或模糊信息过程中的认知心理问题，以及这些不可避免的问题如何对情报分析产生影响，而我们又怎样有效克服这些影响。全书由思维机制、思维工具、认知偏见和情报分析的改进等四部分组成。作为中情局权威理论家的代表作，本书既是美国情报机构培训员工的经典教科书，也是中情局情报官员的必备参考读物，无数次再版加印。

《情报分析：以目标为中心的方法》

情报研究必读图书　国家安全前沿力作

[美]罗伯特·克拉克 著　马忠元 译　ISBN 978-7-5155-0795-8　定价：78.00 元

简介：针对美国情报界在"9·11 事件"和伊拉克战争中的情报失误，作者创造性地提出运用"以目标为中心"的情报分析方法，完善情报分析的逻辑过程，形成"确定目标—问题分解—建立模型—评估数据—填充模型—进行预测"的情报分析流程。全书涵盖了情报分析中的各类关键问题，如情报周期、反情报、情报分类、征候与预警、情报模型、情报来源、情报搜集、情报评估、拒止与欺骗、预测方法、团队互动，等等，称得上是一部名副其实的情报分析教科书。

《全民监控：大数据时代的安全与隐私困境》

后"棱镜门"时代，国家、机构和个人怎样保护信息安全不受侵犯？

[英]约翰·帕克 著　关立深 译

ISBN 978-7-5155-1186-3　定价：58.00 元

简介：阿桑奇、斯诺登等的接连爆料警示我们，"全民监控"的时代已经来临。为了获得全方位的监控能力，西方国家利用闭路系统、窃听设备、身份识别技术、定位追踪装置等随时随地监视民众。全书涉及国家安全、信息安全、个人隐私等问题，为人们敲响了监控无处不在的警钟。本书案例丰富、数据翔实、语言生动，是读者迅速掌握隐私与信息安全知识的必读之作。

《骗中骗：克格勃与中情局的无声战争》

两大间谍组织情报与反情报较量　二十世纪最经典反间谍骗术案例

[美]爱德华·爱泼斯坦 著　杨哲 译

ISBN 978-7-5155-1012-5　定价：55.00 元

简介：本书以美国反间谍头目詹姆斯·安格尔顿之死为缘起，追踪了苏联从建国伊始到冷战末期"欺骗对手"的各种行动，以及美国是如何应对和接招的。通过中情局与克格勃在情报与反情报上的较量，作者向读者呈现了一场看不见硝烟的战争。本书是西方反情报代表作，既可作为饭后茶余之消遣，亦能当作国家安全研究的重要资料。

《情报术：间谍大师杜勒斯论情报的搜集处理》

中情局情报官书架推荐图书　国家安全研究必读经典著作

[美]艾伦·杜勒斯 著　陈秋慧 译　ISBN 978-7-5155-0822-1　定价：58.00 元

简介：本书作者以第一人称的视角展开，着重阐述了情报的实用技巧——情报如何搜集和处理，以及形成的结果怎样为制定国家政策服务。本书是"间谍大师"、中情局任期最长局长、美国现代情报系统缔造者杜勒斯的收官之作。凭借美国战略情报局与中情局的独特任职优势，作者娴熟地将情报学知识、亲身经历和各种间谍事件与趣闻轶事有机融为一体，具备极高的可读性。

《谁来监管泄密者？：国家安全与新闻自由的冲突》

互联网信息时代普及国家安全意识必备读本

[美]盖里·罗斯 著　巩丽娟 译　ISBN 978-7-5155-0794-1　定价：49.80 元

简介：2010 年"维基揭秘事件"，2013 年"斯诺登泄密事件"……据统计，近年媒体泄密在所有未授权信息泄露中比例最高，对国家安全和利益影响也最甚。通过美国政府历史上重大的泄密案例和事件，作者探讨了未授权信息泄露背后的动机、代价、法律困境和解决之道，以期望提醒全美情报系统：对手是如何获取美国情报的，对手获得情报后会取得怎样的优势。本书是未授权信息泄露最新研究权威著作，书中实际案例丰富，理论和实用并举，内容具有较强的时代性。